Opiniões sobre o livro *QI Estratégico* de profissionais e acadêmicos ao redor do mundo

"Aterrorizante, mas verdadeiro! Wells se concentra com precisão intelectual e maestria no alto preço que as empresas pagam por mover-se muito devagar no campo de batalha corporativo."
 - Bill Roedy, ex-presidente e CEO da MTV Networks International (EUA).

"Wells fornece um estudo irrefutável para uma mudança dramática àqueles que estão na liderança – e sugere maneiras de ir além dos limites do pensamento e do comportamento tradicionais que podem barrar a inovação."
 - Ron Sargent, presidente e CEO da Staples (EUA).

"Um compêndio compreensível para qualquer CEO que esteja tentando guiar sua companhia por meio da excelência. John Wells virtuosamente une a necessidade por uma estratégia vencedora, uma estrutura perspicaz e um modelo de negócio de execução perfeita e o tipo de cultura e capital humano necessários para sustentar a excelência ao longo de mudanças intensas. Leitura imprescindível para qualquer CEO em busca de grandes mudanças no desempenho de sua organização."
 - Michael White, presidente e CEO da DIRECTV (EUA).

"Nosso pessoal, nossa estratégia e nossa cultura são os fatores que nos tornam especiais. Wells nos oferece uma pesquisa criteriosa a respeito da maneira com que esses elementos influenciam a inteligência estratégica e nos mostra o mundo real, conselho prático para elevar o QI Estratégico de qualquer organização."
 - Glenn Renwick, CEO da Progressive Corporation (EUA).

"John Wells criou o mais novo clássico da estratégia. Ele concilia os desafios estratégicos, estruturais e de capital humano em uma visão holística dos desafios relativos a metamorfoses e sobrevivência num mundo de mudanças em crescente complexidade."
- Saul Berman, líder global de Estratégia e Implementação de Mudanças da IBM (EUA).

"O Sistema de Negócios Danaher se baseia em 'fazer as coisas certas, e benfeitas'. O irrefutável livro de Wells nos convence de que é preciso tecer as iniciativas estratégicas, operacionais e organizacionais da empresa firmemente em uma trama integral antes que esforços práticos bem-intencionados, porém fragmentados causem danos mesmo à empresa mais bem-sucedida."
- Larry Culp, CEO da Danaher (EUA).

"John Wells realiza um grande serviço à ciência da estratégia ao categorizar e descrever medidas simples e práticas e modelos mentais que distinguem as boas empresas das demais."
- John Pittenger, vice-presidente sênior da Koch Industries Inc. (EUA).

"Pensamentos profundos e objetivos para todas as empresas enfocadas no sucesso de longo prazo. Wells examina de maneira rigorosa o papel da estrutura e do pessoal na modelação de culturas bem-sucedidas para a sobrevivência delas no longo prazo."
- Marcelo Odebrecht, CEO da Odebrecht S.A. (Brasil).

"Uma leitura essencial para os líderes de quaisquer organizações nessa época turbulenta."
- Charles Gurassa, vice-presidente do Conselho da EasyJet plc (Reino Unido).

"Poderosa e estimulante, a tese de Wells traz uma mensagem robusta que deve fazer os líderes corporativos por todo o mundo se sentar e pensar a respeito. Este livro é, ao mesmo tempo, uma leitura divertida e um violento despertar para a comunidade corporativa desde a sociologia dos lobos até a falência da rede comercial Circuit City."

- Archie Norman, presidente da ITV (Reino Unido).

"John Wells é um dos pensadores estratégicos mais brilhantes do mundo. Todo líder corporativo deve ler **QI Estratégico**, principalmente nesses períodos tumultuados em que vivemos."

- David Soskin, presidente da mySupermarket.co.uk (Reino Unido).

"Como sempre, Wells se concentra no desempenho excepcional. Nem a liderança nem a análise sozinhas são suficientes. O poder está na combinação de ambas. Trata-se de uma leitura obrigatória para qualquer pessoa em posição de autoridade."

- Gerald Corbett, presidente da Supermarketmoney.com, da Betfair e da Britvic plc (Reino Unido).

"Wells empresta sua famosa mente perspicaz e sua abordagem descompromissada a um brilhante novo livro. Suas pesquisas foram realizadas com profundidade e sua produção, com primazia. Você irá adorar a leitura, mas hesitará diante de suas implicações."

- Dan Cobley, diretor executivo da Google do Reino Unido

"Sempre estimulante, John Wells desafiará a sua mente e aumentará sua ambição. QI Estratégico é um antídoto poderoso à complacência corporativa."

- Luke Mayhew, presidente da British Retail Consortium (Reino Unido).

*"Uma aula magistral de estratégia de um mestre estrategista – Wells devotou sua vida profissional à compreensão do que torna bem-sucedidos os líderes e as organizações; este livro une teoria e prática em uma leitura fácil que CEOs e executivos seniores terão facilidade de aplicar de maneira direta em suas empresas. Se você tem disponibilidade para ler apenas um livro de negócios este ano, deve ler **QI Estratégico**. Wells proporciona insights e um manual prático que irá lhe possibilitar competir no ambiente corporativo da atualidade – o mais desafiador de todos os tempos."*
- Rick Mills, diretor de Inovação Estratégica da Alliance Boots (Reino Unido).

"John Wells coloca sua tão apreciada experiência a serviço dos desafios que os líderes de negócios do mundo de hoje enfrentam, em tempos de extraordinárias mudanças."
- Duncan Weston, sócio-diretor da Cameron McKenna (Reino Unido).

"Este livro deve ser lido antes que se perceba a necessidade de sua leitura! John Wells combina o essencial com insights de vanguarda absoluta para produzir um guia que irá despertar a curiosidade de qualquer líder sobre a direção estratégica de sua própria empresa. Em se tratando de investigação de estratégias, John Wells é um chefe rígido, mas no ambiente econômico corrente é exatamente isso que a maioria das companhias necessitam."
- Rupert Morley, CEO da Sterling Ltd. (Reino Unido).

*"John combina os reinos da estratégia e da psicologia de maneira maravilhosa, fornecendo novos **insights** e nos fazendo querer repensar imediatamente o modo como administramos nossas empresas. Apenas gostaríamos de ter lido este livro quando iniciamos nosso negócio."*
- Charles Mindenhall e Manoj Badale, cofundadores da Agilisys Ltd. (Reino Unido).

"Uma perspectiva cintilante, estimulante e intelectualmente instigante sobre estratégia. Leitura obrigatória para líderes corporativos; ignore-a a seu próprio risco!"
- Dr. Nahed Taher, CEO do Gulf One Bank (Arábia Saudita).

"Com a proliferação e a produção em série dos manuais de estratégia, John Wells nos proporciona um alívio com um retorno ao básico. Wells desfaz mal-entendidos comuns relativos à estratégia e seu uso problemático nas empresas com a mensagem consciente de que não há atalhos para uma boa estratégia: a alta inteligência estratégica deve ser conquistada. Este livro é um excelente guia."
- Victor Fung, presidente da Li & Fung (Hong Kong).

"Vivemos em um mundo econômico desafiadoramente dinâmico, de mudanças muito rápidas; precisamos de empresas mais sagazes, com estratégias e estruturas mais perspicazes, e devemos nos manter em sintonia; este livro ajuda a trilhar esse caminho."
- Douglas Tong Hsu, presidente e CEO da Far Eastern Group (Taiwan).

"Neste livro John Wells une a compreensão da estratégia corporativa, do capital humano e dos processos internos de mudança e adaptação das grandes organizações."
- Daniel Vasella, médico e presidente da Novartis AG (Suíça).

"John Wells nos ensina que é preciso ser sempre o **primeiro**, o **único** e o **diferente**. Mas, ao se alcançar esse patamar, ele diz o quanto é preciso lutar por esses três elementos por eles serem constantemente desafiados pelos concorrentes. Não há descanso, finais de semana ou feriados nos negócios."
- Jean-Claude Biver, presidente da Hublot (Suíça).

"Este livro agradável e de fácil leitura fornece *insight* prático e profundo ao fazer as perguntas básicas corretas a qualquer empresa."
- Alain Caparros, CEO da REWE Group (Alemanha).

"CEO, a sua organização quer atrair e manter mentes perspicazes? Caso afirmativo, leia este livro. Atentamente! Ele faz a diferença."
- Markus Nordberg, diretor financeiro do CERN, instituição de pesquisa nuclear em busca da "partícula de Deus" (Suíça).

"Em um mundo de falta de controle, a ideia de inteligência prática ressoa. Tão importante quanto a capacidade de aprender é o compromisso em continuar aprendendo por toda a vida."
- Jean-François van Boxmeer, presidente e CEO da Heineken (Holanda).

*"Em minha opinião a pesquisa de Wells, além de nos proporcionar raciocínios revolucionários a respeito da maneira que cada um de nós contribui para o colapso final das empresas, é um estudo irrefutável sobre o papel da sabedoria e da diversidade que ampliará o leque de capacidades e competências estratégicas que irão habilitar as organizações a modelar seu próprio futuro e a navegar nele. Por fim, ao mesmo tempo que mostra de maneira brilhante as contribuições da liderança **irresponsável** para o estado em que o mundo se encontra hoje, o livro nos fornece ferramentas estratégicas para conseguirmos superar a **inércia crônica**. É uma obra oportuna para esse mundo em crise e desesperado por uma liderança capaz de modelar um futuro sustentável e de alinhar estratégia à realidade corrente mediante pensamentos e ações inteligentes de maneira concomitante."*
- Wendy Luhabe, reitora da University of Johannesburg e empreendedora social, África do Sul.

*"Tiremos nossos chapéus para John Wells! Ele combina sabedoria prática e **insight** intelectual para nos ensinar que um líder perspicaz precisa vestir três chapéus ao mesmo tempo: de **estrategista**, de **designer organizacional** e de **psicólogo social**."*
- Hirotaka Takeuchi, professor de Práticas Administrativas na Harvard Business School (EUA) [ex-reitor da Hitotsubashi Business School (Japão)].

"Quando as empresas alcançam o sucesso, seus administradores inexoravelmente criam mais processos e tomam decisões relativas a contratações que espalham as sementes da autodestruição. John Wells descreveu esse fenômeno de maneira criteriosa e encantadora e proporcionou um manual para a preservação da estratégia, dos processos e das pessoas que primeiramente levaram a empresa ao sucesso. Trata-se de leitura obrigatória para todos que querem evitar serem pegos pela inércia administrativa tão pervasiva."
- Bill Sahlman, professor de Administração de Negócios, ocupante da cadeira Dimitri V. D'Arbeloff da Harvard Business School (EUA).

"O livro de Wells explora uma fórmula poderosa para a sustentabilidade do alto desempenho corporativo enquanto uma mistura inextricável de estratégia perspicaz, estrutura inteligente e mentes sagazes. Ele oferece um alerta urgente e crítico para que as empresas de sucesso se adaptem à realidade presente e para preveni-las do insucesso causado pela inércia às mudanças. Este livro oferece estrutura prática para o sucesso de longo prazo. É leitura obrigatória para todo líder. Ele irá inspirar sua mente a pensar sobre estratégia e sua execução de uma nova maneira."
- George Kohlrieser, professor de Liderança e Comportamento Corporativo na IMD (Suíça), autor do *best-seller Hostage at the Table*.

"Um grande feito... cobre todos os assuntos-chave e tem ótimos exemplos e fácil leitura! Obrigatório para todos os líderes... Wells nos apresenta o manual mais acessível, prático e compreensível de todos os tempos para se formular e executar estratégia."
- Bruce Harreld, professor titular da Harvard Business School [ex-Líder de Estratégia da IBM (EUA)].

QI ESTRATÉGICO

CRIANDO EMPRESAS SAGAZES

JOHN R. WELLS

www.dvseditora.com.br
São Paulo, 2013

"Nos sistemas evolucionários não existe vantagem competitiva sustentável; existe apenas uma competição sem fim pela criação de novas fontes de vantagem temporária."

—Eric D. Beinhocker, *The Origin of Wealth* (A Origem da Riqueza), p. 332

QI ESTRATÉGICO

CRIANDO EMPRESAS SAGAZES

JOHN R. WELLS

www.dvseditora.com.br
São Paulo, 2013

QI ESTRATÉGICO
Criando Empresas Sagazes
DVS Editora 2013 - Todos os direitos para a língua portuguesa reservados pela editora.

STRATEGIC IQ
Creating Smarter Corporations
This edition first published in 2012
© 2012 John Wiley & Sons Ltd.

All Rights Reserved. Authorised translation from the English language edition published by John Wiley & Sons Limited. Responsibility for the accuracy of the translation rests solely with DVS Editora and is not the responsibility of John Wiley & Sons Limited. No part of this book may be reproduced in any form without the written permission of the original copyright holder, John Wiley & Sons Limited.

Nenhuma parte deste livro poderá ser reproduzida, armazenada em sistema de recuperação, ou transmitida por qualquer meio, seja na forma eletrônica, mecânica, fotocopiada, gravada ou qualquer outra, sem a autorização por escrito do autor.

Tradução: Sieben Gruppe
Diagramação: Konsept Design e Projetos

Dados Internacionais de Catalogação na Publicação (CIP)
(Câmara Brasileira do Livro, SP, Brasil)

Wells, John R.
  QI estratégico : criando empresas sagazes / John R. Wells. -- 1. ed. -- São Paulo : DVS Editora, 2013.

  Título original: Strategic IQ : creating smarter corporations.
  Bibliografia
  ISBN 978-85-8289-037-0

  1. Administração de empresas 2. Eficácia organizacional 3. Eficácia organizacional : Administração 4. Inteligência 5. Planejamento estratégico 6. Sucesso profissional I. Título.

13-12871   CDD-658.4012

Índices para catálogo sistemático:

1. Planejamento estratégico : Administração de empresas   658.4012

SUMÁRIO

PREFÁCIO		xv
INTRODUÇÃO		xix

PARTE 1	**ESTRATÉGIA INTELIGENTE**	**1**
Capítulo 1	A necessidade de uma estratégia inteligente	3
Capítulo 2	Inteligência estratégica reduzida	15
Capítulo 3	O que é estratégia?	41
Capítulo 4	Inteligência estratégica moderada	69
Capítulo 5	Inteligência estratégica elevada	101

PARTE 2	**ESTRUTURA INTELIGENTE**	**125**
Capítulo 6	A necessidade de uma estrutura inteligente	127
Capítulo 7	Gerenciamento inteligente de ativos	139
Capítulo 8	Arquitetura formal – Navegando no labirinto da estrutura corporativa	169
Capítulo 9	Arquitetura informal – Alavancando a mecânica social	199
Capítulo 10	Em busca de uma estrutura mais inteligente	223

PARTE 3	**MENTES INTELIGENTES**	**233**
Capítulo 11	A necessidade de mentes inteligentes	235
Capítulo 12	O que é uma mente?	241
Capítulo 13	Contratando mentes inteligentes	265
Capítulo 14	Atendendo às necessidades humanas básicas	281
Capítulo 15	Utilizando as necessidades humanas insaciáveis	297

BIBLIOGRAFIA	323

PREFÁCIO

Este livro reflete minha jornada intelectual de 35 anos de pesquisas sobre estratégia. Ao longo desse caminho, sempre que deparei uma encruzilhada escolhi a direção que mais interesse despertou em mim. Portanto, minha estrada foi das mais diferentes e variadas.

No total, investi quinze anos de minha vida na academia estudando, realizando estudos de casos e lecionando. No que se refere ao desenvolvimento dos estudos de caso, meu foco foi tipicamente direcionado às empresas bem-sucedidas, tendo em vista que, dentre as malsucedidas, poucas desejam colocar seu corpo diretivo à mercê do consumo público... então, ao longo desse curso, tornei-me um estudante do sucesso.

Em contrapartida, trabalhei como consultor estratégico por dez anos e assim se deu meu aprendizado reverso. Pouquíssimas organizações contratam consultores em tempos de bonança – somente quando surgem desafios... desse modo, me tornei um pesquisador das falhas.

Ao longo de minha caminhada sempre prometi a mim mesmo que um dia me sentaria e refletiria a respeito do que aprendi para poder compartilhar tudo amplamente com os profissionais da área. Não escrevi este livro com a intenção de produzir algo deslumbrantemente novo, uma máxima intelectual ou uma resposta rápida. Na verdade, a maioria dos princípios fundamentais das boas práticas corporativas está à disposição há gerações. Em vez disso, quis reunir meus pensamentos e integrá-los de uma maneira útil na esperança de que possam ajudar líderes a obter esses *insights* de modo mais rápido e a um custo mais baixo do que eu paguei durante minha jornada. Caso isso não ocorra, espero ao menos que eles se transformem em uma leitura interessante.

Preciso agradecer a muitos por esse trabalho e tenho de culpar somente a mim por suas falhas. Gostaria de mencionar meus colegas do Boston Consulting Group, que me mostraram, há quase 35 anos, como uma análise econômica

PREFÁCIO

rigorosa pode ajudar na realização de escolhas estratégicas; meus colegas da Monitor Company, que demonstraram como transformar escolhas em ações; meus colegas da Unilever, PepsiCo, Thomson Travel Group, Energis e IMD, que me ajudaram a mudar e a executar a estratégia no mundo real; e meus colegas da Harvard Business School, que forneceram *feedback* sobre meu trabalho de maneira paciente. Durante meus três períodos como professor em Harvard, milhares de alunos de MBA (*master of business administration*) e mais de mil executivos experientes me forneceram *insights* e *feedback* a respeito do meu trabalho. Foi um imenso privilégio ter trabalhado com todos eles; não existe melhor maneira de entender algo do que tentando ensiná-lo. Também trabalhei com equipes de executivos em quase cem empresas para resolver problemas corporativos e eu aprendi muito nesse processo. Agradeço a eles pela oportunidade. Preciso também agradecer à rica literatura que inspirou meu trabalho; listo alguns exemplos na bibliografia que me influenciaram de maneira consciente. Peço sinceras desculpas a qualquer pessoa que, inadvertidamente, não mencionei aqui.

Também não pretendo ofender ninguém quando agradeço de maneira especial a alguns poucos. A Michael Porter, supervisor de minha tese, que me convidou para lecionar na Harvard Business School e para trabalhar com ele na elaboração do livro *Vantagem Competitiva*.[a] A Chris Argyris, influência mais profunda sobre mim tanto profissional quanto pessoalmente, que abriu meus olhos quanto aos impedimentos relacionados ao aprendizado individual e ao organizacional e de que maneira superá-los. A John Clipinger, que me introduziu à mecânica social. E, finalmente, a Manoj Badale e a Charles Mindenhall, fundadores e proprietários da Agilisys, uma empresa de terceirização e serviços de TI (tecnologia da informação), com sede no Reino Unido e que está em rápido crescimento. Como o nome da empresa sugere, eles vivem sob os princípios que eu exponho nesse livro. Eles me inspiraram a escrevê-lo e ajudaram a financiar minhas primeiras pesquisas.

Também quero agradecer à minha equipe editorial e de pesquisa. Travis Haglock, Elizabeth Raabe e Carole Winkler trabalharam comigo em muitos dos casos; Rob Wiseman mostrou-se um editor versado e experiente; e Carole Winkler forneceu apoio editorial e de pesquisa durante todo o percurso. Juntos,

---

[a] 35ª ed. São Paulo: Campus, 1990.

PREFÁCIO

eles adicionaram um valor tremendo ao texto e ao meu raciocínio; aliás, eles me fizeram redescobrir o prazer pela escrita, tão facilmente perdida nesse mundo movido a tuítes e mensagens de celular. Por fim, um agradecimento mais que especial a Rosemary Nixon, da Wiley, e à sua equipe. Um ano atrás ela revisou minhas primeiras quinhentas páginas e me disse, francamente, que eu teria de reduzi-las à metade. Espero que minha última versão esteja mais aceitável, graças a toda a ajuda que eu recebi. Caso o texto tenha ficado curto, a culpa é toda minha.

Minha pesquisa para este livro não seria possível sem o generoso apoio financeiro da divisão de Pesquisa da Harvard Business School e do departamento de Pesquisa do International Institute for Management Development (IMD). Sou profundamente grato.

Enquanto escrevo isso, entendo que minha jornada intelectual está incompleta. **Quanto mais aprendo, mais percebo que nada sei!** Se tivesse descoberto isso muitos anos atrás provavelmente não teria tido a coragem de continuar, mas agora o novo me instiga. Minha carreira foi variada porque sempre segui pelos caminhos intelectuais mais empolgantes, e continuarei a fazer isso mesmo sabendo que não existe um fim.

Porém, eu reflito, e também devo observar o custo dessa jornada. Sempre fui consumido por meu trabalho e esse foi invariavelmente um grande desafio para minha família; nem sempre estive ao lado deles quando precisaram de mim. Meu filho mais velho está se recuperando de uma enfermidade quase fatal que o acometeu pouco antes dos feriados de fim de ano. Preciso prestar atenção nisso. Não devo correr tanto porque não existe linha de chegada para o caminho que decidi percorrer. Em vez disso, preciso me certificar de saborear os preciosos frutos dessa estrada, e não existem frutos mais preciosos que meus três filhos. Portanto, dedico este livro a eles.

A Charles, James e Matthew
Wollerau, Suíça
Janeiro de 2012

INTRODUÇÃO

Por que empresas bem-sucedidas fracassam?

Nenhuma companhia de sucesso quer acreditar que um colapso pode estar à espreita, mas elas sempre enfrentam o fracasso, e de maneira dramática. Trata-se de um padrão comum: anos de **crescimento estelar nos lucros** e, de repente, a **falência**.[1] E isso não acontece apenas a alguns determinados setores ou a algumas regiões, mas a empresas de alta e de baixa tecnologia, ao comércio e ao serviço, a todos os segmentos da economia no mundo todo. É algo que parece fazer parte do preço que se paga pelo sucesso.

Uma vez quebrada, é muito difícil para uma empresa se reerguer. Para se recuperar uma grande corporação é preciso dispor de uma ótima liderança, recursos imensos e uma boa dose de sorte. Poucas companhias, como a IBM[2] e a Hewlett-Packard, líderes em tecnologia, chegaram à beira do precipício e conseguiram restabelecer sua liderança. Entretanto, muitas outras, como a Wang Laboratories, pioneira em processamento de textos, a Polaroid, rainha da fotografia instantânea, e a Digital Equipment Company, precursora dos minicomputadores, desaparecem rapidamente, falindo ou sendo absorvidas por empreendimentos mais bem-sucedidos. Algumas lutam de modo bravio para retomar o controle, mas mesmo assim sucumbem: Circuit City[a] e Kmart, ambas líderes em seus setores, faliram sete anos depois do primeiro grande declínio que sofreram em seus lucros. Outras empresas continuam mancando e tropeçando por décadas. A

---

a   Fundada em 1949 por Samuel Wurtzel, foi uma grande rede varejista norte-americana especializada em artigos de informática e eletrônicos até os anos 1990. Perdeu participação no mercado para a Best Buy e para a Walmart, além de sofrer com a concorrência de *sites* de vendas como a Amazon.com. Em 16 de janeiro de 2009 foi anunciada sua falência. (N.T.)

INTRODUÇÃO

gigante da fotografia, Kodak[3] e a Gap,[b4] a máxima da moda, sofreram declínio em seus lucros materiais durante a recessão dos anos 2000-2002. A Kodak finalmente sucumbiu no início de 2012 (mas em 2013 ainda lutava contra a falência...), uma década mais tarde, enquanto a Gap continuou lutando.

Por que isso acontece? É tentador culpar grandes eventos externos como o colapso financeiro ocorrido em 2008. Às vezes essa é de fato a verdade. A Northern Rock,[c] instituição financeira estabelecida no Reino Unido, era uma companhia muito bem administrada que pereceu quando seu acesso aos mercados de capitais foi paralisado. Entretanto, para muitas outras a crise financeira apenas se somou aos seus problemas já existentes e acelerou o que começara bastante tempo antes. A General Motors (GM) enfrentou dificuldades por décadas antes de pedir falência em 2009. A varejista inglesa Woolworth[d] se manteve à deriva por anos sem uma estratégia clara até que foi forçada a intervenções administrativas em 2008. A Circuit City lutou muito contra as mudanças depois de ter perdido a liderança para a Best Buy nos descontos em produtos eletrônicos de consumo. Essas empresas faliram durante a crise econômica, no entanto esse contratempo apenas acelerou sua morte.

Inércia: uma doença fatal

Um olhar mais atento a esses insucessos sugere que eles foram autoimpostos. As vítimas não se adaptaram a um ambiente competitivo de mudanças, elas sucumbiram à fatal inércia.[5] Como certa vez disse Jack Welch, ex-presidente da General Electric (GE): "Estou convencido de que o fim estará

---

b   Fundada em 1969 por Donald e Dora Fisher, a loja de roupas Gap chegou a contabilizar 3005 lojas ao redor do mundo em 2005; passou por diversas dificuldades precisando fechar várias unidades e atualmente tenta se reerguer sob a supervisão de Pam Wallack em seu centro de criação global. (N.T.)

c   A Northern Rock surgiu em 1965 a partir da fusão de dois outros bancos, o Northern Counties Link Building Society (fundada em 1850) e o Rock Building Society (fundada em 1865). Na década de 1990, a empresa apostou na flutuação da Bolsa de Valores para expandir seus negócios. Foi nacionalizada em 2008 devido à crise financeira global. (N.T.)

d   Loja de miudezas fundada 1879 e que chegou a constituir a maior cadeia varejista desse setor no mundo. Seu declínio iniciou na década de 1980 ditado pela crescente concorrência. Em 1997 teve seu nome mudado para Venator Group e passou a vender produtos relacionados a esporte. Em 2001 a empresa alterou seu nome novamente, para Foot Locker, e focou sua atuação exclusivamente no segmento esportivo. (N.T.)

próximo se o percentual de mudança dentro de uma instituição for inferior à taxa de mudança externa a ela. A única pergunta a se fazer nesse caso é quanto tempo resta para o final."[6]

A inércia pode se incubar vagarosamente como muitas outras doenças fatais. As vendas e os lucros podem continuar a crescer por muitos anos depois da infecção inicial, gerando na empresa um falso sentimento de segurança enquanto a encaminha para o precipício. Quando a organização, olhando de cima do penhasco, fita as rochas lá embaixo, já é tarde demais – seu destino já foi selado. Pode fazer bem às companhias com muitos anos de sucesso financeiro perguntar a si mesmas: **"Será que já estamos mortas?"**

Neste livro identificamos três tipos de inércia (Figura I.1) que podem matar se forem ignoradas por muito tempo. A **inércia estratégica** ocorre quando a empresa falha em alterar suas estratégias em tempo hábil. A **inércia estrutural** acontece quando a organização sabe que precisa realizar mudanças, mas é impedida por sua estrutura. E a **inércia humana** reflete a relutância dos indivíduos e dos grupos às alterações.

Figura I.1: Tipos de Inércia

INTRODUÇÃO

Em busca da inteligência estratégica

A fim de alcançar desempenho superior sustentável as empresas devem se posicionar bem no ambiente competitivo escolhendo nichos atraentes e construindo vantagem competitiva para serem capazes de vencer. Essa é a meta da estratégia corporativa, mas o mundo consiste de mudanças constantes, portanto as organizações que buscam sucesso de longo prazo devem estar preparadas para **readaptar** suas estratégias. Isso requer, no mínimo, agilidade – capacidade para mudar –, mas movimentos descuidados não levam a lugar algum. As empresas devem seguir para uma posição vencedora de maneira resoluta, e isso requer **inteligência estratégica**.

Existem diferentes níveis de inteligência estratégica. As empresas menos inteligentes não percebem que é preciso mudar, ou, se percebem, não conseguem realizar a mudança. As perspicazes reagem e acompanham as mudanças externas, mas as mais sagazes mudam ainda mais rápido, modelando o meio a seu favor. Desse modo, quando o ambiente não se altera em demasia, as organizações inteligentes ganham terreno sobre seus competidores menos astutos; em tempos instáveis, elas demonstram capacidade mais elevada para suportar **crises**, **adaptar-se** e **sobreviver**.

A maioria das empresas não reconhece sua primeira queda nos lucros como um problema estratégico – nem os analistas financeiros que as seguem. Sua ação instintiva é se esforçar mais. Ironicamente, essa atitude melhora os resultados de curto prazo mesmo que elas estejam caminhando na direção errada. O fator insidioso por trás disso é que essa ação convence as organizações de que seu modelo de sucesso atual está correto, cegando-as quanto a necessidade de mudança.

Isso me lembra de uma experiência com um pombo.[7] Coloque o pombo em uma gaiola com dois alimentadores e ele ficará bicando ao redor de si mesmo por comida. Abasteça um dos alimentadores com grãos e o pombo logo perceberá onde tem comida, indo alimentar-se todo feliz. Mas se trocarmos os grãos do primeiro alimentador para o segundo, o pombo continuará bicando o primeiro até morrer de fome. O problema com os pombos é que uma vez que aprendem algo, eles não **conseguem reaprender**. **Então, por que equipes de executivos tão inteligentes agrupados em uma companhia agem com a inteligência de um pombo?**

INTRODUÇÃO

Quando o esforço extra já não resolve mais, algumas empresas se voltam para programas de redução de custos. A lógica aqui é **fazer a coisa errada de uma maneira mais eficiente**. Isso funciona por um tempo, mas as despesas logo voltam a subir e os problemas fundamentais pioram. Outras companhias optam pela reorganização – **fazer a coisa errada de maneira mais eficaz**. A Kodak agiu assim face à ameaça da **fotografia digital** – um total de **sete reorganizações em dez anos**.[8]

A redução nos custos e as reorganizações podem melhorar os resultados de curto prazo, mas direcionam o olhar das empresas para dentro delas em vez de para fora, onde jaz o verdadeiro problema, e as tornam ainda mais cegas à necessidade de mudança estratégica.

Conforme a pressão se eleva, algumas companhias recorrem ao jogo com suas contas bancárias utilizando a engenharia financeira para criar um falso senso de segurança antes do inevitável colapso. Enquanto isso, essas organizações se afastam cada vez mais de uma estratégia vencedora, até que somente um esforço hercúleo possa salvá-las.

Quando a empresa finalmente implode, seus acionistas são severamente criticados e muitos membros da equipe administrativa perdem o emprego junto a um grande número de funcionários inocentes. E, em geral, a nova equipe de gestores consegue uma enorme amortização, criando reservas no balanço para realimentar o resultado mais tarde. Essa atitude cria a ilusão de uma surpreendente recuperação e anuncia o inevitável colapso seguinte. Decerto existe um modo melhor e mais responsável de gerir um empreendimento. Nosso trabalho enquanto líderes não se resume apenas a alcançar ótimos resultados e a mandar para o inferno qualquer um que venha atrás de nós. Temos a responsabilidade de construir empreendimentos que irão durar por gerações. Portanto, de que maneira podemos evitar a autoimposição dessas crises e construir negócios mais sustentáveis?

Esse é o assunto deste livro. Identificamos maneiras de auxiliar as empresas a agir de modo mais inteligente. Na **Parte 1: Estratégia inteligente** mostramos como as organizações podem superar a inércia estratégica para desenvolver estratégias vencedoras, manter-se à frente da competição e modelar o meio para seu próprio benefício. Na **Parte 2: Estrutura inteligente** abordamos a inércia estrutural e descrevemos de que modo as firmas podem construir estruturas que apóiem ou, até mesmo, conduzam a rápidos

INTRODUÇÃO

ajustes estratégicos. A **Parte 3: Mentes inteligentes** ataca a inércia humana e demonstra como as empresas podem aproveitar o enorme desejo por crescimento pessoal. Durante o processo examinamos diferentes níveis de conhecimento estratégico, conforme as organizações sobem os degraus da inteligência estratégica (Figura I.2).

Figura I.2: Subindo a escada da inteligência estratégica

Estratégia inteligente

Na **Parte 1: Estratégia inteligente** enfatizamos as empresas que sofrem de inércia estrutural, que demonstram QI estratégico reduzido e cuja meta é a melhoria de sua classificação. Mas a mudança se torna difícil se você não sabe o que está fazendo, então no **Capítulo 1: A necessidade de uma estratégia inteligente** fornece uma visão geral sobre o que significa estratégia e o motivo por que ela precisa mudar.

O desenvolvimento e a implementação de uma estratégia configuram trabalho muito árduo, e por isso não é surpresa que empresas bem-sucedidas relutem em realizar mudanças. Mas os problemas, em geral, são muito

INTRODUÇÃO

mais fundamentais do que isso, como discutimos no **Capítulo 2: Inteligência estratégica reduzida**. As empresas podem estar **estrategicamente cegas** para uma variedade de fatores. Os **leigos felizes** (ou ignorantes felizes) nunca tiveram uma estratégia, não sabem o que ela significa e não se preocupam muito com isso. Os que jogam no time **"faz de conta que sabemos"** utilizam todo o jargão da área, mas não sabem exatamente sobre o que estão falando. Organizações com **amnésia estratégica** já tiveram uma boa estratégia um dia, mas a esqueceram e agora mantêm seu funcionamento em piloto automático. Nenhuma dessas empresas conhece realmente a própria estratégia, o que torna difícil a mudança para elas. **O Capítulo 2: Inteligência estratégica reduzida** irá ajudar a abrir os olhos dessas companhias.

O degrau seguinte na escada do QI estratégico trata do peculiar comportamento de **recusa estratégica**. Tais empresas possuem uma estratégia clara que funcionou no passado, mas se recusam a abrir mão dela mesmo percebendo a necessidade de mudança. Os **deliberadamente cegos** precisam confrontar seus problemas estratégicos e aceitar o fato de que irão perecer se não solucionarem os mesmos. Para isso, eles devem utilizar os princípios básicos da estratégia competitiva, assunto que é tratado no **Capítulo 3: O que é estratégia?**

Uma vez que reconhecem a necessidade da estratégia, as organizações precisam aprender a desenvolvê-la e a implementá-la. Muitas empresas lutam durante anos na tentativa de melhorar seu desempenho, mas despendem seus esforços sendo pegos em armadilhas táticas em vez de enfocar os problemas estratégicos. Isso é **incompetência estratégica**. Nesse momento, é tentador buscar consultores, mas isso não resolverá as dificuldades de longo prazo da companhia. Em um mundo em que mudanças são constantemente necessárias, essa atitude apenas cria **dependência externa**. Para ascender do nível reduzido para o nível moderado de QI estratégico, as organizações devem desenvolver internamente a competência de formular e executar a estratégia de maneira eficaz. Trata-se de uma jornada complexa e difícil, principalmente na primeira vez que é realizada, e as firmas necessitam trabalhar um grande leque de conhecimentos e habilidades ao longo desse caminho. O **Capítulo 4: Inteligência estratégica moderada** proporciona um guia passo a passo para o aprimoramento do QI estratégico.

Ao alcançar o QI estratégico moderado, as empresas estão prontas para subir os próximos degraus rumo ao QI Estratégico elevado, mas, nesse momento, a equipe é tomada pela tentação natural de relaxar e aderir às suas estratégias

INTRODUÇÃO

vencedoras recém-descobertas pelo maior tempo possível. Não se entregue – com isso você vai escorregar para baixo novamente na escada da **inteligência estratégica!** Conforme o tempo passa, o ambiente competitivo se altera e a estratégia despenca em relação à realidade. Todo o conhecimento e as habilidades adquiridas com tanto sacrifício para voltar aos trilhos são lentamente esquecidos. E assim que passarem cinco anos, você precisa reiniciar tudo do zero.

Empresas cuja inteligência estratégica é **moderada** executam sua estratégia até o momento em que sentem que ela precisa ser alterada. Para elas a questão crítica é quando mudar. Já para as companhias que dispõem de **inteligência estratégica superior** essa questão não é relevante, pois elas estão sempre realizando mudanças.

O **Capítulo 5: Inteligência estratégica elevada** descreve a constante insatisfação das empresas de QI estratégico elevado com seu modelo de negócio corrente. Elas estão sempre procurando melhorar, são orientadas por metas grandiosas e inspiradoras para proporcionar alto desempenho e estão constantemente melhorando sua estratégia enquanto reservam tempo e recursos para testar abordagens novas e radicais. Essas organizações criam muitas opções estratégicas e desenvolvem processos muito bons de tomada de decisão para escolher entre elas. Elas procuram se alinhar de maneira contínua concentrando-se em medidas que correlacionam o sucesso estratégico à gratificação daqueles que ajudaram a alcançá-lo. Elas atuam na vanguarda, sob a última palavra em estratégia, sempre preparadas para mudar e aprender por meio da experiência.[9] Essas firmas modelam seu segmento a seu favor e forçam as outras empresas a alcançá-las.

Mas de onde vêm os recursos para todas essas mudanças, e como os líderes acham tempo para realizá-las? Os processos de mudança estratégica são complexos e caros, mas como em todos os processos complexos eles se beneficiam do aprendizado.[10] Ao aplicar processos de formulação e de implementação com mais regularidade, essas companhias aprendem com mais rapidez, reduzindo custos e tempo e entregando melhores resultados. Por fim, a diferença entre **formulação** e **implementação** desaparece – as empresas aprendem a pensar e a agir de maneira concomitante. Além disso, organizações que delegam algumas de suas tomadas de decisões estratégicas ao longo da empresa – inteligência distribuída – elevam sua capacidade para mudanças estratégicas e alcançam resultados melhores e mais rápidos.

INTRODUÇÃO

Estrutura inteligente

As empresas precisam dispor de estrutura adequada para implementar uma estratégia de maneira eficaz; e quando a estratégia muda, ao menos um pouco da estrutura também precisa ser alterada. As empresas muitas vezes sabem o que precisam fazer, mas sua estrutura interna parece lhes atravancar o caminho. Essas firmas sofrem de inércia estrutural. Elas precisam superar esse desafio e construir uma estrutura mais competente que se adapte facilmente às mudanças na estratégia, até mesmo conduzindo-as. A **Parte 2: Estrutura inteligente** examina a patologia da inércia estrutural e discute de que maneiras as companhias podem superá-la.

Para reconhecer o que causa a inércia estrutural é importante entender o significado de estrutura. Trata-se de mais que um simples organograma e em grandes empresas as estruturas são extremamente complexas.[11] Esse é o assunto tratado no **Capítulo 6: A necessidade de uma estrutura inteligente**. A limitação na habilidade de mudança das organizações está ligada aos **bens** em que elas investiram. Depois de se comprometer com esses investimentos é difícil descartar tudo o que foi feito e recomeçar do zero.[12] Por conseguinte, a base patrimonial circulante atual influencia nas escolhas estratégicas e impede a mudança. O **Capítulo 7: Gerenciamento inteligente de ativos** explica como tornar esses bens mais flexíveis.

A **arquitetura formal** define como os ativos de uma empresa devem ser organizados para que funcionem em conjunto e produzam valor. Esse trabalho é realizado a partir de diversos elementos inter-relacionados. Assim, o enfoque principal é dado ao organograma da empresa, que define quem realiza o trabalho; aos processos internos, que descrevem de que maneira os serviços devem ser realizados; aos sistemas de recrutamento e seleção, que escolhem os recursos humanos mais adequados às funções; aos sistemas de avaliação de desempenho e de compensação, que mantêm o alinhamento; e aos sistemas de informação e de comunicação, que unem todos os demais. É bastante complicado mexer em cada um desses elementos, e em conjunto eles configuram uma inércia formidável. O **Capítulo 8: Arquitetura formal – Navegando no labirinto da estrutura corporativa** descreve um planejamento mais flexível e moldado da estrutura formal para que ela conduza mudanças estratégicas.

Como se a complexidade da arquitetura formal não fosse o suficiente, ainda precisamos considerar a **arquitetura informal**, as redes sociais e os

xxvii

INTRODUÇÃO

processos não convencionais responsáveis pela maior porção do trabalho. Essa parte é ainda mais difícil de modelar, pois trata de procedimentos não documentados e extensamente invisíveis. A chave para a mudança rápida está na mobilização da arquitetura informal. De que maneira a capacidade natural de auto-organização do ser humano – mecânica social – pode ser mobilizada a serviço da mudança estratégica? Exploramos essas possibilidades empolgantes no **Capítulo 9: Arquitetura informal – Alavancando a mecânica social**.

Empresas com **QI estrutural reduzido** apresentam elementos inconsistentes entre si, de modo que sua estrutura vive em guerra consigo mesma. Existem também estruturas internas consistentes que divergem da estratégia, o que força a companhia a caminhar para direções inesperadas, até mesmo para a destruição.

O **QI estrutural moderado** necessita de uma arquitetura formal, de uma base de ativos consistente com a estratégia e regras que facilitem a mudança.

As estruturas mais inteligentes, criadas por empresas com **QI estrutural elevado**, alinham arquitetura formal e informal para conduzir mudanças estratégicas.

Os Capítulos 6, 7, 8 e 9 identificam cada um dos elementos estruturais importantes para a efetiva estratégia e mudança, discutem os motivos desses fatores criarem inércia e demonstram de que modo isso pode ser evitado. O **Capítulo 10: Em busca de uma estrutura mais inteligente** une todos esses componentes a fim de fornecer uma abordagem integrada para orientar um QI Estrutural ascendente.

Mentes inteligentes

Em essência, a capacidade de mudança estratégica de uma empresa é limitada pela habilidade e disposição do seu pessoal para mudar. Infelizmente, a maioria das pessoas não gosta de transformações. Enquanto indivíduos, evitamos tudo o que consideramos desagradável e postergamos à vontade. Nos grupos esse efeito é muitas vezes ampliado. Como esses padrões de comportamento podem ser tão comuns em uma espécie tão inteligente? Na **Parte 3: Mentes inteligentes** examinamos os propulsores da inércia humana e maneiras de superá-los.

No **Capítulo 11: A necessidade de mentes inteligentes** identificamos a notável inércia demonstrada pela espécie humana tanto nos indivíduos quanto nos grupos e defendemos as mentes mais inteligentes. No **Capítulo 12: O que é uma mente?** aprendemos que a causa-raiz do problema reside na maneira que nosso cérebro se desenvolveu. Ao longo de milhões de anos herdamos um enorme leque de comportamentos individuais e sociais que estão programados em nossa constituição genética e sobre os quais temos pouco controle consciente. Essas condutas parecem satisfazer uma série de necessidades, algumas das quais perfeitamente humanas e outras mais relacionadas aos nossos ancestrais reptilianos. Nossos instintos mais primitivos nos levam a temer a mudança, enquanto os mais sofisticados nos ajudam a enxergá-la como uma oportunidade de satisfazer nossa curiosidade e de aprender coisas novas. Por esse viés eles estão em constante conflito; e a não ser que nossas necessidades básicas não sejam atendidas achamos difícil pensar em mudança sob um ponto de vista mais apurado.

As empresas que exibem QI humano reduzido lutam de maneira impetuosa com sua mente reptiliana individualista em busca da satisfação de suas necessidades básicas. As companhias que dispõem de QI humano moderado trabalham para satisfazer seu emocional fornecendo satisfação e estima social de maneiras que reduzam sua resistência à mudança. Firmas com QI humano elevado já satisfizeram essas necessidades e exploram o insaciável desejo dos homens pela busca do objetivo comum, de mais aprendizado, de metas mais altas e de ajudar os outros a fazer o mesmo.

Mas nem tudo que fazemos está **"impresso"** em nossos genes e é orientado por eles. Muito do nosso comportamento é apreendido, assimilado; de fato, o cérebro humano tem uma capacidade enorme para aprender,[14] o que podemos encarar como boa notícia, já que a mudança requer, invariavelmente, o aprendizado de novos conhecimentos e novas habilidades. Entretanto, mais uma vez, nosso modo de aprender é dirigido por nossos genes que muitas vezes nos ofuscam com aquilo que sabemos, dificultando a mudança.

Como as organizações podem superar a inércia humana? Uma das respostas é selecionando as pessoas certas. O **Capítulo 13: Contratando mentes inteligentes** identifica perfis que ajudam as empresas a sustentar um desempenho superior. E o que as empresas podem fazer para moldar o contexto interno de modo que todos se mostrem mais dispostos à mudança estratégica? O **Capítulo 14: Atendendo às necessidades humanas básicas** discute de que modo é possível reduzir a dor da mudança enquanto no

INTRODUÇÃO

Capítulo 15: Utilizando as necessidades humanas insaciáveis se faz uma reflexão sobre como as firmas podem alavancar o enorme desejo humano pelo crescimento pessoal.

A visão holística

A inércia é um fenômeno complexo, mas a mudança inteligente proposital é ainda mais. Não existem respostas simples. Neste livro enfocamos **separadamente** as **inteligências estratégica**, **estrutural** e **humana**, mas elas são intensamente inter-relacionadas.

Uma boa estratégia exige uma estrutura igualmente positiva para implementá-la, e ambas dependem criticamente do comportamento humano. Separar essas três inteligências configura uma **falsa tricotomia**, mas ajuda a simplificar o problema a fim de resolvê-lo. Encare cada parte deste livro como uma perspectiva diferente do mesmo fenômeno; o estrategista procura uma **estratégia inteligente**, o *designer* organizacional busca uma estrutura inteligente e o psicólogo social, mentes inteligentes. Mas os líderes devem integrar as três partes para alcançar a inteligência estratégica (Figura I.3). Não existe **estratégia inteligente** sem **estrutura inteligente**; e, para isso, são necessárias mentes inteligentes.

Figura I.3: Subindo a escada de inteligência estratégica

	Inteligência Estratégica	Inteligência Estrutural	Inteligência Humana
QI elevado	• Inteligência distribuída. • Sincronia de pensamentos e ações. • Mentalidade de mudança.	• Aproveita a mecânica social. • Orienta a mudança estratégica. • Foi projetada para a mudança.	Orientado pelo neocórtex (córtex superior)*
QI moderado	• Debates sobre quando realizar mudanças. • Tem competência para mudar. • Possui modelo claro de sucesso.	• Desconhece a arquitetura informal. • Tem mentalidade hierárquica. • É alinhada, de difícil mudança.	Orientado pelo paleocórtex (córtex intermediário)
QI reduzido	• É leigo. • Vive em negação. • É estrategicamente cego.	• Está alinhada de maneira errada. • A estrutura briga consigo mesma.	Orientado pelo arquicórtex (cérebro reptiliano)

* Segundo a teoria do cérebro trino, do neurocientista Paul MacLean, nós, humanos/primatas, temos o cérebro dividido em três unidades funcionais diferentes. Cada uma dessas unidades representa um extrato evolutivo do sistema nervoso dos vertebrados. Desse modo, o cérebro humano seria composto pelo arquipálio/arquicórtex, cérebro reptiliano ou basal – capaz apenas de promover reflexos simples –, pelo paleopálio/paleocórtex, cérebro dos mamíferos inferiores ou emocional – responsável por controlar o comportamento emocional dos indivíduos – e o cérebro racional ou neopálio/neocórtex – responsável pelo pensamento abstrato e pela capacidade de inventar. (N.T.)

Notas

1. Sull (2003).
2. Austin e Nolan (2000).
3. Gavetti, Henderson e Giorgi (2004) descrevem os desafios da Kodak. Tripsas e Gavetti (2000) analisam esses desafios em profundidade.
4. Wells e Raabe (2006).
5. A inércia é amplamente discutida na literatura. Por exemplo, veja Kuhn (1962); Rumelt (1995); Burns e Stalker (1966); Christensen (1997); Teece, Pisano e Shuen (1997); Gavetti (2003); Henderson e Kaplan (2005); Henderson (2006); e Seth (2007).
6. Chester Barnard e Philip Selznick foram os primeiros a retratar organizações empresariais como complexos sistemas técnicos, políticos e sociais que procuram se adaptar para sobreviver. Veja Barnard (1938) e Selznick (1948).
7. Para o bem do pombo, espero que esta história seja um apócrifo e desencoraje qualquer um de tentar repetir a experiência.
8. Gavetti, Henderson e Giorgi (2004).
9. Garvin (2000).
10. Wright (1936).
11. Hall (1972); Mintzberg (1979).
12. Ghemawat (1991).
13. Clippinger (1999; 2007).
14. Gladwell (2008).

PARTE 1

ESTRATÉGIA INTELIGENTE

Capítulo 1	A necessidade de uma estratégia inteligente	3
Capítulo 2	Inteligência estratégica reduzida	15
Capítulo 3	O que é estratégia?	41
Capítulo 4	Inteligência estratégica moderada	69
Capítulo 5	Inteligência estratégica elevada	101

CAPÍTULO 1

A NECESSIDADE DE UMA ESTRATÉGIA INTELIGENTE

Por que estratégia?

É difícil alcançar sucesso na vida sem a definição de metas. Devaneios sem sentido raramente geram bons resultados. Como diz o gato Risonho em *Alice no País das Maravilhas*, de Lewis Carroll: "Se você não sabe para onde quer ir, então qualquer caminho serve."[1]

O objetivo de todo empreendimento é proporcionar um **desempenho elevado sustentável**. "Desempenho" significa retorno sobre o investimento; as empresas estão no negócio para lucrar. "Sustentável" significa lucro durante longo prazo em vez de apenas cumprir com as metas do trimestre seguinte. É fácil conseguir uma explosão nos lucros de curto prazo deixando de investir no amanhã e subtraindo recursos de *performances* futuras. Sem dúvida, é muito mais difícil conquistar um fluxo de entrada sustentável. "Elevado" (ou "superior") significa melhor que os concorrentes; organizações que sempre se esforçam para vencer se deparam com menos surpresas desagradáveis e têm maiores possibilidades de sobreviver e prosperar. Além disso, os vencedores também ganham melhor acesso a recursos, como pessoal capacitado e financiamentos, o que aumenta sua sustentabilidade.

O modo para apresentar um desempenho elevado sustentável força as empresas a ter uma **boa** estratégia, o que requer formulação estratégica apropriada – a integração das escolhas a respeito de onde e quando competir – e ótima implementação – a triagem dos recursos e a incorporação de ações

PARTE 1 ESTRATÉGIA INTELIGENTE

para executar a estratégia. Tanto a formulação quanto a implementação demandam boa liderança para garantir que as escolhas certas sejam feitas, os recursos adequados sejam mobilizados e as ações corretas sejam tomadas.

Por que estratégia inteligente?

A estratégia não existe e não funciona como ação isolada; ela precisa estar em consonância com o ambiente competitivo, que se mantém em constante mudança. Portanto, a estratégia também precisa mudar. As companhias devem navegar de maneira determinada e decidida em uma direção vencedora; esta é a definição de QI estratégico. Organizações com QI moderado acompanham a concorrência, entretanto as mais inteligentes fazem mais do que simplesmente reagir à mudança; elas a compelem, formatando o cenário competitivo a seu favor. E para isso elas precisam de uma estratégia **inteligente.**

As empresas que não conseguem adaptar suas estratégias em tempo hábil colocam-se em grave risco. Quanto mais se atrasam, seus problemas estratégicos se tornam maiores e mais difíceis de resolver. Quanto mais uma empresa investe em respostas táticas que não enfocam seus problemas estratégicos principais, mais recursos ela desvia de suas tão necessárias mudanças estratégicas, e cada vez mais ela se distrai das questões estratégicas das quais deveria estar cuidando.

É muito fácil ser pego nessa armadilha. As vendas e os lucros podem continuar crescendo por muitos anos antes que qualquer fraqueza estratégica se revele. As organizações se tornam complacentes e adiam mudanças caras e difíceis até que seja tarde demais. Mas quando os resultados financeiros entram em colapso, os acionistas demonstram pouca paciência quanto a investir pesado na resolução de problemas de longo prazo; eles desejam um paliativo rapidamente. Torna-se muito difícil realizar as mudanças necessárias, e a empresa luta, espremida entre os impacientes investidores e um ambiente competitivo em crescente hostilidade, até que, por fim, ela **quebra.** É muito melhor diagnosticar a doença cedo e tratá-la antes que ela fique crônica; mas ainda melhor é evitar ser infectado por ela. A **Parte 1: Estratégia inteligente** desse livro é dedicada a ajudar as organizações nessa imunização.

Neste capítulo fornecemos uma síntese da **Parte 1**. Examinamos a patologia da inércia estrutural e identificamos diversos níveis de QI estratégico. Iniciamos pelas empresas que apresentam QI reduzido: elas não sabem o que significa estratégia ou são incapazes de alterá-la. E isso leva à pergunta: **"O** que é estratégia?" Falamos rapidamente sobre isso. Então, seguimos para as firmas com QI moderado, aquelas que reconhecem a necessidade de uma estratégia e estão desenvolvendo habilidades na formulação e na execução de estratégias. Finalmente, identificamos as organizações que apresentam QI elevado, em constante esforço pelo desenvolvimento de estratégias melhores. Os demais capítulos da Parte 1 examinam em detalhes cada um desses tópicos.

Inteligência estratégica reduzida (ou baixa)

O desenvolvimento e a implantação de uma estratégia não são tarefas triviais, portanto, não é de surpreender que as empresas relutem em mudar quando descobrem uma estratégia que funciona. Mas, para algumas, o problema é ainda pior; elas nunca tiveram uma estratégia e nem sabem o que isso significa; elas conseguem lucrar no mercado sem, de fato, saber por que ou como fazem isso. Trata-se das firmas **estrategicamente cegas, leigas (ou ignorantes) felizes**, e elas se sentam no primeiro degrau inferior da escada do QI estratégico.

Pode parecer incrível para alguns que empresas sem estratégia possam ter sucesso, mas muitas vezes é fácil aumentar as vendas e os lucros quando não existe concorrência; todos os barcos se elevam na maré alta. A necessidade de uma estratégia se torna mais evidente quando a pressão competitiva aumenta, mas os leigos felizes não sabem lidar com isso. E quando os lucros vão mal, passa a ser mais difícil investir tempo e dinheiro na descoberta de como resolver o problema. **O momento certo de desenvolver uma estratégia é antes que você perceba que precisa de uma!!!**

Existem outras formas de cegueira estratégica. Algumas companhias brincam de **faz de conta** e iludem a si mesmas como se tivessem uma estratégia. Elas utilizam todo o jargão da área, mas o que elas de fato estão fazendo tem pouquíssimo a ver com a construção e a sustentação de uma vantagem competitiva. Existem também empresas que apresentam **amnésia estratégica**; elas já tiveram uma boa estratégia, mas a esqueceram, e agora estão trabalhando no piloto automático. Todas essas organizações são estrategicamente cegas; elas não sabem, com efeito, qual é sua estratégia, então é difícil para elas saber quando mudar ou de que modo fazer isso. O desafio está em abrir os olhos dessas empresas para a necessidade de uma estratégia e criar nelas o compromisso de desenvolvê-la.

PARTE 1 ESTRATÉGIA INTELIGENTE

O degrau seguinte na escada do QI estratégico reduzido é o peculiar comportamento de **recusa estratégica**. Tais empresas são intencionalmente cegas; elas dispõem de uma estratégia clara que funcionou no passado e se negam a renunciar a ela apesar de perceberem a necessidade de mudança. Algumas tentam ignorar os fatos, como no conhecido provérbio em que o avestruz enfia sua cabeça num buraco na areia; outras aceitam a verdade, mas não fazem nada, apenas aguardam seu destino como um coelhinho parado sob os faróis de um carro em alta velocidade. Outras, ainda, se exaurem em desvios táticos como na redução de despesas e em reorganizações para conseguir lucros de curto prazo em vez de resolver o problema de longo prazo. Companhias acometidas por essa recusa devem ser encorajadas a confrontar o fato de que têm um problema estratégico e de que agora **necessitam se mexer para sobreviver**. Além disso, também precisam criar mecanismos para prevenir que esse comportamento se repita.

Empresas **estrategicamente inexperientes** estão um degrau acima na escada do QI em relação às que se posicionam em recusa estratégica, por que aquelas admitem ter um problema estratégico apesar de não dispor de competência para resolvê-lo. Algumas empresas estão "**perdidas no escuro**"; todos têm a capacidade de "sentir" o problema, mas não conseguem defini-lo. Outras estão **confusas** por que defendem fortemente várias opiniões diferentes sobre o problema, mas não entram em acordo sobre de que maneira proceder. Algumas não concordam a respeito do problema, outras, da solução. Seja como for, isso provavelmente acontece já que a inexperiência leva à interpretação incorreta de problemas e a soluções ineficazes. Na ausência de compreensão e alinhamento, todas essas organizações continuam com sua antiga estratégia ou investem esforço excessivo em táticas paliativas. As empresas em maior risco são as que concordam sobre o problema e sobre a solução, mas não sabem exatamente o que estão fazendo. Elas marcham com a esperança de vitória mesmo que estejam caminhando na direção errada.

Os inexperientes sentem um forte impulso em contratar consultores para que estes desenvolvam uma estratégia para sua empresa. Em um mundo em constante mudança essa atitude não resolve o problema de longo prazo porque a estratégia logo terá de ser alterada. Essa ação apenas cria dependência, efetivamente transferindo as decisões críticas a respeito da maneira de competir para **consultores terceirizados**. As organizações estrategicamente inexperientes devem se comprometer a desenvolver os processos e as habilidades necessárias para formular e implantar suas estratégias internamente. A assunção desse comprometimento é o primeiro passo em direção à inteligência estratégica moderada.

Os desafios do QI estratégico moderado e as maneiras segundo as quais as empresas podem caminhar em direção à inteligência estratégica moderada são discutidos em mais detalhes no **Capítulo 2: Inteligência estratégica reduzida**.

O que é estratégia?

Para se comprometer com o desenvolvimento da competência estratégica as organizações devem reconhecer que a estratégia é importante e entender o que ela envolve.

O objetivo da estratégia é proporcionar **desempenho elevado sustentável**. As companhias que alcançam isso atraem para si mais e melhores recursos (por exemplo, pessoas e investimentos), o que as torna ainda mais sustentáveis – um **círculo virtuoso**. As que não conseguem, geralmente, definham e morrem. A importância da distinção não pode ser perdida nas empresas comprometidas com a longevidade.

Os princípios básicos sobre de que modo uma firma pretende alcançar desempenho elevado sustentável podem ser obtidos em seu modelo de estratégia de negócio (Figura 1.1),[2] que resume suas escolhas a respeito de onde competir, que tipo de vantagem competitiva ela procura, em que recursos e atividades irá investir para conseguir tal vantagem (seu grupo interno) e de que maneira pretende organizar esses bens para alcançar tal meta.

A escolha sobre onde competir é importante porque alguns negócios e segmentos de negócio são mais atraentes que outros. As organizações devem escolher o campo de batalha correto.[3]

PARTE 1 ESTRATÉGIA INTELIGENTE

Figura 1.1: Elementos de um modelo de estratégia de negócio

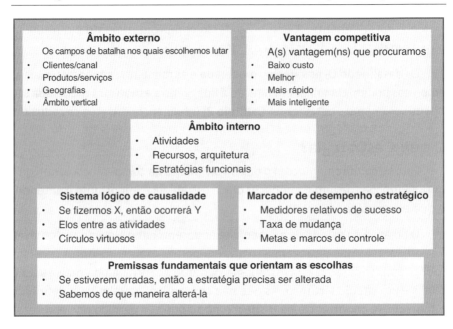

No entanto, independentemente do segmento em que escolhem competir, todas as empresas se deparam com concorrentes, então precisam desenvolver uma vantagem para conseguir vencer e alcançar mais lucros. As duas vantagens estáticas mais importantes são **baixo custo** e **diferenciação**.[4] Está relativamente claro o motivo pelo qual as empresas que trabalham com baixo custo lucram mais. A vantagem da diferenciação é mais sutil; ela significa "melhor" na concepção do cliente. E para lucrar mais nesse caso é preciso cobrar um preço especial que supere quaisquer custos extras envolvidos.

As vantagens relacionadas à **rapidez** e à **inteligência** são **dinâmicas**. As organizações estão à frente quando são rápidas em seu reposicionamento atraente no mercado ou ágeis na intensificação de suas vantagens estáticas.[5] Elas conseguem angariar lucros mais elevados para si até que a concorrência as alcance. As empresas mais espertas buscam explorar a inércia de seus concorrentes realizando ações difíceis de **copiar**;[6] elas procuram caminhos que lhes proporcione mais opções para o futuro.[7]

A habilidade de desenvolvimento de vantagens de uma organização depende dos recursos que ela dispõe e da maneira que os organiza.[8] Ela pode

Capítulo 1 A necessidade de uma estratégia inteligente

escolher investir em algumas atividades e deixar que terceiros realizem outras. O objetivo é construir uma configuração que assegure os melhores rendimentos.

O modelo de estratégia de negócio documenta a lógica causal da estratégia, explicando as conexões existentes entre os propulsores de vantagem e o nível de lucros esperado. Por exemplo, uma duplicação em escala industrial pode baixar o custo unitário de um produto em 15%. A lógica também identifica as interdependências críticas entre as atividades que revelam os efeitos de cada atividade sobre a vantagem geral. A propósito, por muitos anos o Walmart, nos Estados Unidos da América (EUA), gastou mais em TI do que seus concorrentes, mas o efeito global desse investimento se deu na redução de custos, por que essa ação conseguiu baixar o custo de muitas outras atividades.

Além da lógica, as companhias necessitam de métrica estratégica, que lhes mostre a proporção de sua vantagem em relação a seus concorrentes, a que taxa essa vantagem está se alterando – para perceber quem está realizando mudanças mais rapidamente – e as metas e os marcos por elas definidos. A métrica ajuda a testar a veracidade do modelo e a assegurar que tudo continue caminhando nos trilhos.

O ideal é que a lógica de um modelo de estratégia de negócio incorpore ciclos de *feedback* positivo ou **"círculos virtuosos"**, criando vantagens cada vez melhores.[10] Por exemplo, uma firma resolve baixar os preços de alguns produtos para aumentar o seu volume; o volume extra ajuda a reduzir o custo unitário do produto; o que permite à empresa reduzir outros preços, que levam a mais volume e mais redução de custos. Esse é o círculo virtuoso que tem sustentado o Walmart nos EUA nos últimos cinquenta anos. Esse círculo é importantíssimo para o modelo de negócio do Walmart. Quanto mais círculos virtuosos existem em um sistema, mais eficaz é sua estratégia. Em contrapartida, as organizações devem evitar ciclos de *feedback* negativos ou **"ciclos viciosos"**. Por exemplo, baixar a qualidade para melhorar os lucros pode trazer benefícios no curto prazo, mas se essa ação reduzir o volume e aumentar o custo unitário, o benefício terá vida curta.

Por fim, o modelo identifica as premissas fundamentais sobre as quais se baseia a estratégia. Essas premissas conduzem a escolhas estratégicas e requerem uma mudança de estratagema se elas se mostrarem equivocadas. Empresas que conhecem as próprias premissas fundamentais e que se mantêm informadas a esse respeito têm maior disponibilidade para realizar uma mudança quando as circunstâncias a demandam.

O **Capítulo 3: O que é estratégia?** Explica em mais detalhes os princípios que embasam os modelos de estratégias de negócio. O **Capítulo 4: Inteligência estratégica moderada** mostra o passo a passo de seu desenvolvimento e implantação.

Inteligência estratégica moderada

O compromisso verdadeiro de uma organização para com o desenvolvimento de habilidades relativas à construção e à implantação de estratégias configura o primeiro passo em direção ao QI Estratégico moderado; que deve ser considerado um de seus mais importantes patrimônios. A meta, nesse caso, é alcançar um alto nível de competência. A contratação de consultores para a criação de uma estratégia **não é o suficiente**. Esta atitude pode gerar um paliativo rápido e necessário, mas não prepara a firma para sua próxima necessidade de mudança ou a coloca no caminho em direção ao QI Estratégico elevado, em que deverá esforçar-se constantemente por melhores estratégias.

O desenvolvimento de uma competência altamente estratégica de uma organização é **longo** e **desafiador**. Apesar de a jornada de cada empresa individual ter suas peculiaridades, todas elas experimentam diversos estágios de compreensão estratégica conforme adquirem conhecimentos e habilidades relacionados à estratégia. Em geral, os primeiros estágios enfocam a **construção de experiência** na formulação de estratégias enquanto os mais avançados se preocupam com sua **execução**. Mas a assunção do compromisso é o primeiro passo dessa caminhada.

E como alcançamos a competência? Imagine uma escada entre os estágios de QI Estratégico moderado e elevado. Em que degrau se encontra cada empresa e quais habilidades lhes são necessárias para que cada uma alcance o patamar seguinte? As empresas que estão na base da escada reconhecem que necessitam de uma estratégia e se comprometem a construí-la, mas não sabem como; trata-se das **"inexperientes porém comprometidas"**. Para elas, os primeiros passos focam a formulação de estratégias. Elas devem aprender a conduzir uma rigorosa **avaliação estratégica externa** para identificar o leque de oportunidades oferecidas pelo ambiente competitivo, e uma **avaliação estratégica interna** para testar sua própria habilidade de explorar

Capítulo 1 A necessidade de uma estratégia inteligente

essas ocasiões. Essas ações ajudam na construção da consciência estratégica, mas empresas novatas muitas vezes ficam "confusas" – sobrecarregadas com tantos detalhes e sem saber o que fazer. Para alcançar o degrau seguinte elas devem aprender a sintetizar toda essa informação em **opções estratégicas** viáveis. É ótimo ter um grande leque de opções, mas isso significa que a empresa precisa fazer uma escolha clara. Muitas organizações "**hesitam**", incertas sobre que caminho seguir.

Feita a escolha, a firma está pronta para implantar sua estratégia, mas algumas empresas se esquecem de contar essa novidade ao seu pessoal – o que configura a "**síndrome da estratégia secreta**". O primeiro passo da implementação requer seu **compartilhamento e declaração**, comunicar a estratégia e explicar a lógica que a embasa. Essa atitude gera compromisso dos funcionários para com a ação e prepara todos para a mudança. Em seguida, faz-se necessário um **programa de mudança estratégica** para a redistribuição dos ativos e o realinhamento da organização, de outro modo, as empresas continuam "**esperando pela mudança**". Os desafios desses programas serão discutidos mais profundamente na Parte 2, mas aqui nos concentramos em alguns de seus pontos críticos. De modo a evitar o "**voo cego**", as organizações precisam de uma **tabela de desempenho estratégico** com novas metas e etapas, e também devem manter-se atentas para "**consequências não intencionais**" que ocorrem quando os sistemas de recompensa não estão alinhados com a nova estratégia. Uma vez que tudo se mostra funcionando bem, algumas empresas se tornam complacentes, relutantes em mudar; elas ficam "**gordas e felizes**", enquanto outras, "**convencidas de que estão certas**", recusam a mudança. As organizações devem aderir a um **ciclo de revisão rigoroso**, repetindo por completo o processo de formulação e execução para manter sua estratégia atualizada e suas habilidades em perfeita sintonia. Assim a empresa chega ao topo da escala do QI estratégico moderado.

Conforme se elevam na escada, as organizações se tornam cada vez mais inteligentes no que se refere a estratégia (Figura 1.2), mas os benefícios que elas adquirem aumentam de maneira exponencial de acordo com essa escalada. Uma boa formulação não significa nada se uma boa implantação não for realizada, e como acontece com toda habilidade, as organizações melhoram conforme adquirem experiência; quanto mais ciclos de revisão realizam, melhores, mais rápidas e mais custo efetivas elas se tornam. Não existe lugar para descanso no topo da escala; a **tendência natural** é o **declínio**. É facílimo tornar-se complacente e deslizar para a inexperiência, para a recusa ou até mesmo para a cegueira. O **Capítulo 4: Inteligência estratégica moderada** descreve a escalada ao cume da escada e os desafios para se permanecer lá.

Figura 1.2: Subindo a escada do QI estratégico

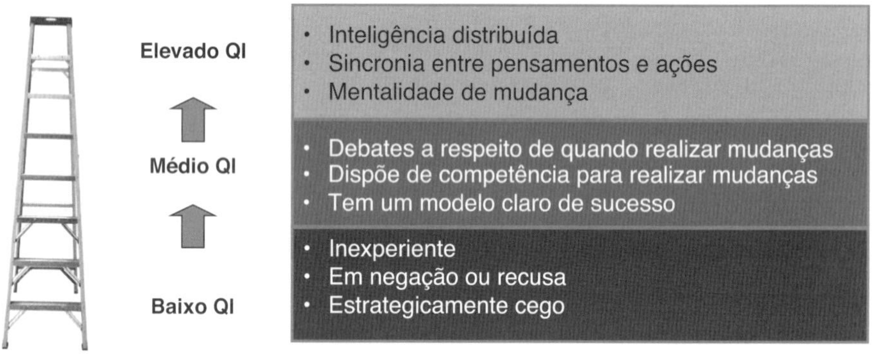

Elevado QI	• Inteligência distribuída • Sincronia entre pensamentos e ações • Mentalidade de mudança
Médio QI	• Debates a respeito de quando realizar mudanças • Dispõe de competência para realizar mudanças • Tem um modelo claro de sucesso
Baixo QI	• Inexperiente • Em negação ou recusa • Estrategicamente cego

Inteligência estratégica elevada

Muitas empresas que alcançam o nível mais alto da faixa moderada ainda enxergam a estratégia como uma ação única, extraordinária. Para elas, a meta no desenvolvimento de uma estratégia é gastar um tempo breve pensando intensamente a respeito do que deveriam fazer, realizar as alterações o mais rápido possível e, então, desligar sua mente estratégica e concentrar-se na execução. Se as coisas não saem conforme o planejado, elas param por um momento para fazer uma correção e, em seguida, voltam ao trabalho. Para elas estratégia significa compromisso com um processo em particular, e qualquer anormalidade indica descuido, uma confissão de seu fracasso em desenvolver uma boa estratégia. Portanto, elas apenas mudam de estratégia se realmente precisarem fazer isso.

Mas comprometer-se de maneira definitiva em um meio em constante alteração é uma atitude imprudente. Como o ambiente está sempre mudando, as firmas também devem mudar. Empresas com inteligência estratégica moderada executam sua estratégia até que percebem que precisam alterá-la. Para elas, a questão crítica é **quando** mudar. As firmas que dispõem de inteligência estratégica elevada não levam essa pergunta em consideração; elas estão sempre mudando.

Capítulo 1 A necessidade de uma estratégia inteligente

Organizações com **mentalidade de mudança** veem a estratégia como um processo dinâmico, contínuo, ao invés de ser **único** e **estático**. Para elas não existe distinção entre formulação e implantação, e tudo é tratado de maneira estratégica. A empresa está sempre buscando incrementar sua vantagem, pensando e agindo ao mesmo tempo.[11] Os processos que promovem melhores estratégias são desenvolvidos como recursos valorizados e incorporados à arquitetura da empresa. As organizações criam um processo rápido, eficiente e eficaz para a realização de mudanças estratégicas e trabalham incansavelmente a fim de aprimorá-lo. Elas alocam recursos para o processo de mudança e são financeiramente disciplinadas em sua abordagem, sempre esperando retorno por seus esforços. E elas mensuram, recompensam e celebram tanto a mudança quanto o índice de mudança das métricas estratégicas principais.

Firmas com QI elevado nunca se sentem satisfeitas com sua situação corrente. Todos na organização se mantêm em busca de melhorias estratégicas. Essas empresas são impulsionadas por metas sublimes e inspiradoras para apresentar um desempenho superior, sempre procurando aprimorar seu modelo atual ao mesmo tempo em que reservam tempo e recursos para testar abordagens novas e radicais; criam muitas opções estratégicas e ótimos processos de tomadas de decisão para poder escolher entre eles; procuram alinhar continuamente a organização concentrando-se em medidas correlacionadas ao sucesso estratégico e recompensando os colaboradores que o alcançam; e elas operam na vanguarda, sempre preparadas para mudar e aprender com a experiência.

O conceito de busca contínua por melhores estratégias é desencorajador para as equipes de alta administração que insistem em conduzir todas as mudanças estratégicas a partir da alta direção. Mesmo quando revisada de poucos em poucos anos, a estratégia absorve muito do tempo dessa equipe; sua realização sucessiva pode rapidamente sobrecarregar o grupo gestor. Todavia, essa limitação na capacidade pode ser aliviada ao se integrar todos os demais funcionários da empresa à linha de frente da estratégia, **distribuindo a inteligência estratégica** ao longo da organização. Essa ação aumenta de maneira expressiva a quantidade de pessoas responsáveis pela vigilância de ameaças e oportunidades estratégicas, pela criação de opções, pela tomada de decisões, pelo desenvolvimento de métricas, pela execução da mudança.

Quando adequadamente organizada, a inteligência distribuída fornece mais capacidade de mudança e leva a alterações mais eficazes, eficientes e pontuais. Mas isso exige um modelo de negócio que defina: 1º) direitos de decisão estratégica, 2º) sistemas de treinamento e recompensa que certifiquem que as decisões tomadas tenham como finalidade as melhores vantagens de longo prazo para a empresa e 3º) sistemas de informação que deem suporte às decisões distribuídas e que permitam à alta administração acompanhar as ações de modo a assegurar aos acionistas que tudo está sob controle.

O **Capítulo 5: Inteligência estratégica elevada** descreve em mais detalhes de que maneira as organizações que desenvolveram competência estratégica podem avançar em direção aos escalões mais altos do QI estratégico.

Notas

1. Carroll (1865).
2. Magretta (2002) enfatiza a importância de um modelo de negócios orientado para o sucesso; uma vez incluída a concorrência, ele se torna um modelo de negócios estratégico.
3. Porter (1980) fornece uma estrutura robusta para identificar campos de batalha atraentes.
4. Porter (2004) identifica o baixo custo e a diferenciação como as principais fontes de vantagem competitiva e descreve como eles são construídos.
5. Stalk e Hout (1990).
6. Yoffie e Kwak (2001).
7. Luehrman (1998).
8. A visão baseada em recursos da estratégia aborda especificamente os ativos da empresa e de que modo eles podem proporcionar vantagem competitiva (Hamel e Prahalad, 1989; Montgomery e Collis, 1998).
9. Kaplan e Norton (2000).
10. Casadesus-Masanell e Ricart (2007).
11. Paparone e Crupi (2002).

CAPÍTULO 2

INTELIGÊNCIA ESTRATÉGICA REDUZIDA

O que significa ter QI estratégico reduzido? Este capítulo identifica as características reveladoras (Figura 2.1) e descreve de que maneira as empresas podem subir a escada do QI para alcançar níveis moderados de inteligência estratégica.

Figura 2.1: Respostas do QI reduzido a desafios estratégicos

Leiguice feliz

Ignorar os fatos propositadamente

Ser pego em armadilhas táticas

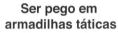

Amnésia

Estatismo

- Esforçar-se mais
- Reduzir custos com trabalho extra
- Executar a reengenharia
- Promover a reorganização
- Desenvolver engenharia financeira

15

PARTE 1 ESTRATÉGIA INTELIGENTE

Primeiro nível: empresas estrategicamente cegas

São organizações que não respondem a desafios estratégicos por que elas simplesmente não os veem – elas são **estrategicamente cegas**. Durante a realização de uma famosa experiência sobre cognição, ao serem solicitados a concentrar-se em determinado número de aspectos específicos em um pequeno videoclipe, os participantes falharam em perceber uma pessoa fantasiada de gorila.

O mundo deles não incluía gorilas; eles estavam focados em outro problema, então, simplesmente não o visualizaram.

Claro, a concentração tem seus benefícios. Podemos nos tornar muito bons em algo que acreditamos ser importante quando enfocamos nossa atenção sobre aquilo. Mas quando o mundo se altera e algo que imaginávamos não ter importância se torna crucial, simplesmente não conseguimos percebê-lo. E essa muitas vezes é a causa-raiz para a falência das empresas.

Os leigos (ou ignorantes) felizes

Existem diversas causas para a cegueira estratégica, mas o degrau mais baixo da escada do QI estratégico é ocupado pelas empresas que não fazem a mínima ideia do que significa estratégia. Trata-se dos **leigos felizes (ou ignorantes felizes)**. Ironicamente, empresas que trabalham sem estratégia podem desfrutar de sucesso financeiro por algum tempo. Quando os mercados crescem de maneira rápida e não existe muita competição todo mundo vai bem. Os problemas surgem quando os concorrentes aparecem. Muitos empreendimentos inovadores experimentam esse fenômeno. Inicialmente eles alcançam resultados financeiros impressionantes ao servir mercados novos ou emergentes, mas começam a sofrer quando concorrentes maiores, que oferecem inovações melhores ou custos mais baixos adentram a arena. Sem encontrar uma solução para seus desafios estratégicos, essas organizações acabam falindo.

Um bom exemplo desse fenômeno é a Ben & Jerry's, uma empresa norte-americana fabricante de sorvetes. No início, os sócios pagaram **5 dólares por um curso** para aprender a fazer sorvetes e começaram sua produção em um

Capítulo 2 Inteligência estratégica reduzida

posto de gasolina de Vermont.[1a] Eles produziam sorvetes muito saborosos, com muito recheio, bastante cobertura e sabores intensos. Na verdade, a intensidade dos sabores era resultado de um problema nasal de Ben – ele somente conseguia senti-los se fossem extrafortes –, mas os clientes adoravam; as vendas e os lucros cresceram rapidamente, e assim nasceu o segmento dos sorvetes **super-premium**. Os lucros mascararam a questionável lógica econômica de se produzir sorvete somente em Vermont e transportá-lo para todo o país. Mas, para a empresa, o compromisso para com os fazendeiros de Vermont e com a comunidade local era importante e a empresa acreditou que aquele fosse um verdadeiro diferencial. No começo, os custos altos não significaram um problema porque os consumidores estavam preparados para pagar um extra por esse novo e delicioso sorvete. Porém, quando os concorrentes chegaram ao mercado, não ficou claro para os californianos por que deveriam pagar mais pelos serviços das vacas leiteiras do extremo leste, e, então, os lucros da empresa começaram a cair.

Quando os lucros diminuíram, Ben & Jerry's ficaram confusos a respeito do que fazer, e os gestores profissionais que contrataram para ajudá-los também não pareciam conseguir resolver os problemas estratégicos da empresa. Eles gastaram seu tempo em reparos táticos, aprimorando o *marketing* e simplificando sua linha de produtos em vez de se concentrar nas inconsistências presentes no próprio modelo de estratégia de negócio da empresa. Havia dúvidas a respeito da sobrevivência do empreendimento, mas felizmente para Ben & Jerry's a empresa foi salva quando sua principal rival, a Unilever, a adquiriu.

As organizações **leigas felizes** são propensas a imputar seu sucesso aos atributos mais esdrúxulos – o leite de Vermont, nesse caso – e acham extremamente difícil mudar de ideia. Elas precisam reconhecer a necessidade de possuir uma estratégia e saber que o momento de desenvolvê-la é antes que a crise se estabeleça, porque quando ela se apresentar já poderá ser tarde demais.

Esse livro constitui um alerta para os leitores cujas empresas estejam indo bem mesmo sem uma estratégia. Você dispõe de um modelo estratégico de sucesso que qualquer um na empresa consiga explicar para um estranho em dois

---

a Localizado na região da Nova Inglaterra, Vermont limita-se ao norte com o Canadá, a leste com New Hampshire, ao sul com Massachussetts e a oeste com Nova York. É o segundo Estado menos populoso dos EUA (apenas o Wyoming possui uma população menor), além de ser o Estado mais rural do país. (N.T.)

minutos?[2] Sua lógica é bem compreendida? As métricas são claras? As hipóteses-chave estão identificadas? Em caso negativo, sua companhia está em grave risco.

Faz de conta

Algumas empresas estão mais conscientes sobre a necessidade de uma estratégia, mas brincam de **faz de conta**. Elas até merecem algum crédito por admitir a importância da estratégia, mas não sabem realmente o que isso significa, então elas mascaram o que fazem no dia a dia como "estratégia" e esperam que ninguém perceba sua tramoia.

A meta da estratégia é promover um desempenho elevado sustentável, e isso demanda uma busca persistente por **vantagem competitiva**. Mas as organizações muitas vezes se iludem achando que estão buscando vantagem competitiva. Elas descobrem o jargão e utilizam as palavras mais usadas no setor sem saber exatamente sobre o que estão falando. Por exemplo, no Capítulo 1 nós discutimos as três estratégias gerais: **diferencial**, **baixo custo** e **foco**.[3] As empresas muitas vezes recorrem a esses termos para explicar suas ações. Elas clamam que são diferenciadas porque seu produto é único, mas se esse diferencial não é valorizado pelo cliente, então isso não configura uma vantagem competitiva. E a verdadeira métrica da vantagem por diferenciação está no fato de os clientes aceitarem pagar um preço especial que exceda quaisquer custos extras envolvidos. A estratégia por diferencial requer estrita disciplina econômica.

As organizações também se enganam quanto à estratégia de baixo custo. Existem muitos concorrentes que disponibilizam produtos de baixa qualidade no mercado a custos médios e que geram lucros ínfimos. A meta é que seu custo seja **mais baixo** que o dos concorrentes para você poder vencer. Então, se uma firma precisa oferecer desconto porque sua qualidade também é inferior, tal desconto terá de ser menor que sua vantagem de custo para que ela alcance lucros mais altos.

Sua empresa rastreia a própria posição de custo relativo e sabe que preço relativo[b] seus produtos podem suportar?

---

b *Price premium*, ou preço relativo/especial, é o montante pelo qual o preço de venda de um produto excede o (ou se distancia do) preço de referência (*benchmark price*). Os fabricantes precisam monitorar os preços especiais (*premium*) como indicadores precoces de estratégias de preços competitivos. (N.T.)

Capítulo 2 Inteligência estratégica reduzida

Em seguida vêm as empresas que acreditam que concentrar-se em um segmento específico do mercado irá mantê-las a salvo; elas logo se descobrem superadas nessa estratégia de foco por concorrentes que estão desfrutando dos grandes benefícios de uma base menos concorrida. A empresa de frete aéreo Airborne caiu nessa armadilha. Na época, ela se concentrou nas contas B2B[c] porque o custo de coleta e entrega de grandes números de pacotes era mais baixo, desse modo ela poderia praticar uma política de preços mais agressiva.[4] Enquanto isso, a Fedex e a UPS eram acusadas de praticar **"preços médios"**, cobrando o mesmo tanto para B2B quanto para clientes individuais, mesmo sabendo que para servir consumidores individuais o custo para a companhia seria muito mais alto. Porém, assim que a Fedex e a UPS removeram os subsídios dos consumidores individuais e ajustaram seus preços considerando os custos subjacentes, a aparente vantagem da Airborne no nicho B2B desapareceu, e a empresa não conseguiu mais competir com suas rivais muito maiores e, por fim, se viu forçada a sair do negócio.

Algumas organizações estrategicamente cegas têm a convicção de que possuem **"competências singulares"**, termo cunhado pelos professores Prahalad e Hamel.[5] Mas quando pressionadas, sentem-se confusas ao tentar descrever o que de fato são essas competências, como elas podem ser mensuradas, que vantagens fornecem ou de que modo essas vantagens se traduzem em lucratividade superior no longo prazo. Não resta dúvida de que algumas organizações detêm competências especiais que fornecem a elas vantagem competitiva genuína e sustentável, mas o mero uso desses rótulos confere pouco benefício.

Algumas empresas têm a esperança de que uma estratégia do tipo "Oceano Azul"[d] seja a resposta: descobrir novos mercados onde não haja competição.[6] Mas a disciplina econômica é necessária nesse caso. A disposição dos clientes em pagar mais deve exceder o custo de servi-los para que se estabeleça um

---

c   Sigla para a expressão *business-to-business* (empresa para empresa). Comércio praticado entre fornecedores e clientes, ou seja, de empresa para empresa. (N.T.)

d   Em busca de um crescimento sustentável e lucrativo, muitas empresas entram numa roda-viva de competição bruta, pesada. O resultado dessa "batalha" é um "oceano vermelho", nascido da luta sangrenta entre rivais por um potencial de lucros muitas vezes decrescente. Assim explicam os autores W. Chan Kim e Renée Mauborgne em seu livro *A Estratégia do Oceano Azul – Como Criar Novos Mercados e Tornar a Concorrência Irrelevante*. Rio de Janeiro: Campus, 2005. (N.T.)

negócio viável – um assunto de que muitos empreendimentos pontocom se esqueceram. Além disso, organizações que descobrem oportunidades viáveis fariam muito bem em considerar de que modo irão evitar concorrentes, caso elas se deem bem. O Friendster e o MySpace parecem ter tido problemas nessa área.

A última versão do "faz de conta" parece estar ligada aos **efeitos de rede**[e].[7] Estes, quando realmente válidos, podem se tornar um poderoso propulsor de vantagem, gerando até mesmo o monopólio; portanto, não é de surpreender que as companhias os almejem. Durante os diversos *booms* (explosões) ponto.com nos últimos quinze anos, os efeitos de rede foram muitas vezes utilizados como uma desculpa para o controle de grandes fatias do mercado com modelos de negócio que não geravam receita, na esperança de que um novo modelo fosse descoberto, uma vez que o monopólio já estivesse estabelecido. Mas nem todas as organizações apreciam os efeitos de redes e, mesmo para as que os admiram, não se trata de uma panaceia.

A resposta não está em raciocínios inverídicos, embora verossímeis. O enfoque deve ser dado à compreensão, à construção e à defesa das fontes de vantagem que esses efeitos proporcionam.

A estratégia de sua empresa é baseada em uma forte lógica econômica ou em uma moda passageira?

Amnésia estratégica

No degrau seguinte da escada estão as empresas que sofrem de **amnésia estratégica**. Essas empresas tiveram uma estratégia de sucesso no passado, mas a lógica por trás do que estão realizando atualmente já se perdeu há muito tempo, e todos estão apenas repetindo antigos comportamentos sem de fato entender por que o fazem. A conexão causal entre escolha e resultado se dissipou e o modelo de atuação tornou-se tácito: **"É isso que nos faz triunfar. É assim que fazemos as coisas por aqui."** Se os resultados não condizem com

---

[e] O efeito de rede é um fenômeno segundo o qual à medida que a base de usuários se expande, um número maior de usuários acredita valer a pena adotar uma determinada tecnologia ou consumir um produto. Isso gera um efeito de *feedback* positivo, em que mais usuários atraem mais usuários. Quando a tecnologia/produto é bem aceita(o), o *feedback* traduz-se em crescimento acelerado. Cria-se então um círculo virtuoso de crescimento. (N.T.)

as expectativas, ninguém entende o motivo. Portanto, é difícil mudar, e a organização simplesmente continua se esforçando mais na mesma direção.

Esse comportamento é similar ao **"dilema do especialista"**, e todos nós sofremos disso. Conforme nos tornamos mais proficientes em uma tarefa pensamos cada vez menos no modo como a realizamos e começamos a agir em piloto automático. De fato, o controle é repassado a uma parte diferente de nosso cérebro para liberar o pensamento consciente para novos desafios.[8] Reaprender o que sabemos é um processo bastante difícil; qualquer pessoa que já tentou aprimorar seu *swing* no jogo de golfe pode atestar isso! **Precisamos aprender a jogar novamente**. Isso parece estranho e embaraçoso, porque os novos resultados tipicamente pioram antes de melhorar.

É ainda mais difícil se lembrar da lógica quando existem muitas pessoas envolvidas em um processo por um longo período. Gestores e *staff* trocam de posição; novos membros da equipe absorvem o comportamento de antigos especialistas, em grande parte mediante imitação, portanto não sabem exatamente por que agem do modo como o fazem. A lógica se perdeu; eles apenas seguem em frente. Com tal cegueira coletiva a "maneira como fazemos as coisas por aqui" pode tomar proporções quase religiosas; qualquer um que a questione é visto como um dissidente trabalhando contra os melhores interesses da empresa. Seria-nos muito sábio lembrar disso ao se deparar com os céticos e anarquistas que aparecem na organização. Nas proporções adequadas essas pessoas são muito saudáveis à companhia. A **divergência construtiva** gera informação crítica que é vital para empresas que querem vencer no longo prazo. Empresas excessivamente harmoniosas arriscam-se a cair em um precipício. Alguns já argumentaram que foi exatamente isso o que contribuiu para a derrocada da instituição financeira Lehman Brother's.[9]

Assim como algumas empresas se agarram de maneira insensata ao seu antigo modelo quando as condições se alteram, uma vez esquecida uma estratégia, torna-se fácil afastar-se dela e perseguir novas oportunidades de crescimento. A Kmart, que já foi a principal varejista dos EUA, fez isso.[10] O modelo original de negócios da Kmart de vender marcas bem conhecidas e de boa qualidade com desconto fazia todo o sentido: **"Garanta um estoque do que há de melhor, e livre-se do resto."**[f] Os consumidores percebiam que estavam ganhando uma

---

f   No original *"Stock the best, to heck with the rest."* (N.T.)

barganha, então os volumes de vendas cresciam, dando à Kmart o poder para comprar com baixos custos e, ainda, oferecer grandes descontos – um **círculo virtuoso**. Com essa estratégia funcionando bem, o CEO Robert Dewer expandiu essa oferta a roupas de baixa qualidade da marca própria da Kmart. Os clientes ficaram confusos porque tornou-se difícil comparar preços, e a baixa qualidade rendeu à Kmart o apelido de **"palácio do poliéster"**. A imagem da marca Kmart se diluiu e sua administração se desviou de seu curso original.

As lições para as organizações em risco de esquecer a própria estratégia estão claras: elas devem se certificar de documentar seu modelo de estratégia de negócio, planejando claramente sua lógica e suas metas de modo que essas possam ser testadas com regularidade. Ao reservar tempo para revisar e contestar regularmente o que estão fazendo, as organizações continuarão conectadas e cientes de suas estratégias.

Quando foi a última vez que você planejou e testou sua estratégia?

Para os que caíram na armadilha do esquecimento, tentem voltar um pouco no tempo, à época em que sua estratégia original foi desenvolvida e analisem por que ela fez sentido naquela ocasião. Em seguida, listem o que mudou no ambiente competitivo nesse ínterim que poderia garantir uma mudança estratégica. Essa ação reintroduz a lógica estratégica na consciência da empresa, abre seus olhos para os propulsores de sucessos passados e constrói seu compromisso para com as mudanças futuras.

Outra maneira útil de se construir consciência é mapear a estratégia atual com base nos comportamentos da empresa para descobrir qual é o seu fundamento lógico. É sempre bom comparar aquilo que a empresa reivindica ser seu modelo estratégico – sua **"estratégia defendida"** – com o que ela de fato vem realizando – sua "estratégia em uso". Isso ajuda a tornar a estratégia explícita em vez de implícita; declarada para que todos possam vê-la em vez de escondida nas profundezas do subconsciente corporativo.

Segundo nível: recusa estratégica

Muitas companhias que enfrentam problemas estratégicos possuem informações suficientes para lhes mostrar que estão em apuros, mas fraquejam em **contra-atacá-los**. Essas são as empresas intencionalmente cegas, e não existem outras mais cegas que essas![11] Em vez de responder aos sinais de que sua estratégia deveria ser reconsiderada elas preferem ignorar os fatos, ou reconhecê-los, sem, contudo, reagir a eles ou até ocupar-se com outras atividades que as desviem do problema principal. Entretanto, a **recusa estratégica** apenas dificulta ainda mais as coisas no longo prazo.

Avestruzes e coelhinhos

Quando a Kodak viu pela primeira vez os dados mostrando que a empresa estava perdendo participação no mercado norte-americano de filmes fotográficos, em vez de agir para deter seu declínio, seus executivos argumentaram que **as informações estavam erradas**.[12] Como a história do avestruz que esconde a cabeça na areia, a empresa negou o problema na esperança de que ele desaparecesse. Quando a verdade é muito desagradável, ela se torna inconcebível, e algumas organizações param de pensar.

Outras enxergam o problema, mas simplesmente não fazem nada a respeito. No início dos anos de 1990 a Circuit City, então líder varejista do segmento de eletrônicos nos EUA, passou a expressar em seu relatório anual sua preocupação com o fato de que outras lojas que ofereciam descontos agressivos como a Best Buy estavam ganhando terreno.[13] A empresa percebia por meio das contas publicadas da Best Buy que as métricas operacionais de sua concorrente, incluindo **vendas-por-metro-quadrado**[g] e **vendas-por-funcionário**, eram superiores às suas. Entretanto, a Circuit City manteve seu antigo modelo de negócio, expandindo sua rede pelo país e apresentando vendas e lucros crescentes até que repentinamente entrou em colapso em 2001. Após sete longos anos de tentativas para reerguer a empresa, a crise financeira de 2008 finalmente levou a Circuit City à falência. Depois que uma empresa desaba, em geral é tarde demais para tentar salvá-la!

Armadilhas táticas – A rodinha do *hamster*

Algumas empresas se distraem com programas de melhoria tática em vez de se concentrar no problema estratégico. Porém, a manutenção dos aprimoramentos de *performance* fica cada vez mais difícil perante um declínio

---

g O comparativo de resultados por metro quadrado possui a propriedade de avaliar a produtividade da loja, seu desempenho comparativo interno e externo, frente ao detalhamento dos espaços, das categorias e dos profissionais envolvidos em cada operação. (N.T.)

PARTE 1 ESTRATÉGIA INTELIGENTE

da competitividade, e então essas companhias se percebem correndo a todo vapor sem, de fato, sair do lugar, como um *hamster* em sua rodinha.

Na introdução deste livro, discutimos diversas respostas táticas comuns. Agora vamos nos aprofundar um pouco mais nesse assunto.

A primeira reação tática a uma queda no desempenho, de maneira frequente, é estimular todo mundo a **"se esforçar mais"**. Essa ação tem um custo bastante baixo e, ironicamente, muitas vezes funciona. Os lucros melhoram no curto prazo e isso convence a todos de que não há nada de errado com o velho modelo de negócios. Porém, essa melhoria nos lucros tem vida curta porque a deterioração na posição estratégica começa a aparecer.

Então, algumas organizações optam por um programa de redução de custos – **"fazer a coisa errada de maneira mais eficiente"**. Essa ação é mais dolorosa que simplesmente se esforçar mais porque demanda decisões difíceis e torna a equipe gestora antipática aos olhos dos demais funcionários, mas ela ainda configura uma resposta relativamente barata se comparada ao **grande esforço de reestruturação**. Em geral, trata-se de um instrumento razoavelmente grosseiro. A alta administração muitas vezes exige uma igual redução nos custos para todos os departamentos, sob o argumento de que essa é a ação "justa". Na verdade, essa é uma opção simplista e conveniente, pois o potencial para economizar varia de uma atividade para outra. Assim, gestores que vêm administrando pequenas equipes se ressentem porque são solicitados a realizar os mesmos cortes que seus colegas menos eficientes. A longo prazo, essa exigência os encoraja a acrescentar um pequeno custo extra em seu relatório para a próxima rodada de cortes. A decisão sobre os cortes gerais também é moldada pela política. **Exige-se menos cortes das partes politicamente mais fortes da organização do que das mais fracas**. O impacto da redução de custos também tem vida relativamente curta. Na maioria das vezes, as despesas gerais voltam a aumentar em poucos anos.

É fácil entender o enfoque das empresas sobre a redução de custos nas despesas gerais para resolver um déficit nos lucros. A tendência dessas despesas é sempre aumentar, portanto elas configuram um setor óbvio a ser observado para a melhoria dos resultados de curto prazo. Entretanto, é fácil cortar despesas até o ponto em que a organização já não consegue mais funcionar de maneira apropriada. A gestão de custos adequada é essencial, mas o conceito de "adequado" deve ser definido em termos estratégicos. As despesas gerais deveriam ser estruturadas para sustentar a estratégia atual e assegurar sua renovação em vez de apenas serem cortadas para alcançar metas financeiras de curto prazo. Esses programas de redução de custos também reduzem a capacidade de mudança das organizações ao forçar seus empregados a se concentrar em problemas internos em vez de observar o ambiente competitivo, acelerando assim o processo de declínio da organização.

As empresas que preferem realizar investimentos extras tentam efetuar a reorganização para melhorar seus lucros. Trata-se de **"fazer a coisa errada de maneira mais eficaz"**. Essa é uma resposta mais complexa, cara, demorada e debilitante a uma diminuição nos lucros, portanto primeiramente as empresas tendem a reduzir os custos sobre as despesas gerais. Como na redução de custos, essa ação também leva os funcionários a ficarem mais concentrados nos assuntos internos da empresa. Organizações bem-estruturadas e processos eficientes são essenciais, mas somente para apoiar a estratégia. No entanto, muitas reorganizações e exercícios de reengenharia de processos de trabalho não têm como intenção uma meta estratégica. Em vez disso, essas medidas são tomadas para preencher uma queda do desempenho financeiro no curto prazo. Pior que isso, são utilizadas para justificar despesas esporádicas extraorçamentárias de reestruturação, que ocultam a queda da competitividade no longo prazo.

As despesas esporádicas de reestruturação configuram um exemplo comum de engenharia financeira. O **alisamento de resultados** (ou, suavização) é outro. Isso envolve a minimização dos lucros obtidos em bons anos fiscais, mediante a ocultação de alguns deles no balanço, e seu realce em anos ruins para melhorar os resultados operacionais. Isso ajuda a amenizar um fluxo de lucros flutuante (e faz as ações parecerem menos arriscadas). Mas se os lucros são extraídos do balanço para fazer com que uma queda de longo prazo pareça um fluxo de resultados crescente, o montante a ser descartado a cada ano aumenta rapidamente. Desse modo, não demora muito até que se extingam os recursos a explorar, e, então, a situação econômica da empresa subitamente entra em colapso.

Existem outras formas de engenharia financeira que podem desviar a atuação da administração do direcionamento correto da rentabilidade subjacente. A Coca-Cola, por exemplo, adquiriu engarrafadoras e as vendeu para sua própria empresa engarrafadora mediante a apresentação de um lucro.[14] A IBM trocou seu modelo comercial de *leasing* (tipo de aluguel) para o modelo de vendas em seu negócio de computadores *mainframe* (de grande porte) e obteve ótimos ganhos em vendas e lucros ao comercializar as máquinas antigas e totalmente depreciadas já instaladas nas dependências de seus clientes.[15] Essa ação impulsionou o aparente desempenho da IBM no segmento *mainframe* quando, na verdade, a empresa estava sofrendo com a concorrência. Tal esperteza de engenharia financeira não somente é capaz de enganar os acionistas, mas também ilude a equipe administrativa. A IBM desmoronou para um estado deplorável, e apenas sobreviveu pela lendária recuperação engendrada por Lou Gerstner.[16]

O problema com as respostas táticas é que todo atraso imposto ao reparo da questão estratégica subjacente dificulta e encarece a recuperação. Desse modo, o velho provérbio **"é melhor prevenir que remediar"** volta a fazer todo o sentido. Se as estratégias fossem ajustadas com mais frequência, a mudança necessária seria menor e seu processo, mais barato. A longa espera é fatal. É muito difícil restaurar a antiga glória de uma empresa uma vez que ela esteja financeiramente arruinada; nesse momento, os desafios estratégicos se tornaram enormes, as reservas da empresa se esgotaram e o interesse dos acionistas em investir em novos modelos de negócio diminuiu muito. A companhia luta tentando encontrar uma solução rápida até que, por fim, ela quebra. A Kmart foi à falência em 2002, cerca de sete anos após sua primeira grande derrocada financeira. Com a Circuit City aconteceu o mesmo. Poucas empresas têm a sorte que a IBM teve!

Os propulsores da recusa

A recusa configura um problema comum, e, para esse tipo de caso, o desmoronamento total é raramente uma dúvida. Muitos desastres são "surpresas previsíveis", como argumentam Max Bazerman e Michael Watkins em seu livro *Predictable Surprises*.[h][17] As características dessas situações são conhecidas. A liderança vê o problema, e ele está piorando – ele não vai se resolver sozinho, é claro. Infelizmente, a solução demanda esforço imediato para um ganho futuro cujos tamanho e período de retorno são incertos. E o esforço não é distribuído igualmente – alguns grupos de interesse têm fortes motivos para manter o *status quo* e irão trabalhar de maneira persistente para preservá-lo. Acrescente a isso o fato de o ser humano ser um **procrastinador**

---

h   Livro ainda não traduzido para o português. Tradução livre: *Surpresas Previsíveis*. (N.T.)

nato, ágil na atitude de deixar as ações mais laboriosas para o dia seguinte, e, então, teremos um modelo que quase inevitavelmente levará à crise.

Diversas coisas reforçam esse comportamento. As empresas que já gozaram de uma estratégia muito bem-sucedida acham difícil convencer-se de que precisam mudar. Seus modelos de estratégia de negócios têm quase um significado religioso e se tornam sistemas de crença cujo questionamento é considerando como algo "errado".

Outro ponto que surpreende as organizações é o fato de que algumas pequenas novas ideias, quando surgem, não parecem, de fato, ameaças, mesmo que a lógica argumente que elas podem se tornar um perigo no futuro. Esses riscos são muito facilmente ignorados. Trata-se de um padrão comum identificado por Clayton Christensen em seu livro *The Innovator's Dilemma*,[i] no qual ele descreve o impacto de **tecnologias "disruptivas"**.[18] Elas chegam ao mercado mais caras e com qualidade inferior, mas seus preços vão baixando e sua qualidade se elevando até o ponto em que essas novas tecnologias ultrapassam as mais conhecidas. Os novos modelos "disruptivos" de negócio podem evoluir da mesma maneira.

Por fim, lá está o espinhoso problema pelo qual a alta administração é paga para resolver. Quando a ameaça está a dez anos de distância, os integrantes da alta administração sabem que já estarão fora da empresa quando o problema bater às portas, então, que incentivo eles têm para se sacrificar pelas gerações futuras? Certa vez perguntei a um dos principais chefes de divisão de uma empresa por que seu negócio estava indo tão bem. Ele respondeu jocosamente que não sabia, e por que deveria se importar já que seria promovido antes de descobrir o motivo. **De fato, toda brincadeira tem um fundo de verdade!**

Circuit City *versus* Best Buy

Revisitemos a triste história da Circuit City, um caso clássico de inércia. A estratégia que ajudou a Circuit City a se tornar a número um no varejo de eletrônicos sem dúvida foi ótima.[19] Oferecer descontos em marcas badaladas gerou rápidos giros de estoque que fizeram mais que simplesmente compensar as pequenas margens mediante a alta produtividade – eles proporcionaram elevado retorno sobre o investimento. Volumes maiores significavam mais

---

[i] Livro já traduzido para o português como *O Dilema do Inovador*. (N.T.)

PARTE 1 ESTRATÉGIA INTELIGENTE

poder de compra e maiores descontos dos fornecedores. O repasse desses descontos ao consumidor final criou um círculo virtuoso. A chave era ser maior que a concorrência e, portanto, oferecer preços mais baixos.

Mas havia mais que economia de compra na estratégia da Circuit City. Sua filosofia operacional foi estabelecida nos anos de 1980 pelo então CEO Alan Wurtzle, o filho do fundador, e "incorporada em cinco princípios orientadores: **economia**, **variedade**, **serviço**, **velocidade** e **satisfação**."[20] Na realidade, em inglês essa era política dos 5Ss: *savings* (economia), *selection* (variedade), *service* (serviço), *speed* (velocidade) e *satisfaction* (satisfação). Esses preceitos estavam claramente declarados nos relatórios anuais da Circuit City.

A **economia** era o centro da proposta – fornecer descontos em eletrônicos bem-conceituados para atrair as pessoas para dentro da loja. Os descontos também eram apoiados por uma garantia de 30 dias. Se o cliente encontrasse o mesmo produto em uma oferta mais em conta, ele tinha o direito de reaver seu dinheiro, ainda por cima, com um bônus de **10%**!

Uma grande **variedade** assegurava que a loja sempre tinha o que o cliente estava procurando. Para apoiar essa larga oferta e sempre garantir estoque dos produtos, 50% do espaço de cada loja era reservado como armazém para acomodar esse inventário.

O **serviço** era um aspecto muito importante da filosofia da Circuit City e cobria diversos detalhes das operações da empresa. Vendedores especializados ofereciam conselhos sobre novos produtos e ajudavam os clientes a identificar sua melhor opção de compra. Os centros de serviços e reparos garantiam aos clientes que seus produtos seriam consertados caso tivessem algum problema. Este era um assunto importante no início dos anos de 1980, quando a confiabilidade dos produtos era bem inferior à atual. Um sistema de pontos de venda fornecia informações sobre o que havia no estoque. E os produtos eram depositados em armazéns convenientes, para serem retirados pelos clientes.

A Circuit City considerava a **velocidade** uma parte importante de sua oferta de serviços. O sistema de pontos de venda fornecia informações com eficiência sobre o que havia em estoque e sinalizava para que o armazém separasse os itens comprados e os dispusesse imediatamente na doca para entrega.

Os quatro primeiros princípios se destinavam a promover o quinto: a **satisfação** do cliente.

Capítulo 2 Inteligência estratégica reduzida

O modelo apresentou uma excelente constatação sobre o comportamento do cliente. Ao comprar bens duráveis caros os clientes gostam de perambular e comparar preços e marcas; o desafio é fazê-los decidir o que querem e comprometer-se a realizar uma compra enquanto estão dentro da loja. A Circuit City conseguiu isso de maneira hábil pela combinação de três fatores: **dinâmica equipe de vendas comissionada**, sempre à disposição para ajudar os clientes a identificar suas necessidades e a realizar uma escolha; **vasto estoque** para sempre satisfazer as necessidades dos consumidores; e uma **garantia de reembolso** de 30 dias. Por que protelar? Por que comprar em outro lugar?

Iniciado em 1980, esse modelo de negócio proporcionou à companhia **35%** de crescimento anual de vendas e **40%** de crescimento nos lucros por mais de uma década – o suficiente para transformar qualquer filosofia operacional em um **"sistema de crença"**.

Em meados dos anos de 1980, a Best Buy copiou o modelo de negócio da Circuit City, mas, pelo fato de a cadeia de lojas da primeira ser bem menor, ela não conseguiu oferecer os mesmos descontos. Essa é a pior forma de estratégia: copiar o que outros estão fazendo mesmo que eles tenham uma vantagem significativa. A margem bruta da Best Buy era 5% mais baixa, e sua margem operacional era de 2% em comparação aos 7% da Circuit City. Ao final dos anos de 1980 seu crescimento estancara, enquanto o da Circuit City expandia a uma taxa anual superior a 30%, aumentando a disparidade competitiva entre as duas companhias. Aquela não era a receita do sucesso; **a Best Buy precisava mudar!**

A Best Buy percebeu que o modelo de negócio da Circuit City envolvia alguns **dilemas** – todas as boas estratégias padecem com essas situações. A sua agressiva equipe de vendas encorajava os clientes a comprar, mas representava um custo extra para a Circuit City; além disso, em suas pesquisas a Best Buy descobriu que os clientes detestavam aquela abordagem de vendas. A grande oferta de produtos da Circuit City e os imensos estoques em cada uma de suas lojas asseguravam que os clientes tivessem à sua disposição qualquer produto que desejassem, mas isso também saía caro para a empresa. Em resposta, a Best Buy minimizou seu modelo de serviço eliminando as comissões e mandando embora muitos de seus vendedores.[21] A empresa reduziu sua linha de produtos, transformou seu armazém em espaço aberto de loja e acrescentou mais informações às etiquetas dos produtos para que os clientes pudessem escolher por si mesmos. O modelo

PARTE 1 ESTRATÉGIA INTELIGENTE

de serviço reduzido foi responsável pela diminuição de quase 10% nos custos de vendas e de administração geral, o que gerou uma vantagem significativa em um negócio no qual o preço baixo é muito importante para se alcançar o sucesso. Além disso, a Best Buy decidiu manter sua margem operacional em 2% para conservar seus preços realmente baixos.

O novo preço baixo e o modelo de serviço reduzido foram muito apreciados pelos clientes e a Best Buy cresceu de maneira rápida, ultrapassando a Circuit City em tamanho em 1996 e neutralizando sua vantagem de compra em grande escala. Por volta de 2001, quando os resultados da Circuit City começaram a desmoronar, a Best Buy já estava quase 20% maior e expandindo rapidamente a lacuna de competitividade entre as empresas. Em 2005, a Best Buy havia quase triplicado seu tamanho. Para a Circuit City o jogo chegara ao fim. Com uma desvantagem significativa em sua escala de compras e um modelo operacional de alto custo, era apenas uma questão de tempo até que a empresa falisse.

Os lucros da Circuit City começaram a entrar em colapso em 2001, um ano após a saída de Richard Sharpe de sua posição como CEO, cargo que ocupou por quatorze anos. Na verdade, 2001 se revelou um ano excepcionalmente lucrativo (Figura 2.2), com margens operacionais se elevando de 3% para 5%.

Figura 2.2: Resultados operacionais da Circuit City
(em milhões de dólares)

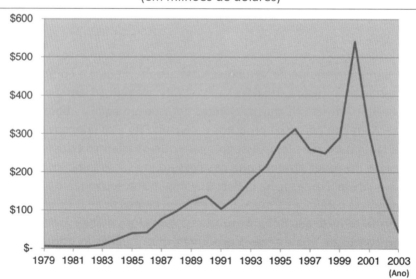

A recusa da Circuit City

O que aconteceu na Circuit City que tanto contribuiu para esse drama? A alta administração via claramente que as lojas que ofereciam descontos estavam ganhando terreno e que, por fim, iriam subjugar a organização. O problema era óbvio, estava piorando e não se resolveria sozinho. Por que a empresa não contra-atacou?[22]

Uma das razões para isso pode ter sido a **fé exagerada** em seus cinco princípios orientadores. A fé cega configura uma condição perigosa. Para manter seu modelo de serviço, a Circuit City pressupunha que seus clientes não se importavam em pagar um valor 10% mais alto por ele. Se a empresa tivesse revisado sua estratégia para compreender seus pontos fortes e suas limitações, e se tivesse evidenciado os dilemas que estava criando e testado sua suposição – que, por fim, se mostrou uma situação insustentável –, as consequências teriam sido bastante diferentes. Em vez disso, a organização parece ter aderido às suas velhas crenças e, por isso, faliu.

A Circuit City pode ter sido pega de surpresa pelo modelo de negócio "disruptivo" da Best Buy. O novo padrão não parecia oferecer risco quando surgiu. Os fornecedores reclamavam do serviço e do apoio limitados da Best Buy e muitas marcas recolheram seus produtos. As margens também eram muito baixas; o modelo de negócio dava a impressão de não gerar lucro. Mas ele era, na verdade, um clássico modelo "disruptivo". Em pequena escala não aparentou ameaça, entretanto, conforme cresceu, os grandes fornecedores retornaram por medo de perder mercado para a concorrência, e as coisas mudaram de modo radical. Se a Circuit City tivesse testado esse novo modelo em algumas lojas, a empresa rapidamente teria estabelecido sua vantagem econômica, mas ela não o fez. Como é normal em tais circunstâncias, a nova ideia deve ter sido até mesmo criticada, o que contribuiu ainda mais para dificultar seu teste.

Talvez a Circuit City tenha apenas postergado a dor da mudança. Tudo caminhava tão bem que parecia uma pena alterar a situação. Em meados de 1991, quando a Best Buy começou a mudar para seu novo modelo de negócio, e em 1996, quando alcançou a Circuit City em tamanho, as vendas da Circuit City cresciam a uma taxa de 29% anuais e seus lucros operacionais em 24% ao ano. Quem ousaria provocar uma empresa que dispunha de tais resultados? As margens operacionais da Circuit City baseavam-se em 5% das vendas em comparação aos 2% da Best Buy. Quem arriscaria encorajar uma mudança de estratégia para uma margem ainda mais baixa?

Naquela época, havia ainda na Best Buy alguns vociferantes eleitores-chave que tinham interesse em manter o *status quo*. Será que os analistas e acionistas teriam de fato recebido com prazer uma grande queda na lucratividade? Por que a alta administração assumiria o risco? E por que iriam querer encarar a angústia dos funcionários que perderiam o emprego em prol de um modelo de serviços simplificado?

A dor da mudança estava bastante clara, enquanto o ganho parecia muito distante e nebuloso. No início dos anos de 1990 o corpo diretivo da Circuit City tinha uma visão alternativa do futuro. Havia ainda muitas regiões dos EUA para que a empresa se expandisse e ela já tinha incluído essa ideia em suas saudáveis projeções de crescimento, mas também calculara que seu conceito de loja-armazém estaria saturado no ano 2000. O plano era desenvolver seu antigo modelo e depois mudar para algo novo. Foi então que a organização começou a pesquisar outros conceitos de varejo em que pudesse aplicar suas forças. Estabeleceram, então, a Car Max, **automóveis de segunda mão!** Mas isso apenas os distraiu do seu negócio principal.

A última pergunta que precisaria ser feita é que impacto teria a remuneração dos executivos sobre o comportamento? Richard Sharpe deixou a posição de CEO em 2001, após quatorze anos de muito sucesso, e transferiu alguns grandes problemas para seu sucessor, Alan McCollough. Quando McCollough assumiu o cargo, ele disse: "Eu acredito, firmemente, que este é um ótimo momento para estar na Circuit City." Mas a história não confirmou suas palavras.

A mudança contínua da Best Buy

Enquanto a Circuit City executava com dedicação sua antiga estratégia, a Best Buy continuava se reinventando.[23] O sucesso do seu conceito de **serviço reduzido** projetou o grupo à liderança em 1996, mas, ao contrário de manter essa fórmula vencedora, a empresa mudou naquele ano, adicionando muitos outros itens ao seu estoque. Essa ação levou a companhia a outro patamar; em 2003, ela já perfazia o dobro da Circuit City. Mas, então, a Best Buy mudou novamente. O novo CEO, Brad Anderson, estava convencido de que a Best Buy podia fazer melhor, e que somente teria a flexibilidade para mudar quando as coisas estivessem funcionando bem. Ele argumentou que as empresas de alta tecnologia permitiam o teste e o fracasso de novas ideias – o P&D, a pesquisa e o desenvolvimento –, mas que os varejistas tinham de absorver tais custos como despesas administrativas gerais, e isso não era possível quando as margens eram muito apertadas.

Anderson sentiu que a complacência tomara conta da equipe diretiva da Best Buy, e para combater isso ele começou a estabelecer uma "plataforma de urgência"[24] para catalisar ações. Nesse sentido, ele providenciou vídeos de entrevistas com clientes que saíam das lojas da Best Buy de mãos vazias e eram questionados sobre o motivo pelo qual não tinham comprado nada. Ele identificou numerosos casos em que vendas foram perdidas por causa de más decisões tomadas pela alta administração. Ele apresentou esses vídeos em uma conferência de gestão sênior para demonstrar que a Best Buy não estava nem perto da qualidade que imaginava oferecer. Quando os executivos seniores se contorceram em embaraço ele mostrou os vídeos novamente. Aquele foi o início de um novo modelo de negócios **"centrado no cliente"** da Best Buy, que envolvia a inversão das prioridades da organização, concedendo muito mais liberdade de ação às lojas. Em 2007, depois que o processo fora completamente implantado, a Best Buy tornou-se **três vezes maior** que a Circuit City.

Prevenindo a recusa

Podemos destacar diversas lições na história da Circuit City e da Best Buy:

Cuidado com a fé cega – Reanalise sua estratégia regularmente e revise a lógica e as hipóteses-chave. Acompanhe as métricas de competitividade com frequência para identificar ameaças.

Seja paranoico – Considere toda nova ideia uma ameaça em potencial. Trate todas elas com respeito e modele-as à sua escala máxima para verificar que grau de perigo elas podem representar.

Canibalize-se – Acrescente novos modelos de negócio ao seu portfólio e canibalize sua própria empresa de uma maneira ordenada em vez de deixar que seus concorrentes façam isso quando bem entenderem.

Crie uma plataforma de urgência – É difícil mudar a não ser que a equipe de liderança concorde com a necessidade. A criação de uma plataforma de urgência anterior ao choque de uma crise real é importante porque a espera pela crise muitas vezes é fatal.

Invista em mudanças quando tudo estiver funcionando bem – Realize alterações quando os lucros estiverem indo bem, porque, em geral, você não tem essa opção quando eles vão mal.

Comprometa-se com as futuras gerações – Em última análise, para um líder, a recusa (negação) é um ato de irresponsabilidade. O papel de um CEO não se resume a entregar ótimos resultados enquanto ele ocupa a cadeira, mas também em deixar uma base segura para as gerações seguintes. Comprometa-se com isso e exija que sua equipe diretiva faça o mesmo.

Retornaremos a alguns dos assuntos que estimulam a recusa em mais detalhes na **Parte 3: Mentes inteligentes**.

Terceiro nível: inexperiência estratégica

Muitas empresas sabem muito bem que têm um problema, mas não sabem como resolvê-lo. Trata-se das empresas estrategicamente inexperientes.

Perdidos no escuro

Alguns inexperientes (ou incompetentes) parecem perdidos no escuro. Eles sentem que têm um problema; e sabem que é algo importante porque a pressão da concorrência está crescendo e está difícil sustentar o antigo sucesso da empresa; mas eles simplesmente não sabem o que fazer – todos concordam plenamente que não sabem qual é o problema nem como resolvê-lo.

Essas organizações enfrentam vários perigos. Elas podem perder tempo e energia absurdos **fazendo lavagem cerebral** e discutindo o problema sem alcançar nenhum progresso. Como todo amador bem-intencionado que discute a melhor maneira de resolver um problema complexo, eles são sinceros em seus esforços, mas sua falta de conhecimento não contribui para um debate significativo nem gera ações eficazes.

Outro perigo para os perdidos no escuro é o fato de eles se voltarem a respostas táticas para se manter ocupados, para prover um paliativo de curto prazo e/ou para distrair-se do verdadeiro desafio. A estratégia falha continua inalterada.

Os perdidos no escuro devem se comprometer a investir tempo aprendendo a formular e implantar estratégias.

Querelas

Algumas empresas inexperientes (incapazes) são mais ativas em seus debates internos a respeito de qual estratégia deveriam seguir. Outras não concordam em relação ao problema.

Outras, ainda, acham que concordam sobre o problema, mas não sobre a solução. Seja qual for o caso, a organização gasta seu tempo com questões menores em vez de definir o problema e resolvê-lo.

Não é incomum que membros de uma equipe de alta administração genuinamente discordem em relação aos problemas enfrentados pela empresa. Isso ocorre porque cada um de nós possui percepções influenciadas. Cada integrante da equipe trabalha sobre um modelo parcial da realidade que reflete suas próprias responsabilidades e experiências, portanto cada um **"vê"** aspectos diferentes ao olhar as mesmas informações. Cada pessoa enfoca de maneira seletiva os dados que considera relevantes, infere significado nas informações, chega a conclusões "óbvias" a partir delas e, então, advoga sua posição como se fosse "a correta". E pelo fato de serem especialistas em seus respectivos assuntos, fazem isso automaticamente, sem tomar consciência de como estão agindo. Estes são os *experts* cegos, que tentam convencer uns aos outros de suas ideias – cada qual igualmente convencido de estar certo e de que todos os demais estão errados.

A única maneira de superar esse impasse é mediante o desenvolvimento das habilidades de estruturação de diálogo para que todos compreendam as percepções alheias. Somente então se torna possível chegar a um ponto de vista em comum. Trata-se de equilibrar defesa e acusação.[25] Cada indivíduo deve expressar seu argumento, provendo-lhe suporte com informações e justificativas, de modo que todas as outras pessoas sejam encorajadas a questioná-lo. Essa ação ajuda os ouvintes e o proponente a compreenderem melhor um determinado parâmetro. Quando precisamos fornecer argumentos para nossa posição com informações e justificativas somos forçados a refletir a respeito do quanto realmente sabemos sobre o assunto; encorajar o questionamento coloca nosso conhecimento à prova.

O diálogo estruturado constitui uma ótima ferramenta para ajudar indivíduos que de fato enfrentam problemas de interpretação. Contudo, ele não é tão eficaz nas situações em que executivos deliberadamente defendem um argumento em benefício próprio; por exemplo, eles podem estar tentando apenas evitar mudanças desagradáveis, manter uma posição de poder ameaçadora ou culpar outros pela situação enfrentada pela organização. No entanto, é muito mais difícil defender uma posição quando ela precisa ser apoiada por dados e justificativas. Neste sentido, o diálogo estruturado gera também uma comunicação mais honesta.

Porém, apesar de o diálogo estruturado facilitar a criação de uma visão em comum, ele não substitui o conhecimento e as habilidades necessárias à estratégia. Se a conversação estruturada se basear na inexperiência, continuará improdutiva. Espera-se que, ao trabalharem juntos de maneira mais eficaz, os querelantes concordem que não sabem o suficiente e se comprometam a aprender a formular e implantar estratégias de maneira efetiva. Caso não o façam, continuarão a queixar-se e, nesse meio-tempo, trilharão o **caminho para a falência**.

Terceirizando a situação para os consultores

Os inexperientes sentem grande tentação em contratar consultores para realizar seu próprio trabalho. Durante uma emergência essa pode ser uma saída, mas tal atitude não resolve o problema de longo prazo. Os **consultores raramente ajudam** as empresas a construir uma competência estratégica, e alguns ainda argumentam que não é de seu interesse econômico "entregar o ouro" ao cliente. Na próxima vez que uma mudança estratégica se fizer necessária, os inexperientes precisarão novamente contratar seus consultores, gerando mais lucros para estes. Considerando que o mundo está em mudança contínua, não irá demorar muito para que precisem chamar os consultores de volta. O resultado disso para a organização é dependência em vez de competência. Na verdade, a empresa terceiriza suas decisões mais importantes a respeito de onde e como competir, abdicando de uma das responsabilidades-chave de sua equipe diretiva.

Existem muitas dificuldades para a abordagem terceirizada. Qual é a hora certa de chamar novamente os consultores? Presume-se que esta seja uma decisão que cabe à alta administração, mas essas pessoas não têm competência para resolver isso. Cegas aos riscos, elas podem demorar demais a contatá-los, ou, pior, contratar consultores que têm um **interesse velado em lhes vender mais serviços do que elas de fato precisam**. Além disso, os consultores estratégicos, digam o que disserem, tendem a enfocar na formulação da estratégia e deixam a maior parte da implementação a cargo de seus clientes. A separação dessas duas ações[26] muitas vezes leva a uma formulação fraca da estratégia porque os consultores não conhecem bem os recursos e a arquitetura da empresa ou o ambiente competitivo em que a firma está inserida. Além disso, essa divisão também resulta em uma implantação ineficaz porque os funcionários não entendem completamente o que devem fazer para alcançar o sucesso estratégico e não estão motivados para fazê-lo.

As empresas estrategicamente inexperientes devem se comprometer internamente em construir as habilidades e os processos necessários à formulação e à implantação da estratégia. Aceitar esse compromisso é o primeiro passo em direção à **inteligência estratégica moderada**.

Os comprometidos

O estado mais perigoso de inexperiência é o da equipe executiva que concorda a respeito do problema e de sua solução, mas, na verdade, não tem a mínima ideia do que está fazendo. Diferentemente das empresas que brincam de "faz de conta", os comprometidos acreditam de fato no que estão fazendo e pensam que tal atitude tem sentido estratégico, mesmo que seu raciocínio se mostre fatalmente imperfeito. Algumas empresas realizam alterações em sua direção estratégica, convencidas da vitória mesmo quando enfrentam certas perdas. Lembrando o poema de Alfred Tennyson, *A Carga da Brigada Ligeira*, durante a guerra da Crimeia, em 25 de outubro de 1854, na batalha de Balaclava, 673 homens da cavalaria ligeira britânica atacaram o vale da Morte e foram massacrados pelas armas russas que ali se escondiam. Não havia dúvida quanto ao compromisso dos militares britânicos, mas eles foram comandados na direção errada![27]

Empresas comprometidas têm, tipicamente, uma tendência para a ação. **Preparar-Apontar-Fogo!** Há pouco risco de sofrer paralisia por análise. O desafio está em manter o equilíbrio. Pensar não toma tanto tempo quanto desfazer os erros provocados por uma decisão precipitada. Um pequeno pensamento seguido de ação ajuda muito; e, em seguida, um pouco mais de pensamento ajuda a refletir sobre como tudo está funcionando. E o primeiro passo é aprender a **pensar estrategicamente**.

Mas gastar tempo com a definição de problemas é um luxo que empresas realmente em crise não têm. É melhor evitar essa situação e começar cedo, como fez Brad Anderson, que investiu em mudanças antes que a crise alcançasse a empresa. Aliás, se a organização sempre estiver em busca por problemas para resolver, constantemente no modo "criando problemas", é mais provável que nunca experimente uma crise e esteja sempre preparada para enfrentá-la.

Lidando com a inexperiência (incompetência)

Não existe paliativo para a inexperiência (incompetência) estratégica; ela demanda aprendizado – saber formular e a implantar estratégias. Durante uma emergência é difícil pensar em aprender novas habilidades, portanto, o momento de aprender é quando as coisas estão caminhando bem. O que aprender é o assunto do **Capítulo 3: O que é estratégia?** e **Capítulo 4: Inteligência estratégica moderada**.

Resumo

As empresas que falham em reagir no tempo adequado às mudanças em seu nicho competitivo dispõem de QI estratégico reduzido. Mas existem múltiplos motivos para isso, e cada um deles sugere um grau diferente de QI.

Os estrategicamente cegos ocupam a parte mais baixa desse espectro. Para alguns, o problema é não saber o que uma estratégia significa e não se importar muito com esse fato; eles são os leigos felizes. Outros brincam de "faz de conta"; dizem que têm uma estratégia, mas ela não tem nada a ver com a realidade. Outros contraíram amnésia estratégica; esqueceram a própria estratégia e estão funcionando em piloto automático ou perseguindo outras metas. Para as organizações que estejam sofrendo de cegueira estratégica, **abram seus olhos** e tomem consciência (Figura 2.3) da situação. Para os leigos felizes, isso significa conscientizar-se da importância da estratégia; para os que brincam de "faz de conta", trata-se de descobrir o que estratégia de fato significa; e para os que se esqueceram, é preciso lembrar. Eles devem comprometer-se a construir competência estratégica.

Figura 2.3: Fugindo da inteligência estratégica reduzida

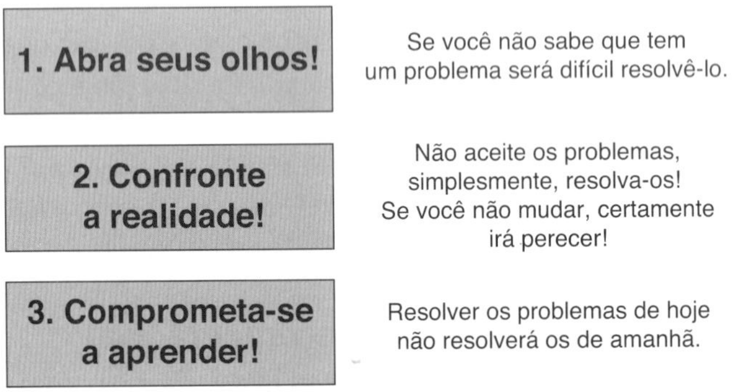

1. Abra seus olhos!	Se você não sabe que tem um problema será difícil resolvê-lo.
2. Confronte a realidade!	Não aceite os problemas, simplesmente, resolva-os! Se você não mudar, certamente irá perecer!
3. Comprometa-se a aprender!	Resolver os problemas de hoje não resolverá os de amanhã.

Temos, então, as empresas em recusa estratégica. Elas percebem que precisam de uma mudança estratégica, mas algumas, como o famoso avestruz, ignoram essa necessidade na esperança de que ela irá desaparecer; outras ficam paralisadas como um coelhinho sob holofotes, vendo o perigo mas sem fazer nada para se salvar; e existem aquelas que se distraem com movimentos táticos para resolver o problema, como o *hamster* na rodinha, correndo cada vez mais rápido sem sair do lugar. A boa notícia é que os que se recusam a aceitar sabem o que uma estratégia significa; o desafio é fazê-los **confrontar a realidade** (Figura 2.3), ou seja, o fato de que a estratégia utilizada por eles **já não funciona mais**!

Por fim, temos os estrategicamente inexperientes, os perdidos no escuro, os querelantes, os que terceirizam para os consultores ou os comprometidos com a resposta errada. Não existem soluções fáceis. Como no caso dos estrategicamente cegos ou dos que estão em negação, não existe substituto para o aprendizado do bom desenvolvimento e da boa implantação da estratégia (Figura 2.3).

Notas

1. Collis e Conrad (1996).
2. Collis e Ruckstad (2008) propõem um modelo mais simples que se concentra em metas, escopo e vantagem.
3. Porter (1980).
4. Rivkin e Halaburda (2007).
5. Prahalad e Hamel (1990).
6. Kim e Mauborgne (2005).
7. Para uma discussão dos efeitos diretos de rede, ver Katz e Shapiro (1985). Para uma explicação dos efeitos indiretos de rede, consulte Econimides e Salop (1992).
8. Rettner (2010).
9. Joni e Beyer (2009).
10. Wells e Haglock (2005).
11. "Quem é tão surdo, ou assim tão cego, como aquele que voluntariamente não quer ver nem ouvir?" John Heywood (1546) *Dialogue of Proverbs II* (*Diálogo de Provérbios II*). ix. K4, citado em Simpson e Speake (2009).
12. Gavetti, Henderson e Giorgi (2004).
13. Wells (2005), *Circuit City Stores, Inc.*

14. Coca-Cola Company, Formulário 10K (1993) p. 162.
15. Austin e Nolan (2000).
16. Gerstner (2002).
17. Bazerman e Watkins (2004).
18. Christensen (1997).
19. Wells (2005), *Circuit City Stores, Inc.*
20. Esta é uma citação direta do Formulário 10-K de 1988 da Circuit City, p. 3.
21. Wells (2005), *Best Buy Co., Inc.*
22. Estas recomendações são baseadas em discussões com executivos e sua interpretação do caso Circuit City. Wells (2005), *"Circuit City Stores, Inc."*
23. Wells (2005), *Best Buy Co., Inc.*
24. A metáfora "plataforma de urgência" é baseada na difícil escolha que os trabalhadores da plataforma de petróleo Piper Alpha enfrentaram quando lá ficaram presos durante o incêndio de 6 de julho de 1988, no mar do Norte, ao nordeste de Aberdeen. Ficar e morrer queimados ou arriscar a vida mergulhando a uma altura de 23 m em água gelada repleta de detritos flamejantes? Muitos pularam e sobreviveram. A lógica? Prefiro a morte provável à morte certa. Não existem garantias de sobrevivência, mas se você não mudar, você está definitivamente morto!
25. Argyris (1990).
26. Martin (2010) enfatiza a importância de se ter uma visão integrada da formulação e implementação da estratégia.
27. Tennyson (1854).

CAPÍTULO 3

O QUE É ESTRATÉGIA?

O objetivo de qualquer negócio é alcançar alto desempenho sustentável. Para isso, o empreendimento deve desenvolver uma boa estratégia competitiva. A estratégia é composta por um conjunto de escolhas a respeito de onde e de que modo competir, e é representada no **modelo de estratégia de negócios de uma empresa** (Figura 1.1 na página 8).

Neste capítulo identificamos os princípios que regem os modelos de estratégia de negócio. No **Capítulo 4: Inteligência estratégica moderada** descrevemos de que modo desenvolver um modelo.

Âmbito externo

Algumas oportunidades de negócio são intrinsecamente mais atraentes que outras, por isso a primeira escolha estratégica da empresa se refere ao campo de batalha no qual ela deseja lutar. O potencial de lucro de uma companhia é formado pela diferença entre a disposição dos clientes em pagar e os custos da empresa em fornecer. Organizações que criam grande valor para seus clientes têm mais potencial, portanto uma boa estratégia se inicia pela profunda compreensão das necessidades dos clientes e da disposição deles em pagar para satisfazê-las.

Mas os **custos de fornecimento** também são importantes. Compreender os princípios básicos da economia que satisfazem as necessidades dos clientes e o que pode acarretar a expansão desses custos ao longo do tempo é essencial para se avaliar o potencial de lucro. Se a disponibilidade para pagar não superar os custos, então o negócio estará em apuros, como descobriram muitos dos que apostaram no segmento ponto.com. O preço máximo possível a ser cobrado em um negócio é o valor total que seu produto representa para os clientes. Porém, estes raramente precisam pagar esse preço. O preço real é orientado pelo nível de concorrência do segmento. Quando existe pouca competitividade o preço se aproxima de seu máximo; se ela está alta o preço cai, até mesmo abaixo do custo de fornecimento. Os negócios têm diferentes níveis de concorrência, e é isso que os torna mais ou menos rentáveis. O nível de competitividade é muitas vezes diferente em cada segmento de negócio. Compreender esse nível ajuda as empresas a se posicionarem para alcançar lucros superiores à média.

Ao avaliar o nível de concorrência, o fator mais óbvio a enfocar se refere aos rivais competindo pela atenção dos clientes. Quanto maior o número de concorrentes, mais bravamente eles lutam; quanto menos diferença existe entre os produtos (serviços), mais intensa é a rivalidade. No entanto, em seu livro seminal, *Estratégia Competitiva*, o professor Michael Porter,[1] da Harvard Business School, adotou uma visão mais ampla da concorrência e identificou quatro outras grandes fontes de competição por lucros em sua análise da estrutura dos setores industriais (Figura 3.1).

Como muitos fornecedores da Walmart já descobriram, clientes poderosos são capazes de extrair a maior parte do lucro de um empreendimento. Fornecedores poderosos conseguem fazer o mesmo, como a Intel e a Microsoft têm feito na fabricação de PCs. Parcos níveis de rentabilidade levaram a IBM a vender seu setor de PCs e a HP a anunciar sua saída desse mercado (retomada mais tarde).

Porém, mesmo que haja poucos rivais e fornecedores e que os clientes sejam mais fracos, os lucros não irão durar por muito tempo se existir facilidade para a entrada de novas empresas no segmento. Para conseguir uma boa rentabilidade no longo prazo, as barreiras à entrada de novos competidores devem ser altas. E, por último, mas não menos importante, os produtos substitutos fixam o limite máximo do preço pago pelo cliente e, portanto, os lucros que uma empresa poderá alcançar.

Capítulo 3 O que é estratégia?

Figura 3.1: Fontes de concorrência por lucros

Fonte: Michael E. Porter (2004, p. 5), *Vantagem Competitiva*

A avaliação cuidadosa do modelo das **cinco forças** de Porter indica o nível de lucratividade que uma empresa comum poderá esperar de uma oportunidade de negócio; ela também indica de que maneiras uma empresa poderá se posicionar para alcançar retornos acima da média, como, por exemplo, escolher servir segmentos cujos clientes tenham menos força de barganha. O truque é escolher o segmento certo e posicionar-se nele com cuidado para alcançar lucros superiores à média.

Por décadas, o quadro das cinco forças de Porter provou-se uma ferramenta simples e eficaz, mas isso não impediu a busca pela **sexta força**; alguns sugerem que ela se apresente na forma de **complementos**. Um complemento enriquece o produto (serviço) de uma empresa; os *softwares*, por exemplo, tornam mais útil um computador pessoal!

Em alguns aspectos, a existência de complementos aumenta a atratividade de um negócio; quanto mais *softwares* disponíveis para um determinado modelo de PC, mais atraente esse computador se torna. Mas, em outros casos, os complementos se transformam apenas em uma fonte de competição por meros trocados do cliente.[2] Se eles têm somente uma certa quantia para gastar, e o preço do complemento é alto, isso significa menos chance de esse produto ser comprado. Idealmente, as organizações gostariam de

PARTE 1   ESTRATÉGIA INTELIGENTE

observar uma forte competição no setor de itens complementares, de modo que estes se tornassem muitos e mais baratos, transformando os principais produtos das empresas em bens mais atraentes. Por exemplo, se a música pirateada já viesse gratuitamente baixada nos *iPods*, isso tornaria estes produtos mais sedutores.

Muitas outras propostas já foram feitas em relação à sexta força. Na realidade, há muitos fatores que moldam a atratividade do ambiente competitivo, como, por exemplo: a tecnologia, as regulamentações financeiras, a política, a macroeconomia, as preocupações ambientais, as tendências demográficas e as normas sociais. Às vezes, esses fatores geram um efeito positivo sobre a rentabilidade, mas em outras ocasiões, o efeito é negativo. Para entendermos a distinção, podemos retomar a concepção do modelo de Porter. E é isso o que o torna tão útil.

As dinâmicas da rentabilidade ao longo do tempo também são importantes. As tendências das cinco forças indicam se a rentabilidade média irá aumentar ou diminuir. Investidores inteligentes procuram aplicar seu capital em empresas cujos lucros tendam a aumentar no futuro, comprando suas ações com desconto. Igualmente, eles buscam vender essas mesmas ações pelo maior valor possível quando começam a achar que seus lucros irão diminuir no longo prazo.

Ao avaliar um negócio, também é útil observar de maneira mais ampla o completo sistema de valores; a cadeia de abastecimento acima, os canais de distribuição abaixo e os produtos complementares ao seu redor. O objetivo é identificar onde os lucros são atualmente conseguidos no sistema de valores e de que maneira isso poderá mudar no futuro. Por exemplo, 25 anos atrás, a maior parte dos lucros na indústria fonográfica ficava para as grandes gravadoras.[3] Há dez anos, uma fatia crescente dos lucros estava sendo redirecionada aos grandes varejistas. Hoje, a distribuição digital está destruindo os varejistas e colocando ainda mais pressão sobre as gravadoras. Os serviços de *download* digital estão caminhando bem, mas, como já observado, a **disponibilidade da música pirata a custo zero** está tornando mais atraentes os tocadores de música digital complementares, como o *iPod*.

Por fim, ao contrário de apenas ajudar as organizações a reagirem, o esquema das cinco forças do modelo de Porter poderá auxiliar as empresas a identificar como elas serão capazes de moldar o ambiente competitivo a seu favor. Isso inclui: a redução da concorrência direta por meio da consolidação ou da maior diferenciação de seu produto; o incentivo à conquista de novos clientes ou fornecedores de modo a reduzir o poder de negociação deles; e a construção de barreiras à entrada de novos concorrentes ou o aumento dos custos para mudança de fornecedor no sentido de proteger a empresa de seus substitutos.

Vantagem competitiva

Seja qual for o mercado escolhido pela organização, ela certamente não será a única a decidir-se por ele; será necessário encarar a concorrência, por isso a empresa deve desenvolver uma vantagem para alcançar lucros mais altos no longo prazo. Uma maneira de fazer isso é buscar um preço mais vantajoso por oferecer maior valor aos clientes. Enquanto o preço do produto/serviço for superior a quaisquer custos adicionais envolvidos, a empresa conseguirá lucros mais elevados. Esta é uma vantagem **por diferenciação**.

Diferenciação não significa apenas ser diferente ou único, mas ser melhor; **melhor** na definição do cliente. O teste decisivo de um produto para que este seja considerado melhor é perceber que, quando colocado ao lado da oferta concorrente, o cliente ainda pagará mais por ele. Se o preço for o mesmo, o produto deveria estar ganhando mercado. A diferenciação requer rigorosa disciplina econômica. A empresa deve ser capaz de calcular o valor extra que está proporcionando a seus clientes e de demonstrar isso a eles de maneira convincente. A companhia também deve estar ciente do custo relativo a essa diferenciação e somente acrescentá-la à sua base de custos se souber que pode cobrar um preço final que cubra esses custos extras.

Nos negócios, diferenciação significa a busca pela cobrança de preços especiais. Porém, as empresas também podem procurar construir uma vantagem em seus **custos** diretamente sobre os concorrentes. Em geral, isso significa oferecer preços mais baixos para compensar produtos menos valiosos. Todavia, desde que o desconto oferecido por elas seja menor que sua vantagem de custo, elas continuarão ganhando. Buscar ambas as vantagens ao mesmo tempo – de diferenciação e de custo – é muito difícil. É aí que a firma depara a segunda principal escolha estratégica que deverá fazer: **Como a organização espera vencer no segmento que escolheu? Que vantagem ela procura?**

45

O potencial de lucro de uma empresa é, portanto, constituído por três componentes: a **rentabilidade média intrínseca** do negócio; o **lucro incremental** de encontrar segmentos atraentes dentro do negócio; e a **vantagem competitiva** em relação aos concorrentes do mesmo segmento.

Estratégias gerais

A escolha do campo de batalha define a extensão do âmbito externo de uma estratégia; a escolha do tipo de vantagem identifica de que modo a empresa pretende vencer. Para isso, Porter sugere três estratégias gerais: **baixo custo**, uma grande busca por vantagem de custo; **diferenciação**, um forte empenho por diferenciação; e **foco**, a escolha de um nicho para atender (Figura 3.2).[4] No entanto, a simples seleção de um nicho não garante que uma empresa irá sobressair nele; ela deve proporcionar ao segmento que deseja servir uma vantagem superior à de seus concorrentes. Isso muitas vezes se torna um desafio quando os competidores são grandes jogadores que desfrutam de economia e posicionamento de ampla escala. A estratégia de foco somente é possível quando os grandes concorrentes enfrentam dilemas difíceis que fazem com que alguns nichos de mercado lhe pareçam pouco atraentes, enquanto os competidores de pequeno porte encontram dificuldades para entrar no setor.

Figura 3.2: Estratégias gerais de Porter

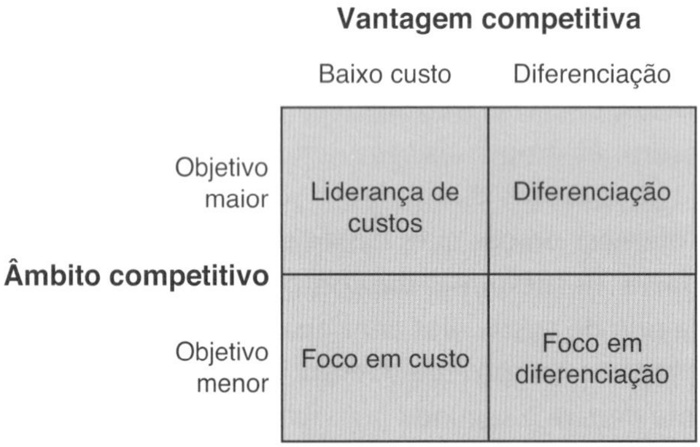

		Vantagem competitiva	
		Baixo custo	Diferenciação
Âmbito competitivo	Objetivo maior	Liderança de custos	Diferenciação
	Objetivo menor	Foco em custo	Foco em diferenciação

Fonte: Michael E. Porter (2004), *Vantagem Competitiva*, p. 12

Além da vantagem estática – rapidez e inteligência

A diferenciação e o baixo custo são vantagens relativamente **estáticas**. Sempre existe a possibilidade de os concorrentes replicarem tais vantagens e alcançarem a firma mais bem-sucedida, ou até superá-la. O valor econômico da vantagem corresponde ao tempo total em que ela irá perdurar. Se uma organização é **mais rápida** na implantação de seus movimentos estratégicos que seus concorrentes, ela desfrutará por mais tempo da lucratividade mais elevada fornecida pela nova estratégia. A rapidez nas mudanças estratégicas também configura uma métrica de vantagem.[5]

Entretanto, é importante ser rápido de maneiras inteligentes. Movimentos estratégicos que proporcionem grande diferença em termos de competitividade são, obviamente, mais atraentes. Contudo, seu valor ainda depende de quanto tempo essa vantagem irá durar, portanto, é preciso escolher passos que sejam difíceis de ser copiados pelos concorrentes; isso poderá acontecer pelo fato de eles não notarem o que foi feito por algum tempo; por estarem relutantes em copiar seus passos; ou, até mesmo, por simplesmente não serem capazes de fazê-lo. A frequência das inovações estratégicas também garantem mais vantagem – empresas que identificam mais **"jogadas atraentes"** se saem melhor. As organizações que optam por ações capazes de criar mais opções para o futuro, originando novas plataformas e evitando becos sem saída, também são mais eficientes. Em suma, essas organizações trabalham de modo **mais inteligente**.[6]

A Capital One, a quarta maior emissora de cartões de crédito dos EUA em 2011, é, sem dúvida, mais rápida na geração de novas ideias do que seus concorrentes, além de gerar um número bem mais elevado de opções. Em sua busca constante para manter o atual valor líquido da empresa elevado, a empresa realiza anualmente mais de 50 mil testes de novos produtos e/ou segmentos de mercado. No processo, a organização construiu um valioso banco de dados (uma média de cem páginas em espaço simples com todos os adultos nos EUA) que facilita a procura por novas oportunidades comerciais.[7]

Porém, a diferenciação e o baixo custo não são suficientes em um mundo em rápida transformação. As empresas devem ser ágeis e inteligentes o suficiente para competir em um jogo ainda mais rápido e mais inteligente (Figura 3.3).

PARTE 1 ESTRATÉGIA INTELIGENTE

Figura 3.3: As quatro fontes de vantagem competitiva

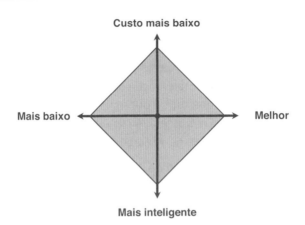

Posicionamento dinâmico

A Capital One sempre trabalhou com o seguinte tipo de estratégia: "conservar-se à frente" – mantendo um posicionamento estratégico dinâmico em vez de estático. Quando entrou no mercado de cartões de crédito no final dos anos de 1980, a empresa era muito menor que seus principais concorrentes e teria encontrado grandes dificuldades para sobreviver oferecendo os mesmos produtos; mas, em vez disso, a firma introduziu no mercado uma série de novas ideias que lhe proporcionaram margens de lucro maiores. Os concorrentes demoravam a reagir, e quando finalmente copiavam a nova concorrente, a Capital One abandonava suas velhas ideias e lançava outras mais novas.[8] Sua estratégia **"manter-se à frente"** demandava inovação constante, mas foi desse modo que conseguiram construir sua máquina de inovação.

O posicionamento dinâmico (Figura 3.4) é comum em muitos ambientes de rápida transformação. Tomemos, por exemplo, os produtos eletrônicos. Algumas empresas, como a Sony, têm historicamente se esforçado para ser pioneiras, apresentando um grande leque de ideias de vanguarda e cobrando preços mais altos para cobrir os custos extras desse **pioneirismo**. Para ganhar nesse jogo, as empresas devem ser mais rápidas e mais inteligentes ao competir pela diferenciação; e isso demanda habilidades comerciais e pesquisas agressivas.

Capítulo 3 O que é estratégia?

Figura 3.4: Posicionamento dinâmico para vantagem competitiva

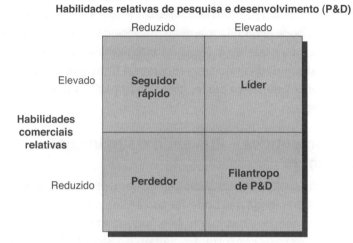

Outras, como a Panasonic, preferem ser seguidoras rápidas, adotando ideias de sucesso com agilidade; sendo que o preço médio desse posicionamento é mais baixo que aquele dos pioneiros, e alguns dos custos são evitados. Essas empresas se concentram em ser mais ágeis que inteligentes, e seu objetivo é manter um custo mais baixo em vez de buscar a diferenciação dos pioneiros. O nível de habilidades em pesquisas para essas organizações não é tão elevado, mas as habilidades comerciais ainda lhes são essenciais.

Por fim, vêm os concorrentes do tipo **"eu também"**, que entram mais tarde no jogo, quando os produtos já estão bem-estabelecidos, e simplesmente produzem grandes volumes a baixo custo. Para esses competidores, o requisito fundamental é a grande escala de produção. As empresas coreanas costumavam desempenhar esse papel no setor de produtos eletrônicos, mas agora companhias como a LG e a Samsung aproximam-se do posicionamento de pioneirismo, enquanto os chineses assumem o manto do **"eu também"**. O jogo "eu também" se concentra diretamente na vantagem de custos.

O desafio do posicionamento dinâmico está no gerenciamento do ciclo de vida do produto, ou seja, na definição de quando abandonar antigas ideias e se comprometer com as novas. Para gerenciar esse processo, algumas organizações muitas vezes disponibilizam várias gerações de um mesmo produto no mercado ao mesmo tempo, como vemos com as versões atuais

49

do *iPhone* da Apple.[9] Trata-se de um jogo de constante **autocanibalização**, que pode ser muito doloroso, especialmente se existir um imenso estoque envolvido. Desistir de um produto cedo demais é como abandonar os lucros sobre a mesa; isso pode gerar financiamento insuficiente e dificultar a abertura de caminho para uma nova ideia. Desistir tarde demais pode fazer com que as empresas acabem dedicando seus recursos a lutas fadadas ao fracasso contra concorrentes de baixo custo, além de impedir que elas consigam inovar o suficiente.

Dinâmica competitiva – Prevendo o surgimento de concorrentes

A partir da discussão anterior sobre posicionamento e vantagem deve ter ficado claro que a estratégia não pode ser construída de maneira isolada; ela depende do que os concorrentes fazem. As empresas adaptam suas estratégias continuamente. Como os concorrentes agiram no passado? O que isso nos diz a respeito de como eles poderão agir no futuro? Como possivelmente irão reagir a qualquer movimento que façamos?[10]

Quando uma empresa faz qualquer movimento estratégico importante, seu objetivo é melhorar sua vantagem sobre a concorrência. Não faz sentido tomar medidas que os concorrentes possam copiar rapidamente e de modo ainda mais eficaz. Uma estratégia inteligente procura explorar as fraquezas e a inércia dos competidores.[11] O movimento ideal é o que representa alto custo para os concorrentes reagirem e cuja vantagem adquirida pela empresa eles serão incapazes de alcançar. Por exemplo, há muitos anos, no mercado de telecomunicações dos EUA, a MCI construiu uma rede simples utilizando um sofisticado sistema de controle de roteamento de chamadas, o que lhe permitia variar o preço de seus serviços dependendo do número discado pelo cliente. Isso habilitou a MCI a oferecer descontos para os números chamados com mais frequência, como os de amigos e da família.[12] O serviço se tornou muito popular, mas a AT&T, líder do mercado, foi lenta em reagir porque dispunha de uma rede muito mais complicada baseada em tecnologia antiga que não permitia variações de preços. Para equiparar-se tecnologicamente à MCI, a AT&T teria de fazer um investimento enorme. Em vez disso, a companhia adiou esse *upgrade* até que a MCI conseguisse uma fatia de mercado de 25%.

Capítulo 3 O que é estratégia?

Uma situação ainda estrategicamente desejável para a empresa ocorre quando os concorrentes conseguem copiá-la rápido, mas tal alteração os coloca em desvantagem (Figura 3.5). Problemas surgem apenas quando os concorrentes alcançam melhor qualidade ou menor custo como resultado da cópia. Vale a pena fazer um movimento contra outros competidores desde que eles sejam lentos em responder, contudo, a organização deve buscar outras ideias quando for copiada por concorrentes mais poderosos que ela, utilizando uma estratégia "manter-se à frente", como ilustrado pela Capital One.

Figura 3.5: Prevendo as reações da concorrência

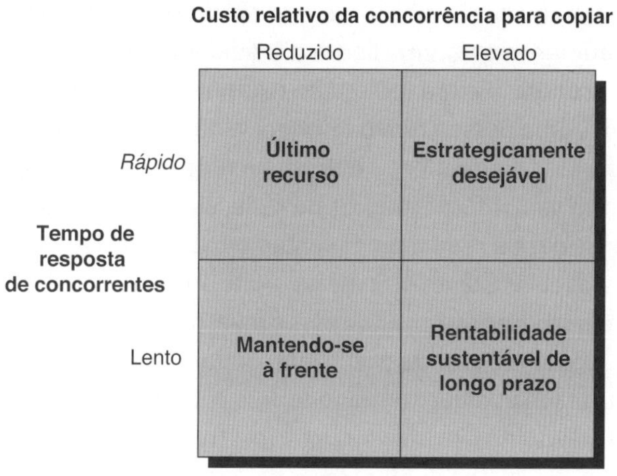

	Custo relativo da concorrência para copiar	
	Reduzido	Elevado
Rápido	Último recurso	Estrategicamente desejável
Lento	Mantendo-se à frente	Rentabilidade sustentável de longo prazo

(Tempo de resposta de concorrentes)

Enquanto os concorrentes estão começando a agir, a empresa ainda fica livre para desfrutar os lucros extras proporcionados por sua nova vantagem até que os retardatários a alcancem.

A inovação mais perigosa é aquela em que a concorrência pode copiar de maneira rápida e fácil e que irá aumentar a vantagem competitiva dela. Essa ação mina a posição estratégica de uma organização e ameaça a sua sobrevivência, portanto deve ser evitada. Desse modo, percebemos que nem toda inovação é boa. As empresas não devem se concentrar na inovação por si só, mas na **inovação concentrada na vantagem**.

PARTE 1 ESTRATÉGIA INTELIGENTE

A discussão anterior enfoca as ações e reações de concorrentes diretos, mas se aplica a todos os que venham a competir por lucros. Por exemplo, como os clientes reagiriam se uma empresa integrasse uma nova ideia ao seu portfólio e começasse a competir com sua própria base de clientes? Será que os clientes continuariam a comprar dessa companhia ou mudariam para uma concorrente? As empresas devem sempre considerar de que modo suas ações podem afetar o meio competitivo.

Efeito de rede e vantagem competitiva

O interesse despertado pela vantagem competitiva gerada pelos efeitos de rede tem aumentado ao longo do tempo, em especial com o crescimento do comércio eletrônico. Temos um efeito de rede direto quando o valor de um produto aumenta para um cliente à medida que mais clientes compram esse mesmo produto (Figura 3.6).[13] Um exemplo clássico disso é o telefone. Quando apenas uma pessoa tem telefone, ele não é muito útil, mas conforme mais e mais pessoas o adquirem – **entram na rede** –, mais valioso ele se torna. Quando existem vários fornecedores de rede, os clientes se dispõem a pagar mais para participar da rede maior, e então o custo para servir cada um deles diminui.[14] Nessas circunstâncias, torna-se muito atraente ampliar a participação no mercado, o que incentiva as empresas a investirem nisso. O objetivo final da organização é tornar-se grande o suficiente para que não seja proveitoso para um cliente entrar em qualquer outra rede; isso cria um monopólio. Óbvio, isso é muito atraente do ponto de vista competitivo. O monopólio apenas será desfeito se um concorrente conseguir oferecer uma rede melhor para atrair clientes.

Figura 3.6: Efeitos de rede

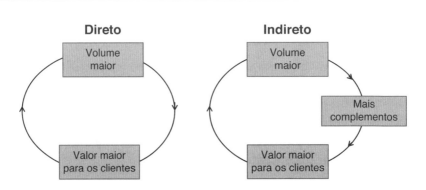

Os efeitos de rede indiretos[15] funcionam por causa dos complementos (Figura 3.6). Um exemplo pode ilustrar mais facilmente esse conceito. O sistema operacional da Microsoft não é muito útil sem um *software*. Quanto mais *softwares* forem criados para seu sistema operacional, mais atraente se torna sua compra. E quanto maior a participação da Microsoft no mercado, menor se torna o sentido econômico de os produtores de *software* desenvolverem versões para outros sistemas operacionais. Os benefícios da participação no mercado funcionam de maneira indireta por meio dos complementos, mas o resultado é o mesmo – o **monopólio**.

Portanto, não surpreende o fato de que as empresas buscam efeitos de rede. No entanto, o alcance do efeito de rede é muitas vezes exagerado. Por exemplo, declarações iniciais quanto ao grande poder dos efeitos de rede nos leilões *on-line* da eBay argumentavam que a empresa iria controlar o mercado mundial. Porém, como a maioria das transações ocorre dentro de mercados locais muitas outras empresas surgiram para atender essas necessidades regionais.[16] A rigorosa revisão dos fenômenos é sempre essencial.

Âmbito interno, ativos e arquitetura

Âmbito interno

Depois que uma organização identifica a vantagem que procura, ela deve escolher a maneira de capturar o valor que essa vantagem irá criar. Em que atividades a empresa deveria investir? Essa é uma outra escolha estratégica muito importante.

Por exemplo, considere uma empresa cujo objetivo de diferenciação seja a concepção de dobradiças mais duradouras. Ela poderá optar por produzir as dobradiças em suas próprias dependências e vendê-las a um preço mais elevado. Como alternativa, poderá escolher terceirizar sua produção usando uma empresa maior a um custo mais baixo de fabricação, mas manter o controle do projeto e de suas relações com os clientes. Ela poderia igualmente decidir ampliar sua esfera de ação e embutir um contrato de manutenção para as dobradiças de modo a angariar mais lucro para a empresa. A companhia também poderia restringir o escopo de suas atividades internas, licenciando sua tecnologia a outros fabricantes de dobradiças e concentrando todos os seus esforços em projetos. Existem muitas alternativas para se capturar o valor agregado, com diferentes perfis de investimento e diferentes níveis de controle estratégico.

O mesmo vale para empresas que buscam vantagem de custo. Elas podem evitar investir em atividades em que há abundância de fornecedores de baixo custo e muita competição, preferindo terceirizar tais produtos ou serviços no mercado. A empresa também pode realizar *joint ventures* para certas atividades com companhias que disponham de vantagem naquela determinada área, buscando firmar relacionamentos exclusivos para deter seus concorrentes. Todavia, as atividades que representam determinantes fundamentais de posição relativa de custos têm prioridade de investimento. Mais uma vez, são muitas as opções de configuração de atividades. O objetivo é escolher aquela que maximize a vantagem e forneça uma posição sustentável à organização.

Ativos

O objetivo de uma organização, ao optar por investir em uma atividade, é a criação de um patrimônio. Os ativos normalmente demandam investimentos antecipados, mas prometem oferecer um fluxo de caixa contínuo no futuro. O valor presente líquido desse fluxo de caixa representa o valor do ativo.

Os ativos podem ser **tangíveis**, como fábricas e equipamentos, ou **intangíveis**, como tecnologia ou *know-how* para operar uma instalação da maneira mais eficaz; ambos os tipos podem oferecer vantagem competitiva. Instalações de grande porte podem contribuir para a redução dos custos unitários; a tecnologia superior possibilita mais qualidade; e a melhoria das habilidades operacionais pode proporcionar ambas as vantagens anteriores. Processos que combinam esses três fatores criam um ativo potente que proporciona uma poderosa fonte de vantagem competitiva – uma competência singular para a empresa.

A maioria das empresas investe em um amplo leque de ativos ao longo do tempo (Figura 3.7), alguns dos quais oferecem vantagem competitiva. Já que o dinheiro da firma foi gasto na aquisição ou no desenvolvimento dos ativos, estes muitas vezes moldam as escolhas que as organizações fazem a respeito dos campos de batalha nos quais elas irão lutar e quais vantagens irão perseguir. As empresas buscam oportunidades de negócio atraentes e

Capítulo 3 O que é estratégia?

nas quais elas possam sobressair. No entanto, novas oportunidades muitas vezes exigem o desenvolvimento de alguns ativos novos e o descarte de outros mais antigos.

Figura 3.7: Classes de ativos

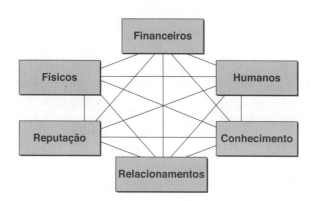

Arquitetura

Depois de ter escolhido onde competir e qual vantagem procurar, a empresa deve configurar seu ambiente interno de modo coerente com essas escolhas; deve desenvolver uma arquitetura que organize seus ativos de modo que trabalhem em conjunto no sentido de criar valor. Usamos aqui o termo **arquitetura** para transmitir a ideia de que esse passo envolve muito mais que um organograma. Os organogramas resumem as funções, as responsabilidades e as relações hierárquicas da firma e ajudam a definir quem realiza cada trabalho. Mas as companhias também precisam de processos que definam de que maneira o trabalho deverá ser realizado; precisam de sistemas de gestão de recursos humanos para indicar quais são as habilidades necessárias e de que modo os profissionais deverão ser recrutados e treinados; sistemas de avaliação e de recompensa para motivar o desempenho e rastrear os resultados; e, finalmente, sistemas de informação e de comunicação para unir todos os demais sistemas (Figura 3.8).

PARTE 1 ESTRATÉGIA INTELIGENTE

Figura 3.8: Elementos da arquitetura formal

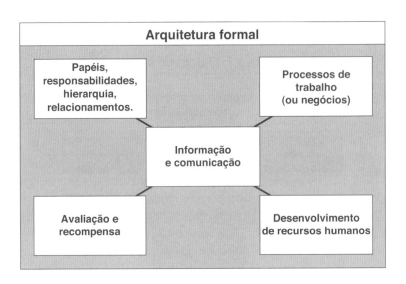

As empresas normalmente organizam seus negócios seguindo estruturas funcionais. Cada área (ou função) consiste de um conjunto de atividades altamente interligadas, gera custos e ajuda a criar valor para o cliente. Mas, para alcançar os objetivos gerais da empresa é importante ter uma visão holística, refletindo as relações entre as atividades e os departamentos (setores). Por exemplo, pode fazer sentido para uma companhia, cuja estratégia seja o baixo custo, investir mais em TI que seus concorrentes, já que essa ação reduz os custos de muitas outras atividades fornecendo-lhe uma vantagem no custo total. Desse modo, cada área precisa definir uma estratégia funcional consistente com a estratégia global da organização. Os departamentos não podem ser otimizados localmente em seus feudos funcionais. Eles fazem parte de um sistema complexo que trabalha em conjunto para vencer no mercado.

A lógica do sistema

O desenvolvimento de uma estratégia requer um conjunto de escolhas bem-definidas. É possível encontrar a lógica da estratégia por meio do mapeamento de seus efeitos esperados em um diagrama de sistema.[17] Como as escolhas são inter-relacionadas, os ciclos de causa e efeito ajudam a ilustrar o impacto de cada escolha sobre a empresa como um todo. O diagrama também ajuda a identificar os ciclos de *feedback* positivo – **"círculos virtuosos"** – que geram mais vantagem para a empresa. Em contrapartida, as organizações devem evitar ciclos de *feedback* negativos ou **"círculos viciosos"**. Por exemplo, a diminuição na qualidade para melhorar os lucros pode gerar benefícios de curto prazo, mas, se essa ação reduzir o volume e elevar o custo unitário, então esse benefício terá curta duração.

O mapeamento de um diagrama de um sistema pode ser mais bem ilustrado com um exemplo. A Figura 3.9 mostra quatro opções importantes realizadas pela Walmart e os efeitos delas. Como se demonstra na Figura 3.9, as escolhas se reforçam mutuamente e criam círculos virtuosos.

Figura 3.9: Modelo de dinâmica de negócios da Walmart

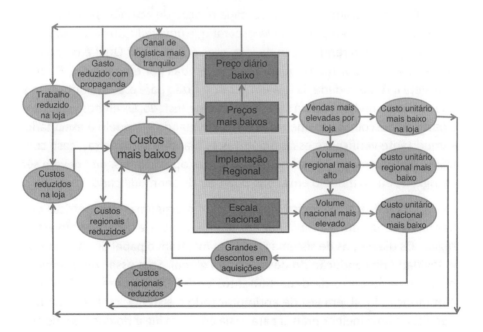

1º) Ofereça preços mais baixos aos clientes porque isso irá aumentar o volume e permitir que a empresa atinja margens brutas reduzidas e ainda cubra seus custos. Essa ação também irá gerar mais poder de compra.

2º) Reassegure aos clientes que a empresa oferece preços baixos todos os dias (EDLP[a]) de modo que um carrinho de supermercado cheio de mercadorias lhes ofereça custo mais baixo que comprar em lojas que promovem itens específicos a preços muito baixos ("chamarizes"). O EDLP reduz os custos de serviço na loja porque gera menos trabalho na criação de promoções e nas variações de preços. Também demanda menos publicidade e proporciona um canal de abastecimento mais homogêneo, o que reduz os custos.

3º) Implante lojas regionalmente para compartilhar armazenagem, publicidade e custos logísticos e elevar o poder geral de compra.

4º) Expanda nacionalmente para alcançar maior poder de compra e partilhar os custos dos departamentos, a publicidade nacional (se existir) e as despesas gerais.

Além do diagrama de sistemas, cada relação de causa e efeito deve ser quantificada. Por exemplo, pode-se esperar que uma redução de 1% no preço médio aumente o rendimento da loja, mas em quanto? Qual é o impacto sobre as vendas por metro quadrado e as vendas por empregado? E como isso afeta a rentabilidade da loja em geral? A razão para essa quantificação é que, então, o modelo poderá ser rigorosamente testado. Os efeitos esperados a partir das escolhas são apenas hipóteses. Quando o modelo é executado, é importante verificar se essas hipóteses se mantêm verdadeiras, caso contrário, o problema pode estar em deficiências operacionais, que devem ser corrigidas, ou no modelo em si que pode ter de ser modificado.

A quantificação da lógica ajuda a identificar algumas das métricas que as empresas devem acompanhar em seu marcador de desempenho estratégico. Os diagramas de sistemas também mostram o papel de cada função e atividade na condução do desempenho global. Sem essa compreensão, os chefes e gerentes de departamentos podem facilmente deslizar para a otimização local, em vez de aprimorar todo o sistema, realizando o que significaria uma melhor prática para a sua área, em lugar do que beneficiaria a empresa como um todo. Por exemplo, uma companhia posicionada como seguidora rápida não deve dedicar os mesmos recursos para P&D e *marketing* que uma organização líder. Apesar de o departamento de *marketing* das seguidoras rápidas querer criar ideias para novos produtos, seu trabalho é

---

a   Sigla para *every day low price*. (N.T.)

testar as melhores ideias já desenvolvidas pela concorrência levando-as ao mercado rapidamente.

Um dos principais benefícios de se documentar a lógica de uma estratégia, e de revisitá-la regularmente, é que isso a torna mais difícil de esquecer. E as empresas são muito esquecidas. As responsabilidades pela execução das diferentes partes do modelo são distribuídas por toda a organização; uma vez ocupados com suas tarefas, torna-se fácil para os colaboradores "esquecer" por que escolheram realizar seu trabalho de determinada maneira. É difícil realizar melhorias ou alterações na lógica quando ela é esquecida. Desse modo, ela se torna simplesmente "a maneira como fazemos as coisas por aqui".

A lógica original da Circuit City em sua disponibilização de serviços e centros de reparação aos seus clientes nos anos de 1980 era muito convincente; naquela época os clientes não compravam produtos que não pudessem ser facilmente consertados se quebrados. Mas, como a confiabilidade dos novos produtos tem aumentado, o poder daquela lógica diminuiu.

Marcador de desempenho estratégico

As métricas estratégicas mensuram quão bom está o desempenho de uma empresa em relação à sua concorrência. Sem essa ferramenta, as organizações não conseguem medir a própria *performance* ou se preparar para responder aos movimentos de seus concorrentes.

O marcador de desempenho estratégico, também comumente referenciado por seu termo em inglês *scorecard* **estratégico**, mensura a vantagem competitiva alcançada pela empresa e os propulsores dessa vantagem. O marcador compara esses dados às metas da empresa e às etapas por ela preestabelecidas.

A importância da posição do custo relativo e do valor relativo do cliente

Independentemente da vantagem escolhida pela organização – baixo custo ou diferenciação –, a fim de calcular a dimensão dessa vantagem a empresa precisa conhecer sua posição de custo relativo. Mas é difícil extrair essa informação a partir de contas publicadas. A organização deve observar o custo de cada uma de suas atividades e construir um modelo sobre o comportamento de cada um desses custos (por exemplo, o impacto da escala de operações, o tipo de tecnologia, a localização da fábrica etc.).[18] A partir da compreensão do comportamento dos custos a empresa deve, então, perguntar-se: "Quais seriam nossos custos se nós operássemos exatamente do mesmo jeito que nossos concorrentes?" Desse modo é possível acessar uma estimativa razoável da posição do custo relativo (Figura 3.10) e identificar de que maneira a empresa deve ajustar cada uma de suas atividades a fim de construir uma vantagem de custo.

Seja qual for a vantagem perseguida, a empresa também deve estar apta a estimar que valor os clientes atribuem a seus produtos em comparação às ofertas concorrentes. Isso ajuda a determinar os preços mais elevados em que a firma pode apostar ou os descontos que ela deve oferecer. Para isso, as empresas devem conhecer profundamente as necessidades de seus clientes. Por exemplo, clientes que compram rolamentos de esferas estão dispostos a pagar mais que o dobro do preço por rolamentos que durem o dobro de tempo. Assim, além de poderem comprar metade da quantidade de peças que normalmente precisariam adquirir, também economizam nos custos de manutenção – o custo de vida útil total é o que importa para os clientes. Em mercados industriais, uma profunda compreensão da economia do cliente fornece *insights* sobre quais preços especiais o mercado irá suportar. Nos mercados de consumo isso é mais difícil, mas existem técnicas estatísticas para estimar o valor atribuído às diferentes características de um produto.[19] Elas ajudam a moldar as estratégias de preços que refletem o caminho estratégico escolhido pela empresa.

Capítulo 3 O que é estratégia?

Figura 3.10: Como estimar a posição do custo relativo

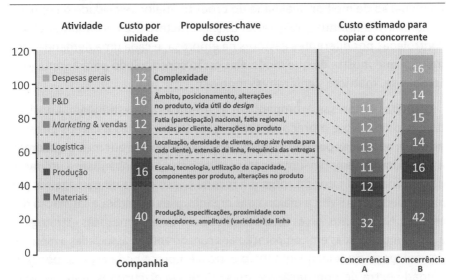

Lucro de curto prazo *versus* o valor presente líquido (VPL)

Muitas organizações constroem suas métricas com base na rentabilidade, mas os lucros de curto prazo não representam um bom indicador de saúde estratégica no longo prazo. As métricas estratégicas devem estar ligadas ao desempenho de longo prazo – a meta é elevar o **valor presente líquido da empresa** (VPL). Quando todos na empresa se concentram na progressão do VPL, tornam-se mais propensos a ajustar a estratégia às mudanças do ambiente competitivo. A Capital One, por exemplo, premia os funcionários que buscam clientes de alto VPL.[20] Uma vez que o VPL de uma empresa é igual à soma dos VPLs de cada um de seus clientes atuais e futuros, a política da Capital One estimula seus funcionários a sempre procurar a direção estratégica mais atraente. Isso permitiu que a empresa realizasse uma rápida transição para diferentes segmentos de clientes ao longo do ciclo econômico, oferecendo os melhores rendimentos do setor, enquanto alguns de seus concorrentes menos ágeis fracassaram.[21]

Mensurando os propulsores de vantagem

A mensuração dos propulsores de vantagem ajuda os gestores das atividades diárias a executar bem a estratégia. Por exemplo, uma empresa que

61

queira cobrar um preço especial de seus clientes pode ter de oferecer uma combinação de melhor qualidade do produto, maior velocidade de entrega e maior investimento publicitário. Essas características normalmente são controladas por diferentes gestores na empresa, e cada uma demanda uma métrica que mostra de que modo elas estão contribuindo para a vantagem. Lembre-se, métricas significativas motivam!

Muitas empresas acompanham as métricas que estimulam a posição do custo relativo e o preço de realização. Os varejistas usam os giros de estoque, as vendas por metro quadrado, a contribuição por metro quadrado e as vendas por empregado; as companhias aéreas acompanham a utilização das aeronaves, o fator de carga e a receita consolidada de passageiros por milha voada (PRASM[b]); a maioria das organizações monitora a satisfação dos clientes. No entanto, essas medidas apenas se tornam métricas estratégicas quando monitoradas em comparação aos concorrentes e associadas a métricas de vantagem; ou seja, quanto lucro extra a empresa pode esperar por cada unidade extra de pontuação relativa? Como já discutimos, é importante comparar a vantagem obtida por meio dos propulsores de vantagem para se certificar de que a empresa está recebendo os benefícios que espera por seus esforços. Em caso negativo, a lógica do modelo pode estar errada ou a empresa pode estar trabalhando de maneira ineficaz.

Frequentemente a participação no mercado também é usada como métrica de competitividade. Certamente, esse fator gera vantagem para os produtos de grande consumo; os líderes de mercado, em geral, se beneficiam com a cobrança de um preço mais elevado pela qualidade e a garantia que suas marcas oferecem; e volumes maiores geram custos mais baixos. Contudo, mais uma vez o importante não é a participação no mercado, mas a participação relativa no mercado, uma vez que esta determina o tamanho da vantagem que uma empresa tem sobre a(s) outra(s). **Afinal, quanto lucro extra deve valer cada ponto extra de participação?**

Porém, a participação no mercado nem sempre se relaciona à vantagem competitiva. Em alguns setores como no transporte de cargas fracionadas, as grandes operadoras desse serviço não têm lucros maiores que as pequenas, porque as economias de escala são reduzidas para esse segmento. Isso facilita

---

b   Sigla para *passenger revenue per available seat mile*. (N.T.)

que um novo concorrente com poucas despesas entre no negócio com um único caminhão e ofereça preços mínimos aos clientes, o que compromete a rentabilidade de toda a indústria. Assim, os atores envolvidos num negócio cujo objetivo seja o controle de uma fatia maior do mercado também se preparam para assumir uma parte maior de prejuízos.

Da mesma maneira, existem poucas vantagens em operar em âmbito nacional no negócio de academias esportivas. No entanto, existem custos que podem ser compartilhados localmente, e a operação regional de uma rede de academias permite que a rede pratique um preço extra para "adesão multiacademias". Assim, a participação no mercado local torna-se mais importante que no mercado nacional. Portanto, as empresas bem-sucedidas procuram dominar toda uma região em vez de espalhar-se por pontos excessivamente dispersos. De fato, 20% da população de San Diego é membro das academias dirigidas pela operadora líder 24 Hour Fitness.[22]

É importante acompanhar as métricas ao longo do tempo para avaliar a saúde da estratégia. Uma pontuação relativa elevada é um bom sinal, mas se ela estiver em declínio esse é um mau presságio para o futuro. As empresas inteligentes acompanham a taxa de mudança – a rapidez com a qual a diferença aumenta ou diminui.

Parte do fracasso da Kmart se deu por sua falha em acompanhar os *benchmarks* (referências) competitivos ou até mesmo em mensurar sua própria produtividade de maneira eficaz. Sua concentração inicial foi no estímulo às vendas, e apenas no início dos anos de 1980 seu foco mudou para vendas por metro quadrado. Foi ainda mais tarde, em meados dos anos de 1990, que a organização começou a olhar mais seriamente para as medidas relativas. Se tivesse feito isso quinze anos antes, a empresa teria descoberto que a Walmart, à época apenas um décimo do tamanho da Kmart, já se mostrava mais produtiva.[23] Ao contrário da Kmart, a Nucor, que entrou no negócio de aço nos EUA no início dos anos de 1970, enfrentando enorme concorrência de produtores de aço já estabelecidos e de dezenas de mini-usinas recém criadas, era apaixonada desde o início pelo *benchmarking* contra seus concorrentes, e cresceu, transformando-se na segunda maior produtora de aço dos EUA em 2010.[24]

As métricas objetivam o estímulo de comportamentos diários que contribuam para a vantagem competitiva de longo prazo. Quando uma companhia recebe informações com pouca frequência ou prefere analisá-las somente durante seus ciclos de planejamento anual, ela pode ficar para trás em um ambiente de negócios em rápida mutação. Firmas bem-sucedidas identificam métricas de curto prazo que impulsionam sucesso de longo prazo e as acompanham de modo regular. A 24 Hour Fitness mensura sua retenção de clientes todo mês – métrica-chave para o sucesso de longo prazo de uma academia.[25] Os funcionários das lojas Best Buy se reúnem todos os dias para discutir quanto valor econômico agregado eles criaram no dia anterior e de que modo podem melhorar seu desempenho.[26] Eles se concentram em métricas simples que podem adotar, como a porcentagem de clientes que de fato realizou uma compra, o número de itens que esses clientes compraram e quantos deles ficaram satisfeitos com o atendimento, mas todas essas métricas se correlacionam com o valor de longo prazo.

Premissas fundamentais

As premissas fundamentais representam fatores impeditivos em um modelo estratégico – se uma premissa estiver errada, a estratégia deve mudar. Para garantir a solidez do seu modelo de negócio, a empresa deve testar essas premissas regularmente e controlar os resultados do *scorecard* estratégico. As companhias também devem identificar as ações que irão tomar caso suas premissas fundamentais deixem de ser válidas. Esse tipo de planejamento de contingência capacita as organizações a responder às mudanças-chave no ambiente competitivo.

A descrição da lógica de uma estratégia facilita a identificação das premissas fundamentais que estimulam as escolhas. Tomemos a Zara como exemplo, a maior varejista de moda no mundo, que faz parte do grupo Inditex, estabelecido na Galícia, Espanha.[27] A Zara é conhecida por sua moda fugaz; ela responde rapidamente às últimas tendências e reabastece suas lojas duas vezes por semana com linhas de alta comercialização. Essa ação evita remarcações onerosas ao final da temporada, a verdadeira ruína do comércio da moda. A Zara consegue fornecer essa resposta rápida ao mercado por produzir boa parte de suas peças em sua própria base instalada na Espanha, terceirizando o restante de sua produção para os países do norte da África e a outros fabricantes europeus. A produção fica mais cara do que se todo o abastecimento viesse do Extremo Oriente, mas a empresa ganha em agilidade, e a minimização das promoções mais que cobre os custos extras dessa produção.

Atente para a premissa fundamental da Zara! Para ela vale a pena incorrer em custos mais elevados de produção local porque os fornecedores do Extremo Oriente são muito lentos. Seu modelo de negócios é baseado na **agilidade**. Entretanto, nos últimos anos, fornecedores como a Li & Fung reduziram drasticamente seu tempo de entrega, levando ao mercado muitos concorrentes de **"moda rápida"** pelo mesmo nível de preços da Zara. Assim, faria bem à Zara rever agora sua lógica de negócios.

Estendendo o modelo de estratégia de negócio aos concorrentes

Da mesma maneira que um modelo de estratégia de negócio deve levar em conta os efeitos das interações entre as atividades dentro da empresa, verificamos que também é preciso considerar os efeitos de nossas interações com o ambiente competitivo ao longo do tempo. É possível alcançar vantagem competitiva no curto prazo dobrando-se o tamanho da base industrial da companhia, mas se os concorrentes são capazes de fazer o mesmo em resposta, então essa vantagem é transitória. Isso torna o modelo consideravelmente mais complexo.[28]

Modelos de estratégia de negócios são, necessariamente, simplificações da realidade.[29] De fato, seria impossível construir um modelo que explicasse tudo. Bons modelos estratégicos incorporam as variáveis críticas que explicam de que modo o ambiente competitivo funciona, como a empresa está posicionada e de que maneira ela espera criar vantagem competitiva, como os concorrentes estão posicionados e qual é a sua probabilidade de ação e reação. É uma questão de julgamento estabelecer o que deve ser incluído no modelo. Informação demais provoca confusão – o objetivo é ajudar a empresa a manter o foco sobre suas prioridades, em vez de sobrecarregá-la com detalhes. No entanto, essa simplificação cria um dilema; quando o ambiente competitivo se altera, algumas das variáveis podem se tornar obsoletas, enquanto outras, consideradas não importantes no passado, tornam-se fundamentais. Assim, a revisão e o teste regulares do modelo são essenciais.

Muitas das conexões causais em um modelo são hipóteses em vez de "fatos" comprovados. Uma organização somente consegue construir um modelo de estratégia mais sólido quando confere os verdadeiros resultados de suas escolhas em relação aos efeitos que previu. Nesse sentido, a **estratégia configura uma experiência de aprendizagem contínua!**

PARTE 1 ESTRATÉGIA INTELIGENTE

Notas

1. Para uma discussão detalhada sobre a estrutura das cinco forças para analisar a estrutura do setor, veja Porter (1980, pp. 3-33) *Estratégia Competitiva*, Capítulo 1.
2. Veja Brandenburger e Nalebuff (1996) para uma discussão mais profunda a respeito de "coopetição" (uma junção de cooperação com competição). Yoffie, Casadesus-Masanell e Mattu (2003) descrevem a "coopetição" entre a Intel e a Microsoft.
3. Wells e Raabe (2007).
4. Porter (1980).
5. Stalk e Hout (1990).
6. Veja Yoffie e Kwak (2001) sobre como utilizar a força do oponente contra eles próprios.
7. Wells e Anand (2008).
8. Wells e Anand (2008).
9. Loja *on-line* da Apple. Disponível em: http://store.apple.com/us/browse/home/shop_iphone/family/iphone. Acessado em: 17 de outubro de 2011.
10. Para um quadro de análise da concorrência, veja Porter (1980, pp 47-74) *Estratégia Competitiva*, Capítulo 1.
11. Yoffie e Kwak (2001) discutem como usar a inércia de um concorrente contra ele próprio em *Estratégias de Judô*.
12. Introduzido em junho de 1991, o projeto Amigos e Familiares foi um enorme sucesso, adicionando 2 pontos percentuais de participação e US$ 1,2 bilhão em receitas para a companhia em 1991 (veja Rosenfeld, 2011). Minha explicação para a resposta lenta da AT&T foi dada por um engenheiro do setor de telecomunicações, mas não foi confirmada pela AT&T.
13. Para uma discussão sobre os efeitos de rede diretos, veja Katz e Shapiro (1985).
14. Quando o valor de um produto aumenta pelo número de clientes que o adquirem (ou seja, um efeito de rede direta), chamamos esse efeito de economia de escala por demanda. Quando o custo por unidade cai com a produção, isso é chamado de economia de escala de oferta.
15. Para uma explicação completa de efeitos de rede indiretos, consulte Econimides e Salop (1992).
16. Oberholzer-Gee e Wulf (2009).

Capítulo 3 O que é estratégia?

17. Casadesus-Masanell e Ricart (2007).
18. Rivkin e Halaburda (2007).
19. A técnica de preferências declaradas é baseada na análise de dados reais de compras efetuadas por clientes. A técnica de escolha discreta se baseia em oferecer aos clientes diversas características sobre os produtos e perguntar a eles o que preferem. A análise conjunta dessas informações fornece uma estimativa do valor de cada atributo. Veja Collis (2011).
20. Wells e Anand (2008).
21. Wells (2005), *Providian Financial Corporation*.
22. Wells e Raabe (2005), *24 Hour Fitness*.
23. Wells e Haglock (2005), *A Ascensão da Kmart*.
24. Ghemawat e Stander (1992).
25. Wells e Raabe (2005), *24 Hour Fitness*.
26. Wells (2005), *Best Buy Co., Inc.*
27. Ghemawat e Nueno (2003).
28. Casadesus-Masanell e Larson (2010).
29. Veja March e Simon (1958) para uma discussão a respeito dos limites cognitivos da racionalidade.

CAPÍTULO 4

INTELIGÊNCIA ESTRATÉGICA MODERADA

Muitas organizações reconhecem seus problemas estratégicos, mas não sabem como resolvê-los porque carecem até mesmo de **inteligência estratégica moderada** para isso. O termo "moderada" não tenciona minimizar os consideráveis desafios que compreendem o desenvolvimento de uma estratégia – uma das tarefas intelectualmente mais árduas nos negócios. Seu único propósito aqui é distinguir as companhias estrategicamente competentes das *experts*, as empresas estrategicamente inteligentes que discutiremos no Capítulo 5.

A competência estratégica requer as habilidades de formulação e de implementação. Formular uma estratégia significa **integrar escolhas** – onde competir, quais vantagens buscar e de que modo alcançar essas vantagens; implementar uma estratégia significa integrar ações – redistribuir ativos e ressincronizar ações para executar a estratégia.

Neste capítulo, seguimos o passo a passo dos processos de formulação e implementação da estratégia, aplicando os princípios da estratégia competitiva descritos no **Capítulo 3: O que é estratégia?** Identificamos os desafios enfrentados ao longo desse caminho e de que modo as organizações poderão superá-los para alcançar a extremidade superior da escala do QI Estratégico moderado.

Avaliação estratégica externa

O caminho para a competência estratégica se inicia com um exame vigoroso e imparcial do ambiente competitivo. A tarefa é complexa, os dados são volumosos, ambíguos e incertos e é fácil se perder nesse labirinto. Portanto,

PARTE 1 ESTRATÉGIA INTELIGENTE

não perca de vista o objetivo: identificar as opções estratégicas viáveis que proporcionarão alto desempenho sustentável à companhia. Depois de análise cuidadosa pergunte: **"Então, aonde essas informações estão me levando? Quais questões elas levantam? Que oportunidades isso poderá oferecer? Que ações são exigidas?"**

Visão global

Comece com uma **visão global**.[1] Procure identificar o que pode afetar a arena competitiva da empresa em um nível mais amplo. Considere todos os fatores – mudanças políticas, sociais, macroeconômicas, técnicas e ambientais. Qual é o significado da ascensão da China, da Primavera Árabe,[a] da erosão do dólar como moeda de reserva, do envelhecimento da população, do aumento dos dispositivos móveis, do rápido desenvolvimento das redes sociais, da crescente aflição pela oferta de água do mundo, das erupções vulcânicas? A sua lista fornece oportunidades interessantes aos principais atores do seu setor ou lhes impõe alguma ameaça perigosa?

Tome cuidado para não descartar rapidamente qualquer problema considerando-o algo irrelevante. A mente humana trabalha como um vicioso censurador: **elimina ideias antes mesmo de termos tido tempo para pensar conscientemente sobre elas**. Mais a frente nesse livro, listamos algumas ferramentas e técnicas de criatividade que facilitam na suspensão do julgamento por tempo suficiente para que examinemos os dados com outros olhos. Certifique-se de listar os eventos de baixa probabilidade e de alto risco que destruiriam a empresa.[2] O impacto da erupção do vulcão islandês Eyjafjallajokull nas viagens de negócios europeias em 2010 serviu de alerta para muitos. Se a erupção tivesse durado mais de um ano, como aconteceu em 1821, muitos setores estariam em apuros. (Para os segmentos de teleconferências, ferrovias de alta velocidade e navegação, no entanto, teria sido fantástico). Quais as oportunidades e ameaças que essas surpresas previsíveis representam?[3]

A estrutura do setor

Como próximo passo, enfoque a **estrutura do setor**.[4] Depois de uma **análise das cinco forças**, quais as principais fontes de concorrência por lucros

---

a   Referência à onda revolucionária de manifestações e protestos ocorridos no mundo árabe entre 2010 e 2012. (N.T.)

verificadas? De que maneira essas forças variam de acordo com cada produto, região e segmento de clientes? De que modo elas podem evoluir ao longo do tempo? Os lucros aumentam ou diminuem ao longo do sistema de valor? No passado, que segmentos de negócios eram mais atraentes, e de que maneira eles podem mudar? As respostas a essas perguntas auxiliam na realização da primeira escolha fundamental referente à estratégia: **onde competir?** Lembre-se: alguns campos de batalha são mais atraentes do que outros.

Vantagem competitiva

Mas o posicionamento não é suficiente. As empresas muitas vezes se percebem competindo pelos mesmos segmentos, por isso elas devem construir uma **vantagem competitiva** para vencer. O que é preciso para se oferecer alta proposição de valor ao cliente? Que preço relativo eles pagariam por esse valor? Essas questões exigem uma profunda compreensão a respeito das necessidades dos clientes e do modo como elas se alteram ao longo do tempo.

O que é necessário para se construir uma vantagem de custo? Quais atividades são necessárias para satisfazer as necessidades? Qual é o custo de cada atividade por unidade de produto? Quais são os principais fatores de custo (por exemplo, escala, utilização da capacidade, ciclo de produção, participação no mercado regional, tecnologia, localização etc.?

Compreender as fontes de vantagem ajuda na tomada de decisão quanto à segunda opção-chave da estratégia: identificar o tipo de vantagem pretendida. De um modo geral, existem apenas duas fontes de vantagem – **diferenciação** e **baixo custo** –, mas, na prática, esses dois princípios abrem um grande leque de opções.

Por exemplo, diferenciação significa "melhor" no ponto de vista do cliente, mas existem diversas maneiras de alcançar esse objetivo. Uma delas é por meio da qualidade do produto, que pode ser valorizado pelos clientes por proporcionar satisfação emocional – um *blazer* de caxemira de alta qualidade para melhorar a autoimagem – ou por garantir a eles a possibilidade de economizar dinheiro, durante mais tempo. Também as entregas mais rápidas e tempos de resposta mais curtos encantam os clientes e poupam o dinheiro deles. A maior variedade permite que os clientes economizem tempo e custos de transações financeiras ao oferecer a possibilidade de se comprar tudo em um só lugar. As muitas dimensões da diferenciação não são mutuamente exclusivas, muitas vezes é possível gerar um grande número de combinações e permutações – com **pacotes de valores**. Nessa fase, o objetivo é identificar as muitas maneiras pelas quais um concorrente é capaz de "jogar o jogo". Essa ação auxilia no desenvolvimento de opções estratégicas viáveis em uma fase posterior.

O jogo do baixo custo objetiva oferecer lucros mais elevados por meio do fornecimento do mesmo pacote de valores a um custo mais baixo. Entretanto, na prática, as estratégias de baixo custo nem sempre funcionam assim. Os "jogadores" de baixo custo normalmente oferecem menos valor, concentrando-se apenas em algumas características que realmente importam para o cliente e entregando-as a um custo realmente baixo. Alguns clientes se dispõem a comprometer sua ampla gama de necessidades e aceitar tal oferta, desde que obtenham algum desconto. Contanto que esse desconto seja inferior à vantagem do custo, a empresa lucra mais.

O âmbito da vantagem também é uma escolha importante. Uma organização deve ter um foco limitado e servir apenas um segmento ou um foco mais amplo e atender a muitos? Às vezes, um escopo amplo contribui para a redução de custos (por exemplo, compartilhando um parque industrial maior ou as despesas de publicidade da marca), outras vezes ele cria uma boa dose de complexidade. O âmbito mais restrito fornece os benefícios de simplificação – a **estratégia focal** – mas é importante garantir que essa limitação na abrangência não arruíne a vantagem competitiva.

Vantagem dinâmica

O baixo custo e a diferenciação são vantagens de natureza estática. As empresas inteligentes também podem perseguir vantagens dinâmicas. Alguns vencem mediante inovação estratégica, apresentando novas ideias e aperfeiçoando sua vantagem competitiva de modo que se tornam melhores ou mais rápidas que seus concorrentes. A **inovação estratégica** pode ser aplicada a fim de se reduzir os custos relativos ou para se elevar os níveis de diferenciação. Os inovadores estratégicos são os primeiros a introduzir ideias no mercado e a aumentar sua própria vantagem, porém, uma vez que seus principais concorrentes os copiam, alguns desses inovadores passam a investir em sua próxima ideia – trata-se da estratégia **"manter-se à frente"**. Isso funciona bem quando uma empresa pequena e ágil compete contra concorrentes maiores, que ostentam grandes economias de escala. Alguns são simplesmente mais rápidos em surgir com novas ideias. Outros são mais perspicazes, e selecionam caminhos que os concorrentes relutam em (ou demoram a) seguir. Alguns competidores copiam rapidamente – utilizam-se da estratégia do **"seguidor rápido"**. Outros entram mais tarde no ciclo de vida do produto e o produzem a um custo muito baixo – trabalham com a estratégia **"eu também"**.

Configurando a empresa para alcançar a vantagem

O número de opções estratégicas pode crescer bastante pelo fato de existirem muitas maneiras de se proporcionar cada vantagem. De que forma as atividades e os ativos podem ser combinados para que isso aconteça? É bom observar os concorrentes atuais para ter uma ideia, contudo, considerando os pontos fortes e fracos de uma companhia, possivelmente existirão outras maneiras mais atraentes para ela oferecer uma vantagem.

Os modelos estratégicos utilizados pelos concorrentes são bastante variados e muitas vezes envolvem dilemas. Como discutimos no Capítulo 3, a Zara, rede varejista líder no mundo da moda, obtém muitas de suas peças na Europa apesar de os fornecedores do Extremo Oriente serem bem mais baratos. Isso permite que a companhia responda mais rapidamente às necessidades do mercado e reduza caros processos de remarcação de preços ao final das temporadas. A firma investe em custos mais elevados de fabricação para obter vantagem com menos remarcações. A norte-americana Gap, varejista têxtil número dois no mundo, faz o contrário, optando por mais remarcações em troca de custos mais baixos.[5] A chinesa Li & Fung procede de uma maneira muito diferente:[6] cobra um preço maior de seus clientes fornecendo-lhes roupas por meio de seu sistema logístico super-rápido; desse modo, a empresa capta uma parte dos lucros alcançados pelos varejistas de moda rápida sem, de fato, investir no varejo. A Li & Fung terceiriza toda a sua produção a mais de 15 mil pequenos fornecedores, certificando-se de comprar uma grande quota de cada um deles, garantindo sua vantagem de compra a baixo custo e repartindo seus lucros na fabricação. Consequentemente, a Li & Fung desfruta dos lucros de um varejista e de um fabricante sem investir em ativos de risco.

Análise da concorrência

Não existe estratégia isolada; tudo depende do posicionamento dos concorrentes e do que eles são capazes de fazer. Portanto, uma análise do ambiente externo deve incluir um exame de cada competidor importante do setor. Caso existam centenas de concorrentes, divida-os em grupos cujas estratégias sejam semelhantes. Como esses concorrentes estão financeiramente? Como eles estão em relação a outras medidas estratégicas de sucesso como a participação relativa no mercado e satisfação relativa do cliente? Que segmentos eles atendem? Quais vantagens eles preferem? Qual é a posição relativa de custo e o preço de realização deles? Eles são mais rápidos que os concorrentes em alcançar vantagem? São mais espertos em criar ideias difíceis de serem copiadas pelos concorrentes? Qual configuração de atividades e ativos eles usaram para construir vantagem? O que eles afirmam ser a estratégia deles – a sua estratégia adotada? Com base nas ações deles, que estratégia eles parecem ter seguido ultimamente – a sua estratégia em uso? O que isso sugere para os movimentos futuros deles? Como eles provavelmente irão reagir às tendências do setor? Como provavelmente irão reagir a qualquer movimento que façamos? O que pode ser que ignorem e a que talvez tenham dificuldade em reagir? O que os tira do sério, que movimentos são capazes de incitar neles uma resposta agressiva?[7]

As empresas devem, então, analisar a si próprias do mesmo modo, desenvolvendo uma visão imparcial sobre sua posição competitiva e sobre a estratégia que parece estar executando. A dramatização de papéis é útil nesse momento; neste caso, os integrantes da alta administração se colocam no lugar de um concorrente e observam a companhia de fora para dentro. Essa atividade pode ser divertida e altamente esclarecedora.

Exibindo determinação

A análise do ambiente competitivo é difícil, mas não se deve desistir. Trata-se de um trabalho muito parecido com o de um detetive, que reúne trechos de dados para formar um quadro geral; existem muitas partes envolvidas e uma série de variáveis a considerar, portanto, a tarefa é complexa. Os dados muitas vezes são escassos e envolvem muitas estimativas e até um pouco de adivinhação. É difícil encontrar informações detalhadas sobre os concorrentes. As pesquisas de mercado a respeito de clientes podem ser ambíguas ou enganosas porque eles muitas vezes não sabem do que precisam e simplesmente expressam o que querem. Diferentes fontes de dados muitas vezes discordam entre si. Felizmente, o cérebro humano é bom no trabalho de integração de todos esses dados – e quanto mais praticamos, mais nos aprimoramos.

Gerenciando incertezas

Estamos também lidando com um ambiente dinâmico que evoluiu ao longo do tempo e que pode levar a muitos caminhos no futuro. Os panoramas se alteram constantemente. Para entender isso melhor, considere uma série de eventos ao longo do tempo: qual era o significado das cinco forças há cinco anos, há dez anos e há quinze anos em comparação aos dias de hoje? Independentemente do período a ser retomado para essa análise, é importante voltar no tempo até a época em que a empresa foi bem-sucedida e utilizar essa análise para explicar seu sucesso passado. Então, a partir do enfoque a respeito do que mudou nesse ínterim, fica mais fácil entender por que a antiga estratégia já não funciona mais e por que a mudança é necessária. Essa ação auxilia as empresas mediante a construção de uma ponte entre seu passado e seu futuro.

Mas o futuro é **incerto**; o macroambiente, os concorrentes, os fornecedores e os clientes podem mudar de diversas maneiras. A consideração de uma série de cenários para cada variável-chave gera milhares de possibilidades futuras que levariam muito tempo para ser analisadas. O perigo aqui passa a ser a paralisia pela análise. Simplifique as alternativas para conseguir um *insight*! Imagine a organização daqui a dez anos e elabore alguns cenários positivos; imagens internamente consistentes e viáveis de um mundo possível e favorável para a empresa. Então, imagine a si mesmo nesse futuro e olhe para trás; observe os principais fatores que desencadearam esse cenário e identifique de que modo a companhia poderia realizá-los. Repita o exercício para alguns cenários pouco atraentes e identifique de que modo a empresa poderá reduzir a probabilidade da ocorrência de tais resultados. Esse exercício ajuda na construção de estratégias mais robustas.

Avaliação estratégica interna

Ativos

Em paralelo à avaliação externa as empresas precisam realizar uma revisão igualmente profunda de seu ambiente interno para identificar suas oportunidades e suas limitações em relação a ações futuras. Examine os ativos que a empresa tem à disposição e a maneira como eles estão organizados a fim de criar valor. Os ativos fazem parte da **estrutura** da organização (assunto que será discutido na **Parte 2: Estrutura inteligente**).

As organizações investem em uma grande variedade de ativos ao longo do tempo (ver a Figura 3.2). A revisão deve colocá-los à prova. Seriam esses, de fato, os ativos adequados para a execução da estratégia atual? Será que eles fornecem uma vantagem competitiva? Será que estão se tornando obsoletos e transformando-se em passivos? Será que estão impedindo a mudança de estratégia, criando inércia estrutural? Existem outros meios para utilizá-los?

Os **ativos físicos**, incluindo as instalações e os equipamentos, os laboratórios de pesquisa e as lojas de varejo podem oferecer vantagens; por exemplo, instalações industriais de grande escala e tecnologia de ponta geralmente oferecem vantagens de custo. Desse modo, quando a empresa tem um bom conhecimento onde e de que maneira seus custos são gerados ela é capaz de estimar sua vantagem relativa de custo.

Os **ativos financeiros** são compostos por dinheiro em espécie e um rígido balanço patrimonial. O grande poder financeiro oferece às empresas mais resistentes e capacitadas a possibilidade de investimento em novas oportunidades de negócios. Em geral, é possível avaliar isso a partir de dados públicos.

Os ativos relacionados à **reputação** são menos tangíveis que os ativos físicos, todavia, muitas vezes, não são menos importantes que estes. A marca é um exemplo óbvio disso. Uma marca forte muitas vezes sustenta um preço especial significativo. Para a empresa, isso representa uma fonte de vantagem competitiva desde que o custo de sustentação da marca seja inferior ao preço relativo que ela cobra. Mas existem outros ativos relacionados à reputação. A Procter & Gamble é conhecida por defender agressivamente sua posição fazendo com que seus concorrentes a evitem, o que lhe permite maior liberdade para obter lucros.

Os ativos de conhecimento variam de patentes formais a *know-how* informal. As patentes podem ajudar na redução de custos, na realização de preços ou na restrição a outros concorrentes. O *know-how* pode proporcionar benefícios mensuráveis na curva de aprendizagem da organização.

Os relacionamentos também podem ser considerados ativos. Clientes leais são muito valiosos, e relacionamentos valiosos podem ser construídos por meio de canais de distribuição, de fornecedores-chave, de fabricantes de produtos complementares e dos departamentos de pesquisa das universidades. O desafio nesse caso está em sempre mensurar a vantagem oferecida por eles.

Às vezes essa vantagem é anulada quando os concorrentes possuem relações com as mesmas entidades, mas nem sempre. Por exemplo, uma empresa que compra grande parte da produção de um fabricante provavelmente consegue preços mais baixos que os clientes menores, que muitas vezes são concorrentes da companhia. Desse modo, os concorrentes acabam pagando uma parte do material comprado pelas grandes organizações. É por isso que o objetivo da Li & Fung é de sempre comprar entre 30% e 70% da produção de cada um dos seus 15 mil fornecedores.

As organizações muitas vezes afirmam que seus **empregados representam seu ativo mais importante**, mas poucas sabem mensurar a dimensão dessa vantagem. As empresas acompanham a motivação de seus profissionais porque esse item se relaciona com o desempenho do negócio, mas a direção dessa causalidade não é clara; **seria o desempenho responsável pela motivação ou a motivação responsável pelo desempenho?** O valor agregado por funcionário é uma métrica útil, mas depende do nível de capital investido. Poucas empresas trabalham duro para mensurar o verdadeiro valor de seu pessoal. A Capital One estima o VPL de seus funcionários e compara esse número ao custo para desenvolvê-los, ou seja, capacitá-los para realizarem adequadamente suas tarefas.

Arquitetura formal

Após a avaliação dos ativos, nos concentramos na arquitetura – a maneira pela qual os ativos são organizados para agregar valor. Isso também pode ser uma fonte significativa de vantagem competitiva.

Os **elementos da arquitetura** (ver Figura 3.8) também devem ser colocados à prova. Eles são consistentes internamente ou a organização anda em guerra consigo mesma? Por exemplo, a companhia paga seus colaboradores para realizar um trabalho, mas espera que eles realizem outro? Todos os elementos estão alinhados à estratégia atual? Será que eles fornecem uma vantagem competitiva?

As funções, as responsabilidades e as relações de subordinação muitas vezes aparecem sintetizadas em um organograma, identificando quem é responsável pelo que na empresa. Esses dados estão alinhados com os objetivos estratégicos? E quão fácil seria mudá-los? Hierarquias multicamadas complexas e matrizes multidimensionais apresentam tempos de resposta mais lentos que estruturas descentralizadas. No entanto, é difícil fazer com que unidades independentes trabalhem juntas a fim de explorar economias de escala ou servir grandes contas globais. **Hierarquias maiores fazem mais sentido onde isso é importante!**

Os processos definem de que modo o trabalho deve ser realizado e tornam as organizações mais eficientes. Quão bons são os processos que impulsionam o sucesso estratégico? Por exemplo, uma empresa que trabalha com a estratégia de manter-se à frente deve possuir um excelente processo de inovação. Os processos de sua empresa estão sendo continuamente melhorados para oferecer vantagem competitiva? Processos melhores fornecem maior produtividade, tempos de resposta mais rápidos, empenho para desenvolvimento mais acelerado e produtos mais bem acabados. Além disso, muito *know-how* é integrado a eles, o que dificulta a cópia e proporciona longa duração à vantagem. Nem sempre é fácil medir isso, mas os dados já publicados podem ajudar. Por exemplo, os varejistas muitas vezes publicam informações suficientes a fim de comparar curvas de estoque, vendas por metro quadrado, vendas por funcionário e o crescimento das vendas das lojas. Elas são impulsionadas tanto pela eficiência dos processos como pelo posicionamento competitivo superior.

Os processos de desenvolvimento de ativos humanos incluem a contratação, o desenvolvimento profissional e a demissão de pessoas. Esses pontos são alvo de especial atenção na Figura 3.8 pelo importante papel que os indivíduos desempenham no sucesso de uma companhia. Eles estão alinhados à estratégia? Eles são competitivamente superiores?

Os sistemas de avaliação de desempenho e de recompensa alinham as pessoas para que executem a estratégia de maneira eficaz, portanto eles são críticos para o sucesso. Será que a empresa mensura os itens certos? Ela recompensa as ações corretas?

Por fim, os sistemas de informação e de comunicação unem todos os demais e ajudam a proporcionar vantagem significativa. Será que eles estão ajudando a impulsionar o sucesso estratégico? Eles estão funcionando melhor que a concorrência? Por exemplo, a Li & Fung não seria capaz de executar seu rápido modelo de produção se não dispusesse de ótimos sistemas de informação.

Discutiremos os ativos e a arquitetura em mais detalhes na **Parte 2: Estrutura inteligente**.

Definindo opções estratégicas

O próximo passo é a construção de opções estratégicas coerentes para a organização. Uma opção estratégica é um modelo de negócio estratégico viável (ver Capítulo 1). Ela define três opções claras: o **posicionamento alvo** dentro do setor, o **tipo de vantagem competitiva** que se procura e a **configuração de atividades e ativos para se alcançar** a vantagem. Ela também deve documentar a lógica causal pela qual o modelo deve funcionar, as premissas fundamentais em que se baseia a estratégia e o momento e o tamanho da vantagem pretendida.

A opção estratégica mais óbvia é a **"mais do mesmo"**. Avalie-a, em primeiro lugar, para perceber o impacto de continuar com os negócios como estão. Mas não pense que a rentabilidade permanecerá a mesma com a estratégia do **"fazer nada"**. Trata-se de uma armadilha perigosa! Se a concorrência está aumentando, os lucros tendem a cair, e vice-versa. Certifique-se de incorporar todas as mudanças externas ao parâmetro "mais do mesmo". Então, este se tornará o padrão mínimo contra o qual as outras opções deverão ser comparadas.

Em seguida, identifique uma série de opções estratégicas alternativas para a firma. A análise do ambiente competitivo já deve ter identificado uma grande variedade de maneiras de se jogar o jogo com base em diferentes opções de posicionamento e diversos modos de criar vantagem competitiva. Agora é preciso reduzir os itens da lista, identificando aqueles em que a companhia se encaixa mais adequadamente. Mas cuide para não eliminar ideias muito rapidamente, ou boas opções poderão ser descartadas muito cedo. Nosso cérebro inconscientemente aplica critérios implícitos às ideias antes que tomemos consciência delas, e as elimina antes de sequer as considerarmos. (Para ler mais sobre este fenômeno, veja a **Parte 3: Mentes inteligentes**.) Antes de rejeitar uma opção, faça a pergunta: **"Se eu fosse forçado a escolher esse caminho, como eu poderia fazê-lo funcionar?"**. Esse esforço extra traz à tona ideias contraintuitivas possivelmente consideráveis.

Certifique-se de identificar a lógica por trás da estratégia de cada opção e as premissas fundamentais que a embasam. Por exemplo, como discutido no **Capítulo 3: O que é estratégia?**, parte da lógica dos negócios da Zara que estão baseados na Espanha se refere ao fato de que vale mais a pena ter gastos mais elevados com a rápida produção local porque essa ação gera economia nas remarcações de final de temporada e isso mais do que compensa o custo adicional de produção.[8] A premissa fundamental para essa ação é que a cadeia de suprimentos de baixo custo do Extremo Oriente continuará a ser mais lenta. As empresas inteligentes sabem quais são suas premissas fundamentais, testam-nas regularmente e sabem o que fazer quando elas já não são mais válidas.

Desenvolva cada opção em detalhes suficientes para fazer uma escolha bem-informada e consciente entre elas. O nível de detalhes é determinado pelos critérios usados na seleção entre os modelos pelos quais nos interessamos. Na hora de escolher, muitas vezes torna-se necessário rever as opções de alto potencial e adicionar mais detalhes a elas para facilitar a escolha.

Realizando escolhas estratégicas

É penoso para as pessoas fazer **escolhas difíceis sozinhas**, contudo, para grupos essas escolhas são ainda mais complicadas. Muitas vezes as organizações não são muito boas em tomar grandes decisões.[9] O processo leva muito mais tempo que o necessário, são feitas muitas escolhas inúteis e a correção dos erros é demasiado lenta. As empresas mais inteligentes buscam fazer escolhas melhores e mais rápidas, a fim de vencer. Não sugerimos com isso que tudo o que é mais rápido é necessariamente melhor; muitas decisões tomadas às pressas são lamentadas posteriormente. O objetivo é fazer escolhas bem analisadas e oportunas de uma maneira eficiente e eficaz.

A realização de boas escolhas estratégicas demanda opções claras, critérios coerentes e um processo de decisão acessível.

Critérios

Os critérios utilizados na avaliação das opções estratégicas ajudam a definir quais informações são necessárias para garantir que a escolha seja clara. Como o objetivo é a rentabilidade sustentável, faz-se importante uma mensuração do VPL dos fluxos de caixa projetados a partir de uma nova opção estratégica em comparação à continuação do curso atual. Portanto, previsões de fluxo de caixa são necessárias. Isso significa estimar o tamanho e o tempo de vantagem competitiva para indicar a lucratividade em relação à concorrência. Embora essas medidas sejam apenas suposições, a modelagem financeira obriga todo o processo a funcionar de modo consistente.

Os cálculos de fluxo de caixa devem incluir todos os custos e riscos de alterações estruturais necessárias. Isso inevitavelmente introduz inércia no sistema e induz a empresa a continuar em seu curso atual. A redução do impacto dessa inércia estrutural é o assunto da **Parte 2: Estrutura inteligente**.

Em virtude do horizonte de curto prazo dos mercados de ações, as organizações devem avaliar o impacto de cada opção sobre o desempenho financeiro declarado. Algumas estratégias economicamente atraentes envolvem investimentos iniciais que geram perdas de curto prazo. Antes de se decidirem por tal caminho, as organizações precisam convencer seus acionistas quanto aos méritos dessa escolha ou eles possivelmente irão achar que algumas importantes iniciativas estratégicas foram paralisadas. A Kmart falhou nesse ponto em numerosas ocasiões; a empresa iniciou a remodelação de suas lojas e a atualização de seus programas, mas parou ao perceber que seus lucros de curto prazo estavam sendo prejudicados.[10]

As opções criadas por uma determinada estratégia também são importantes. Algumas estratégias abrem as portas para novas e valiosas oportunidades de negócios que devem ser consideradas na avaliação econômica.

O entendimento do risco é essencial para uma eficiente avaliação de opções. É possível avaliar níveis de risco distintos utilizando-se diferentes taxas de desconto nos cálculos do VPL. Além do VPL, as empresas devem avaliar o risco de cada opção. Por exemplo, se duas opções apresentam o mesmo VPL, mas uma delas tem duas vezes mais possibilidades de terminar em falência, então o melhor a fazer é **evitá-la**.

Muitos outros critérios podem ser aplicados a uma opção estratégica. A opção se enquadra à visão ou aos valores da empresa? Ela ajuda a comunidade local? Alguns desses critérios são implícitos, outros, explícitos. As pessoas tendem a revelar seus critérios implícitos durante o processo de decisão, argumentando a favor de suas opções sem um respaldo lógico muito claro. O exemplo mais comum disso acontece na hora de decidir onde sediar a empresa. Embora raramente mencionado de maneira explícita, o critério determinante nesse caso é onde o CEO quer morar. O melhor a fazer é tentar explicitar todos os critérios, a fim de tomar decisões acertadas e bem-informadas.

Processos de decisão

O desenvolvimento de opções claras e o estabelecimento de critérios para sua avaliação facilitam o processo de decisão, mas, para se realizar a escolha final, ainda é necessário um processo de decisão bem-engendrado. Pense na equipe gestora de uma organização como uma **fábrica de decisão**; quão bem projetada é essa fábrica? A maioria das instalações fabris opera com 90% de eficiência ou mais. Seria difícil reivindicar isso à maioria das fábricas de decisão!

Em vez de abordar as decisões mais importantes de maneira *ad hoc* (de propósito), as empresas devem elaborar um processo de decisão claro e buscar sua melhoria contínua. Quem detém os direitos decisórios? Quem deve ser consultado? De que modo a decisão deve ser tomada? Como ela deve ser comunicada?[11]

Os direitos decisórios representam uma questão particularmente importante. Cuidado com a ilusão do consenso. Na melhor das hipóteses o consenso leva muito tempo; na pior, gera paralisia decisória. Há muito tempo, tive uma conversa com Carrie Van Loon, então presidente da CSM na Holanda, sobre a questão da tomada de decisão. Ele observou que, na Holanda, as decisões eram tomadas por consenso. Por conhecer Carrie Van Loon há muitos anos, apontei que a maioria das grandes decisões na CSM foram tomadas por ele. Com um sorriso malicioso ele respondeu que permitia a todos discutir por tempo suficiente até que chegassem ao **consenso** de que ele deveria tomar a decisão final.

A noção de democracia também é perigosa; assume-se que todos estejam igualmente bem-informados e sejam igualmente capazes de fazer os sacrifícios necessários para se chegar a uma decisão final, o que raramente é o caso. É responsabilidade do líder identificar o ponto de vista de todos, testar suas informações e seus raciocínios e, em seguida, tomar a decisão no melhor interesse da empresa. Porém, quando a decisão é finalmente tomada, é de suma importância explicar a lógica da escolha para que todos percebam sua probidade, agradecer aos que discordaram de sua opinião e pedir a todos que a apoiem.

Definido desse modo, o processo de tomada de decisão nos negócio se resume a **autocracia informada**. Entretanto, isso não deve ser confundido com autocracia cega, quando líderes teimosos tomam decisões sem atentar para os dados relevantes trazidos por aqueles que possuem experiência em suas respectivas áreas de atuação. Isso empobrece as decisões e enfraquece o alinhamento.

A concepção de um processo de decisão deve considerar o acréscimo de medidas de "contingência" que identifiquem o que a companhia deverá fazer caso o resultado da decisão se mostre errado. Isso muitas vezes facilita a tomada de decisão porque reduz o medo e a incerteza pela escolha de um determinado caminho. Além disso, essa ação também avalia os riscos de cada uma das escolhas e prepara a empresa para a mudança, caso seja feita uma escolha equivocada.

Fazer a escolha de maneira explícita também é importante. Descobri que não é incomum, após grandes reuniões decisórias, que metade do grupo de executivos saia convencida de que a decisão foi tomada em um sentido enquanto a outra metade acredita que foi em outro. As pessoas tendem a ouvir o que querem ouvir, de modo que costumam interpretar uma mensagem ambígua em seu favor – muitas vezes com resultados desastrosos. Para evitar esse problema, o líder que preside a reunião decisória deve declarar a decisão explicitamente e perguntar a todos os presentes o que tal resolução significa para eles. Essa ação garante que todos entendam tanto a decisão quanto suas implicações pessoais; permite também que aqueles que enfrentarão desafios específicos por conta da decisão expressem seus temores e sejam reconhecidos por seu compromisso com a escolha.

Há uma discussão a respeito da ordem das etapas de um processo de decisão. Particularmente, prefiro detalhar todos os critérios antes de passar para as opções, pois essa disposição relembra todos a respeito dos objetivos da empresa e facilita na identificação das informações necessárias a cada opção. No entanto, seja qual for a ordem seguida, os membros do grupo muitas vezes irão querer retomar conclusões anteriores. Por exemplo, quando alguém percebe que sua opção provavelmente será eliminada por um dos critérios, ela tende a querer rever os critérios. Este comportamento pode ser bastante irritante, mas ajuda a revelar pautas ocultas e a garantir que todos tenham as mesmas informações. Em última análise, se essa atitude ajuda a tomar e a executar decisões melhores, investir nela vale a pena.

Existem diversos quadros para facilitar a tomada de decisões, muitas vezes utilizando a mnemônica para ajudar as pessoas a lembrar as etapas envolvidas (por exemplo: DECIDIR).[12] Seja qual for o quadro, os princípios consagrados são os mesmos, portanto, faz pouco sentido perder tempo decidindo de que modo decidir. **Basta escolher um!** O poder está em estabelecer uma linguagem comum e um processo claro a seguir. Descobri que a maneira mais eficaz de incentivar equipes de executivos a adotar um processo de decisão é ajudando-os a projetá-lo por si mesmos. Começo pedindo a eles que criem um processo propositalmente ruim – um **"processo de decisão infernal"**. Isso gera uma grande quantidade de energia e permite que todos declarem seus piores medos e suas experiências mais desagradáveis. Uma vez modelado esse processo aterrorizante, basta apenas revertê-lo para identificar o ideal.

Testes

Parte da habilidade de fazer melhores escolhas é ter melhores informações. A pesquisa e a análise são úteis, mas não passam disso; não existe bom substituto para um teste ao vivo, e quanto maior o risco em fazer algo, mais faz sentido testá-lo primeiro. **Não corra riscos, gerencie-os!**

O teste de novos produtos no mercado é uma prática comum no acelerado setor de bens de consumo. As organizações experimentam novas ideias de produtos em alguns testes de mercado que são considerados como representação do mercado como um todo. A Capital One levou o conceito de teste a novos patamares com os cartões de crédito, executando mais de 50 mil testes por ano para novos produtos relacionados a cartões. A organização está à procura de efeitos pequenos, porém, importantes, em grandes amostras de dados, por isso executa uma grande escala de testes com milhares de clientes.[13]

As empresas deveriam testar novos modelos de negócios do mesmo modo que fazem testando novos produtos. A Progressive Insurance, por exemplo, primeiro faz sua tarefa de casa e depois testa novos modelos de negócio em algumas regiões dos EUA, comparando os resultados ali obtidos com os de locais onde nada mudou para assegurar sua validade.[14] A Best Buy, frequente inovadora no varejo de produtos eletrônicos, faz a mesma coisa em algumas lojas-teste.[15]

Muitas vezes o teste de novos modelos de negócios encontra resistência tanto externa quanto interna, e isso deve ser levado em conta na definição das métricas de sucesso. A propensão à resistência reduz os resultados, mas o entusiasmo excessivo também pode gerar um efeito prejudicial. É fácil comprometer-se demais com ideias novas que estão falhando, especialmente se os egos se mantêm fixos nos resultados. Testes exigem medidas claras de avaliação de sucesso e fracasso. Uma análise independente também ajuda quando se trata de decidir o momento de desistir.

As falhas são inevitáveis. Se você está certo o tempo todo é porque não está testando muitas ideias. A gestão do custo do fracasso é importante: **falhe cedo, falhe barato!** Teste as premissas fundamentais que embasam a ideia o mais cedo e pelo menor custo possível antes de investir muito nas ideias.

As empresas devem estar preparadas para admitir o seu fracasso, aprender com ele e evitar jogos de culpa. A Progressive Insurance se aventurou no negócio de seguro de imóveis, mas parou logo que percebeu que ele não atendia às suas expectativas. A companhia também desativou seu seguro "pague somente quando usar", um modelo de negócios novo e radical. Em ambos os casos a organização encontrou um novo modelo de negócios que explorou a oportunidade desses conceitos.[16]

Também é importante realizar um planejamento financeiro para o caso de fracasso. Os acionistas são muito críticos quanto a surpresas desagradáveis, e têm a possibilidade de punir as ações das empresas que as geram. Em firmas de alta tecnologia, o planejamento financeiro para o fracasso é comum; ele é chamado de P&D. Muito do que é desenvolvido nos laboratórios falha, mas fornece aprendizado que leva ao sucesso. As empresas farmacêuticas são especialistas nesse tipo de gestão. Porém, em companhias de baixa tecnologia, como no varejo, os analistas de mercado não esperam que as empresas disponham de um orçamento significativo para P&D; mesmo assim, a inovação é fundamental para a saúde de longo prazo dessas organizações. É por isso que Brad Anderson, CEO da Best Buy, estava tão empenhado em testar novos conceitos durante a bonança da organização, porque os acionistas não o permitiriam em tempos de crise.[17] Nesse sentido, os mercados impedem a inovação no momento em que ela é mais necessária, levando a maioria das empresas à extinção.

Partilhando e declarando

Realizada a escolha estratégica, é tempo de implementá-la. Isso, contudo, se torna difícil se ninguém souber o significado de estratégia. Algumas firmas acreditam que a estratégia é um assunto exclusivo à equipe de gestão sênior e que sua ampla comunicação representa uma ameaça à segurança da companhia – trata-se da **síndrome da estratégia secreta**. Isso pode fazer sentido em alguns casos – na ocorrência de uma grande aquisição, por exemplo –, mas, em geral, o melhor a fazer é comunicar a intenção estratégica a todos os funcionários, porque isso leva a um planejamento mais bem-definido e a um compromisso maior com sua execução.

Apenas dizer às pessoas o que elas devem fazer rouba-lhes a estima e as incentiva a trabalhar o mínimo possível: "Farei exatamente o que mandaram eu fazer e nada mais." Comunicar a estratégia e declarar a lógica que a embasa, incentiva a compreensão e demonstra respeito, o que motiva as pessoas a agirem e as ajuda a fazer um trabalho melhor. Solicitar *feedback* e ouvir atentamente é ainda melhor. Caso exista uma falha na lógica, os empregados provavelmente irão detectá-la e até mesmo sugerir uma maneira para contorná-la se forem encorajados a fazê-lo. Esse é o tipo de comportamento incentivado pelas empresas mais inteligentes.

Execução e mudança de estratégia

Uma vez que a nova estratégia tenha sido compartilhada e declarada, e que o apoio à ação tenha sido conquistado, as expectativas de todos estarão altas. Nesse momento, a implementação deve realmente se iniciar ou as pessoas ficarão frustradas e desmotivadas **à espera de mudanças**. O objetivo é montar um plano de ação que identifique exatamente o que precisa ser feito, e colocar todos em sincronia para tomarem medidas a fim de executá-lo.

Estrutura velha (EV), estrutura nova (EN) e estrutura-de-mudança (EdM)

A implementação da estratégia requer a **estrutura certa**: um conjunto adequado de ativos e uma arquitetura formal capaz de organizá-los de modo que se alcance o valor desejado. Colocar isso em prática, por si só, é uma tarefa complexa, mas se torna um trabalho ainda mais complicado pelo fato de que a maioria das empresa já dispõe de um legado de ativos e de uma arquitetura intrincada para executar suas antigas estratégias. Chamamos a isso de "EV" (estrutura velha). O desafio é mudar toda a situação para atender às demandas da nova estratégia e chegar à "EN" (estrutura nova). Entre ambas existe uma lacuna que precisa ser ultrapassada.

Cruzar esse hiato não é tarefa fácil. O primeiro problema é a **inércia**; é notoriamente difícil mudar a estrutura. Abordamos maneiras de superar algumas das causas de inércia estrutural na **Parte 2: Estrutura inteligente**.

O segundo problema é o fato de que fechar a empresa para realizar as mudanças necessárias normalmente não é uma opção; é preciso manter o funcionamento do negócio atual. Precisamos continuar morando em nossa casa enquanto ela está em reforma e suportar toda a ineficiência e todo o desconforto criados pelas obras. Além disso, nossos clientes não podem notar o que está ocorrendo; eles não devem ser incomodados porque têm outras opções.

Isso levanta a questão a respeito de quem irá fazer a mudança e de que modo. Quem irá projetar a EN? Quem vai construí-la? Mudanças demandam ativos especializados, executivos experientes, papéis e responsabilidades claros para tarefas críticas, processos eficientes para a realização do trabalho, pessoas bem treinadas para sua execução, sistemas de avaliação e de recompensa para acompanhar e motivar o progresso e sistemas de informação para manter tudo unido; em suma, precisamos de uma estratégia e de uma estrutura para atravessar esse vácuo. Precisamos de uma EdM ("estrutura-de-mudança").

Realizando a mudança

Em um mundo ideal, seria possível construir a EN separadamente da EV e executá-las em paralelo por um tempo, até que nos sentíssemos confortáveis em saber que o bom funcionamento da EN está satisfazendo nossos clientes. Então nós encerraríamos a EV e passaríamos a utilizar a EN, realizando a transposição sem problemas a partir do ponto de vista do cliente. Simplesmente construímos uma nova casa e abandonamos a antiga uma vez que a nova esteja pronta. Depois de passar por muitos projetos de reforma de imóveis nos últimos trinta anos, tenho certeza de que, em retrospecto, essa teria sido a maneira mais rápida e mais barata de se passar de uma estrutura velha para uma nova.

A lógica de processamento paralelo EV-EN é frequentemente utilizada na introdução de novos sistemas de TI. A General Electric (GE) faz uso dela quando precisa transferir suas fábricas de localização: seu processo de mudança "arremessador-receptor"[b]. A equipe arremessadora, EV, continua dirigindo a antiga fábrica ao mesmo tempo em que a equipe receptora, EN, administra a nova. Enquanto isso, diversos engenheiros e gerentes de projeto da GE planejam e

---

b Os termos utilizados pela GE, *pitcher* e *catcher*, fazem referência às posições dos jogadores no beisebol. (N.T.)

constroem a nova fábrica, realizando instalações e testando equipamentos, trabalhando com ambas as equipes arremessadora e receptora para manter o funcionamento da nova fábrica. Eles são a EdM. A antiga instalação não é fechada até que a nova esteja funcionando pelo menos de maneira tão eficiente quanto a antiga. Essa ação funciona muito bem, mas depende de ambas as equipes estarem motivadas para que a transição seja bem-sucedida. Se a equipe arremessadora perde seu emprego assim que seu trabalho termina, então a motivação desaparece. Os perus não torcem pela chegada do Natal! Mas isso significa que a GE precisa de folga em sua organização para realizar a mudança. Uma vez fechada a antiga fábrica, a equipe arremessadora e os gestores da mudança devem ser transferidos para outros postos.

Improvisando

Nem todas as organizações abordam o gerenciamento de mudanças com a mesma disciplina ou o mesmo comprometimento de recursos. A **técnica do improviso** não demanda um projeto bem-definido de EN, então o hiato entre a EV e a EN não fica claro. Em vez disso, a alta administração imprime um novo organograma e os gerentes devem entender todo o resto por si. Os executivos assumem seus papéis na EN com a vaga esperança de que irão continuar a cumprir com suas responsabilidades de EV até que outros as assumam. Muitos detalhes são ignorados durante o processo. Não são adicionados recursos extras para se fazer a mudança, então o progresso é lento. Enquanto executam suas novas tarefas e se mantêm ligados nas antigas, espera-se que os executivos EN executem EdM, realizando grandes mudanças nos processos, nos sistemas de RH, nos sistemas de avaliação e recompensa e nos sistemas de informação para apoiar a nova estratégia. Não é de surpreender que pouca coisa mude. O resultado disso é um longo e doloroso período de mudança, muito visível para os clientes e que raramente oferece bom apoio à nova estratégia.

Terceirizando a mudança

Outras empresas acrescentam recursos externos. Eles **terceirizam as mudanças** subcontratando especialistas em mudanças para o trabalho EdM, ao longo de toda a duração do projeto. A lógica nesse caso é que assim que a mudança terminar, todos poderão voltar ao seu trabalho habitual. Muitas vezes, o espírito com que isso é feito está longe do ideal. A alta administração tenta "forçar uma organização relutante a realizar mudanças" e "fornecer um pouco de disciplina" à abordagem. A boa gestão de projetos é essencial para a travessia dessa lacuna, por isso, se a organização não dispõe dessas habilidades internamente, a **terceirização** delas faz sentido. Porém, tratar a relutância da equipe de gestão com "disciplina" pode não ser a cura. É claro que o problema pode ser pura inércia pessoal, mas também é possível que os gestores simplesmente não tenham tempo para as ações relacionadas à mudança. Quando este é o caso, o enfoque maior no processo de mudança muitas vezes desvia a atenção dos negócios e mina a competitividade. As empresas devem entender a **causa-raiz** dessa **aparente inércia**.

Muitas vezes os gestores são realmente punidos por dedicarem tempo à mudança, portanto, não é de surpreender que resistam a ela. Em média, os executivos gastam grande porcentagem de seu tempo em iniciativas multifuncionais de mudança em detrimento de suas responsabilidades funcionais normais. O problema é que eles são recompensados apenas pelo trabalho relativo à sua função. Ao negligenciar suas atribuições diárias para poder contribuir com os programas de mudança, eles acabam sendo punidos pelas próprias mudanças. As empresas precisam adequar seus sistemas de recompensa para motivar seus executivos a se comprometerem com as alterações.

Outra razão importante pela qual os gestores resistem à mudança se refere à sua crença de que elas representam uma má ideia. Esse seu comportamento não é impulsionado por inércia pessoal, mas por discordância fundamental quanto à nova direção a ser seguida. Talvez suas opiniões não tenham sido consideradas durante o processo de formulação da estratégia, quando, na verdade, se devidamente esquadrinhadas, poderiam inclusive ter afetado materialmente o resultado. Neste caso, a organização faria bem em ouvi-los com atenção em vez de prosseguir. No entanto, se as opiniões deles tiverem sido examinadas, mas a decisão tenha tomado outro caminho – uma simples discordância –, então os gestores deverão ater-se à mudança ou deixar a empresa. O perigo do uso de especialistas em mudança terceirizados é que eles não entendem bem a estratégia e a estrutura da empresa, ou seja, o suficiente para saber fazer essa distinção.

Capacitação para a mudança

Em um ambiente competitivo em rápida mutação, a mudança é regularmente necessária, portanto, faz sentido considerar a capacitação interna – o desenvolvimento de um "ativo de mudanças". Isso poderia incluir pessoas com habilidades em transformações e processos de mudança, como o sistema "arremessadores-receptores" da GE. A fim de manter a disciplina financeira e de alocar recursos de maneira eficaz, o custo de manutenção dessa capacidade deverá ser coberto pelos lucros dos programas de mudança que os exploram.

O ativo relacionado à mudança pode ser um conjunto central de recursos do departamento de estratégia e mudanças, ou pode ser distribuído ao longo de toda a organização mediante o treinamento dos principais executivos nas habilidades de mudança. A GE tem sua "combinação" *Six Sigma Black Belts*.[c] A Danaher, em contrapartida, desenvolveu uma série de treinamentos para dar suporte às suas mudanças; executivos experientes ensinam colegas de outras divisões a aplicá-las por meio de programas de aprendizagem de ação prática. Essa abordagem distribui o ativo por toda a organização.

Em apoio a essas abordagens, as empresas devem se certificar de mensurar as mudanças e remunerar os responsáveis por elas. Responsáveis em tempo integral devem ser recompensados pelas mudanças que realizarem, enquanto os executivos devem receber duas remunerações: uma por realizar mudanças e outra por alcançar bons resultados no seu trabalho principal.

A inserção de uma nova estrutura requer a capacidade de construir novos

---

c *Seis Sigma* é um conjunto de práticas originalmente desenvolvidas pela Motorola para melhorar sistematicamente os processos mediante a eliminação de defeitos. Um defeito é definido como a **não conformidade** de um produto ou serviço com suas especificações. O *Seis Sigma* também é definido como uma estratégia gerencial que visa promover mudanças nas organizações, alcançando melhorias nos processos, produtos e serviços para a satisfação dos clientes. O *Seis Sigma* tem como prioridade a obtenção de resultados planejados e claros em processos produtivos ou administrativos, de qualidade e, principalmente, financeiros. Dentro do sistema *Seis Sigma* existem três personagens: os *champions* ("campeões"), os *black belts* ("os faixas pretas") e os *green belts* ("os faixas verdes"). Os *champions* devem ser capazes de pavimentar o caminho para as mudanças necessárias e para a integração de resultados; os *black belts* disseminam os conhecimentos sobre o *Seis Sigma* por toda a empresa e coordenam uma determinada quantidade de projetos; e os *green belts* são os funcionários de toda a organização que dedicam apenas parte de seu tempo aos projetos *Seis Sigma*. (Fonte: *Wikipedia*, disponível em http://pt.wikipedia.org/wiki/Seis_Sigma, e QSP – Centro de Qualidade, Segurança e Produtividade, disponível em: www.qsp.org.br/visao_geral.shtml) (N.T.)

processos, o recrutamento de novas pessoas e o desenvolvimento de novas habilidades. Todavia, dois dos elementos mais importantes à execução de uma nova estratégia são os sistemas de avaliação e de recompensa. Por isso, prestaremos atenção particular ao *scorecard* estratégico e às recompensas pelo alinhamento.

Scorecard estratégico

As organizações precisam de boas métricas estratégicas e de metas para testar premissas e controlar progressos, do contrário, a organização ficará **voando às cegas**. Muitas empresas acompanham métricas que não fazem muito sentido estratégico porque não estão relacionadas à vantagem. De modo a alcançar o próximo degrau, as firmas devem criar um *scorecard* estratégico.[18]

Um *scorecard* estratégico mensura a vantagem competitiva alcançada por uma empresa e os propulsores dessa vantagem. Esses dados são comparados aos objetivos a que a companhia se propôs e às etapas do caminho.

Discutimos a variedade de métricas que uma organização deverá considerar em seu *scorecard* no **Capítulo 3: O que é estratégia?** O objetivo é assegurar que todos na organização saibam o que precisam fazer para ajudar a construir vantagem competitiva, e que todos tenham métricas que lhes mostrem que estão progredindo na direção certa.

O processo de construção de um *scorecard* estratégico normalmente começa no topo da organização e desce em forma de cascata até os supervisores da linha de frente. O CEO entra em acordo com o Conselho de Administração em relação aos objetivos da organização e, então, trabalha com a principal equipe executiva a fim de converter os objetivos em metas mais específicas para cada integrante da equipe. Por sua vez, os executivos discutem suas metas com seus subordinados diretos e conciliam com alvos mais específicos para o próximo nível subordinado da hierarquia.

O objetivo de cada nível é identificar variáveis sobre as quais cada executivo poderá gerar um efeito importante, estimar a quantidade de efeito necessária e seu prazo de realização e identificar o que precisa ser feito para alcançá-lo. Isso torna as métricas mais significativas e motivadoras.

Nas empresas de inteligência estratégica moderada, o processo se resume, em grande parte, à comunicação dos objetivos mais amplos, à verificação de sua compreensão e ao desenvolvimento de medidas mais detalhadas para os níveis imediatamente inferiores numa empresa. Nas empresas que aspiram uma inteligência estratégica maior, esse processo se parece mais com um diálogo. As ideias estratégicas atravessam a organização, compelindo mudanças em objetivos mais amplos de níveis mais elevados na hierarquia.

Voltaremos ao assunto relacionado ao processo de mudança de um *scorecard* estratégico ao discutirmos a inércia criada pelos processos formais no **Capítulo 8: Arquitetura formal – Navegando no labirinto da estrutura corporativa**.

Alinhando as recompensas

Um *scorecard* estratégico ajuda a estimular o comportamento que produz sucesso estratégico; métricas significativas motivam! Elas indicam o que é importante e fornecem a todos na empresa um *feedback* rápido a respeito da contribuição de cada um. Entretanto, apesar de encontrarem motivação nos resultados, as pessoas se sentem ainda mais motivadas pela remuneração. Peter Lewis, executivo-chefe da Progressive Insurance, disse certa vez: **"Se quiser melhorar algo, comece a mensurá-lo! Em seguida, vincule recompensas às medidas positivas, ou penalidades às negativas, e você irá obter resultados."**[19]

Recompensas não alinhadas à estratégia podem ter consequências inesperadas, às vezes com resultados desastrosos. A Energis, provedora de telecomunicações **número três** do Reino Unido, desenvolveu uma estratégia para explorar sua nova rede de fibra óptica de alta qualidade. O objetivo era captar clientes sofisticados de alto nível financeiro com necessidades técnicas exigentes, mas são necessários anos de trabalho duro para desenvolver tais relacionamentos. A equipe comercial da firma recebia comissão sobre as vendas e seus membros acharam mais fácil buscar clientes sensíveis a descontos com seus produtos de base a fim de bater as metas de receita da companhia. Como resultado, a Energis foi à falência![20] Quando as pessoas são pagas para realizar um serviço, mas a estratégia as chama para efetuar outro, o sistema de recompensa invariavelmente ganha. Para fazer a estratégia acontecer, é importante que as recompensas estejam alinhadas aos objetivos estratégicos, ou a empresa não alcançará sucesso.

Ciclo de revisão rigorosa

Quando todo o trabalho já foi feito e a estratégia está funcionando bem, torna-se muito fácil relaxar e simplesmente repetir o comportamento antigo! Mas o ambiente competitivo se move, portanto, em breve a estratégia estará fora de sincronia com a realidade. Quanto mais tempo a companhia permanece em seu caminho atual, mais ela se distancia de uma estratégia vencedora e maiores e mais difíceis se tornam seus problemas. Enquanto isso, dissipam-se as habilidades necessárias à realização das mudanças. As organizações que executam grandes mudanças estratégicas a cada cinco anos já praticamente se esqueceram de como realizá-las.

É como aprender tudo de novo, com toda a dor e a inexperiência que isso implica. Para manter e melhorar sua experiência, as empresas devem **rever sua estratégia regularmente**, estimulando um ciclo de revisão rigorosa. Isso significa revisitar de modo contínuo todo o processo de formulação e de implementação.

Revisar um trabalho já concluído não é fácil. A empresa deve, primeiro, **pensar novamente**; atualizar os dados e identificar o que mudou; testar a lógica original; revisitar as premissas. Isso ajuda a manter o modelo arejado na mente de todos, em vez de permitir que ele adentre o subconsciente, de onde é difícil desafiá-lo; essa ação explicita a situação, em vez de deixá-la implícita; ela mantém um lembrete contínuo do que a empresa está tentando fazer.

Pensar outra vez sobre o mesmo tema é um **trabalho duro**. O cérebro humano queima muita energia ao tentar resolver um novo problema, mas uma vez resolvido, ele entra em piloto automático e oferece a mesma solução, conservando energia para outras grandes surpresas. O cérebro corporativo amplifica esse comportamento. É difícil enxergar soluções alternativas para problemas antigos quando a solução atual está funcionando bem. Apenas uma nova e grande ameaça é capaz de despertá-lo.

Porém, as organizações devem regularmente se obrigar a repensar o que estão fazendo; procurar injetar novos pontos de vista aos processos e usar ferramentas e técnicas de criatividade para enxergar velhos problemas sob uma nova luz. O objetivo deve ser, deliberadamente, desfazer o modelo que se formou na mente coletiva e encontrar novas maneiras de remontá-lo.

PARTE 1 ESTRATÉGIA INTELIGENTE

Muitas empresas alegam rever periodicamente a própria estratégia. Algumas agendam uma revisão anual de estratégia, como parte de seu ciclo de planejamento. Mas, em um mundo cada vez mais competitivo, uma única sessão anual para pensar nesse assunto é o suficiente? E será que elas de fato revisam rigorosamente a própria estratégia? Muitos processos de planejamento anuais desconsideram qualquer pensamento estratégico crítico. Em vez disso, são oportunidades utilizadas pelos gerentes para exibir seus feitos e suas equipes por meio de longas apresentações de *PowerPoint* – cuidadosamente excluindo questões críticas que possam desencadear perguntas embaraçosas da alta administração. Outras reuniões de planejamento são apenas exercícios orçamentários.

A IBM realizava, há muito tempo, um processo de revisão anual, mas a alta administração agora se reúne mensalmente para forçar a reflexão sobre a estratégia e fazer perguntas difíceis a respeito do que pode estar sendo negligenciado. Os altos escalões participam do encontro, juntamente com uma série de gestores da alta administração do mundo todo.[21] Os convidados periodicamente se alteram para oferecer uma perspectiva arejada e expor a geração seguinte aos desafios envolvidos. Uma reunião mensal desse tipo dedicada exclusivamente à estratégia é incomum, e mostra o comprometimento da liderança da IBM. Portanto, não deveria a principal equipe de gestão de todo negócio investir 5% de seu tempo refletindo criticamente a respeito de sua estratégia?

Entretanto, **repensar** não é o suficiente! A organização deve **agir novamente**, modificando a estratégia atual; testando novas ideias; comunicando as mudanças; modificando as métricas; atualizando os sistemas de recompensa. As empresas que desejam permanecer estrategicamente competentes devem manter sua capacidade de realizar mudanças estratégicas; se a capacidade de ação diminui, o **QI estratégico** se reduz com ela. A necessidade de agir de modo regular aumenta demasiadamente a carga sobre a gestão. O **ato de pensar** utiliza menos de **5% do tempo**; a ação toma o resto. Esse esforço já desencoraja muitas empresas de sequer considerá-lo. Mas as firmas devem ter a coragem de agir, adaptando sua estratégia regularmente para manter bem-afinadas suas habilidades de mudança estratégica e se ajustar às mudanças do mercado.

Preparado para a mudança

No nível mais alto da competência estratégica moderada, as organizações devem investir em maneiras de lidar com as circunstâncias imprevistas que as atiram para fora dos trilhos. Ironicamente, muitas dessas circunstâncias são surpresas antecipáveis[22] que poderiam ter sido previstas com o planejamento de situações inesperadas. Mas as organizações que se preparam para planejar tais contingências não acham isso tão fácil. Quando começam a delinear as muitas maneiras pelas quais eventos do mundo real podem se desdobrar, elas deparam uma vertiginosa série de resultados possíveis. Em face de tal complexidade, algumas equipes de gestão simplesmente desistem e concordam em lidar com as eventualidades **conforme elas surgirem**. O ideal é que as organizações encontrem um meio-termo para manter-se atualizadas e prontas para reagir às mudanças, sem se aprofundar em detalhes excessivos.

O planejamento de cenários oferece um modo inteligente para encontrar esse meio-termo.[23] O objetivo não é prever o futuro, mas identificar as maiores tendências e incertezas enfrentadas pela empresa e construir um pequeno número de cenários – imagens internamente consistentes de mundos futuros – contra os quais as equipes de gestão possam testar suas estratégias. Outra abordagem é identificar as principais premissas que embasam a estratégia – as hipóteses que, caso se provem erradas, irão demandar uma mudança estratégica. Isso poderia ser um avanço avanço tecnológico, um importante movimento do concorrente ou o surgimento de um novo canal de distribuição. As empresas devem determinar o que irão fazer caso a premissa não resulte no esperado.

Depois de dispensar metade de sua equipe de planejamento e de reduzir o próprio processo de planejamento da GE a um relatório de cinco páginas, Jack Welch adotou uma abordagem ainda mais simples para preparar seus negócios para a mudança. Ele pediu que cada um identificasse a maior ameaça competitiva que já enfrentara e definisse o que faria para resolver o problema.[24] Em vez de se **concentrar apenas** nas **ameaças**, ele também salientou que faz sentido perguntar: "Qual é a maior **oportunidade** que você está encarando, e de que modo você pode torná-la mais **provável**?"

Jogos de guerra e simulações são excelentes maneiras de preparar equipes de gestão para a mudança. O objetivo de tais exercícios não é

95

preparar a equipe para todas as eventualidades, mas ajudá-la a aprender a lidar com qualquer eventualidade. Os exercícios de gestão de risco são um bom exemplo disso. Muitas companhias de produtos de consumo treinam seus dirigentes para lidar com eventos como o envenenamento de um cliente ou um acidente fatal envolvendo seus produtos. Esse treinamento também é prática comum no setor aéreo, no qual a queda de um avião de passageiros pode ameaçar o futuro da empresa. As organizações farmacêuticas também usam tais exercícios para auxiliar seus gestores a realizar escolhas difíceis que são essenciais para o desenvolvimento de drogas.

Os desafios de manter a competência

É difícil manter a competência estratégica. A Circuit City teve uma grande estratégia no setor de varejo de eletrônicos de consumo, mas acabou se perdendo em atitudes de recusa e incompetência e, por fim, enfrentou a extinção.[25] **O que faz as firmas retrocederem dessa maneira?**

O primeiro sinal de perigo é a **complacência**. A estratégia está indo bem, as vendas estão crescendo rapidamente e os lucros aumentando ainda mais rápido; é difícil considerar a necessidade de mudança. As empresas ficam **gordas e felizes**! Percebe-se a complacência nas revisões estratégicas. Novas ameaças são desconsideradas muito rapidamente; a antiga lógica não é testada; premissas não são revisitadas; o **pensamento preguiçoso prevalece**. E como o ato de pensar torna-se menos frequente, a lógica se perde, as premissas são esquecidas e a organização torna-se cada vez mais cega. O pensamento estratégico não necessita de muito tempo, então invista 5% do seu tempo em realizá-lo, ou os desafios diários se acumularão.

O **adiamento perpétuo** é outro sinal de alerta. Os seres humanos têm uma enorme capacidade para **procrastinar** – ainda que saibamos que isso nos é **prejudicial**. Em grupos podemos ser ainda piores nesse sentido. E para as organizações trata-se de um perigo ainda maior, porque o que é ruim para a empresa pode ser bom para a equipe executiva de gestão da empresa. Seus integrantes podem assumir outros postos ou sair da companhia antes da crise estourar, deixando que a próxima geração lide com a bomba enquanto eles se banham na glória dos lucros de curto prazo proporcionados pela delonga.

Mas o maior desafio para as empresas competentes é a **mentalidade liga-desliga** – tentando a definição de estratégia como algo (e complicado) tão caro que somente deva ser realizada com pouca frequência, e isso em períodos curtos, repletos de mudanças "disruptivas" (normalmente desencadeadas pela nomeação de um novo CEO), seguidos por longos períodos de ações relativamente irracionais (de uma perspectiva estratégica) e ajustes táticos, ou seja, é o ciclo de **planejamento de cinco anos**. Para as empresas com esta mentalidade, a questão-chave é **quando** mudar. Cedo demais sai caro, mas deixar a mudança para tarde demais pode ser fatal. Esperar pela crise é contar com a morte. Algumas organizações se recuperaram, como IBM;[26] outras, como a Kmart e a Circuit City, lutaram por anos e, por fim, foram à falência.

Resumo

Para desenvolver o QI estratégico moderado (Figura 4.1) as empresas devem aprender a analisar seu ambiente externo com um olhar estratégico e identificar o que necessitam para tornar-se vencedoras em longo prazo. Elas também precisam avaliar com astúcia suas próprias forças estratégicas e limitações para perceber quais oportunidades são mais capazes de explorar. Elas têm de desenvolver habilidades de construção de opções estratégicas e de realização de escolhas oportunas e bem-informadas, e converter essas escolhas em um forte modelo estratégico de negócios que norteará suas ações cotidianas. Essa ação deve ser abraçada por toda a organização e traduzida em um programa de mudança estratégica que estimule todos a conduzir a organização por seu novo caminho. Uma vez nesse caminho, para evitar um voo cego, as organizações precisam de um *scorecard* estratégico que mensure seu progresso e sinalize a necessidade de mudança. O alinhamento dos sistemas de recompensa com a estratégia acrescenta ainda mais ao sucesso estratégico. Entretanto, para manter a capacidade de mudança, essas empresas devem rever rigorosamente sua estratégia e de modo regular, repassando todo o processo e, assim, refinando seu pensamento estratégico e sua capacidade de ação. Quanto mais fizerem isso, mais bem preparadas ficarão. E para chegar ao topo da escala de inteligência estratégica moderada, devem aprender a procurar pelas surpresas previsíveis e a se preparar para elas, ao mesmo tempo em que desenvolvem sua capacidade de lidar com o imprevisível.

PARTE 1 ESTRATÉGIA INTELIGENTE

Figura 4: Construindo a inteligência estratégica moderada

1. Conheça o jogo!	■ "Se você não sabe para onde quer ir, então qualquer caminho serve"..... *Gato Risonho, Alice no País das Maravilhas.*
2. Atente para a pontuação!	■ Você não saberá se está progredindo se não dispuser de métricas.
3. Conserte os problemas!	■ É bom ter um processo para assumir o controle quando as coisas não funcionarem.

E quem na organização deve demonstrar competência estratégica? Obviamente, todos os membros da alta administração, mas cada gestor deve ser bem treinado em estratégia e mudança. A competência estratégica não deve ser exclusividade dos altos executivos; é essencial ao trabalho dos gerentes assegurar que todos entendem a estratégia da organização e sua porção de responsabilidade dentro dela, e que saibam ajustar essa estratégia quando necessário; isso é tão fundamental para a gestão quanto as habilidades da equipe de liderança ou a gestão de projetos. E as empresas que aspiram ao QI estratégico elevado devem assegurar que suas principais equipes da linha de frente pensem e ajam como estrategistas, trabalhando bem hoje enquanto percebem as mudanças que deverão ser realizadas no amanhã.

No entanto, a competência estratégica não oferece nenhuma garantia de sucesso de longo prazo. É muito fácil tornar-se complacente e retroceder na escala de QI, demonstrando **recusa**, **negação**, i**ncompetência** e **cegueira**. Organizações competentes muitas vezes resvalam em uma mentalidade que argumenta a favor de períodos de mudança estratégica intensa, seguidos de anos de execução de um mesmo modelo. Isso levanta a questão de **quando** mudar; irrelevante para as firmas estrategicamente inteligentes – elas estão continuamente mudando. Para estas, a questão é: **de que modo** mudar? Abordamos esse assunto no **Capítulo 5: Inteligência estratégica elevada**.

Notas

1. Para uma visão atualizada a respeito das tendências globais e suas implicações nos negócios, acesse www.globaltrends.com.
2. Veja a discussão de Taleb (2007) a respeito dos eventos "cisne negro".
3. Bazerman e Watkins (2004).
4. Para uma discussão detalhada da estrutura das cinco forças com o intuito de analisar a estrutura dos setores, veja Porter (1980, pp 3-33) *Estratégia Competitiva*, Capítulo 1.
5. Wells e Raabe (2006).
6. Fung e Magretta (1998); Fung, Fung e Wind (2008).
7. Para um quadro para a análise da concorrência, veja Porter (1980, pp 47-74) *Estratégia Competitiva*, Capítulo 3.
8. Ghemawat e Nueno (2003).
9. Blenko, Mankins e Rogers (2010).
10. Wells e Haglock (2005), *A Ascensão do Kmart*.
11. Blenko, Mankins e Rogers (2010) descrevem o impacto positivo da melhoria na tomada de decisão sobre inúmeras empresas em seu livro *A Organização que Decide*.
12. DECIDIR: o mnemônico é particularmente fácil de lembrar, mas a descrição dos passos é tão longa que torna-se difícil recordar quais são!
13. Wells e Anand (2008).
14. Wells, Lutova e Sender (2008).
15. Wells (2005), *Best Buy Co., Inc.*
16. Wells, Lutova e Sender (2008).
17. Wells (2005), *Best Buy Co., Inc.*
18. Kaplan e Norton (2000).
19. Wells, Lutova e Sender (2008).
20. Wells (2003).
21. Harreld, O'Reilly e Tushman (2007).
22. Bazerman e Watkins (2004).
23. Schwartz (1991); Van der Heijden (1996).
24. Bartlett (1999).
25. Wells (2005), *Circuit City Store, Inc.*
26. Austin e Nolan (2000).

CAPÍTULO 5

INTELIGÊNCIA ESTRATÉGICA ELEVADA

Companhias que dispõem de inteligência moderada reconhecem e resolvem seus problemas estratégicos; empresas realmente inteligentes os **criam**. Elas nunca estão satisfeitas, e estão sempre mudando.

O que nos torna dominantes enquanto espécie não é a nossa capacidade de resolver problemas. Os chimpanzés são bons nisso também, bem como os corvos e os golfinhos. Nossa força está em nossa faculdade de pensar e de nos **comunicarmos de maneira abstrata**; de ir além do aqui e agora, e **imaginar futuros alternativos**. Em nossa melhor forma somos naturalmente curiosos, sempre procurando melhorar o que estamos fazendo enquanto nos deleitamos com ideias completamente novas.

Mas como podemos aproveitar esse comportamento para estimular mudanças estratégicas? Como lidar com todos os problemas criados pelo comportamento humano? De onde vem a capacidade de gestão? De que modo podemos acessá-la? Este capítulo pretende responder a essas perguntas.

A mentalidade da mudança

Muitos executivos seniores consideram a mudança estratégica como algo: 1º) muito caro; 2º) que exige muito tempo da alta administração; 3º) que apenas deve ser contemplada periodicamente; e 4º) que deve ser adiada até que se revele absolutamente necessária. Mas enquadrar o problema desse modo transforma-o em uma **profecia autorrealizável**. O atraso encarece a consequente mudança porque acumula tarefas e questões que precisam ser resolvidas. Enquanto isso, recursos, que poderiam ter sido investidos no

PARTE 1 ESTRATÉGIA INTELIGENTE

projeto e no seguimento de uma nova direção estratégica, são desperdiçados em correções táticas – erros caros que teriam sido evitados com um pouco de reflexão estratégica. Ao mesmo tempo, a capacidade da organização em realizar alterações diminui em virtude da falta de prática.

Empresas que enfrentam dúvidas a respeito de quando devem mudar, correm o risco de demorar muito para fazê-lo, o que pode levar a consequências fatais. Uma vez ultrapassado o ponto crítico em que o tamanho da mudança necessária excede a capacidade da empresa para executá-la, é apenas questão de tempo até que a organização vá à falência.

Mas, em empresas de QI estratégico elevado, a questão a respeito de quando realizar a mudança não é relevante, pois elas estão sempre mudando. Os conceitos de estrutura velha (EV) e estrutura nova (EN) simplesmente não lhes fazem sentido. Para elas existe apenas a estrutura de mudança (EdM).

Criando problemas – Sistematicamente insatisfeitas

Os criadores de problemas nunca estão satisfeitos. Eles estão sempre procurando maneiras de melhorar sua estratégia atual e de construir **maior vantagem competitiva**. A Walmart e a Kmart entraram no negócio de varejo de descontos nos EUA em 1962, e foi a Kmart que inicialmente demonstrou ter um claro modelo de sucesso.[1] No prazo de uma década, a companhia espalhou suas lojas por todo o país e tornou-se vinte vezes maior que a Walmart. Porém, enquanto a Kmart continuou com seu mesmo modelo de negócio, a Walmart foi melhorando com enorme rapidez, sempre aprendendo com a concorrência e gerando novas ideias, muitas vezes, vindas de seus funcionários de linha de frente.[2] Embora a Walmart tenha tido um início mais lento, a empresa se tornou uma **máquina de inovação**, enquanto a Kmart funcionava como uma **máquina de execução cega**.

Organizações comprometidas com a aprendizagem são, assim como a Walmart, **sistematicamente insatisfeitas**. Elas se recusam a aceitar um limite para o desempenho de seu modelo de negócios atual e estão sempre buscando melhorias. Elas procuram aumentar sua receita por cliente de maneira contínua oferecendo mais valor, reduzindo os custos por cliente, aumentando a disparidade entre preço e custo e assumindo riscos para definir novas fronteiras; elas não aceitam a noção de que qualquer melhoria na qualidade significa necessariamente um aumento dos custos, e, muitas vezes, exigem ambos ao mesmo tempo utilizando-se da tecnologia para auxiliá-las.[3]

Os sistematicamente insatisfeitos são *benchmarkers* apaixonados que estudam de maneira cuidadosa os movimentos de seus rivais. Eles copiam o que funciona e o aprimoram ao mesmo tempo em que evitam a repetição de erros. Sam Walton provavelmente passou mais tempo nas lojas Kmart que nas Walmart, sobrevoando os estacionamentos do seu concorrente para verificar seus níveis de tráfego.[4] Eles parecem paranóicos a respeito da concorrência porque, como escreveu Andy Grove, presidente-executivo da Intel, em ambientes difíceis **"somente os paranoicos sobrevivem"**.[5] Eles criam métricas estratégicas claras para comparar-se aos seus concorrentes diretos e estão sempre trabalhando para manter-se à frente. Todavia, eles reconhecem que seus rivais também realizam melhorias, então definem seus objetivos com base em onde esperam que seus concorrentes estejam amanhã, e não na posição que ocupam hoje; definem a concorrência de maneira ampla, procurando sobrepujar "o melhor da classe" de outros setores; e usam *benchmarking* interno para promover a competição saudável entre suas unidades operacionais.[6]

Os sistematicamente insatisfeitos levam muito a sério programas de melhoria contínua como o ***Six Sigma***[7] e a **gestão da qualidade total** (GQT)[8]. A Danaher é um bom exemplo disso.[9] A organização foi considerada um dos conglomerados mais bem-sucedidos e de rápido crescimento nos EUA até 2011, entregando retornos de ações entre 15% e 25% por 25 anos. No centro desse sucesso está o Sistema de Negócios Danaher, que integrou o *kaizen* (palavra japonesa para melhoria contínua) em tudo o que a empresa faz. A Danaher tem o cuidado de recrutar pessoas responsáveis, orientadas à obtenção de resultados e apaixonadas pela melhoria contínua de si próprias, de suas equipes e da empresa. A organização insiste em rigorosos planos estratégicos, de propriedade de quem os executa, convertidos em métricas específicas que são impressos e afixados em suas portas para que todos possam ver. Todos os meses os planos são revistos; tudo é discutido, das estratégias de longo prazo aos resultados de curto prazo, e a questão sempre colocada é: **"Como podemos melhorar?"**. A empresa desenvolveu um conjunto abrangente de mais de 50 módulos de treinamento para aprimorar seus processos, que são transmitidos pelos próprios gestores no trabalho como ação de aprendizagem. Trata-se de uma máquina de melhoria contínua.

PARTE 1 ESTRATÉGIA INTELIGENTE

Criando problemas – Destruição criativa

Interrompendo o modelo – autocanibalização

Ao mesmo tempo em que impelem sua atual estratégia a novos limites, as organizações inteligentes procuram novas maneiras de competir antes que seus rivais o façam. Elas descobrem novos modelos de negócio para servir seus mercados atuais, e novos mercados para aplicar seus ativos em vigor. Elas têm a coragem de se **"autodestruir"**, canibalizando seus negócios presentes a fim de permitir o crescimento de novos modelos. A Walmart fez isso quando lançou a categoria superloja, em 1980.[10] A Best Buy, apesar de líder no varejo de eletrônicos de consumo em 2003 nos EUA, também redefiniu de que modo iria competir e introduziu seu modelo de foco no cliente, propelindo a tomada de decisão para as lojas.[11]

Moldando o ambiente em benefício da empresa

Além de não aceitarem seu ambiente competitivo atual, os criadores de problemas moldam-no a seu favor. Em 1990, a Progressive Insurance, uma das quatro principais provedoras de seguros de automóveis dos EUA, alterou seu antigo e bem-sucedido modelo de operação a fim de apresentar o novo Immediate Response (Resposta Imediata), uma nova maneira de atender às chamadas de acidentes rodoviários, disponibilizando mecânicos nas estradas 24 h por dia, 7 dias por semana, para prestar um melhor serviço a seus clientes.[12] Ao contrário de esperar semanas pelo atendimento de um mecânico, o cliente que se envolvesse em um acidente de trânsito contaria com esses profissionais em minutos, e eles seriam capazes de resolver as reivindicações do cliente no próprio local. Para oferecer esse tipo de serviço a Progressive tinha de manter uma grande frota de veículos em constante circulação, conectá-los aos computadores da sede e convencer seus mecânicos a trabalhar em turnos. Isso elevou muito os custos fixos da companhia, algo perigoso a se fazer em um mundo volátil, mas os custos com indenizações caíram drasticamente, mais do que cobrindo os custos fixos extras. O novo modelo de negócio Immediate Response ajudou a reduzir dois dos maiores custos do setor de seguro de automóveis: indenizações fraudulentas e advogados. Dois fatores eliminaram muitas despesas desnecessárias para a empresa: **chegar rapidamente ao local** e **atender os clientes com agilidade**.

Capítulo 5 Inteligência estratégica elevada

O novo modelo de negócio era mais rentável para a Progressive, mas também fez melhorar a estrutura daquele setor. Seus principais concorrentes a copiaram, mas as centenas de empresas iniciantes desprovidas de capital que assolavam o segmento não puderam se dar ao luxo de fazê-lo. Assim, essas novas operadoras baixaram tanto seus preços que todo o setor sofreu perdas por cerca de 25 dos últimos trinta anos. Mas a necessidade de uma maior infraestrutura para atender o mercado criou barreiras à entrada de novos concorrentes e melhorou a rentabilidade média das operadoras dominantes. Desse modo, a Progressive modelou o segmento de seguros a seu favor e aprimorou sua competitividade. Mas a organização não se deu por satisfeita com o modelo Immediate Response e, posteriormente, introduziu mais inovações depois de novas alterações estratégicas.

A JCDecaux é outro exemplo de empresa que formatou o ambiente em benefício próprio.[13] Sediada na França, a companhia é uma das maiores anunciantes ao ar livre do mundo. No início da empresa, seu fundador Jean-Claude Decaux enfrentou um grande problema: as autoridades francesas proibiram a publicidade externa nas principais estradas fora das cidades. Sendo este o núcleo do seu negócio, sua continuidade, ou seja, sua sobrevivência estava em jogo. Ao caminhar por Paris naquela época, ele percebeu que alguém ilegalmente afixara pôsteres em um abrigo de ponto de ônibus. Ele gostou muito daquela ideia de publicidade; um excelente lugar para se fazer propaganda para um público cativo de moradores de uma cidade de alta renda à espera de um ônibus, e também para os passageiros daqueles veículos. Ele apenas desejava que aquela intervenção fosse legal, mas depois pensou **"Por que não?"**.

Ele tirou fotos dessa parada de ônibus e enviou milhares de cópias para as câmaras municipais de toda a França, prometendo construir e manter novos abrigos de paradas de ônibus em troca de direitos publicitários exclusivos por vinte ou trinta anos. Para reforçar seu ponto de vista, ele construiu uma amostra de ponto de ônibus, carregou-a na parte traseira de um caminhão e dirigiu por toda a França. Por fim, o prefeito de Lyon concordou e assim nasceu o segmento de **mobiliário urbano do mercado de publicidade ao ar livre**. Isso aconteceu em 1964. Apesar de muitas imitadoras, a JCDecaux é ainda a maior anunciante do mundo em mobiliário ao ar livre e continua inovando para manter-se à frente; de vasos sanitários automáticos em São Francisco (Califórnia), a cabines de telefone em Londres e bicicletas em Paris.

Pensando fora da caixa – Criatividade

A geração de novos modelos de negócio requer mais que habilidades analíticas. Ela exige o rompimento com o pensamento atual; uma visão que vai além do modo como a atual organização moldou seu mundo. Como disse certa vez o prêmio Nobel de Fisiologia Albert Szent-Gyori: **"A descoberta consiste em olhar para a mesma coisa que todos os outros estão olhando e pensar em algo diferente."** Jean-Claude Decaux é um exemplo clássico dessa máxima. Ele viu algo **ilegal** e **perguntou a si próprio como legalizá-lo!**

Todos os seres humanos são naturalmente criativos, mas somos habituados a suprimir nossa própria criatividade, bem como a dos outros. Quando desafiados geramos muitas ideias, mas nosso cérebro está antenado para compará-las a nossas experiências passadas e rapidamente eliminar aquelas que não fazem sentido para nós, escolhendo soluções mais familiares. Por isso, antes de termos tido a oportunidade de refletir sobre nossas extraordinárias novas ideias, nosso cérebro já as rejeitou. Criticamos as ideias dos outros de maneira semelhante, enviando-lhes sinais negativos tanto verbal quanto fisicamente, sem de fato pensar sobre elas.

Para escapar dessa prisão mental, devemos suspender nosso autojulgamento. Existem ferramentas e técnicas de criatividade que nos permitem fazer isso[14] aumentando substancialmente nossa produção criativa. Discutiremos de que modo fazer isso na **Parte 3: Mentes inteligentes**.

Os problemas com a criação de problemas

O **processo de problematização** pode ele próprio causar problemas. Um incansável propulsor de melhorias pode se revelar um indivíduo degradante e quase opressivo para as pessoas. As empresas nunca satisfeitas devem ter o cuidado de identificar os objetivos de curto prazo e comemorar a sua realização. O contínuo esforço pelo aprimoramento faz parte da natureza humana, mas pode ser facilmente dominado por um sentimento de insegurança e medo. É importante fornecer uma base firme e segura para que as pessoas possam se apoiar, e recompensá-las emocional e financeiramente pelo progresso alcançado ao longo do caminho. O objetivo de uma organização é viver em **estado de insatisfação positiva**, sempre buscando **equilíbrio** entre a **comemoração do sucesso** e a **elevação ainda maior das metas**. Discutimos isso em mais detalhes na **Parte 3: Mentes inteligentes**.

Para os insatisfeitos e criativos, um senso de direção também é importante. Nunca estar satisfeito e não saber para onde se quer ir é a minha definição para **depressão**! De modo a ficarem positivamente motivados e aceitarem todo o trabalho extra, os indivíduos precisam se sentir bem a respeito de para onde eles estão indo. Da mesma maneira, a geração de montes de ideias radicais e criativas configura receita certa para a **confusão** e o **caos** se não existir uma **orientação**. As pessoas devem saber para onde estão indo no longo prazo, e esse lugar deve ser atraente para elas. A fim de oferecer maior sustentabilidade, essa orientação também deve conduzir a empresa no sentido de aumentar sua vantagem competitiva. As companhias precisam ter uma **visão** que crie propósito e guie suas escolhas estratégicas a respeito do que deve e do que não deve ser feito.

Agora, como as empresas que aspiram se tornar estrategicamente mais inteligentes irão lidar com todo o trabalho extra gerado por esses novos problemas? Criar mais problemas é perigoso caso a empresa não tenha capacidade extra para lidar com eles; tudo isso pode gerar uma **interrupção dolorosa**. Onde a organização encontra essa capacidade? A resposta está em contar com seu próprio pessoal, **distribuindo a inteligência estratégica**.

E como eles arcam com o custo? A mudança estratégica leva tempo e dinheiro. Como isso pode ser financiado?

Agora voltaremos nosso olhar à visão, à inteligência distribuída e ao financiamento da inovação estratégica.

Visão inteligente

"**Ter visão**" agora está na moda e é considerado algo motivacional. Porém, qualquer um que tenha lido declarações sobre **"visão prospectiva"** sabe que elas podem variar de ideias fantásticas e superficiais a conceitos estupefacientes sobre crescimento e metas de rentabilidade. Empresas inteligentes devem ser mais disciplinadas. Elas precisam estar comprometidas com uma visão que as force a pensar bem no futuro, que motive as pessoas a aceitar a mudança constante e que direcione a empresa a uma maior competitividade.

Visão aspirante

Uma visão inteligente é **aspirante**. Ela estabelece uma meta muito à frente de onde a empresa está no momento. Ousar sonhar o impossível estimula a criatividade e incentiva a busca por novas oportunidades em vez de deixar que as pessoas se contentem com simples extensões para o que a organização já realiza. Por exemplo, a Walmart sempre se esforçou para vencer a Kmart, mesmo quando era apenas um décimo de seu tamanho. Entretanto, quando essa diferença diminuiu, o fundador da Walmart, Sam Walton, declarou uma nova visão: construir um negócio no valor de US$ 130 bilhões.[15] Com uma meta tão alta, o formato de descontos da Walmart não seria o suficiente para dar conta. A organização foi forçada a encontrar novos formatos de varejo para alcançar seus atuais US$ 400 bilhões em vendas, mais de dez vezes o valor de vendas da Kmart.

Visão inspiradora

A mudança representa trabalho duro, e os empregados têm de sentir que ela vale a pena.

Uma visão inspiradora ajuda a criar um senso de propósito. Como seres humanos precisamos de **propósito** para nos motivar a agir (ver **Capítulo 15: Utilizando as necessidades humanas insaciáveis**). Uma visão motivadora pinta um quadro do futuro que todos ficariam felizes e orgulhosos em alcançar. Ela promete que todos na empresa ficarão em melhor situação – todos serão membros da equipe vencedora; mas ela também demanda uma contribuição para o bem maior, para ajudar a humanidade. Por exemplo, a Progressive Corporation, uma das quatro maiores companhias seguradoras de automóveis dos EUA, visa a "eliminar o trauma nos acidentes rodoviários".[16] Isso é muito mais inspirador que apenas alcançar mais lucros com a emissão de mais apólices de seguros. Uma visão inspiradora representa uma licença para mudar, para fazer ajustes de curto prazo consistentes com a visão. Se as pessoas entendem o caminho de longo prazo, a dor da mudança passa a ser mais suportável. Um senso de propósito facilita que os funcionários retomem a direção e sigam em frente após enfrentarem os solavancos da estrada.

Visão fundamentada na vantagem

Porém, as visões inspiradora e aspirante não são suficientes. Uma visão perspicaz conduz as organizações à construção de maior vantagem competitiva e lucratividade superior. As empresas que não se esforçam em sempre fazer isso tornam-se vulneráveis a ataques e, por fim, podem sucumbir. A Progressive visa a eliminar o trauma dos acidentes rodoviários, mas de maneiras lucrativas! A companhia está sempre em busca de realizar um trabalho melhor do que a concorrência. Dirigir uma empresa em qualquer outra direção não é receita para o sucesso de longo prazo.

Articulando uma visão

Articular uma visão não é tarefa trivial. Não se trata de algo que possa ser feito simplesmente levando os componentes da alta administração para se divertir durante um fim de semana ensolarado.

Declarações de visão impostas de cima para baixo raramente promovem adesão. O desenvolvimento de uma **visão autêntica** envolve descobrir o que é realmente significativo para os funcionários de toda a organização. **O que irá ressonar entre eles e levar o negócio adiante?** O papel do líder é identificar as frequências naturais de ressonância da companhia e selecionar uma que também esteja nos melhores interesses econômicos de longo prazo da empresa. Caminhar pelo ambiente e ouvir é fundamental, embora a tecnologia da informação possa ajudar. A IBM implantou um *software* de colaboração *on-line* chamado *Buzz* para obter *feedback* de centenas de milhares de funcionários na formação de sua visão.[17] Assim como ocorre em um órgão de tubos (carrilhão), uma vez identificada a frequência ressonante desejada, o objetivo é fazer com que os movimentos da organização reverberem de acordo com pressões constantes, até que se alcance o *boom* esperado.

Capacidade de mudança – Inteligência distribuída

A geração de uma série de novas oportunidades para a mudança estratégica preocupa alguns executivos seniores. Seu temor inicial reside no fato de que eles terão de imaginar as oportunidades. Todavia, o próprio pensamento a respeito da execução da tarefa já é suficiente para criar pânico. Pensar até é fácil; agir leva muito mais tempo e demanda muito mais esforço. Mudanças estratégicas exigem muito tempo do alto escalão. A superação desses medos requer a desconstrução de outra mentalidade comum aos executivos seniores: a perspectiva **comando-e-controle** de que toda mudança estratégica deve ser conduzida a partir do topo. As empresas inteligentes distribuem a responsabilidade pela mudança estratégica por toda a organização. Desse modo, o papel da alta administração deixa de ser o comando e passa a ser a formatação de um contexto que efetivamente envolva todos na agenda de mudança estratégica.

Existem diversos argumentos para envolver as equipes da linha de frente no desenvolvimento e na adaptação da estratégia. Muitas vezes, a necessidade de mudança é primeiramente visível na linha de frente, que está muito mais perto dos clientes e concorrentes do que da sala de reuniões. Portanto, é importante que a linha de frente esteja de olhos abertos ao que pode representar um problema estratégico, de modo que possa manter a alta administração informada. Além disso, os funcionários da linha de frente, invariavelmente, são encarregados de executar todas as mudanças e eles se mostram mais motivados em realizar um trabalho melhor quando entendem por que estão sendo solicitados a mudar. Por fim, considerando que leva muito tempo para que os sinais da mudança ascendam a escada hierárquica e as instruções para a mudança retornem para as bases, e também o fato de que existe ampla oportunidade de ocorrência de mal-entendidos em todo esse caminho, por que não encurtar o circuito desse processo e deixar que a linha de frente faça uma parte dele por si própria? Se a autoridade por pequenas mudanças é delegada à linha de frente, a alta administração fica livre para lidar com questões maiores. Desse modo, a inteligência estratégica é distribuída por toda a organização.

A Whole Foods Markets, maior cadeia de supermercados de produtos orgânicos nos EUA, tem feito isso em suas lojas.[18] Uma das razões para o sucesso da Whole Foods está na oferta das mercadorias desejadas por seus clientes locais, mas que são altamente diferenciadas de quaisquer outras em oferta em concorrentes próximos. Isso proporciona margens altas, mas significa que cada loja deve adaptar-se rapidamente às mudanças locais em relação às necessidades dos clientes e aos movimentos concorrentes. Em vez de tentar gerir essa ação a partir do centro, a Whole Foods coloca o poder de decisão nas mãos do pessoal da loja, permitindo a eles escolher o que estocar, a maneira de exibir essa mercadoria e, até mesmo, em alguns casos, onde adquiri-la. Portanto, ao executar suas funções, cada departamento da loja opera como seu próprio centro de lucros. Os dados são amplamente compartilhados para ajudar os departamentos a aprenderem uns com os outros, e os membros da equipe visitam outras lojas a fim de transferir o *know-how* que não é captado no sistema de informação. Desse modo, a Whole Foods compartilha o fardo de responder ao ambiente competitivo por todo seu sistema. Mas isso só é possível com uma estrutura muito diferente da que normalmente é implantada por grandes supermercados. Voltaremos à Whole Foods quando discutirmos estruturas de apoio à estratégia inteligente na **Parte 2: Estrutura inteligente**.

A Capital One gera e testa mais de 50 mil novas ideias de produtos de cartão de crédito por ano - cada um necessitando de *trade-offs* (concessões ou contrapartidas) entre o *marketing*, a gestão de risco e as operações. Essas decisões não são tomadas nas salas dos executivos, mas pelas equipes comerciais da linha de frente.[19] As regras que orientam os direitos de decisão dessas equipes são claras e suas ações são monitoradas com cuidado, mas elas têm o poder de decidir sobre quais grupos de clientes e de produtos operar. Enquanto isso, a alta administração investe seu tempo em outras questões estratégicas. Resoluções como a consideração de mudança de negócio para financiamento de automóveis ou banco de varejo são realizadas pela liderança sênior. Ao delegar as escolhas estratégicas menores às equipes comerciais os líderes ficam livres para buscar opções maiores e novos modelos.

A Capital One especifica a maneira de execução da maior parte de suas novas ideias, mas nem sempre precisa ser assim. Quando as ideias são geradas na linha de frente, seus próprios funcionários são encorajados a se organizar e a projetar novos processos para implementá-las. Eles podem elaborar sobre as habilidades demandadas e se comprometer com seu próprio treinamento; identificar métricas que fazem sentido e sugerir recompensas para alcançar suas metas. Todas essas questões são discutidas com a gerência sênior, mas a maioria do trabalho é realizada na linha de frente. Este é o perfil de uma companhia autoadaptável, de QI Estrutural elevado, que discutiremos em mais detalhes na **Parte 2: Estrutura inteligente**.

Financiando a inovação estratégica

Pensando e agindo ao mesmo tempo

Toda essa mudança estratégica custa muito dinheiro. Como as organizações que estão sempre mudando pagam por isso? Quanto mais praticam, mais experientes se tornam, de modo que os custos diminuem e a eficácia se eleva.

Conforme descrito no **Capítulo 4: Inteligência estratégica moderada**, a mudança estratégica é um processo complexo, caro e demorado. Mas a boa notícia em relação a processos complexos é que eles oferecem muitas oportunidades de reengenharia. Quando geridos de modo eficaz, mais vezes se repetem, menores se tornam seus custos e mais rapidamente seus resultados são alcançados. Uma vez que a **curva de aprendizagem** é íngreme para atividades de conhecimento intensivo, os ganhos são significativos.

Uma empresa que tenta uma grande mudança estratégica somente a cada cinco anos sempre se verá no topo da curva de aprendizado, ou seja, começando tudo de novo. Como a maioria dos executivos muda de emprego com mais frequência que a cada cinco anos, toda vez que experimentam a estratégia eles estão em uma nova posição e fazendo-o pela primeira vez. Isso pode ser descrito como **"incompetência projetada"**.

As companhias que passam pelo processo de mudança estratégica com mais frequência investem mais nos primeiros anos, mas não demora muito para que comecem a registrar mais e melhores alterações a custos mais baixos. Conforme a empresa se aprimora e se torna mais rápida, o processo se transforma em um ciclo contínuo de pensamento estratégico e de ação, ao ponto em que os dois se fundem e a empresa passa a atuar somente de maneira estratégica, pensando e agindo ao mesmo tempo.[20] Desse modo, a organização atinge o mais alto nível de inteligência estratégica.

A Danaher revisa mensalmente as estratégias de suas unidades de negócios como parte de sua "revisão de desdobramentos de políticas". (A tradução literal do japonês *hoshin lanri* – luz orientadora – fornece mais *insight* a respeito do significado dessas revisões.) Os resultados financeiros, as métricas de desempenho operacional, as iniciativas de grande mudança e os objetivos estratégicos são todos parte do mesmo diálogo. Não existe separação entre a **formulação** e a **implementação**; entre o **pensamento** e a **ação**.

Criando uma máquina de inovação

Cada uma das novas ideias da Capital One é tratada como um empreendimento. Qualquer indivíduo pode gerar uma ideia, e se ele achar que ela é boa o suficiente pode procurar outros funcionários para formar uma equipe de negócios a fim de testá-la. Os papéis e as responsabilidades de cada membro da equipe de negócios são predefinidos. Os processos que irão utilizar são especificados. As pessoas são recrutadas e treinadas com essa atividade em mente. E a maneira como são avaliadas e recompensadas as estimula a buscar direções estratégicas vencedoras. A Capital One não gere uma empresa de cartões de crédito; ela administra uma máquina de inovação estratégica projetada para buscar mais clientes rentáveis de cartões de crédito.

Grande parte do trabalho rotineiro da Capital One foi automatizado, mas de maneira a apoiar, não de impedir as mudanças. Para que isso seja possível, a tecnologia da informação (TI) é um elemento crítico. Basta imaginar o desafio que um operador de *call center* enfrentaria na Capital One sem o apoio da tecnologia. Um cliente que telefona para a companhia pode estar participando de qualquer um dos seus 50 mil testes. Impossível memorizar todos eles; encontrá-los em um manual levaria muito tempo. Em vez disso, o operador recebe automaticamente um roteiro em sua tela que foi selecionado para atender ao perfil do cliente e antecipar suas necessidades.

O papel da alta gestão na Capital One não é gerar novas ideias de cartão de crédito ou selecionar novos e mais atraentes segmentos de mercado, mas criar a plataforma que incentive outros a fazê-lo.

Construir uma máquina de inovação estratégica é o mesmo que criar qualquer fluxo de inovação. A primeira fase é a geração de ideias. A boa notícia é que não há limite para o número de ideias que os membros de uma empresa serão capazes de gerar quando motivados a fazê-lo. Se o processo é aberto a pessoas que não trabalham na empresa,[21] então essa fonte se expande dramaticamente.

Mas nem todas as ideias são boas, por isso tudo deve passar por um primeiro filtro de teste para que seu potencial seja avaliado. Para isso são necessários recursos, portanto é importante investir o suficiente para conseguir lidar com o fluxo de ideia. Aquelas que passam pelo primeiro estágio são submetidas a testes mais rigorosos que proporcionam uma melhor avaliação da oportunidade. As ideias mais atraentes passam para a fase seguinte, e então para a próxima, dependendo de quantas fases foram concebidas no fluxo. Cada etapa fica mais dispendiosa, então um número significativo de ideias deve ser eliminado em cada estágio. É importante não deixar que muitas prossigam porque a disponibilidade de recursos é limitada para cada ciclo; o suporte a um número exagerado de ideias divide muito esses recursos, reduzindo a probabilidade de sucesso. As empresas farmacêuticas são especialistas nisso, mas todas as companhias inteligentes precisam ser. Por fim, as ideias que passaram por todas as provas são realmente lançadas no mercado (Figura 5.1).

PARTE 1 ESTRATÉGIA INTELIGENTE

Figura 5.1: Fluxo de inovação estratégica

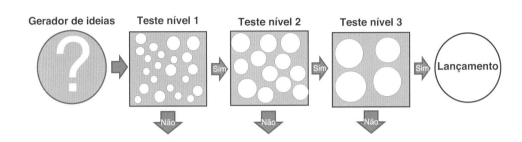

O fluxo de inovação estratégica da Capital One é relativamente simples. Qualquer um pode gerar uma ideia e o primeiro passo para sua avaliação é juntar uma equipe de negócios para analisá-la. Se a ideia passar pela avaliação em papel ela é testada no mercado. Se passar no teste de mercado, ela é lançada. Em seguida, a sugestão é mantida no mercado até que seu desempenho decline a um certo limiar, então ela é removida.

Autofinanciamento – Torne a mudança estratégica "grátis"

O financiamento da inovação estratégica é uma questão importante, pois exige o investimento em muitas experiências, das quais várias terminam em fracasso. O objetivo das ideias vencedoras deve ser maior que apenas cobrir os custos de todas as que fracassaram. Desse modo o fluxo se torna autossustentável. Este não é um conceito estranho aos setores de eletrônicos ou farmacêuticos. Ele é chamado de pesquisa e desenvolvimento (P&D). No entanto, algumas organizações cometem o erro de financiar P&D como uma despesa facultativa, quando, na verdade, se trata de um **investimento no futuro**. Cortar o financiamento hoje gera consequências graves no amanhã. Em serviços de varejo e financeiros que investem menos em novas ideias, o fluxo de inovação é um conceito menos familiar. Mas os princípios são claros. O propósito do fluxo de inovação estratégica é identificar maneiras de tornar a empresa mais valiosa; já o objetivo das ideias vencedoras é mais que apenas cobrir os custos das ideias que não deram certo. Se esta disciplina for seguida, a inovação estratégica se torna grátis!

Nem sempre é fácil para os líderes investir em novas ideias. Os acionistas muitas vezes veem com ceticismo os investimentos em **autodestruição criativa**, especialmente se a organização está sob pressão por lucros. Em face de um futuro incerto, eles muitas vezes votam pelos lucros de curto prazo, em vez de investirem em novos modelos de negócios. Por isso é importante experimentar novas ideias quando as coisas estão indo bem, em vez de esperar até que os problemas surjam. Se hoje a empresa gera lucros suficientes para cobrir os custos da inovação estratégica para o futuro, enquanto ainda encanta os acionistas, então o futuro da organização está mais seguro.

Gerenciando o portfólio de inovação estratégica

As iniciativas estratégicas possuem diferentes perfis de risco e retorno (Figura 5.2). É normal que o aprimoramento das vantagens competitivas atuais forneça retornos a um risco relativamente baixo, mas os programas de redução de custos têm mais possibilidade de gerar bons resultados que os de aumento da diferenciação. As empresas que procuram ser mais criativas assumem um risco mais elevado, embora seu potencial de retorno possa ser muito maior. Nessa categoria, criar novos modelos de negócios para atender clientes atuais é bem menos arriscado que utilizar os ativos circulantes para atender novos mercados, pois entender o cliente é algo extremamente importante para o sucesso do negócio.

Figura 5.2: Portfólio de inovação estratégica

	Risco do projeto Baixo	Risco do projeto Alto
Retorno do projeto Alto	Estímulos	Encantamentos
Retorno do projeto Baixo	Distrações	Desastres

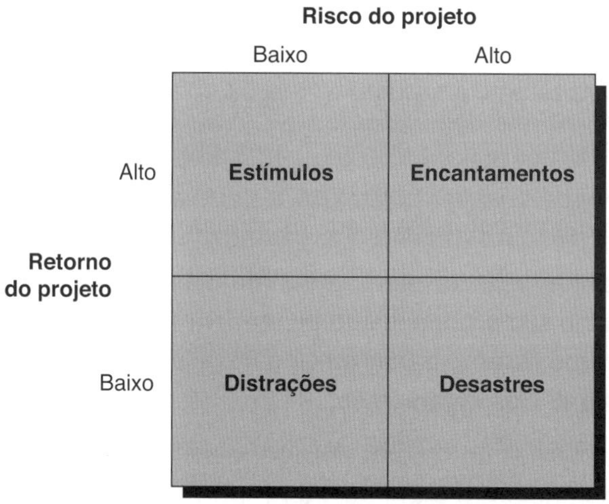

Quando os projetos apresentam riscos reduzidos a empresa simplesmente precisa priorizá-los e planejar quando irá realizá-los. Projetos de baixo risco e de elevado retorno são fundamentais para **estimular o desempenho** e ajudam a financiar a inovação estratégica. Eles não necessitam de um fluxo de inovação para gerir o processo.

Projetos de risco e de retorno elevados - os **encantamentos** - necessitam de uma abordagem de portfólio e de um fluxo de inovação para garantir que apenas as melhores ideias sigam adiante.

Projetos de baixo risco e retorno reduzido muitas vezes representam somente **distrações**; são facilmente realizáveis, mas verifica-se um grande desperdício de recursos. As companhias devem se concentrar em iniciativas de maior retorno.

Finalmente, projetos de alto risco e de baixo retorno são **desastres** que devem ser evitados em todos os momentos. Por exemplo, não faz sentido lançar novos produtos que os concorrentes possam facilmente copiar e inclusive torná-los melhores.

Orientado para o sucesso estratégico

Se as organizações desejam manter seu pessoal totalmente comprometido com a mudança estratégica contínua, então elas devem pagar por isso. Isto significa o realinhamento das recompensas a cada mudança de estratégia. Porém, isso é mais fácil de dizer que fazer. Na melhor das hipóteses, a mudança dos sistemas de recompensa é uma questão politicamente sensível, por isso a ideia de constantes alterações nas recompensas para atender a novos objetivos estratégicos pode se revelar bastante assustadora (veja o **Capítulo 8: Arquitetura formal**).

As empresas inteligentes procuram inverter essa lógica. Em vez de ajustar as recompensas para alinhar as pessoas às propostas de mudança estratégica, as empresas criam recompensas que estimulam as mudanças.

Se o sistema de recompensas estimula as pessoas a melhorarem a estratégia, então sua probabilidade de mudança frequente se tornará bem menor. Mas como esses sistemas funcionam? Eles recompensam as pessoas por elevarem o VPL da organização.

Muitos sistemas de recompensa tendem a se concentrar em lucros de curto prazo enquanto o objetivo da estratégia é oferecer desempenho superior no longo prazo – para construir VPL. O VPL conjuga o compromisso entre curto e longo prazos. Por exemplo, pode valer a pena investir na construção de relacionamentos com os clientes hoje, porque essa ação será amplamente recompensada com bons negócios por muitos anos, mas as estruturas de recompensa que somente premiam vendas de curto prazo não incentivam esse investimento. A recompensa baseada no VPL auxilia na resolução desse problema.

O VPL de uma empresa é igual ao VPL de todos os seus clientes atuais e potenciais, portanto o objetivo deve ser o de servir àqueles de maior pontuação nesse parâmetro. A esse respeito, nem sempre os maiores clientes são os mais atraentes, porque, em geral, estes são muito **sensíveis a preços** e, às vezes, completamente **desleais**. Aliás, deparei recentemente uma loja que descobriu, por meio de seu banco de dados de fidelidade, que o seu maior cliente gerara uma margem bruta negativa. Toda vez que a loja oferecia uma promoção, o cliente vinha para reabastecer seu próprio estoque, mas não comprava nada mais. As organizações muitas vezes acham mais atraentes os clientes de porte médio, mas fiéis; a questão é saber como mais bem atendê-los para aumentar o VPL. Se as organizações premiam seu pessoal por melhorias no VPL, então seus funcionários irão procurar clientes e segmentos de produtos estrategicamente mais atraentes e servi-los de modo a elevar o valor da empresa.

A Allstate projetou sua estrutura de preços para atrair clientes de maior VPL – que **compram mais produtos** e são mais **leais**.[22] A Capital One também pleiteia esses clientes.[23] A questão é que a estratégia convencional requer escolhas claras entre os segmentos de mercado, pois alguns são mais atraentes que outros. Mas a atratividade se altera, portanto, a estratégia também deve se alterar. Se os funcionários são recompensados por procurar os segmentos estrategicamente mais atraentes, eles utilizam a estratégia na direção certa. Em virtude desse novo foco em VPL, na crise financeira do ano 2000 a Capital One abandonou rapidamente seu modelo de negócio para clientes *subprime*,[a] em busca de segmentos mais atraentes. O alinhamento de recompensas para o sucesso estratégico é discutido no **Capítulo 8: Arquitetura formal**.

---

a   Clientes de risco. (N.T.)

Estratégia como aprendizagem

As organizações inteligentes estão sempre aprendendo com tentativas e erros; raros novos modelos de negócio surgem como *flashes* de inspiração, completos em seus mínimos detalhes. A Capital One possivelmente é um exemplo disso. Muito do que a empresa realizou já estava em seu plano de negócios original. Mas a maioria das empresas começa com uma noção razoável do que está tentando alcançar, e, depois, passa a buscar um caminho adequado, construindo sua ideia e adaptando-a conforme caminha.

A noção original da Walmart era de que a melhor maneira de ganhar dinheiro no varejo seria vendendo mercadorias de marca **com desconto**; mas, além disso, em seu início, a companhia não tinha ideia do que estava fazendo. Construiu lojas em cidades pequenas, o que acabou dando certo porque nesses locais a concorrência era baixa. Porém, a escolha original foi feita porque a esposa do fundador não queria viver em uma grande cidade, não por causa de um brilhante *insight* estratégico.[24] No entanto, uma vez aprendida essa lição, ela tornou-se parte de seu modelo de negócios.

A Walmart também foi rápida em construir seu próprio armazém de estoque e desenvolver seu sistema de distribuição. Isto também se tornou uma grande fonte de vantagem, mas a decisão foi originalmente orientada pelo fato de que os distribuidores não poderiam ou não queriam se comprometer a realizar entregas em locais remotos em cidades pequenas. Mais uma vez, a lição foi aprendida e integrada ao modelo de negócio. Enquanto isso, a Walmart observou a Kmart com muito cuidado, **copiando as coisas que funcionavam** e **evitando aquelas que não davam certo**, usando sua principal concorrente como uma fonte de pesquisa de baixo custo.

A Walmart foi um aprendiz decidido! Não se tratava de "tentar um monte de ideias e repetir o que funcionava" – o que configura um caminho de pesquisa muito caro. Ela coletou dados, procurou posições atraentes no mercado; perguntou a seus clientes o que eles desejavam.[25] A empresa estava procurando maneiras de utilizar suas forças internas em armazenagem e distribuição como base de negócios. Mas, em última análise, tudo o que a companhia tentou foi visto e considerado como um teste; todos sentiram prazer em utilizar o que funcionava e abandonar o que não dava certo.

Capítulo 5 Inteligência estratégica elevada

A aprendizagem individual requer a capacidade de refletir honestamente a respeito do desempenho e procurar *feedback* sobre como melhorar. Se somos incapazes de admitir nossos erros, então não podemos aprender com eles. Mas se a única oportunidade de aprendizagem fosse através do cometimento de erros, então o mundo seria muito aborrecido. Podemos aprender com cada experiência, seja qual for o resultado. Em se tratando de sucessos, é importante celebrá-los, mas, em seguida, perguntar: **"Como eu poderia ter feito ainda melhor?"** Para as falhas, o objetivo é evitar repeti-las.

O aprendizado coletivo sofre de muitos dos mesmos desafios que a aprendizagem individual. Quando cometem erros, em vez de refletir honestamente sobre a falha, as empresas muitas vezes se voltam para a identificação de um bode expiatório que possa levar a culpa. Poucos erros resultam das ações de uma única pessoa; existe sempre algum grau de **culpabilidade coletiva** ou **institucional**. As organizações devem reservar tempo e refletir sobre seu desempenho, bom ou mau, a fim de identificar de que modo podem melhorar.

E ainda assim, é surpreendente como os problemas táticos de curto prazo atrapalham o pensamento estratégico. Lembro-me vividamente de acordar um dia e perceber que eu passara os últimos seis meses apagando incêndios, sem pensar de maneira estratégica a respeito do negócio que eu estava empreendendo. Como estrategista confesso, achei isso muito preocupante. Foi então que me comprometi com a regra dos **5%**: passar 5% do dia, todos os dias, pensando em estratégia, investindo o restante do tempo em ação. A IBM se comprometeu com a regra dos 5%.[26] Sua alta equipe de gestão passa um dia inteiro por mês falando sobre estratégia. A Danaher também revisita a estratégia de todos os seus negócios uma vez por mês.[27] Isto é caro, mas certamente a tarefa mais importante dos líderes é garantir que suas organizações estejam caminhando na direção certa. **Muitos não aceitam comprometer 5% de seu tempo!** A estratégia apenas vem à tona quando uma grande crise se estabelece (normalmente previsível) ou durante o ciclo anual de planejamento da empresa. Isso não é o suficiente.

Em um mundo em rápida mudança, não existe outra opção além de aprender rapidamente. A eficácia das estratégias permanece somente enquanto o inimigo permite. A reflexão com o fim de aprendizado é o objetivo das Revisões

119

Pós-Ações (RPAs)[b] praticadas pelo Exército dos EUA.[28] As tropas conduzem seus RPAs em todos os seus níveis hierárquicos, abordando quatro questões básicas: O que nos propusemos a fazer? O que realmente aconteceu? Por que isso aconteceu? O que vamos fazer da próxima vez? As tropas são treinadas para realizar essas revisões como parte de seus extenuantes exercícios de treinamento para batalha, no deserto de Mojave, na Califórnia. Trata-se de simulações maciças de reais palcos de guerra. Toda ação é monitorada por câmeras de vídeo, cada tiro disparado é rastreado, por isso, quando se trata do processo de RPA, não existe lugar para se esconder. A meta para as tropas é **"aprender a aprender em conjunto"**, de modo que consigam se adaptar velozmente a um inimigo em rápida mudança em palcos como o Iraque e o Afeganistão. As apostas são altas; deixar de aprender muitas vezes é fatal.

Perspectivas a respeito da liderança de empresas altamente inteligentes

O objetivo das organizações inteligentes é constantemente melhorar sua estratégia para garantir sucesso no longo prazo. Mas se a liderança da organização tem uma visão de curto prazo, isso gera um comportamento de curto prazo em detrimento do longo prazo.

A permanência dos CEOs em seus cargos tornou-se mais curta ao longo das últimas duas décadas.[29] As empresas que trocam de executivo-chefe a cada cinco anos deveriam considerar manter seu CEO por mais tempo e ele realizar mudanças mais rápidas. As empresas devem abandonar a mentalidade de que o trabalho de um CEO é desenvolver uma estratégia, implementá-la e seguir em frente; o que leva somente à autoimposição de ciclos de contração e expansão. A tarefa mais importante de um CEO é construir e manter a capacidade de mudança contínua, moldando o meio em prol da vantagem da empresa.

Uma falácia comum sugere que trazer gente de fora e trocar de CEO rapidamente gera mais mudanças.[30] A maioria dos novos CEOs inicia seu exercício com uma agenda nova e ousada, mas logo é vencida pelos guardiões do passado, especialmente quando não conhece bem a organização. Os mais cínicos tomam para si o crédito pelo que estava acontecendo e seguem em frente, ou exploram a base de ativos da empresa para garantir um progresso aparente.

---

b   No original: After Action Reviews (AARs). (N.T.)

É difícil mudar grandes organizações em poucos anos, portanto, a maioria das alegações de recuperação é exagero. Mas os CEOs que ficam por mais tempo conseguem implementar várias rodadas de mudança estratégica importantes; evitam impulsionar lucros de curto prazo à custa da competitividade de longo prazo; aprendem com seus erros e adquirem uma profunda compreensão de como não repeti-los. **Para se criar uma organização inteligente, mudar não significa redefinir constantemente as agendas, o que confunde e desmotiva. Mas encorajar comportamentos, em toda a organização, que adotem a mudança estratégica e que busquem um desempenho cada vez melhor de longo prazo!**

Resumo

As inteligências estratégicas moderada e elevada são baseadas nos mesmos **alicerces**. Ambas exigem 1º) estratégia clara para o sucesso e métricas para mensurar seu progresso e 2º) capacidade de ajustar a estratégia quando as coisas não funcionam. No entanto, a inteligência estratégica elevada reflete uma atitude diferente quando se trata de mudança de estratégia.

Organizações com inteligência estratégica moderada executam seus estratagemas até perceberem a necessidade de alterá-los. Para elas, a questão crítica é quando fazê-lo. Para as empresas de inteligência estratégica elevada, esta não é uma questão relevante, pois elas estão sempre mudando. Empresas de QI elevado nunca estão satisfeitas com o seu atual modelo de negócios. Todos na organização estão sempre em busca de melhorias estratégicas; todos estão sempre procurando aprimorar suas ações e são movidos por objetivos elevados e inspiradores para oferecer maior desempenho, buscando continuamente aprimorar seu modelo atual enquanto reservam tempo e recursos para testar novas abordagens radicais; essas pessoas geram muitas opções estratégicas e desenvolvem ótimos processos de decisão para escolher entre eles; elas procuram alinhar suas organizações continuamente enfocando medidas correlacionadas ao **sucesso estratégico** e recompensam aqueles que o alcançam. Esses indivíduos atuam na vanguarda, sempre preparados para mudar e aprender com a experiência.

Para passar de QI estratégico moderado a elevado, as empresas devem conduzir o seu ciclo de revisão estratégica de maneira mais concreta, testando rigorosamente seu modelo atual de negócio a fim de verificar sua infalibilidade, identificando mais oportunidades de mudança e buscando outros modelos de negócio inovadores (Figura 5.3). Ao mesmo tempo, devem refinar seus processos de mudança estratégica para diminuir seus custos, e torná-los melhores, mais rápidos e mais inteligentes. E, mais importante, devem desenvolver seu pessoal e integrá-lo ao processo – todos os níveis hierárquicos até a linha de frente – a fim de distribuir a inteligência estratégica por toda a organização.

Figura 5.3: A Estratégia enquanto Processo de Aprendizado Contínuo

- Estratégia como um processo contínuo.

- Tornando o ciclo de formulação e implantação mais concreto e mais rápido.

- Adentrando a curva de aprendizado, tornando-se melhor, mais rápido e apresentando custos mais baixos.

- fundindo pensamento e ação.

Notas

1. Wells e Haglock (2005), *A Ascensão da Kmart.*
2. Wells e Haglock (2006), *A Ascensão da Walmart.*
3. Porter (1996) defende uma fronteira de eficiência em que as empresas devem promover o *trade off* diferenciação e baixo custo. Isso pode ser alcançado com a tecnologia.
4. Wells e Haglock (2006), *A Ascensão da Walmart.*
5. Grove (1996).
6. Ghemawat e Stander (1992).
7. Pande, Neuman e Cavanagh (2000).
8. Explicação GQT.
9. Anand, Collis e Hood (2008).
10. Wells e Haglock (2006) *A Ascensão da Walmart.*
11. Wells (2005), *Best Buy Co., Inc.*
12. Wells, Lutova e Sender (2008).

13. Wells, Dessain e Stachowiak (2005).
14. Glassman (1991).
15. Ortega (1998).
16. Wells, Lutova e Sender (2008).
17. Samuel J. Palmisano, CEO da IBM, escreveu uma carta aberta a respeito da experiência: *Nossos Valores no Trabalho sendo um IBMer*, www.ibm.com/br/employment/valuesat.phtml, acessado em 18 de setembro de 2012.
18. Wells (2005), *Whole Foods Market, Inc.*
19. Wells e Anand (2008).
20. Paparone e Crupi (2002).
21. Chesborough (2006).
22. Wells (2008).
23. Wells e Anand (2008).
24. Wells e Haglock (2006), *A Ascensão do Walmart*.
25. Veja a discussão de Garvin (2000) a respeito de três tipos de aprendizagem organizacional.
26. Estratégia de 5% da IBM.
27. Estudo de caso Danaher.
28. Wells, Hazlett e Mukhopadhyay (2006).
29. Isso se deve parcialmente a pressões de curto prazo dos mercados de ações. A ascensão do ativismo dos acionistas também contribuiu para a redução dos mandatos dos CEOs.
30. Bower (2007).

PARTE 2

ESTRUTURA INTELIGENTE

Capítulo 6	A necessidade de uma estrutura inteligente	127
Capítulo 7	Gerenciamento inteligente de ativos	139
Capítulo 8	Arquitetura formal – Navegando no labirinto da estrutura corporativa	169
Capítulo 9	Arquitetura informal – Alavancando a mecânica social	199
Capítulo 10	Em busca de uma estrutura mais inteligente	223

CAPÍTULO 6

A NECESSIDADE DE UMA ESTRUTURA INTELIGENTE

Para executar uma estratégia de maneira eficaz, uma empresa precisa da estrutura correta.[1] E se deseja mudar sua estratégia, então a organização deve ser capaz de ajustar sua estrutura de modo correspondente. Mas isso não é fácil. Os executivos geralmente se queixam de que não é tanto a falta de novas estratégias que deixa suas organizações vulneráveis a ataques competitivos, mas a inflexibilidade de sua estrutura. Pensar em novas ideias é fácil; transformá-las em ação é muito mais difícil. A estrutura traz em si uma grande quantidade de inércia.

Enquanto alguns teóricos argumentam que uma empresa deve primeiramente decidir a sua estratégia e então desenvolver uma estrutura para apoiá-la, os profissionais estão mais conscientes do custo, tempo e esforço necessários para efetuar a mudança estrutural.[2] Grandes organizações são extremamente complexas;[3] reorganizar uma empresa da lista *Fortune 500* com uma rígida herança estrutural pode custar centenas de milhões de dólares (a alguns bilhões de dólares...) e levar vários anos. Portanto, seria imprudente não calcular os custos e o tempo necessário para a mudança estrutural em qualquer avaliação de opções estratégicas. Nesse sentido, a estrutura sempre guia a estratégia, até certo ponto.

O ciclo *stop-start* de mudança

Sob o ponto de vista lógico, as empresas consideram que deveriam esperar até que fizesse sentido econômico realizar mudanças em suas estratégias. O momento de agir seria aquele em que uma crescente perda econômica por continuar com a estratégia antiga corresponderia ao custo de se fazer mudanças. No entanto, a resistência à mudança não é prudente. As empresas costumam esperar em demasia; na verdade, uma crise é muitas vezes necessária para impulsionar a ação, pois somente então as pessoas se dispõem a parar de debater as alternativas e colocar mãos a obra.

Contudo, esperar por uma crise real é perigoso. Quando ela finalmente acontece, a recuperação se torna muito mais difícil. É por isso que muitos CEOs fabricam uma crise; eles criam uma plataforma de urgência para conduzir grandes mudanças.[4] Uma vez realizadas, a organização se estabelece em sua nova rotina. Grandes corporações repetem esse padrão, em geral a cada cinco anos ou, então, em sincronia com as mudanças de CEO; períodos curtos, porém intensos, de alteração estratégica e reorganização, intercalados com períodos mais longos e calmos de execução, durante os quais elas ignoram o ambiente externo em mudança, afastando-se lentamente de um caminho estratégico vencedor.

Esse ciclo *start-stop* (inicie - pare) significa que a **combinação estratégia-estrutura nunca é ideal**; a empresa se mantém em constante desvantagem e deve pagar um preço por isso. Em ambientes competitivos lentos esse preço pode ser relativamente pequeno, mas quanto mais rápido for o ritmo da mudança, maiores serão os custos.

Estrutura inteligente

Os custos de cada mudança podem ser reduzidos por meio de reorganizações mais frequentes, mas a ideia de realizar uma grande reorganização anual apavora até mesmo os mais destemidos **"capitães do comércio"**.

Mas e se as empresas abordassem o problema de um modo completamente diferente?

E se elas projetassem suas estruturas de modo a facilitar suas alterações? Isso reduziria a inércia e auxiliaria em seu ajuste.

E se elas investissem em capacitação para apoiar a mudança contínua? Desde que houvesse um retorno sobre esses recursos, isso reduziria a inércia estrutural a zero, tornando-a "gratuita".

E se a estrutura se auto-organizasse, alterando a si mesma de maneira automática e inteligente, em conjunto com a estratégia, em vez de exigir a

Capítulo 6 A necessidade de uma estrutura inteligente

energia e a atenção totais da alta equipe de gestão? Isso liberaria mais tempo para a equipe se concentrar na estratégia.

E se a estrutura de fato levasse à mudança estratégica? Então, além de reduzirmos a inércia estrutural a zero, a própria estrutura também ajudaria a reduzir a inércia estratégica.

Os céticos poderão concluir de modo intuitivo que tal estrutura inteligente não aconteceria de graça; ela certamente exigiria investir em significativa folga organizacional.[5]

Mas a experiência de empresas estrategicamente inteligentes demonstra que muito conhecimento pode ser "concebido internamente", desde que uma empresa esteja consciente de como ela precisa mudar. Por exemplo, como já destacamos, a Capital One testa mais de 50 mil novas ideias de produtos de cartões de crédito no mercado a cada ano, das quais, milhares são rapidamente implementadas. Isso não seria possível em um negócio tradicional de cartão de crédito organizado por funções, mas é executado com alta precisão pela estrutura de auto-organização da Capital One, que se baseia no trabalho em equipes.[6]

Uma concepção cuidadosa pode criar níveis elevados de estrutura inteligente. Na verdade, por meio de um *design* em estrutura e sistemas baseado em componentes[7], os custos para se realizar alterações caem de modo significativo. Tal mudança de pensamento de *design* é análoga à questão da qualidade na década de 1970, quando se argumentou que os custos adicionais de se investir em qualidade seriam rapidamente reembolsados por meio dos ganhos gerais do sistema.[8] Com a mentalidade e a concepção adequadas, a estrutura inteligente pode se tornar compensatória viabilizando economicamente um modelo de mudança contínua.

A Parte 2 desse livro investiga o conceito de **estrutura inteligente**. Nela examinamos o que dificulta a mudança das estruturas organizacionais e procuramos maneiras de torná-las mais receptivas ao ambiente competitivo.

Gerenciamento inteligente de ativos

Para entender o que causa a inércia estrutural, não podemos estreitar demais nossa visão – a estrutura não é apenas um organograma. Devemos olhar para todos os elementos estruturais que interferem na mudança. Um limite óbvio à capacidade de mudança de uma organização são os ativos em que ela investiu. Uma vez assumidos esses compromissos, a maioria das empresas acha difícil jogar tudo fora e começar de novo.[9] Assim, a base de ativos atual influencia as escolhas estratégicas e impede alterações. No **Capítulo 7: Gerenciamento inteligente de ativos**, analisamos a grande variedade de ativos nos quais as empresas investem e a lógica por traz desses investimentos. Destacamos a necessidade de **cuidar bem** dos ativos que são críticos para o sucesso de longo prazo. Verificamos também como esses ativos são capazes de emboscar as empresas quando o ambiente competitivo se altera. Neste sentido, identificamos duas abordagens para resolver o problema: 1ª) a estratégia *asset light* (de ativos básicos) – de não investir em ativos, apenas utilizar os de outra empresa; 2ª) a *asset flexible* (de ativos flexíveis) – baseada no planejamento cuidadoso da capacidade da empresa para lidar com uma série de possíveis mudanças que a empresa talvez tenha de enfrentar.

Arquitetura formal – Navegando no labirinto da estrutura corporativa

Passemos agora dos ativos à arquitetura, ou seja, à forma como os ativos da empresa são organizados para trabalhar em conjunto a fim de criar valor. Utilizamos o termo "arquitetura" porque muitas vezes a palavra "organização" evoca a ideia de organograma. Todavia, há muito mais na organização de ativos que um simples organograma. De fato, a arquitetura é composta por uma série de elementos inter-relacionados que podem criar inércia. Quando esses itens são combinados, sua capacidade de resistir a mudanças torna-se descomunal.

A fim de reduzir o tamanho desse desafio, no **Capítulo 8: Arquitetura formal – Navegando no labirinto da estrutura corporativa**, analisamos individualmente uma série de elementos importantes da arquitetura formal. Verificamos como cada um deles cria valor, por que sofrem inércia e de que modo isso pode ser superado. Mais adiante, no **Capítulo 10: Em busca de uma estrutura mais inteligente**, faremos uma análise mais completa, porém, é útil adiar essa discussão até que tenhamos abordado o papel da arquitetura informal no **Capítulo 9: Arquitetura informal – Alavancando a mecânica social**.

No Capítulo 8, começamos com o organograma que mapeia as **f**unções, as **r**esponsabilidades e as **r**elações **h**ierárquicas (as **FRRs**) na empresa. Discutimos a lógica da hierarquia formal e identificamos os seus limites. Em vez

Capítulo 6 A necessidade de uma estrutura inteligente

de estruturas grandes e monolíticas e de uma abordagem de comando e controle centralizada para a mudança estratégica, defendemos a divisão das empresas em **componentes de negócios estratégicos (CNEs)** e a distribuição da inteligência e da estratégia estrutural entre eles – **organizações orientadas a objetos**[a]. Investigamos também uma extensão lógica das estruturas de gerenciamento de projetos, as **organizações orientadas para as oportunidades**.

Em seguida, passamos aos processos de trabalho. Enquanto as FRRs se concentram em **quem** é o responsável pelo trabalho, os processos descrevem **de que modo** ele deve ser feito. Discutimos os méritos dos processos formais, a inércia que eles podem criar e como ajudar a superá-la. Isso demanda a redução do nível de interdependências entre os processos na organização orientada por objeto e o desenvolvimento de capacitação adequada para a mudança do processo.

Distribuir mais inteligência estratégica e estrutural em toda a organização significa recrutar as pessoas certas e desenvolver as habilidades adequadas. Portanto, destacamos que deve ser dada atenção especial aos processos envolvidos no desenvolvimento da base de ativos humanos, embora esse tema seja abordado com mais detalhes na **Parte 3: Mentes inteligentes**.

Uma vez que pretendemos motivar o tipo certo de mudança, enfocamos também os sistemas de avaliação e de recompensa e argumentamos que as recompensas devem ser cuidadosamente alinhadas ao sucesso estratégico de longo prazo.

Os elementos finais de arquitetura discutidos no Capítulo 8 são os **sistemas** de **informação** e de **comunicação**. Estes unem todos os demais. Na verdade, a comunicação eficaz é fundamental para coordenar as ações de muitas pessoas em busca de um objetivo comum. Ela também é igualmente importante no desenvolvimento das escolhas que orientam essas ações e motivam todos a agir. Para serem mais receptivas à mudança, as organizações devem ter o cuidado de fazer mais do que simplesmente utilizar os sistemas de comunicação para informar às pessoas o que está acontecendo ou para

---

[a] O autor faz uma analogia com o termo Programação Orientada a Objetos (POO), ou, em inglês, Object Oriented Programming (OOP). Trata-se de um paradigma de análise, projeto e programação de sistemas de *software* baseado na composição e na interação entre diversas unidades de *software* denominadas "objetos". (N.T.)

PARTE 2 ESTRUTURA INTELIGENTE

dar instruções; em um mundo de mudanças contínuas, onde a tomada de decisão estratégica é distribuída por toda a empresa, a comunicação é o veículo de aprendizagem que apoia a mudança, e os executivos devem ser treinados a **comunicar para aprender**.[10]

Em seguida, nos voltamos para os sistemas de informação. Estes podem ajudar as organizações a serem mais inteligentes; na verdade, muitos dos exemplos de empresas inteligentes nesse livro contam com sistemas de informação para a sua inteligência superior. No entanto, esses sistemas também podem representar um impedimento formidável à mudança. Defendemos a ideia de que eles devem ser **concebidos para ser alterados** com arquiteturas orientadas por objeto e métodos de programação ágeis.[11] A linha de frente deve ser encorajada a conduzir mudanças em vez de apenas aceitar sua imposição. Também procuramos alertar as empresas que estão correndo o risco de perder o controle de sua arquitetura de informação; nunca passe o controle do sistema nervoso central de uma empresa a terceiros.

Arquitetura informal – Alavancando a mecânica social

Enquanto a alteração da arquitetura formal é bastante difícil, muito do que é realizado nas organizações é feito por meio da arquitetura informal. Como podemos mudar algo que está em situação irregular e é, em grande parte, invisível? Poderíamos, é claro, ignorá-lo – e muitas empresas o fazem –, alegando que é difícil lidar com isso. Mas quando se trabalha contra os objetivos da organização, a arquitetura informal pode minar seu sucesso, e por essa razão deve ser abordada. Em contrapartida, se encarada da maneira correta, ela também poderá representar uma grande oportunidade, pois se forma sem esforço consciente, opera sem apoio formal e pode se adaptar de maneira muito rápida. Ela pode representar uma poderosa arma para a mudança.

O **Capítulo 9: Arquitetura informal – Alavancando a mecânica social** se concentra na neurologia, na biologia evolutiva, na antropologia e na psicologia social para tentar entender os comportamentos humanos que ajudam a moldar a arquitetura informal. O objetivo é entendê-la e alinhá-la à arquitetura formal de modo a criar uma estrutura mais inteligente e adaptável.

Mesmo que acreditemos estar no controle consciente do nosso destino, na maioria das vezes somos levados pelos nossos genes a nos comportar de maneiras muito previsíveis – as mecânicas sociais. Esses comportamentos subconscientes nos fornecem a capacidade de trabalharmos juntos, em cooperação, formando comunidades eficientes e interagindo com elas.[12] Isso nos torna mais poderosos como espécie. E não precisamos de sistemas formais ou procedimentos para moldar a arquitetura informal, pois somos especialistas nisso. Nós apenas os extraímos inconscientemente de nossas capacidades genéticas herdadas.

De modo análogo à arquitetura formal, criamos hierarquias informais, desenvolvemos processos informais, recrutamos e orientamos pessoas, criamos normas sociais de sucesso e encontramos maneiras eficazes de nos comunicar. Essa arquitetura informal pode complementar, substituir ou até mesmo confrontar elementos da arquitetura formal. O objetivo deve ser usá-la como complemento e substituto, para tornar a estrutura mais inteligente e evitar conflitos que drenem energia.

Mas como aproveitar a arquitetura informal se não a percebemos de modo consciente? Primeiro temos de pensar a respeito do que sabemos e abrir nossos olhos. Então, precisamos decidir a melhor maneira de moldar isso a nosso favor.

Vejamos o exemplo dos processos. Uma abordagem é testar e documentar processos informais e depois redesenhá-los para que se tornem mais eficientes. No entanto, formalizar o informal é uma tarefa desafiadora, pois assim que novos processos são implantados eles logo são modificados e melhorados por aqueles que os executam, o que os torna mais uma vez informais. Em vez de passar por todo esse ritual, parece fazer mais sentido simplesmente motivar o autoaperfeiçoamento da arquitetura informal.

Mas será que existe alguma maneira de tornar a arquitetura informal mais eficaz, talvez turbinando-a para lhe conferir mais capacidade? **A tecnologia de rede social** (TRS) promete realizar isso mediante a expansão maciça da capacidade de intercâmbio social. No processo, a TRS afirma reformular organizações, instituições e a sociedade como um todo, de muitas maneiras. As empresas que a ignoram o fazem por conta e risco, porque seus empregados irão usá-la de qualquer maneira. E as organizações que não reconhecem seu poder e não a utilizam a seu serviço podem achar que seus funcionários a estão usando contra elas.

PARTE 2 ESTRUTURA INTELIGENTE

Em busca de uma estrutura mais inteligente

Após navegar pelo labirinto da estrutura corporativa e aprender a alavancar a arquitetura informal, no **Capítulo 10: Em busca de uma estrutura mais inteligente** refletimos sobre os diferentes níveis de **QI estrutural** demonstrados pelas organizações (Figura 6.1). Existem aquelas na extremidade inferior do espectro que não conseguem desenvolver uma estrutura formal interna consistente – seus elementos apresentam conflito e sua estrutura está em guerra consigo mesma. Neste caso, o problema mais comum é esperar que os funcionários façam uma determinada coisa enquanto são pagos para fazer o oposto. Existem também as empresas que desenvolveram uma estrutura formal consistente, mas que, infelizmente, não está alinhada com sua estratégia. Em tais casos, com frequência, a estrutura ganha, conduzindo a estratégia de várias maneiras inesperadas.

Figura 6.1: Subindo a escada do QI estrutural

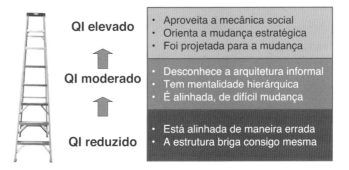

As organizações cuja inteligência estrutural é moderada conseguem obter o **alinhamento** entre **estratégia** e **estrutura**, mas abordam a mudança estrutural de maneira hierárquica, de cima para baixo, e a consideram muito incômoda. Empresas mais inteligentes atraem seu pessoal para ajudar, distribuindo inteligência estrutural por toda a organização. As ainda mais inteligentes buscam alavancar totalmente as mecânicas sociais e moldar sua organização formal para fazer o mesmo.

Por fim, juntamos todos os dados, identificando as principais etapas de adaptação da arquitetura formal com o intuito de elevar o QI estrutural, ao mesmo tempo em que alavancamos a arquitetura informal.

Capítulo 6 A necessidade de uma estrutura inteligente

Argumentamos que o ponto de partida são os sistemas de recompensa. As empresas que pretendem obter resposta rápida em sua mudança estratégica devem recompensar a todos pelo sucesso estratégico. Apesar das exigências da arquitetura formal, as recompensas são suficientemente poderosas para moldar a conduta que conduzirá ao alinhamento. Se a atual arquitetura formal obstrui o caminho, as pessoas simplesmente reformularão a arquitetura informal para que o trabalho seja feito.

Claro, o desalinhamento entre os processos formais e informais resultante dessa abordagem provocará perdas e criará tensões. Portanto, as empresas devem motivar a linha de frente a eliminar esses problemas criando novos processos que estejam mais alinhados com a agenda estratégica. Para isso, elas precisam adotar "processos para melhorar processos," que as capacitem a fazê-lo.

Quando os processos são muito interligados, resolver um problema em uma parte do sistema causa outros problemas em outros lugares. Para reduzir esses efeitos, recomendamos a redução desse nível de inter-relação mediante a remodelagem das organizações em CNEs semi-independentes, com a utilização de técnicas de projeto orientado para objeto. Cada componente deve ser motivado a se autoaperfeiçoar e a se ajustar rapidamente às mudanças no seu ambiente estratégico local.

Para gerenciar os esforços dos CNEs, as organizações devem procurar uma combinação entre mecanismos de coordenação regimental, mercadológica e social, a fim de manter seus componentes alinhados. Quando os mecanismos de mercado são utilizados, o papel da alta gestão muda, deixando de atuar na forma de "comando e controle" para agir como "formadora e reguladora de mercados". Quando são usados os mecanismos sociais, eles se tornam engenheiros sociais.

Para conduzir tal abordagem, uma nova classe de gerentes deve ser contratada e treinada para dirigir estrategicamente os CNEs e as equipes da linha de frente. Os novos profissionais devem procurar novas oportunidades de negócio, tomar decisões que sejam do melhor interesse da empresa, liderar a mudança contínua e desenvolver o seu pessoal.

Os sistemas de avaliação e recompensa devem fornecer aos CNEs e à alta administração uma visão clara do que os CNEs devem fazer para impulsionar o desempenho; os CNEs devem compartilhar as recompensas desse desempenho. Tudo isso requer sistemas de informação flexíveis que possam ser moldados às necessidades de cada CNE, proporcionando, ao mesmo tempo, uma visão clara à alta gestão das ações realizadas pelos CNEs, de modo que a organização possa cumprir com suas responsabilidades fiduciárias para com os acionistas.

Tal estrutura possibilita que uma empresa obtenha máximo proveito da mecânica social. Se cada CNE é projetado para operar dentro dos limites da mecânica social, então, ele naturalmente formará um **componente de mecânica social** (CMS). As arquiteturas informal e formal estão agora mapeadas entre si e totalmente alinhadas. Ao determinar as condições, cumprir as regras e encorajar os comportamentos que fortalecem um CMS, os líderes maximizam os benefícios da mecânica social dentro de suas CNEs.

A TRS promete assegurar ainda mais essa eficácia, ampliando o tamanho de um CNE viável e aumentando o seu alcance geográfico.

Além disso, a TRS ajuda a documentar intercâmbios informais, proporcionando rastreamento para auditoria, o que permite à alta administração cumprir com sua responsabilidade fiduciária para com os acionistas.

As empresas que procuram evitar a inércia estrutural devem sempre procurar modelos de negócios que minimizem o compromisso com ativos e tornem mais flexíveis e variáveis os custos daqueles com os quais precisam se comprometer.

Notas

1. Para as primeiras discussões a respeito da relação entre organização e ambiente, estratégia e estrutura, consulte Chandler (1962); Thompson (1967); Lawrence e Lorsch (1967); Galbraith (1973; 1977); e Miles e Snow (1978). Para trabalhos mais recentes, veja Nadler e Tushman (1997).
2. Aqueles que duvidam que as grandes organizações são difíceis de mudar devem ler a discussão de Rossbeth Moss Kanter sobre os desafios enfrentados pela liderança. Veja Kanter (1982) e Kanter, Stein e Jick (1992).
3. Para uma excelente coletânea das teorias iniciais sobre projeto organizacional, consulte Pugh (1971). A complexidade da arquitetura formal é bem exemplificada por Galbraith (1973; 1977) e Mintzberg (1979). Hall (1972) compara a arquitetura formal com a informal. Morgan (1986) descreve as organizações a partir de oito perspectivas muito diferentes.

4. Veja Kotter (1996) a respeito da mudança de liderança.
5. DeMarco (2001); Nohria e Gulati (1996).
6. Wells e Anand (2008).
7. Para uma discussão a respeito da flexibilidade proporcionada pelo *design* baseado em componentes na estrutura do setor, veja Baldwin e Clark (2000). Fairtlough (1994) discute os benefícios das estruturas baseadas em componentes dentro da empresa. Brown (2000) descreve a sua aplicação em sistemas de *software* de grande porte. Taylor (1995; 1998) concentra-se no *design* de processos de trabalho.
8. Crosby (1979).
9. A persistência de escolhas estratégicas é discutida por Ghemawat (1991). A respeito da visão baseada em recursos da estratégia que aborda especificamente os ativos da empresa e de como eles podem fornecer uma vantagem competitiva, veja Hamel e Prahalad (1989); Montgomery e Collis (1998).
10. Argyris e Schön (1978); Argyris (1990).
11. Cockburn (2002); Taylor (1995).
12. Clippinger (1999).

CAPÍTULO 7

GERENCIAMENTO INTELIGENTE DE ATIVOS

Introdução

As organizações adquirem e/ou desenvolvem ativos para garantir um retorno futuro, investindo hoje para gerar lucros amanhã. Isso levanta duas questões fundamentais. Em primeiro lugar, o que acontece se as empresas não investem suficientemente em sua base de ativos? Mesmo que seu desempenho no curto prazo pareça excelente, sua sustentabilidade no longo prazo ficará ameaçada. Isso se chama "roubar o balanço geral". Caso mantenham esse comportamento, chegará um ponto em que os responsáveis já não serão capazes de arcar com o reparo de sua base patrimonial e então irão à falência. Organizações comprometidas com a gestão inteligente de seu patrimônio identificam os bens que lhes são importantes para o sucesso de longo prazo e os mantêm, sejam quais forem os desafios de curto prazo.

A segunda questão gerada pelos investimentos iniciais é o risco que estes implicam. Investimentos são baseados em previsões. E se estas não derem certo? Uma vez que o dinheiro é gasto, em geral é muito difícil reaver qualquer quantia dele. Assim, a firma é pega em uma armadilha de ativos. A lógica econômica, os relatórios financeiros e as emoções humanas enganam as organizações de diferentes maneiras, mas o resultado é o mesmo: a **inércia**. As empresas podem minimizar esses investimentos iniciais utilizando-se de um planejamento *asset light*, que prevê a aquisição – ou a manutenção – apenas de **ativos básicos**. Então, quando os investimentos realmente se mostram necessários, examinamos de que modo torná-los mais **flexíveis; robustos**, em face da mudança.

A natureza dos ativos

O termo **"ativos"** evoca imagens de fábricas e equipamentos, mas utilizamos esse vocábulo aqui de maneira mais ampla para incluir tanto os ativos **tangíveis** quanto os **intangíveis** – na verdade, qualquer coisa sobre a qual uma empresa tenha direitos; recursos que ela possa utilizar para criar valor amanhã (Figura 3.7).[1] Isso, obviamente, inclui os bens físicos, como instalações e equipamentos, mas os ativos de **"reputação"**, como a marca, também são de vital importância para a construção e a manutenção da vantagem competitiva. Uma boa reputação em termos de integridade e qualidade como empregador é muito valiosa. Os ativos financeiros incluem dinheiro em espécie, capital de giro e capacidade de endividamento. Os de conhecimento abrangem as patentes e o *know-how* dos processos. Já os ativos humanos, popularmente descritos nos relatórios anuais das empresas como seu patrimônio mais importante, muitas vezes podem de fato sê-lo.

Todas essas classes de bens apresentam características econômicas semelhantes. Elas envolvem gastos antecipados específicos que prometem gerar renda no futuro. Se o valor descontado da renda futura projetada exceder as despesas iniciais, então o investimento será considerado válido. As empresas fazem tais investimentos todos os dias.

Contabilização de ativos

Embora as características econômicas dos ativos sejam semelhantes, seu tratamento contábil difere muito, e isso pode afetar o comportamento da empresa.

Os custos relacionados ao desenvolvimento dos bens intangíveis, como o reconhecimento da marca, o relacionamento com os clientes e a propriedade intelectual, são normalmente amortizados no ano em que o investimento é realizado. Isso significa que investimentos pesados visando o futuro reduzem a rentabilidade corrente. Quanto mais rápido uma organização espera crescer, mais baixo se apresenta seu faturamento. Isso também significa que quando os lucros se mostram decepcionantes, a equipe se sente tentada a cortar esses investimentos a um nível abaixo do sustentável no longo prazo, de modo a melhorar a rentabilidade de curto prazo. Mesmo em segmentos como o farmacêutico, em que o investimento contínuo em P&D é fundamental para a saúde de longo prazo dos negócios, evidências sugerem que esse nível de investimento é altamente correlacionado a lucros de curto prazo.[2] Isso não faz sentido econômico. As firmas devem manter tais ativos para proteger sua saúde de longo prazo.

Para as classes de bens tangíveis, como instalações e equipamentos, sua despesa inicial é lançada no balanço da companhia e depreciada ao longo da vida útil do ativo. A taxa de depreciação é projetada de modo a alinhar o custo do patrimônio às receitas que ele gera fornecendo aos gestores e acionistas uma visão "justa" do lucro gerado em qualquer ano fiscal. Ao se subtrair as depreciações datadas do custo original do bem, tem-se no balanço uma estimativa do valor restante desse ativo.

Quando as mudanças no ambiente competitivo reduzem a capacidade de geração de lucro futuro de um bem, essa vulnerabilidade deve resultar em uma redução do valor do ativo no balanço (e vice-versa). Quando um imobilizado é retirado de serviço, seu valor restante deve ser amortizado. Ambas ações resultam em uma despesa extraordinária contra os lucros – despesa esta que pode ser substancial. As organizações muitas vezes relutam em fazer isso porque temem as reações dos acionistas. Elas preferem ocultar essa mudança de valor. Dada a subjetividade na avaliação dos ativos, a maioria dos padrões de contabilidade não espera que as firmas realizem ajustes em seu valor, a menos que isso seja essencial – por exemplo, como parte de uma grande reestruturação.[3] O resultado é que o valor contábil dos bens, na maioria dos balanços, tem pouquíssimo a ver com a realidade econômica. As organizações podem continuar operando os ativos subvalorizados como lucros contábeis quando, na verdade, estão contabilizando uma perda econômica. Isso funciona até o momento em que esses bens precisam ser substituídos e a verdadeira situação é revelada. Igualmente, as empresas podem deixar de depreciar seus ativos, criando a aparência de uma rentabilidade futura que dificilmente conseguirão realizar. Em ambos os casos, verifica-se a lentidão dos gestores em reagir às mudanças na realidade econômica, o que cria inércia.

Neste capítulo, primeiro observamos os problemas criados pela falta de manutenção do patrimônio e prescrevemos maneiras para desencorajar tal comportamento. Em seguida, passamos às armadilhas criadas pelos bens – investimentos que se tornam subótimos ou, até mesmo, obsoletos por conta de mudanças ocorridas no ambiente competitivo. Discutimos as estruturas *asset light* – terceirizando os investimentos e a assunção dos riscos que concernem aos ativos – e *asset flexible* – projetando ativos flexíveis para potenciais mudanças. Em seguida, aplicamos os princípios de manutenção

141

de bens, *asset light* e *asset flexible* a diferentes classes de ativos. Por fim, declaramos guerra aos custos fixos. Uma lista de custos fixos representa um passivo que deve ser financiado por um fluxo incerto de receitas. Quanto mais os custos parecerem com a receita, melhor. Por último, analisamos maneiras de transformar as armadilhas impostas pelos ativos em oportunidades.

Mantendo ativos estratégicos

Ativos são reservas de valor que também podem ser fontes de vantagem competitiva. Por exemplo, as empresas podem alcançar vantagens em seus custos de produção investindo em parques industriais de grande porte, em tecnologias mais recentes ou até em um melhor *know-how* para operá-las. Quando essa vantagem de custo é fundamental para a superioridade competitiva da organização, torna-se essencial realizar sua manutenção. Portanto, apenas fazer um investimento inicial não é suficiente. Os concorrentes têm o péssimo hábito de recuperar o terreno perdido. Sendo assim, a administração deve melhorar continuamente suas instalações, esforçar-se para encontrar maneiras novas e mais eficientes de utilizá-la e mantê-la nos mais altos padrões.

Mas os gestores nem sempre são recompensados por isso. O modo mais fácil de aumentar a lucratividade de um parque industrial é efetuando um corte em sua manutenção. Se tal ação for recompensada com bônus e promoções, então esse comportamento é incentivado. No curto prazo, não há incentivo para se investir no futuro, e se a pessoa que toma as decisões de curto prazo não estiver por perto para sofrer as consequências de longo prazo, um risco moral terá sido criado – existe uma enorme tentação em se roubar no balanço patrimonial e exagerar nos lucros.

A chave para a vantagem competitiva da Nucor está em sua capacidade de operar os custos de suas miniusinas siderúrgicas de maneira muito eficaz. A organização paga regiamente seus colaboradores para que atinjam essa meta, e cada um de seus gerentes de fábrica se esforça para alcançar maior produtividade. Certa vez, o gerente da miniusina mais produtiva apresentou o que ele esperava ser uma ótima avaliação de desempenho apenas para descobrir que fora demitido. A alta administração descobrira que ele estava reduzindo despesas no processo de manutenção, roubando da base de ativos da firma e colocando em risco a vantagem de longo prazo da companhia. Nem todas as empresas são tão disciplinadas ao lidar com executivos que entregam os resultados esperados de maneira errada.

Organizações não devem permitir que os ativos essenciais ao seu sucesso de longo prazo sejam dissipados pelos lucros de curto prazo. Instituir tal atitude como política empresarial é deixar de cumprir seu dever Permitir que isso aconteça involuntariamente, ou por meio de ações dissimuladas de outros, também não é o ideal. Os líderes devem identificar seus ativos estratégicos essenciais, aqueles que alicerçam sua vantagem de longo prazo, e colocar em prática medidas que garantam sua adequada manutenção. Isso não é fácil, especialmente em tempos de crise, mas uma redução de curto prazo acarretará uma lacuna de muitos anos em seu fluxo de renda futura e poderá até mesmo arruinar uma vantagem competitiva. A base de ativos da firma, sobre a qual toda a comunidade depende, deve ser protegida.

Emboscado por antigas decisões

As armadilhas dos ativos econômicos

Armadilhas de ativos existem porque grande parte das despesas relacionadas à sua compra ou ao seu desenvolvimento é específica da própria empresa. Por isso, uma vez que seu compromisso financeiro seja realizado, tem-se um custo irrecuperável.[a] Empresas de segunda mão são vendidas basicamente pelo valor da construção ou do terreno; equipamentos são vendidos a preço de sucata e seus custos de instalação são perdidos para sempre. Uma vez que o investimento é feito, não há como voltar atrás sem aceitar sanções significativas.

Ficar encalhado com ativos obsoletos quando surge uma tecnologia nova e mais rentável é um problema comum. Se os custos da transição para a nova tecnologia renderem um VPL, então faz sentido mudar; porém, se o VPL for negativo, a lógica econômica exige que a organização continue a operar com os ativos menos eficientes até que seus concorrentes que já usam a nova tecnologia forcem-na a deixar o negócio. Isso pode ser bom para os acionistas – que conseguem investir em empresas que dispõem da nova tecnologia –, mas não é muito interessante para a gestão ou para a força de trabalho. Tampouco tal atitude cumpre com

---

[a] Também denominados como **custos afundados**, **enterrados** ou **empatados**, são recursos empregados na construção de ativos que, uma vez realizados, não podem ser recuperados em qualquer grau significativo. Ou seja, o custo de oportunidade desses recursos, uma vez empregados, é próximo de zero. (N.T.)

a responsabilidade de construir retornos sustentáveis, mesmo que esta seja a ação economicamente lógica a se implementar. Desse modo, a organização se encontra em uma verdadeira armadilha em termos de ativo econômico.

Como então uma firma sai dessa emboscada econômica? Ela entrega os pontos e arruína seus bens em benefício dos acionistas? **Certamente que não!** A decisão a respeito do que fazer é responsabilidade da administração, não dos investidores, por isso não dê a eles a opção de um *haraquiri*[b] em escala industrial. Basta lembrar que eles são livres para realizar investimentos no que quiserem. Assim, a única justificativa que uma empresa tem para investir em nova tecnologia é a sua capacidade de obter retornos melhores que qualquer outra. Se este for o caso, os acionistas que desejam manter sua participação no setor irão continuar ao lado da companhia. Isso significa que a empresa deve manter-se no topo do ciclo tecnológico e continuar sendo a melhor em explorar inovações nessa área. E isso tem implicações claras no que se refere à manutenção de ativos intangíveis centrados em conhecimento.

O compromisso com uma antiga classe de bens pode iludir uma organização fazendo-a realizar mais investimentos nessa mesma classe, apesar de existirem melhores soluções disponíveis – um caso de **incrementalismo lógico**[c] ou de **desperdício de dinheiro**! Em uma base incremental, uma unidade extra da antiga classe de ativos é mais barata, talvez porque seja possível dividir seu custo com outros ativos já adquiridos. Por exemplo, quando uma companhia aérea se compromete com um modelo de aeronave, torna-se

---

b *Haraquiri* significa, literalmente, "cortar a barriga" ou "cortar o estômago", e é uma forma de suicídio por esventramento. Era cometido por guerreiros como uma forma de expiar seus crimes, pedir desculpas por seus erros, escapar da desonra, conseguir perdão de seus amigos e provar sua sinceridade. (N.T.)

c De acordo com James Brian Quinn, trata-se de uma sequência de passos de cunho altamente político que devem ser seguidos pelo líder das mudanças estratégicas. Esse sistema não deve ser entendido como "ausência de estratégia" ou "confusão", mas como um misto de análise, planejamento formal, habilidade política, aprendizagem, intuição e criatividade, uma vez que o mundo real exige que se pense à frente e que se faça alguma adaptação durante o percurso". (N.T. conforme descrição de Anderson Rocha Valverde em seu estudo de caso *A gestão estratégica sob uma perspectiva política: um estudo de caso comparativo entre empresas integrantes do programa Paex da Fundação Dom Cabral*, citando Quinn, J. B. Strategic (change: logical incrementalism. *Sloan Management Review*, v. 30, n. 4, p. 16-45, Summer, 1989).

difícil para ela investir em outro porque o **custo de operação de uma frota multimodelo é bem mais elevado**.

Como as empresas podem evitar ser pegas pelo incrementalismo lógico? Não existe uma resposta fácil, mas dê um passo atrás e observe o quadro geral. Uma série de decisões individuais muitas vezes pode ser justificada desse modo, mas se fossem consideradas em conjunto, uma nova classe de ativos provar-se-ia o caminho mais lógico. A chave em tais situações é projetar uma visão de longo prazo, e observar vários passos à frente de modo a verificar se uma mudança para uma nova classe de bens se justifica.

Armadilhas de ativos em relatórios financeiros

Nós já falamos sobre os efeitos da contabilização de patrimônio sobre o comportamento de uma empresa. Por um lado, as organizações são lentas em abrir mão de posicionamentos que de fato deveriam ser abandonados por medo da reação do mercado às amortizações. Por outro, a gestão investe pouco no futuro por causa do impacto negativo gerado sobre os lucros de curto prazo.

O medo das amortizações é aliviado pelo fato de que se tratam, principalmente, de itens não numerários; os diretores financeiros fazem o possível para reportá-los "abaixo da linha do lucro operacional", como "itens extraordinários". De fato, alguns relatórios financeiros inclusive apresentam uma seção regular de "itens extraordinários" ano após ano. Para compor o cenário, muitas vezes eles incluem uma série de despesas de caixa classificadas como "custos de reestruturação", o que ajuda a aumentar os lucros acima da linha. Espera-se que tais relatórios façam com que algumas mentes acreditem que esses itens representam, de fato, um custo permanente de se fazer negócios!

O temor da reação contrária dos acionistas é real. Os sócios encaram as exceções como surpresas, especialmente as autoimpostas. Admitir erros pode ser doloroso para a principal equipe de gestão, por isso não é de estranhar que, por vezes, seus membros tentem escondê-los. Porém, no atual mundo interconectado em que vivemos, a verdade por fim vem à tona e qualquer evidência de que tenham ocorrido tentativas de escondê-la irá gerar ainda mais danos, minando completamente a confiança – algo muito difícil de se restabelecer. Esse foi o desafio que a News Corp enfrentou em 2011 como resultado de um escândalo envolvendo escutas telefônicas.[4] A **honestidade**, ainda que **dolorosa**, é a **melhor política**!

PARTE 2 ESTRUTURA INTELIGENTE

Manter uma comunicação aberta e franca com os acionistas ajuda a evitar surpresas, mas diversas organizações não gostam de revelar muito sobre suas intenções futuras, porque isso significa contar seus planos aos concorrentes. Os acionistas precisam confiar nas decisões tomadas pela equipe de gestão, e, a menos que a equipe tenha construído sua reputação com base na entrega dos resultados prometidos, essa crença se torna muitas vezes difícil.[5] A Best Buy teve a sorte de ostentar esse perfil quando decidiu sobre o futuro da Musicland. A Best Buy adquiriu a varejista com 1.300 pontos de venda por US$ 685 milhões em 2001, quando sua receita era de US$ 1,9 bilhão e seu lucro operacional de US$ 58 milhões, mas o desempenho da Musicland feneceu rapidamente. Em 2003, sua receita caiu para US$ 1,7 bilhão; suas perdas operacionais foram de US$ 234 milhões, e a Best Buy decidiu sair. Em junho de 2003, a Best Buy desfez-se da Musicland. Por conta dessa notícia, as ações da Best Buy subiram 5%, alcançando o maior índice de todos os tempos; isso representou um aumento em seu valor na casa dos US$ 700 milhões. Claramente, os acionistas consideraram essa medida legítima e voltada para os resultados de longo prazo.

Investir pouco no futuro em face de um aperto nos lucros de curto prazo também representa um perigo constante. Não se trata de os mercados não entenderem a lógica de investir hoje para lucrar amanhã. As astronômicas relações preço/lucro[d] de que gozam as empresas em rápido crescimento são prova disso. Em outubro de 2011, nos mercados em geral desfavorecidos pela paralisia política na Europa e nos EUA, a Amazon negociava a um índice preço/

---

d   A relação preço/lucro, também denominada **múltipla**, dá aos investidores uma ideia de quanto está sendo pago pela capacidade de uma empresa de gerar lucros. Quanto maior a relação preço/lucro, mais os investidores estarão pagando e consequentemente maior será a expectativa de rentabilidade. As ações cuja relação preço/lucro é alta, ou seja, com múltiplos acima de 20, são geralmente de companhias novas, em ritmo de crescimento rápido. As negociações com esse tipo de ação envolvem riscos mais altos que as ações com baixa relação preço/lucro. As ações cuja relação preço/lucro é baixa são geralmente ações de setores de crescimento lento ou já maduras, impopulares entre os investidores ou as ações de primeira linha (*blue chips*) de companhias sólidas com longo histórico de aumento de lucros e pagamento de dividendos. Em geral, as ações cuja relação preço/ lucro é baixa registram rentabilidade mais elevada que aquelas com alta relação preço/lucro, que geralmente não pagam quaisquer dividendos. (N.T. conforme definição Downes, J. e Goodman, J. E. *Dicionário de Termos Financeiros e de Investimento*. Ana Rocha Tradutores Associados. São Paulo: Nobel-Bovespa, 1993.)

lucro de mais de 100,[6] o que indica o quanto os investidores acreditavam que a companhia estava investindo no futuro. No entanto, o CEO Jeff Bezos foi muitas vezes criticado na imprensa por dar muita atenção ao crescimento de longo prazo em detrimento da lucratividade.

Armadilhas emocionais de ativos

Nossa discussão a respeito das armadilhas nos relatórios econômicos e financeiros se baseou no comportamento lógico dos gestores, mas a realidade é que esses indivíduos são apenas seres humanos. As pessoas muitas vezes odeiam mudar, e, coletivamente, podem se revelar ainda piores neste sentido. As organizações se ligam emocionalmente à maneira como realizam as coisas. Neste caso, a simples cogitação da mudança desencadeia reações emocionais negativas. Discutiremos como lidar com essas questões na **Parte 3: Mentes inteligentes**.

Utilizando o plano *asset light* – Um modelo inteligente

Uma das maneiras de evitar ser emboscado pelos ativos é, primeiramente, esquivar-se de investir neles. Utilizar um plano *asset-light* significa terceirizar o máximo de atividades, de maneira prudente, mantendo estágios estratégicos críticos que incorporam valor e a integração vital dentro da organização. Isso funciona melhor quando é muito difícil para os terceirizados se juntarem para realizar o mesmo trabalho de maneira independente, ou seja, sem a presença do integrador inicial; por exemplo, quando esses elementos somente podem participar do mercado por causa da capacidade da empresa de integrar seu trabalho no processo. A Li & Fung é um excelente exemplo disso.[7]

A Li & Fung é a mais importante empresa do setor de moda, mas poucos percebem isso. Com efeito, entre 2005 e 2010, a companhia tornou-se **líder mundial no setor**, demovendo a Gap de sua posição.[8] Em 2010, a Li & Fung teve uma receita de cerca de US$ 22 bilhões em produtos, um total superior aos US$ 12 bilhões de 2005. A Gap, antes líder varejista do mundo da moda, vendeu menos de US$ 15 bilhões, abaixo, portanto, dos US$ 16 bilhões alcançados em 2005. A Inditex, dona da popular rede Zara, vendeu cerca de US$ 17 bilhões de dólares, ou seja, um total bem acima dos US$ 11 bilhões de 2005. Todavia, apesar de a Inditex ter claramente ultrapassado a Gap, ela não foi páreo para a Li & Fung.

Para vencer no varejo de moda é preciso estocar apenas as melhores linhas para maximizar as vendas e evitar as dispendiosas remarcações de final de temporada. O ideal é que os varejistas possam contar com uma cadeia logística com capacidade de recarga instantânea em vez de esperar meses pelo reabastecimento. A Li & Fung fornece exatamente isso: pequenas redes de varejo descrevem o que elas desejam, a Li & Fung lhes apresenta em poucos dias uma série de *designs* alternativos e lhes entrega os produtos escolhidos em algumas semanas. Poucos podem corresponder a esse tempo de resposta, por isso os varejistas se dispõem a pagar um preço especial pelo serviço da Li & Fung. Isso permite à Li & Fung extrair parte do lucro das bem-sucedidas varejistas de moda sem precisar investir em varejos próprios.

A Li & Fung não fabrica roupas, mas terceiriza o processo para mais de 15 mil fabricantes em seu sistema de abastecimento. A empresa alcança a velocidade desejada por seus clientes dividindo sua produção por lotes entre vários fabricantes, para que todos possam produzir em paralelo. Tudo deve parecer que veio da mesma fábrica, portanto, a fim de alcançar esse objetivo, são necessários sistemas de logística, de controle de qualidade e de informações altamente sofisticados. E cada vez que um novo lote é solicitado, a Li & Fung identifica a configuração ideal das instalações, com base nos custos vigentes e na capacidade/disponibilidade de/para produzi-lo – um fluxo único de distribuição. Lotes encomendados com algumas semanas de diferença são produzidos por fabricantes completamente diferentes, o que impossibilita que os pequenos varejistas se dirijam pessoalmente aos fabricantes a fim de excluir a intermediação da Li & Fung. Além disso, a companhia consegue preços muito competitivos de suas terceirizadas pelo fato de contratar entre 30% e 70% de seus serviços. Desse modo, a Li & Fung obtém uma participação nos lucros de fabricação sem, de fato, possuir qualquer instalação fabril. Isso é o que significa ser verdadeiramente *asset light*.

Por uma questão de política, a Li & Fung compra grande parte da produção de cada fábrica, a fim de adquirir o controle sobre o que a confecção faz. No entanto, a empresa tem o cuidado de não se comprometer com 100% da produção de qualquer instalação fabril. Isso permite que as fábricas aprendam a trabalhar com outros clientes – mas existem outras boas razões para isso. Concordar em assumir toda a produção de uma fábrica **não é muito diferente** de ser o **dono dela**, porque torna-se necessário cobrir todos os custos para

Capítulo 7 Gerenciamento inteligente de ativos

mantê-la funcionando, mesmo durante seus períodos de ociosidade. Permitir que a confecção tenha outros clientes aumenta sua utilização, reduzindo seus custos gerais. Assim, cria-se valor econômico mediante a suavização da demanda. E, melhor de tudo, o cliente que adquire a maior parte da produção tem mais poder de negociação. Se um cliente poderoso adquire 100% da capacidade de um fornecedor e força seus preços para baixo – abaixo do custo total –, esse prestador de serviços acaba indo à falência. Mas, ao comprar entre 30% e 70% da produção, um consumidor pode negociar taxas muito baixas – abaixo do custo total –, e forçar o fornecedor a cobrar preços mais elevados de clientes menores, que, em verdade, são seus concorrentes! Essa é uma ótima maneira de fazer seus concorrentes pagarem pelo seu produto.

A Walmart usa de agressividade semelhante para reduzir seus custos de compras. Em 2010, ocorreu algo bastante interessante e imprevisível: a Walmart contratou a Li & Fung para atender a algumas de suas necessidades. Resta agora esperar para ver se a Walmart será capaz de virar o jogo contra a Li & Fung.

Os fabricantes estão frequentemente preparados para oferecer taxas preferenciais aos seus maiores clientes porque eles próprios criaram para si uma armadilha de ativos: depois de construir seu parque industrial, é preciso colocá-lo em funcionamento. Muitos fabricantes de embalagens para alimentos e bebidas descobrem isso tarde demais. Alguns constroem suas instalações perto de um determinado cliente para minimizar o custo do transporte de suas embalagens finalizadas, entretanto, uma vez construídas as fábricas, a pressão dos clientes sobre os preços é mais que suficiente para anular qualquer economia. A Crown Cork and Seal (CCS), em contrapartida, sempre teve o cuidado de evitar a construção de usinas em locais onde não tivesse muitos clientes entre os quais pudesse escolher com quem negociar. Essa precaução ajudou a CCS a alcançar lucros elevados ao longo de décadas.[9]

É notável a quantidade de empresas que caem em armadilhas de ativos desse tipo. Às vezes, as empresas simplesmente não pensam no futuro quando realizam esses investimentos,[10] mas muitas vezes essas surpresas previsíveis[11] são ignoradas porque a equipe de gestão é altamente recompensada por lucros de curto prazo ou pelo rápido crescimento. Por exemplo, o setor de fabricação terceirizada de produtos eletrônicos cresceu muito rapidamente no final da década de 1990; empresas adquiriam antigas instalações de fabricantes já estabelecidos no mercado e acordavam operá-las como terceirizadas sob contrato por alguns anos. No entanto, tais usinas não eram tecnologicamente competitivas, por isso, quando da renovação desses contratos, os terceirizados eram confrontados com a exigência de reestruturação radical desses parques ou a necessidade de fechamento. Muitos dos terceirizados não previram isso em suas propostas de investimentos originais e, como resultado, sofreram enormes prejuízos.

Algumas organizações preferem ser donas de seus ativos, porque sentem que tal posse lhes confere maior controle. Isso é bastante compreensível quando existe o envolvimento de **especializações exclusivas** ou de **propriedade intelectual**; afinal, por que oferecer sua vantagem em uma bandeja para os concorrentes? Mas, em muitos outros casos, a terceirização tem seus benefícios, especialmente se ela estiver estruturada de modo a oferecer alto nível de controle sem a responsabilidade da propriedade. Victor Fung, presidente da Li & Fung, certa vez me alertou para o perigo de confundir propriedade com controle. Ele observou que muitas companhias detêm ativos, mas exercem pouquíssimo controle sobre eles; seu objetivo, em contrapartida, é não possuir nenhum ativo, mas, ao mesmo tempo, ser capaz de exercer forte controle. **As empresas devem, portanto, buscar o controle em vez da propriedade**.

O princípio básico do plano *asset light* é transferir para terceiros os riscos inerentes ao compromisso com ativos, transformando o máximo de custos que for possível em variáveis, e então utilizar o poder de negociação para minimizar o custo de tal flexibilização. Esse modelo de negócio é bastante expansível, pois os custos de ampliação também são arcados pelos fornecedores. Por exemplo, entre 2005 e 2010, a Li & Fung expandiu sua rede de fábricas em mais mil confecções por ano – tudo isso sem nenhum investimento de capital próprio.

O plano *asset flexible*

Porém, nem sempre é possível – ou estrategicamente desejável – que organizações dependam dos bens de terceiros. Quando uma empresa sente a necessidade de investir fortemente em seus próprios ativos, vale a pena criar **flexibilidade**. A Samsung, líder mundial em *chips* de memória para semicondutores, faz isso quando investe vários bilhões de dólares em usinas de fabricação de silício.[12] A organização projeta seus parques industriais de modo a produzirem tanto os *chips* de gerações ultrapassadas quanto os novos, podendo assim continuar suprindo as necessidades de um mercado já abandonado por outras empresas. Conforme a oferta dos itens mais antigos

Capítulo 7 Gerenciamento inteligente de ativos

diminui e os clientes não se dispõem a mudar para a nova geração, eles se veem obrigados a pagar um preço extrassignificativo pelo fornecimento contínuo dos *chips* ultrapassados.

A Samsung também projeta seus *chips* com um núcleo comum e uma formatação externa facilmente personalizável que pode ser adaptada às futuras necessidades dos clientes. Isso permite que a Samsung abasteça mercados com maiores margens de especialização. Um projeto baseado em flexibilidade não é capaz de responder a todas as mudanças, mas, ao antecipar as diferentes maneiras em que os mercados podem evoluir, a Samsung explora as "surpresas previsíveis".

A Samsung também se esforça para chegar ao mercado bem à frente da concorrência com sua próxima geração de *chips*, pois assim seus preços se manterão altos até que os outros a alcancem. Isso também a coloca no topo da curva de aprendizado no que diz respeito à redução de custos. Como resultado, a Samsung consegue diminuir seus custos de escala e aprendizado, alcançando preços superiores por conta de um projeto de instalação flexível e de velocidade no atendimento ao mercado. Embora tal flexibilidade tenha um preço – a Samsung investe mais em suas fábricas –, este se paga amplamente pelos custos mais baixos e preços mais altos cobrados em seus produtos.

Outra ilustração dos benefícios financeiros proporcionados por ativos flexíveis se refere aos *switches* (comutadores) usados em redes de telecomunicações de grande porte. Muitas das funcionalidades desses mecanismos são determinadas por *softwares* – daí o nome *softswitches* – e podem ser facilmente modificadas para atender a diferentes protocolos de comunicação e configurações de rede. Apesar de mais elevados, os custos para a concepção de tais equipamentos devem ser comparados aos benefícios da economia de escala na produção de *hardwares* e da flexibilidade que eles proporcionarão aos clientes.

O desafio em projetar com vista à flexibilidade está em saber exatamente que tipo de flexibilidade pode ser necessária. Isso demanda elevada inteligência de mercado. A Samsung se esforça muito para entender o que seus clientes desejam da próxima geração de *chips* de memória. A companhia também procura influenciar suas opiniões para expandir seu potencial de escolhas de *design*. A organização não trabalha somente com os clientes de *chips* de memória, mas com os clientes de seus clientes, as empresas de eletrônicos de consumo. Na verdade, a Samsung tem muitas vezes uma visão mais bem informada da futura evolução dos eletrônicos de consumo que alguns compradores de *chips* – visão esta muito favorecida por seu próprio negócio de eletrônicos de consumo, que se apresenta cada vez mais na vanguarda. Em última análise, porém, as previsões de mercado não representam mais que conjecturas. O desafio é fazer mais prognósticos que os concorrentes e criar flexibilidade para ser capaz de realizar ajustes onde as incertezas se mostrarem maiores.

Capital de giro *light*

Os benefícios de um plano *asset light* também podem ser aplicados a outras classes de ativos. O capital de giro é um bom exemplo. Trata-se de algo caro de se ter e de se manter. Neste sentido, especialistas em logística se empenharam bastante ao longo dos últimos 25 anos para reduzir o capital de giro nas cadeias de fornecimento. A Walmart[13] sempre foi uma entusiasta do aumento dos giros de estoque, praticamente duplicando-os entre 1975 e 2005, enquanto pouco mudava em suas duas grandes concorrentes, a Kmart e a Target. Novos modelos de negócios orientados por demanda foram desenvolvidos para **minimizar os estoques**. Isso inclui a produção sob encomenda da fabricante de computadores Dell[14] e o sistema de rápido reabastecimento da Zara[15]. Esses novos modelos tornam as companhias mais sensíveis às mudanças no mercado.

Durante períodos de crescimento rápido, elevadas solicitações de capital de giro criam pesadas demandas de caixa, o que pode pegar as empresas de surpresa. Particularmente, aprendi isso em 2003, quando financiei o negócio de embalagem de frutas de um amigo com um investimento inicial de US$ 50 mil. O negócio foi muito bem-sucedido, atingindo US$ 5 milhões de dólares em vendas no primeiro ano. As margens foram de apenas 5%, mas os requisitos de capital de giro representavam 25% das vendas, então a firma necessitou de mais um milhão de dólares em investimento! **O sucesso pode sair muito caro, não é?**

Muitas vezes, o capital de giro negativo é visto como mais atraente, mas ele também representa seus próprios perigos. O capital de giro negativo se faz possível pelo pagamento antecipado feito pelos clientes por um produto ou serviço, como no caso dos seguros de automóveis ou dos pacotes turísticos. Ele também é viável no varejo, quando os produtos vendem tão rapidamente que o varejista recebe o dinheiro dos clientes antes de ter de pagar seus fornecedores. Quanto mais célere o crescimento dos negócios, mais dinheiro eles captam e mais tentador se torna gastar para apoiar ainda mais crescimento. A pronta captação de dinheiro também atrai um grande número de novos concorrentes. Mas quando o crescimento desacelera, a fonte de novas entradas em dinheiro seca. E quando as vendas caem, é necessário dinheiro extra para se manter o negócio. Poucos investidores se dispõem a financiar um negócio em contração, portanto, o risco de falência em um momento de recessão é alto. É por isso que acontecem tantas falências de seguradoras de automóveis e de companhias de turismo. Não é incomum nos EUA que agências de classificação de risco declarem um grande número das centenas de concorrentes no setor de seguro de vida e imóveis financeiramente ineficientes.[16]

Para utilizar-se de um capital de giro *light*, o nível ideal de capital de giro é **zero**. A organização que opera com um modelo de capital de giro zero não precisa se preocupar com as mudanças na taxa de crescimento ao avaliar as necessidades de capital de giro. Então, a base de ativos é projetada para sofrer o mínimo possível com eventuais mudanças.

Ativos financeiros

O ativo financeiro de maior liquidez em uma firma é o **dinheiro**. Porém, as empresas também têm uma capacidade de endividamento que reflete a opinião do mercado de capitais a respeito de quanta alavancagem financeira elas conseguem sustentar em seus balanços. Desse modo, a capacidade de endividamento não utilizada representa um ativo financeiro. Muitas companhias optam por usar toda sua capacidade de endividamento; na verdade, em negócios relacionados a participações privadas,[e] a alavancagem aceita por algumas empresas vai muito além do que seria considerado racional. Em vez de se concentrarem em uma visão de longo prazo, essas companhias apostam em sua capacidade de vender a empresa a novos investidores antes que uma crise se estabeleça.

As organizações que usam sua capacidade total de endividamento apresentam pouquíssima **flexibilidade** para investir em **mudanças**, a menos que estejam preparadas para buscar mais capital no mercado financeiro. Contudo, é justamente quando as empresas estão sob pressão e precisam

---

[e] *Private equity*. Tipo de atividade financeira realizada por instituições que investem essencialmente em empresas que ainda não são listadas em bolsa de valores, com o objetivo de alavancar seu desenvolvimento. (N.T. conforme *Dicionário Babylon*/Wikipedia)

mudar rapidamente que o apoio dos mercados de capitais fenece. Minha regra de ouro é a seguinte: **geralmente o dinheiro somente está disponível quando você não precisa dele**. A maioria dos CEOs sabe muito bem o quanto sua flexibilidade para mudar se reduz quando estão sob pressão por lucros. De fato, em 2006, apesar de sua empresa ostentar uma posição de liderança estratégica no mercado, Brad Anderson, CEO da Best Buy, alegou que estava empenhado em fazer com que a companhia se reinventasse, justamente pelo fato de a organização não estar sob pressão para fazê-lo naquele momento,.[17]

Se os mercados de capitais fossem verdadeiramente eficazes, até faria sentido que as empresas contassem com eles como fontes de recursos para investimentos. Espera-se que a crise financeira global de 2008 tenha finalmente colocado um fim nessa crença. Muitas empresas bem administradas enfrentaram a extinção por causa da queda dos mercados de capitais. Mas esse não é um fenômeno novo; muitas crises financeiras já ocorreram, e, sem dúvida, ainda vivenciaremos muitas outras. As companhias que desejam responder de maneira inteligente às mudanças no ambiente competitivo se mostrarão sábias ao reduzir seu risco e manter reservados seus ativos financeiros. É por isso que a Capital One diversificou seus negócios e adentrou o nicho de banco de varejo; em vez de depender das excentricidades do mercado financeiro, a empresa precisava dos depósitos de baixo custo para financiar seu negócio de cartões de crédito.[18]

As empresas muitas vezes são acusadas de "roubar" ou esconder ativos financeiros de seus balanços para acentuar lucros de curto prazo em detrimento de seu desempenho de longo prazo. Os CFOs (*chief financial officers*, ou seja, os diretores financeiros) têm grande poder de decisão sobre o modo como os lucros serão definidos, portanto, em anos fiscais positivos eles conseguem esconder tais lucros no balanço, demonstrando-os somente em anos fiscais particularmente ruins, a fim de "balancear" os lucros de ano para ano. Isso é chamado de **alisamento de resultados** (*income smoothing*). Muitas organizações "gerenciam" seus ganhos desse modo em vez de simplesmente relatá-los porque os mercados desvalorizam resultados voláteis.[19] Em um levantamento, mais de 75% dos CFOs entrevistados disseram que sacrificariam o valor de longo prazo para alisar seus resultados.[20] Richard Fairbank, CEO da Capital One, se queixou de que os mercados sistematicamente desvalorizam as ações de sua companhia porque ela se recusa a agir assim.[21]

Capítulo 7 Gerenciamento inteligente de ativos

A Capital One é uma grande entusiasta da **"contabilidade horizontal"**. Tudo é considerado um projeto que envolve investimentos hoje para retornos amanhã. Os resultados financeiros reportados pela firma são simplesmente uma fatia vertical de todos esses projetos em um determinado período de tempo; tal fatia será fortemente afetada pela mistura e maturação dos projetos vigentes nesse momento específico – alguns estão maduros e geram caixa; outros ainda estão em fase de investimento. A organização não vê lógica em mudar a taxa de investimento em um determinado período apenas para manipular resultados. Tais ajustes simplesmente desvalorizam a empresa. Os mercados deveriam levar isso em conta, mas, infelizmente, eles não são exatamente perspicazes e, muitas vezes, não enxergam além dessa manipulação de resultados.[22]

É claro que o alisamento de resultados levanta questões relativas à integridade. Todavia, o processo somente começa a causar danos reais no longo prazo quando os lucros subjacentes passam a declinar e o balanço é alterado para criar uma ilusão de crescimento. Assim, as companhias não enganam apenas aos acionistas, mas também a si próprias quando deturpam seu desempenho dessa maneira e não conseguem reagir em tempo hábil a problemas subjacentes.[23] Por fim, os resultados entram em colapso e se faz necessária uma dolorosa mudança que poderia ter sido evitada com relatórios mais responsáveis.

Ativos humanos

Já se tornou quase uma rotina os líderes de empresas proclamarem em seus relatórios anuais que seus funcionários representam seu patrimônio mais importante. Porém, raras são as organizações que realmente empregam essa dinâmica ou administram sua base de capital humano de maneira estratégica. É bastante incomum encontrar empresas que saibam realmente identificar o VPL de seu pessoal ou mensurar o retorno sobre o que foi investido nele.[24] Entretanto, poucas organizações negariam o fato de que pessoas talentosas fazem uma enorme diferença no desempenho e que o treinamento delas pode torná-las ainda mais produtivas.

A manutenção de um fluxo saudável é importante para as organizações comprometidas com o desenvolvimento e o cultivo de sua base de ativos humanos. Certa vez tive uma conversa com um importante industrial do

PARTE 2 ESTRUTURA INTELIGENTE

Reino Unido sobre o maior erro que ele já havia cometido. Ele afirmou que seu maior equívoco fora realizar um corte no recrutamento durante uma grande recessão econômica. Isso acabaria criando uma lacuna em suas fileiras de gestão e, mesmo depois de quinze anos, ainda representaria um sério problema para a companhia.

Apesar de todo retorno que o investimento em capital humano pode oferecer, nem todas as empresas se preocupam em realizá-lo. Algumas companhias simplesmente recrutam pessoas com vários anos de experiência em organizações conhecidas por seus conceituados processos de seleção e treinamento. A partir daí, essas empresas exploram os indivíduos contratados por outros vários anos até desanimá-los e, então, os substituem por um novo lote de profissionais. Isso costuma funcionar bem até que potenciais candidatos comecem a descobrir o que a nova empresa realmente lhes oferece no longo prazo.

Por vezes, a falha no desenvolvimento dos empregados não é uma questão política da companhia, mas uma opção de alguns integrantes individuais da empresa que se beneficiam desse sistema. Em muitas organizações de serviços profissionais, os gestores constroem sua trajetória de sucesso explorando os membros de sua equipe, forçando-os a um trabalho duro e rotineiro, levando-os à exaustão e fazendo pouco para desenvolvê-los. Isso significa roubar da base de ativos humanos da empresa. Outras investem na formação de seus profissionais, dando-lhes tarefas desafiadoras, treinando-os para ajudá-los a oferecer o melhor de si e tornando-os mais valiosos ao final de um projeto do que quando o iniciaram. As empresas comprometidas com o desenvolvimento da qualidade de seus ativos humanos devem recompensar esses últimos comportamentos e punir os profissionais que exploram sua base de ativos.

Investir nas pessoas também tem seus riscos: o recrutamento e o treinamento de funcionários demanda recursos significativos; a demissão dos mais fracos é um processo lento e caro; a manutenção dos melhores é difícil, pois eles costumam ser cobiçados e atraídos pela concorrência. Além disso, os trabalhadores muitas vezes resistem à mudança. Assim, os ativos humanos criam armadilhas para as companhias.

Um modo de reduzir os custos da gestão de recursos humanos é tornando-se *asset light*; uma boa ideia é tentar minimizar o número de funcionários da empresa – a contratação de terceirizados para a cobertura de épocas de pico de trabalho é uma solução. Muitos negócios sazonais como a agricultura, o varejo e a hotelaria não sobreviveriam se não utilizassem a abordagem *asset light*.

As organizações devem resistir ao aumento de efetivos sempre que possível e buscar elevar a produtividade de sua atual base de ativos humanos de maneira constante. Na prática, existem enormes oportunidades para ganhos por produtividade, especialmente na estrutura de gestão. Como em tantas outras situações, a **regra 80:20** também se aplica ao trabalho executivo[25] – 20% do trabalho criam 80% do valor. As empresas precisam exercer pressão constante para identificar atividades que podem ser eliminadas. Elas também devem manter essa pressão de modo a encontrar maneiras de executar atividades valiosas em bem menos tempo. A esse respeito, pagar para que funcionários de alto desempenho sejam mais produtivos é sempre melhor que acrescer em efetivos.

Entretanto, algumas pessoas são sempre necessárias, portanto, o objetivo deve ser a flexibilização de ativos humanos. Contratar as pessoas certas ajuda porque alguns indivíduos são bem mais adaptáveis às mudanças, e curiosas a aprender, que outras. A remuneração por desempenho é benéfica porque estimula mais produção por indivíduo e torna o pagamento variável – os custos caem em períodos de baixa produtividade. Por fim, a criação de um ambiente que torna as pessoas mais abertas à mudança e ao aprendizado ajuda a gerar maior inteligência em toda a companhia. Isso é discutido em mais detalhes na **Parte 3: Mentes inteligentes**.

Ativos de conhecimento

Os ativos relacionados ao conhecimento são muitos. Os mais tangíveis são os direitos de propriedade intelectual concedidos por patentes, mas a maioria das organizações possui conhecimentos internos extensos que não são protegidos desse modo; como o conhecimento de um processo de produção especial que proporciona custos mais reduzidos que os da concorrência; melhores habilidades relacionadas à gestão de um canal de logística; conhecimentos referentes às necessidades do mercado e dos clientes. Algumas organizações têm mais conhecimento sobre seus concorrentes – seus movimentos e suas prováveis reações. Um exemplo, na indústria farmacêutica, pode ser a experiência a respeito do processo de aprovação regulamentar das drogas. Todos esses exemplos constituem ativos de conhecimento, desde que proporcionem VPL positivo para as empresas.

Quando uma empresa é demasiada dependente de ativos de conhecimento para sua vantagem competitiva, torna-se fundamental cultivá-los. As companhias de alta tecnologia devem investir com firmeza em P&D para manter seu fluxo de inovação completo, ou provavelmente irão enfrentar um futuro incerto. Entretanto, como atesta a correlação entre rentabilidade e P&D no setor farmacêutico, sempre há uma tentação de se investir nos anos positivos e cortar tais investimentos nos momentos difíceis. Tratar o custo de construção e manutenção de ativos estratégicos como uma **despesa facultativa** é como **jogar roleta russa** – esse procedimento pode levar a consequências fatais.

Existem dois desafios em se investir em ativos de conhecimento: decidir qual deve ser o orçamento apropriado e gerenciar as despesas de maneira sábia. O volume de recursos utilizado é sempre questão de julgamento, mas se o objetivo é a vantagem competitiva, vale a pena dar uma olhada em quanto os concorrentes estão gastando. Comparar os planos financeiros como um percentual das vendas não ajuda muito – o que importa é o gasto absoluto, não os percentuais. Mas também é importante observar o que cada dólar compra. A Cisco, dos EUA, compete nos mercados mundiais de equipamentos de telecomunicações com a Huawei, da China. A Huawei cresceu de maneira impressionante, com orçamentos de pesquisa relativamente modestos; US$ 2,6 bilhões em 2010, ou seja, 9% de seus US$ 29 bilhões em vendas.[26] No mesmo ano, a Cisco investiu 13% dos seus US$ 40 bilhões em vendas em P&D; isso representa US$ 5,3 bilhões, ou mais que o dobro da Huawei em termos absolutos.[27] Mas a Huawei financiou uma equipe de 51 mil engenheiros, a um custo de US$ 50 mil por engenheiro, enquanto a Cisco empregou 20 mil profissionais, a um custo individual de US$ 265 mil. Entretanto, esses números podem não ser passíveis de comparação; talvez os engenheiros da Cisco sejam cinco vezes mais produtivos que os engenheiros chineses (embora provavelmente ambos tenham sido ensinados por professores graduados na MIT ou em Stanford) e as quase 18 mil patentes da Huawei não sejam tão valiosas quanto as 8 mil da Cisco, mas também é possível que a recente paralisação no crescimento da Cisco tenha algo a ver com a concorrência, e não se trate apenas de uma simples diminuição de demanda dos clientes!

Capítulo 7 Gerenciamento inteligente de ativos

Em geral, os **ativos de conhecimento** necessitam de muito tempo e dinheiro para serem construídos, mas o seu valor pode se alterar muito rapidamente com as mudanças no ambiente competitivo. A patente sobre uma determinada tecnologia é valiosa somente até que uma tecnologia melhor a suceda. E desenvolver um processo de *know-how* pode criar armadilhas. Conforme descendem na curva de aprendizagem, as empresas se tornam muito eficazes naquilo que fazem e se ressentem cada vez mais das mudanças – mudar exige a dor de começar tudo de novo. A necessidade de alteração nos processos é abordada em mais detalhes no **Capítulo 8: Arquitetura formal – Navegando pelo labirinto corporativo.**

Quando a antiga proficiência se torna obsoleta, o desafio passa a ser descobrir novos conhecimentos. Muitas companhias enfocam a construção de sua própria base de instrução, mas ignoram as demais – elas padecem da síndrome do **"Não foi inventado aqui"** (NIA)[f]. Não existem dúvidas de que as iniciativas nascidas e desenvolvidas dentro do próprio ambiente da organização têm vantagens – elas se encaixam melhor na forma como a empresa trabalha, enquanto as ideias de terceiros exigem integração e muitas vezes criam conflitos. Mas a vaidade é um grande condutor de NIA; para justificar sua posição na empresa os geradores de ideias internos devem provar que todas as melhores sugestões são **deles**.

As empresas inteligentes devem reprimir comportamentos NIA e buscar conhecimentos em outros lugares, dedicando uma parte do seu orçamento de P&D à descoberta do que seus concorrentes estão planejando. A Nucor foi uma forte defensora dessa abordagem.[28] Apesar de ter sido a precursora das novas tecnologias de produção de aço no setor das miniusinas siderúrgicas, a Nucor empregou apenas uma pessoa em seu departamento de P&D, cujo papel era investigar o que seus fornecedores poderiam oferecer e o que seus rivais estavam fazendo. A Procter & Gamble, muito elogiada por seu alto nível de inovação desde o ano 2000, conseguiu essa façanha direcionando seus esforços de desenvolvimento de produtos a fontes externas. A organização construiu uma rede externa de criadores de ideias para novos produtos capaz de **trazer de fora 50% de suas ideias em cinco anos**.[29]

---

[f] No original: *not-invented-here* (NIH). (N.T.)

PARTE 2   ESTRUTURA INTELIGENTE

Ativos de relacionamento

Os relacionamentos também podem representar ativos valiosos para os negócios, além de uma fonte de vantagem competitiva. Clientes leais retornam, fornecendo à empresa um fluxo de lucros contínuo. Eles também são mais propensos a perdoar quando algo dá errado e a dar tempo à empresa para a correção de eventuais problemas, em vez de mudar automaticamente para um concorrente. O bom relacionamento com os fornecedores pode proporcionar priorização na concessão de matérias-primas quando da escassez de suprimentos, ou acesso mais rápido a novas tecnologias. Mas essas relações devem ser alimentadas para que a confiança se mantenha; é preciso que haja um fluxo constante de pequenos favores (dar e receber) a fim de que elas sejam saudáveis.

Mas os relacionamentos também têm suas desvantagens e podem se transformar em passivos. Por muitos anos, os agentes exclusivos da Allstate representaram uma grande vantagem para a empresa em termos de venda de seguros de automóveis, ao garantir o acesso da firma no mercado de maneira eficaz em termos de custo.[30] Com o advento do comércio *on-line*, as vendas diretas tornaram-se um canal cada vez mais importante, mas a Allstate demorou a capitalizar sobre a Internet, por medo de prejudicar seu canal já existente. A Hewlett-Packard e a Compaq enfrentaram o mesmo problema no comércio de computadores ao deparar com o modelo de distribuição direta da Dell.

Ao construir relacionamentos, é importante pensar no futuro, identificar aonde eles podem levar a organização e considerar o eventual surgimento de dependência e inflexibilidade. Em virtude da enorme oportunidade de vendas que isso pode representar, muitos pequenos fabricantes comemoram quando conseguem que seus produtos sejam aceitos pela Walmart. Porém, essas pessoas logo se decepcionam quando percebem que se tornaram dependentes do Walmart, que geralmente adquire uma grande porcentagem de suas vendas e, com isso, passa a controlar o preço de seu produto no mercado.

As relações comerciais devem ser tratadas como *joint ventures* (JVs) e abordadas com toda a disciplina que esse tipo de ligação exige. As JVs normalmente começam como um namoro entre as duas partes, que são atraídas pelo fato de que cada uma tem algo de que a outra necessita. A combinação das duas cria um valor; é importante que este seja explicitamente mensurado e partilhado de maneira justa. Se uma das partes começa a sentir que está sendo ludibriada, o ressentimento cresce rapidamente e arruína a relação. As alterações ocorridas nos benefícios ao longo do tempo exigem um reequilíbrio do excedente para manter a JV saudável. Por fim, quando não faz mais sentido continuar juntos, é muito útil ter regras claras para o desligamento – uma espécie de contrato pré-nupcial – que determinem de que maneira o relacionamento irá terminar. De modo irônico, com esse tipo de estrutura em vigor desde o início as JVs em geral duram mais e são bem mais proveitosas.[31]

Com planejamento, os relacionamentos contratuais adequados com fornecedores e clientes podem tornar os custos mais variáveis e reduzir os riscos. Por exemplo, na indústria de alumínio, uma grande parte do custo da fundição está diretamente ligada ao custo da energia elétrica. Uma vez que o preço do alumínio é bastante volátil, seus produtores estão expostos a um risco elevado. Para gerenciá-lo, companhias como a Alusaf, na África do Sul, estruturam contratos de modo a vincular o preço do alumínio ao preço da eletricidade.[32] Essa decisão transfere parte do risco do negócio de fundição de alumínio aos fornecedores de eletricidade em períodos em que o preço desse metal sofre queda, mas também prevê a participação do lucro quando os preços do alumínio estão em alta. Isso também significa que o gerador de energia pode ser mantido funcionando ainda que a demanda por alumínio seja baixa, em vez de perder grande parte de sua carga quando a fundição precisa parar. Ambos os lados se beneficiam da relação.

Ativos de reputação

Em vários aspectos, a reputação de uma determinada empresa gera valor para seus acionistas. As marcas são o exemplo mais óbvio disso. A fidelidade à marca representa um valioso relacionamento com os clientes, cujas compras podem aumentar em volume e frequência, reduzindo assim a probabilidade de troca por alguma empresa concorrente. Isso se traduz de maneira direta em um VPL mais elevado por cliente. Apesar de o valor de uma marca não aparecer nos relatórios contábeis das empresas, várias instituições o estimam. De acordo com o estudo anual BrandZ sobre as **cem melhores marcas do mundo**, a Apple liderava a lista em 2011 com uma avaliação no valor de US$ 153 bilhões, cerca de metade da capitalização de mercado da Apple Inc. No total, a BrandZ concluiu que as 100 maiores marcas do planeta representam US$ 2,4 trilhões.[33]

Embora os números exatos estejam abertos ao debate, poucos contestam o valor das marcas fortes, que criam grandes barreiras à entrada de novos concorrentes. É difícil imaginar, por exemplo, uma companhia tentando introduzir no mercado norte-americano um novo refrigerante à base de cola, a fim de competir com a Coca-Cola. Apenas para se igualar à publicidade anual da Coca-Cola uma nova concorrente precisaria de investimentos na casa das centenas de milhões de dólares por ano; já para superar seus efeitos cumulativos a firma necessitaria de muitos bilhões. Isso se reflete na avaliação realizada pela BrandZ, de que, em 2011, a marca Coca-Cola valia US$ 74 bilhões.[34]

Mas as marcas não representam o único ativo em termos de reputação. Por exemplo, a integridade de uma companhia é crucial na formação de parcerias. A reputação de concorrência agressiva, como caracterizada pela Procter & Gamble e a Microsoft, pode inibir possíveis rivais, dando às empresas maior liberdade para alcançar mais lucros.

A construção dos ativos de reputação leva tempo, exige grande compromisso em termos de coerência nas ações e, muitas vezes, custa caro. No entanto, os ativos de reputação podem ser bastante frágeis; são necessários muitos anos para se **construir a confiança** e apenas uma mínima transgressão para miná-la. Às vezes, a culpa nem é da organização – a maneira como ela responde aos problemas ainda é crítica para sua reputação. A Johnson&Johnson estabeleceu o padrão-ouro na manutenção de sua reputação quase trinta anos atrás, quando, em 1982, alguém introduziu cianureto em seu analgésico Tylenol, o que provocou a morte de algumas pessoas na região de Chicago. Por colocar a segurança do consumidor em primeiro lugar, a companhia retirou o produto das prateleiras a um custo de mais de US$ 100 milhões e, mais tarde, o relançou a um custo considerável em um frasco inviolável.[35]

Porém, às vezes, a culpa é realmente da empresa. Tomemos, por exemplo, a companhia de seguros que foi aconselhada a cortar custos atrasando seus pagamentos aos clientes. Esse tipo de ação, sem dúvida, ajuda a melhorar os lucros de curto prazo, mas os danos potenciais para a marca no longo prazo são enormes. Fornecer um produto que não faz jus à promessa da marca rouba do balanço ao mesmo tempo em que ilude os clientes. Ativos de forte reputação devem ser ardorosamente guardados, cuidadosamente cultivados e protegidos em tempos de crise.

A marca pode representar um ativo valioso, mas também pode **reduzir a flexibilidade**. A marca Disney, por exemplo, defende os valores da família e isso limita o âmbito das atividades em que ela pode competir. Eu me surpreendi um pouco com o fato de que o primeiro filme que Michael Eisner apoiou, pouco depois de assumir o cargo de CEO da Disney, em 1982, foi *Um Vagabundo na Alta Roda*.[g] A reação do público naquele momento foi atenuada, mas Eisner posteriormente enfrentou uma série de problemas com o conteúdo do filme, que alguns clientes consideraram inadequado.[36] A Disney também teve dificuldade em responder ao comportamento mais agressivo das crianças telespectadoras da Nickelodeon, da MTV, e da Cartoon Network, da Warner. Uma marca forte é uma vantagem, mas também cria restrições.

As firmas também podem fortalecer sua reputação mediante parcerias com organizações conceituadas. A **associação de marcas**, também denominada *co-branding*, é um exemplo disso. Betty Crocker usa calda de chocolate Hershey's em sua massa para *brownies*; a JetBlue serve café Starbucks. Outros procuram explorar a forte reputação da própria marca licenciando-a para muitos mercados. A Virgin Group tem feito isso em inúmeras áreas de atuação: gravação de discos, livros, vestidos de noiva, automóveis, companhias aéreas, turismo, jogos, refrigerantes e outras bebidas, saúde, flores, naves espaciais, telefones celulares e energia.

A reputação pode representar um ativo ou um passivo, e de maneiras inesperadas. Por exemplo, algumas companhias investem significativamente em programas de responsabilidade social, mas evitam divulgar o fato, temendo que, ao chamarem atenção para si, se tornem mais vulneráveis a ataques. Em vez disso, elas preferem passar despercebidas e utilizar-se de um plano de "reputação *light*". Pesquisas sugerem que essa não é necessariamente uma má ideia. As indústrias que mais poluem o ambiente têm menos a temer dos grupos ativistas que as grandes marcas, afinal, atacar nomes bem-conhecidos atrai muito mais publicidade.[37]

Guerra aos custos fixos

Os ativos fornecem uma corrente de fluxo de caixa positiva para o futuro e, desde que o VPL desse fluxo seja superior ao custo do ativo, ele vale seu investimento.

---

g   Título em inglês: *Down and Out in Beverly Hills*. (N.T.)

Em contrapartida, os custos fixos representam uma responsabilidade financeira permanente que deve ser paga com ou sem a disponibilidade de dinheiro. Este é um risco claro. Se as receitas caem e os custos permanecem os mesmos, a empresa sofre risco de extinção. As companhias devem tentar tornar variáveis todos os seus custos de acordo com sua receita para evitar sua exposição em períodos de recessão. É isso o que a produtora de alumínio Alusaf faz vinculando o preço que paga pela eletricidade que utiliza ao preço que recebe pelo produto que vende.[38] Muitas vezes, é preferível dividir o risco de ter um prejuízo em troca de uma parte do lucro potencial do que suportar sozinho os riscos totais de eventuais perdas. O gerador de eletricidade também se beneficia da estabilidade de sua carga básica base, porque sabe que a Alusaf não precisará desligar suas instalações de fundição quando os preços do metal caírem.

Transformando as armadilhas de ativos em oportunidades

As organizações podem acumular uma enorme quantidade de ativos legados apenas para descobrir que seu atual foco estratégico demanda um novo conjunto de bens. Embora possa fazer sentido reconstruir sua base de imobilizados, também é interessante investigar se outras companhias se beneficiariam de seus recursos antigos. Neste sentido, a estrutura conduz a estratégia. A marca, por exemplo, pode ser usada para apoiar diferentes negócios (algo admiravelmente demonstrado pelo Virgin Group); um canal de distribuição pode ser usado para outros tipos de produtos; é possível expandir o relacionamento com os clientes de modo a oferecer-lhes produtos e serviços adicionais. Dessa maneira, reduz-se o risco de entrar em novos negócios e aproveitam-se recursos valiosos.

Em 2011, a Pandora, produtora de luxuosas pulseiras e pingentes, procurou diversificar sua base de ativos desse modo. Em virtude do grande aumento na demanda por pulseiras com pingentes, a empresa construiu uma marca forte e um ótimo sistema de distribuição. A Pandora mais que dobrou de tamanho entre 2008 e 2010 tornando-se a terceira maior marca de joias do mundo, mas a grande maioria de suas vendas ainda se concentrava nas pulseiras. Isso tornou a firma vulnerável. Seria aquele *boom* nas vendas uma moda passageira ou uma verdadeira mudança no mercado de joias? A firma emitiu *profit warnings*[h] no segundo semestre de 2011, reduzindo substancialmente o preço de suas ações. Não ficou claro, entretanto, se o problema era de ordem logística ou uma questão estratégica mais fundamental. De qualquer modo, a Pandora não ficou de braços cruzados esperando pela resposta. Para diversificar seu risco e desenvolver a reputação da marca e seus canais de distribuição, a Pandora estendeu sua marca a outras categorias de produtos de luxo, incluindo óculos de sol e relógios.[39]

Resumo

Para executar uma estratégia de maneira eficaz, as organizações precisam investir em um conjunto adequado de bens. Alguns desses ativos podem proporcionar uma importante fonte de vantagem competitiva e as empresas devem se certificar de cultivá-los a fim de manter retornos de longo prazo.

Os bens demandam investimentos adiantados em troca de um fluxo de caixa futuro constante. Quando as circunstâncias mudam, esse fluxo de caixa pode ser severamente prejudicado ou até mesmo se transformar em um passivo. Mas é difícil mudar de estratégia uma vez que o dinheiro já foi gasto; as firmas se veem presas em **"armadilhas de ativos"**. Elas podem evitar isso adotando modelos de negócios *asset light*, em que dependem de ativos de terceiros; também podem aliviar o problema identificando de que modo suas estratégias talvez tenham de mudar – as **"surpresas previsíveis"** – e investindo na flexibilização de sua base de ativos a fim de preparar-se para as mudanças – comprando opções reais sobre possíveis futuros. Por fim, elas devem também considerar a utilização variada de seus ativos a fim de explorar novas oportunidades de negócios.

Notas

1. Montgomery e Collis (1998) descrevem muitas classes de ativos como recursos em uma visão baseada em recursos da estratégia.
2. Scherer (2001).
3. É difícil calcular o valor presente líquido (VPL) dos fluxos de caixa produzidos

---

h O termo, cuja tradução não literal é "comunicado de resultado", é geralmente usado em inglês. Uma empresa lança *profit warnings* para informar que não será capaz de atingir os objetivos previstos anteriormente. O anúncio, em regra, faz a cotação da empresa cair no mercado. (N.T.)

por um ativo em especial, quando ele é usado em conjunto com outros bens. Qual a percentagem dos fluxos de caixa deve ser atribuída ao ativo em questão? Muitas vezes espera-se que as empresas financeiras valorizem seus bens financeiros ao valor de mercado, mas sendo esses ativos facilmente negociáveis, é fácil estimar seu preço de mercado. As indústrias somente fazem essas estimativas quando acontece um grande debilitamento de seus bens – por exemplo, durante uma grande reestruturação.

4. *Por trás do véu de ignorância; novas denúncias levantam questões sobre a cultura da News Corp*, *Financial Times*, 23 de julho de 2011, acessado pelo *site* Factiva.com, em 30 de outubro de 2011.
5. Wells (2005).
6. Com base no preço das ações da Amazon de US$ 234,78 dólares em COB 21 de outubro de 2011. Fonte: NASDAQ.
7. Para uma breve descrição da Li & Fung, ver Fung e Magretta (1998). Para a história completa, consulte Feng (2007) e Fung, Fung e Wind (2008).
8. Wells e Raabe (2006).
9. Hammermesh, Gordan e Reed (1987).
10. Ghemawat (1991).
11. Bazerman e Watkins (2004).
12. Siegel e Chang (2005).
13. Wells e Haglock (2005); Wells e Haglock (2006).
14. Rivkin e Porter (1999).
15. Ghemawat e Nueno (2003).
16. Wells (2008); Wells, Lutova e Sender (2008).
17. Veja Wells (2005) para uma descrição das muitas mudanças estratégicas da Best Buy.
18. Wells e Anand (2008).
19. Magrath e Weld (2002).
20. Graham, Harvey e Rajgopal (2005).
21. Wells e Anand (2008).
22. Veja pesquisa de Alexandra Fong (2006) da literatura em http://eview.anu.edu.au/cross-sections/vol2/pdf/ch06.pdf. Acessado em 31 de outubro de 2011.
23. McNichols e Stubben (2008).
24. Wells e Anand (2008). Capital One mensura absolutamente tudo, incluindo o valor do seu pessoal.

25. Veja Koch (1998) para um exame profundo do princípio 80:20 aplicado aos negócios. Ele também o aplica de modo mais pessoal em Koch (2002; 2004).
26. Huawei (2011).
27. Cisco (2011).
28. Ghemawat e Stander (1992).
29. Chesborough (2006).
30. Wells (2008).
31. Eu faço essas prescrições com base em longas e dolorosas experiências em que tentei corrigir relações de JV que já haviam se deteriorado.
32. Corts e Wells (2003).
33. Millward Brown Optimor (2011).
34. Millward Brown Optimor (2011).
35. Essas são as minhas lembranças pessoais do evento conforme noticiado na imprensa à época.
36. Ruckstad, Collis e Levine (2001).
37. Eesley e Lenox (2005).
38. Corts e Wells (2003).
39. Os esforços de diversificação da Pandora prometiam sucesso, mas até o momento da publicação deste livro isso não pôde ser constatado. Muitas marcas de luxo adicionaram outros acessórios de moda ao seu portfólio, incluindo a fabricante de bolsas Coach e a das canetas Mont Blanc, mas acharam difícil se erguer em cima do seu produto principal.

CAPÍTULO 8

ARQUITETURA FORMAL – NAVEGANDO NO LABIRINTO DA ESTRUTURA CORPORATIVA

Introdução

A arquitetura formal da empresa é composta por uma série de elementos inter-relacionados que coloca os ativos para trabalhar de maneira coordenada.[1] Aqui, nos concentramos em alguns que são fundamentais para o processo de mudança estratégica. O organograma define quem é o responsável pelo trabalho, mapeando as **funções, responsabilidades e relações hierárquicas** (as FRRs). Os **processos empresariais** descrevem como o trabalho deve ser realizado. Pela decisiva contribuição das pessoas para o sucesso estratégico, destacamos de maneira especial os processos de **desenvolvimento de recursos humanos**. Igualmente, os **sistemas de avaliação e recompensa** desempenham um papel fundamental. Por fim, uma vez que mantêm a união de todo o conjunto, destacamos os **sistemas de comunicação e de informação** (ver a Figura 3.8).

Por si só, cada um desses elementos de arquitetura formal pode criar **inércia**, mas o grau de inter-relação entre eles impossibilita a alteração de um elemento sem a modificação dos demais. De fato, as grandes organizações podem parecer com os antigos sistemas monolíticos de tecnologia de informação (TI); é difícil alterar um aplicativo sem afetar os outros. Pequenos ajustes podem se tornar uma reformulação completa. Uma vez assumidos, tais esforços levam tempo e demandam esforço, tudo isso a um custo pessoal considerável para gerentes e funcionários e, muitas vezes, com pouca recompensa. Não surpreende o fato de que muitas vezes a estrutura de uma companhia não seja condizente com sua estratégia.

Dadas as ligações entre os elementos da arquitetura formal, é difícil decidir por onde começar a fim de desfazer suas complexidades. Entretanto, precisamos partir de algum lugar, então, neste capítulo, analisamos cada um dos elementos para compreendermos de que modo eles criam valor, por que eles também criam inércia e como isso pode ser superado. Mais adiante, no **Capítulo 10: Em busca de uma estrutura mais inteligente**, abordamos o assunto de maneira mais integrada. Porém, antes disso, no **Capítulo 9: Arquitetura informal**, discutimos o papel das interações sociais informais. Começamos aqui pelas FRRs.

Funções, responsabilidades e relações hierárquicas – As FRRs

A necessidade de hierarquia

As FRRs ilustram a hierarquia formal de trabalho na empresa. A hierarquia é uma forma eficiente de se estruturar o trabalho de muitas pessoas, porém, somente até certo ponto. Nos negócios, a maior parte do trabalho é realizada por **equipes**; as equipes, por sua vez, operaram de maneira mais eficiente sob a supervisão de um **líder**. A boa notícia é que somos geneticamente predispostos a agir dessa maneira; o trabalho em equipe contribui para o fortalecimento da espécie. É por isso que, devidamente motivadas, as equipes são unidades de operação extremamente eficientes; elas representam as unidades fundamentais da criação de valor nas organizações.

Entretanto, conforme o tamanho da tarefa aumenta, há um limite para o número de pessoas que um líder de equipe consegue coordenar – a **amplitude de controle** –, e quando esse número é atingido o trabalho deve ser distribuído entre várias equipes. Então, faz-se necessária a presença de um gerente para coordenar essas atividades, adicionando uma camada extra à hierarquia. Desse modo, à medida que a quantidade de trabalho se eleva, o mesmo acontece com o número de camadas na hierarquia. Contudo, cada vez que uma camada é adicionada, menos eficaz ela se torna.

A amplitude do controle depende da natureza da tarefa e da experiência das pessoas envolvidas; quanto mais incerta e complexa a tarefa, e menos

Capítulo 8 Arquitetura formal – Navegando no labirinto da estrutura corporativa

experientes os indivíduos, menor a amplitude possível. Quanto menor a amplitude, mais camadas são necessárias para organizar um determinado número de pessoas. As amplitudes normalmente alcançam entre 5 e 10 indivíduos. Algumas empresas possuem uma amplitude bem pequena e um grande número de camadas. Aliás, um banco líder mundial com o qual deparei em 2011 descobriu, para sua surpresa, que sua amplitude de controle média era de apenas 3,5. Nesse caso, a baixa amplitude não estava relacionava à natureza da tarefa – ela resultava da criação de oportunidades de promoção. No entanto, seja qual for a razão para o número de camadas, o fato é que quanto mais delas existirem, **mais lenta** e **menos eficiente** se tornará a hierarquia.

A adição de camadas significa que a informação se desloca mais lentamente e se torna mais distorcida enquanto se move para cima e para baixo na hierarquia. Isso, além de reduzir a qualidade e a velocidade de resposta à mudança, faz com que o topo da hierarquia perca o contato com o que está acontecendo na linha de frente. Bons sistemas de informação ajudam, mas vale lembrar que eles apenas apresentam os dados que lhes foram inseridos e mensuram o que foram projetados para mensurar. Para se obter uma visão melhor do que acontece na firma, nada substitui o caminhar dos membros da alta administração pelo ambiente de trabalho e o diálogo entre eles e seus clientes. A Danaher, um dos conglomerados de maior sucesso e crescimento mais rápido nos EUA nos últimos vinte anos, insiste para que seus gestores façam isso durante suas revisões mensais de negócios.[2] Essa ação não substitui bons sistemas de informação e/ou canais de comunicação rápidos e precisos, mas ajuda a manter a integridade desses sistemas e canais, e neutraliza alguns dos problemas criados por uma hierarquia multicamadas.

Os limites à hierarquia

Mas se a hierarquia é uma forma eficiente de organizar o trabalho, qual é o número ideal de camadas para uma hierarquia? Parece existir um limite natural máximo para se evitar problemas. Embora o tamanho exato não seja claro, qualquer pessoa que já tenha ultrapassado esse limite ao longo do desenvolvimento de um pequeno empreendimento, está ciente dos desafios envolvidos. Em meus diálogos com companhias em fase de transição, noto alegações comuns. Os líderes reclamam que **"não conseguem mais ficar de olho em todo mundo"** e expressam temores de que estejam "perdendo o controle". Os colaboradores lamentam o fato de "nunca mais verem o chefe", "não conhecerem todo mundo como antes" e se irritam com a crescente burocracia. Geralmente todos concordam de maneira unânime que "tudo está desacelerado" e "perdeu sua graça."

A razão pela qual as pequenas empresas parecem tão ágeis e eficazes, sem incorrer em muita burocracia formal, é o fato de elas recorrem à capacidade herdada geneticamente dos seres humanos para trabalhar de forma cooperativa a fim de alcançar um objetivo comum. Esses comportamentos sociais são bastante previsíveis – a **mecânica social** –, e são programados em nossos genes para nos fortalecer como espécie.[3] Nós gostamos de trabalhar juntos – isso desencadeia uma resposta emocional positiva que nos faz felizes. (Examinaremos essa arquitetura informal em muito mais detalhes no Capítulo 9).

Uma vez que o tamanho do grupo excede o limite em que essas habilidades são eficazes, mais estruturas formais e processos se tornam necessários. Estes são lentos e caros e muitas vezes podem prejudicar a rentabilidade da pequena empresa. Os lucros somente começam a melhorar novamente quando a companhia já cresceu o suficiente para capturar economias de escala e cobrir os custos adicionais da estrutura formal.

O limite natural de tamanho imposto pela mecânica social é claramente interessante para os negócios. Esses grupos naturais têm sido observados ao longo de milênios; antropólogos estimaram o seu limite máximo de tamanho em cerca de **150 pessoas**.[4] Mas existe uma grande diferença entre uma comunidade que realiza uma rica variedade de tarefas para sustentar uma aldeia e um grupo encarregado de administrar uma miniusina siderúrgica de maneira eficiente. **Será que o limite máximo de tamanho do grupo é afetado pelo tipo de tarefa que realizam?**

Os indícios para esse número limite são visíveis na angústia daqueles que experimentam atravessar essa barreira. A hierarquia deve permitir que o líder "enxergue" a todos e exerça certo grau de controle informal sobre eles. Além disso, é importante que aqueles em cargos de decisão sejam capazes de ver uns aos outros para que possam coordenar seu trabalho de maneira informal. Com base em minha experiência pessoal e observação, minha regra geral a esse respeito afirma que tudo funcionará bem se **não existir mais de uma camada hierárquica entre o líder e os supervisores da linha de frente.** Isso significa que não há nenhum limite de tamanho fixo; o tamanho máximo do grupo é determinado pela amplitude de controle possível: quanto maior

Capítulo 8 Arquitetura formal – Navegando no labirinto da estrutura corporativa

a amplitude, maior o grupo. E a amplitude é impulsionada pela natureza da tarefa. Para um trabalho complexo e criativo em que a amplitude de controle seja de apenas 2 a 3 indivíduos, a regra de "uma camada" sugere unidades bastante pequenas, de 15 a 40 pessoas (1 gerente, 2 a 3 subgerentes, 4 a 9 supervisores de linha de frente, 8 a 27 funcionários de linha de frente). Por exemplo, para restringir a burocracia, a IDEO, uma das maiores agências de criação do mundo, deliberadamente limitou a quantidade de funcionários em seus escritórios em cerca de 24 pessoas.[5] Para trabalhos mais rotineiros, que permitem amplitude elevada de 8 a 10 indivíduos, são possíveis unidades de 500 a mil pessoas. A Nucor, operadora líder no setor de miniusinas siderúrgicas nos EUA, deliberadamente limitou suas instalações de produção a 500 pessoas a fim de preservar sua arquitetura informal.[6]

Esses limites de tamanho na hierarquia natural têm implicações importantes para a concepção de estruturas inteligentes. Companhias com poucas camadas hierárquicas não precisam de muitos controles ou processos formais, e podem responder muito rapidamente a mudanças. Todavia, quando uma organização atinge um tamanho em que a diretoria já não consegue mais enxergar o que está acontecendo, em que já não é possível para subgerentes e supervisores da linha de frente coordenar seu trabalho por meio de comunicações informais e diretas, mais estruturas formais comprovadamente lentas e dispendiosas se tornam necessárias. Isso, por sua vez, gera problemas em ambientes em célere transformação que demandam respostas rápidas às mudanças. Assim, diferentes arquiteturas se fazem necessárias.

Arquitetura orientada por objeto

A maior parte das organizações de grande porte possui mais de uma camada hierárquica entre o CEO e os supervisores de linha de frente. Em uma tentativa de melhorar sua capacidade de resposta e obter os benefícios da hierarquia superficial, algumas grandes companhias encaram exercícios de **"eliminação de camadas"**. Porém, o simples ato de desfazer camadas sem reformular o trabalho torna a hierarquia ainda menos eficaz porque cada um dos gerentes de nível médio precisa agora dar conta de muito mais trabalho. À medida que as camadas são removidas, a alta direção se vê obrigada a delegar um número maior de decisões estratégicas à linha de frente, distribuindo assim a capacidade de resposta estratégica por toda a organização.

PARTE 2 ESTRUTURA INTELIGENTE

Como discutimos no Capítulo 5, delegar algumas decisões estratégicas diretamente às equipes da linha de frente faz muito sentido. Muitas vezes elas são as primeiras a enxergar a necessidade de mudanças estratégicas, e normalmente se supõe que elas próprias irão implantá-las. Então, por que esperar até que tudo seja relatado até a alta administração para que as instruções percorram o caminho inverso antes de se tomar a atitude necessária? É certamente mais rápido delegar alguns poderes de decisão à linha de frente. No entanto, isso requer uma estrutura cuidadosamente planejada. Algumas ações locais devem ser coordenadas com o comando central. Além disso, quando as equipes locais dependem umas das outras, é importante que elas não percam a sincronia – se a interface com as outras equipes for cuidadosamente definida (suas participações e contribuições), então, cada equipe será capaz de realizar alterações no sentido de aprimorar o desempenho local sem afetar o trabalho das demais. Essas mudanças locais podem ter **foco externo** – como satisfazer as necessidades dos novos clientes e responder às ações da concorrência – ou **interno** – melhorar a eficiência dos processos intrínsecos à organização. Essa é a essência do *design* baseado em componentes. A organização é dividida em componentes relativamente independentes – estes são chamados de **objetos** na área de processamento de dados. Sendo assim, a maior parte das interdependências ocorre dentro dos componentes e o pouco que existe entre os componentes fica bem definido. Trata-se de uma **arquitetura orientada a objetos**.[7]

Muitas vezes, diferentes equipes de linha de frente trabalham juntas, e em estreita sintonia, para criar compromissos estratégicos – especialmente quando times funcionais estão trabalhando juntos –, por isso é muito difícil para elas atuarem de maneira isolada. Assim, faz sentido agrupá-las sob uma única equipe de gestão para captar suas principais interdependências. Desse modo, é possível criar um **componente de negócio estratégico** (CNE) que seja responsável por sua própria atividade. E, desde que não violemos a regra de "uma camada", conseguiremos conquistar os benefícios de resposta rápida e baixo custo de uma arquitetura informal.

Como exemplo, retomemos à Whole Foods Markets (ver **Capítulo 5: Inteligência estratégica elevada**), a maior rede varejista de alimentos orgânicos dos EUA. A essência da estratégia inteligente da Whole Foods é adaptar a sua oferta de produtos às necessidades dos clientes e responder

Capítulo 8 Arquitetura formal – Navegando no labirinto da estrutura corporativa

rapidamente à concorrência local. A empresa tem alcançado tal objetivo delegando poderes de decisão sobre oferta de produtos, propaganda e até mesmo algumas aquisições para o nível de loja, mas isso requer uma estrutura orientada a objetos.

A Whole Foods divide cada uma de suas lojas em departamentos, e cada departamento é administrado por uma equipe.[8] As equipes decidem o que elas irão estocar e como irão organizar a mercadoria, e são responsáveis pelos lucros do setor. Mas é essencial que elas coordenem suas atividades para garantir a rentabilidade da loja. Elas compartilham recursos importantes como a equipe responsável pelas caixas registradoras, os espaços de prateleira, os espaços de armazenamento, os custos da infraestrutura, o aquecimento e a iluminação. Assim, os grupos devem trabalhar em estreita cooperação, mas não precisam de processos formais complexos para lidar com isso; o gerente da loja e os chefes de departamentos podem resolver isso entre si. A loja é, portanto, uma boa escolha para um CNE. Da mesma maneira, a Nucor divide a força de trabalho de suas miniusinas siderúrgicas em equipes de 20 a 30 pessoas, mas sua atividade deve ser estreitamente coordenada em nível central. Neste caso, a fábrica, que raramente possui mais de 500 indivíduos, é uma boa definição de CNE.[9]

Centralização *versus* descentralização – uma falsa dicotomia

A organização Whole Foods é, de certa maneira, uma estrutura descentralizada. Em contrapartida, a maioria dos grandes supermercados toma a maior parte das decisões de propaganda em âmbito central, fornecendo às lojas planogramas detalhados sobre o modo como cada produto deverá ser disposto nas prateleiras. Para isso, essas companhias pressupõem que as necessidades de consumo e o comportamento de compra de seus clientes não variem muito de uma loja para outra. Essa abordagem padronizada oferece economia de escala, mas limita respostas às necessidades dos clientes locais ou às atividades dos concorrentes. A Whole Foods abre mão dessa economia de escala para elevar sua capacidade de resposta às necessidades locais e aos movimentos dos concorrentes.

Cada modelo de negócio tem seus próprios méritos. Na verdade, existem muitas discussões sobre se uma abordagem mais **centralizada** é **melhor** que uma **descentralizada**, e a verdade é que muitas empresas oscilam entre ambas. No entanto, os argumentos a favor da centralização ou da descentralização são baseados em uma falsa dicotomia. A maioria das companhias são um híbrido das duas abordagens. Mesmo em estruturas descentralizadas, existem regras claramente definidas sobre o que fazer, e algumas funções permanecem centralizadas. Da mesma maneira, em estruturas centralizadas normalmente há alguma capacidade de adaptação às necessidades locais. Isso é muito bem ilustrado pela Li & Fung.[10]

Na Li & Fung algumas funções, como finanças e TI, são muito centralizadas. Como sempre diz o presidente Victor Fung, "existe apenas uma forma de faturamento na Li & Fung" – cada uma das linhas de crédito deve ser aprovada pelo diretor financeiro. Todo mundo também deve usar o mesmo sistema de informações. No entanto, outras funções são descentralizadas. Cada um dos principais clientes da Li & Fung é servido por uma equipe que é livre para adaptar sua abordagem às necessidades de sua clientela. As equipes fixam o preço para compor um lucro e ficam com uma parte dele. Elas funcionam como miniempresas que utilizam a plataforma da Li & Fung.

Historicamente, muitas organizações em diversos setores têm buscado versões da abordagem CNE para aumentar sua capacidade de resposta. Na área da saúde, a J&J criou 188 companhias operacionais separadas, coordenando suas atividades por meio de um processo de diálogo entre os dirigentes das empresas, os especialistas e a alta administração.[11] Na área de instrumentação e eletrônica, durante muito tempo a HP operou diversas pequenas divisões separadas, sempre as redividindo quando ultrapassavam a quantidade de mil pessoas. No setor de engenharia, a Asea Brown Boveri (ABB) sempre limitou sua hierarquia a quatro níveis, operando 5 mil centros de lucro com menos de 50 pessoas cada e mantendo sua equipe corporativa em 120 indivíduos.[12]

A abordagem CNE não significa simplesmente delegação de responsabilidade por estratégia e execução. É bastante arriscado permitir que os CNEs façam o que quiserem desde que sejam rentáveis; isso poderá levar a uma grande duplicação de recursos. (Muitas empresas estabelecem um serviço central de CNEs justamente para tentar evitar isso.) Tal ação também poderá acarretar uma concorrência por clientes e/ou fornecedores entre os CNEs, o que não fará sentido para a companhia como um todo. Além disso, a direção-geral também tem a responsabilidade fiduciária de garantir que cada CNE esteja tomando suas decisões no melhor interesse da empresa e executando-as de modo coerente com os valores da organização. Porém, o mais importante é o fato de que nem todas as decisões estratégicas são tratadas da melhor maneira pela linha de frente.

O pessoal das lojas Whole Foods decide sobre a oferta local de produtos, mas é a administração central que decide onde será instalada a próxima loja. Muitas vezes, os CNEs devem coordenar seus esforços de acordo com os melhores interesses da empresa – cabe à administração central se certificar de que isso aconteça.

Coordenação entre CNEs

Como as companhias alcançam a coordenação entre CNEs? Existem três alternativas, frequentemente usadas em conjunto: 1ª) a alta direção poderá ditar os fluxos físicos e de informações entre os CNEs de modo hierárquico, comandando-os e controlando-os como normalmente faria em uma hierarquia formal; 2ª) de maneira alternativa, a direção-geral poderá criar mecanismos baseados no mercado para expor os CNEs às pressões impostas por ele, estimulando os centros a se auto-organizar. Em tal estrutura, o papel da gestão sênior muda, deixando o sistema de comando e controle e adotando o *design* e a regulamentação de mercados internos eficazes. Os CNEs são centros de lucro e negociam taxas de mercado para operações inter-CNEs. 3ª) A alta administração poderá ainda incentivar mecanismos sociais entre os CNEs para estimular a coordenação e facilitar a mudança. Em um modelo como esse, os gestores seniores deverão desenvolver habilidades de engenharia social. Isso será discutido em mais detalhes no **Capítulo 9: Arquitetura informal**.

A morte das grandes empresas ou um novo modelo de negócios?

Se as tarefas podem ser divididas e executadas por equipes pequenas dentro de um mercado interno, então, em princípio, a organização não precisa possuir os componentes – ela pode terceirizá-los (desde que esses componentes terceirizados obedeçam às regras do mercado interno). Ao evitar o compromisso de investir em componentes, a empresa pode rapidamente trocar de fornecedores, tornando-se mais receptiva a mudanças. Assim, o papel da empresa muda de propriedade para integração e gerenciamento de mercado. Este é o modelo implantado pela Li & Fung.

PARTE 2 ESTRUTURA INTELIGENTE

Historicamente, as hierarquias organizacionais eram mais eficientes que os mercados em coordenar o trabalho de muitas pessoas.[13] No passado, os custos de contratação eram muito elevados e as informações demasiado escassas para tornar o trabalho autônomo uma opção atraente. O contrato social entre empresas e empregados também era diferente; as pessoas se dispunham a subordinar seus interesses a uma empresa e a fazer o que lhes era solicitado.

Hoje, a **"economia da informação"**, a rápida queda dos custos e o aumento da funcionalidade possibilitado pela TI, em particular a Internet, estão fazendo com que a balança penda menos a favor das hierarquias e mais dos mercados. Agora é muito mais fácil criar mercados de recursos-chave e acompanhar o desempenho individual. A **"economia social"** está cada vez mais favorecendo os mercados. Atualmente as pessoas estão menos dispostas a simplesmente seguir ordens e mais dispostas a valorizar sua independência. Por fim, a "economia logística", a queda dos custos e a crescente sofisticação da própria logística, está permitindo a desagregação da produção e possibilitando que o fluxo de produtos ao redor do mundo usufrua os fornecedores que apresentem melhor custo-benefício para cada fase de valor agregado.

Assim, se não uma mudança nas vendas por atacado, estamos presenciando um novo ponto de equilíbrio entre mercados e hierarquias. Se as empresas insistirem em continuar a operar internamente como hierarquias em circunstâncias que agora favorecem os mercados, elas poderão descobrir que estão em desvantagem em relação aos operadores de mercado independentes. No entanto, se elas adotarem uma tecnologia que torne os mercados de trabalho mais eficientes, tanto interna como externamente, elas irão florescer. Na verdade, elas poderão inclusive atrair muitos funcionários externos para sua plataforma e atingir um ponto de ruptura onde de fato se tornarão o padrão do seu segmento. Elas seriam, então, as "donas" do mercado.

Arquitetura orientada à oportunidade

Outra estrutura que as organizações devem considerar em ambientes de mudança rápida é a **arquitetura orientada à oportunidade**. Aqui, nos afastamos da noção de uma estrutura fixa e nos reorganizamos em torno de cada nova oportunidade. Esta é uma extensão dos modelos organizacionais baseados em projetos nos quais os recursos são provenientes de um *pool* central, de uma forma *ad hoc*, ou seja, para atender às necessidades de cada nova tarefa. Trata-se de uma estrutura comum em grandes companhias de projetos de engenharia e em empresas de serviços profissionais. No entanto, os mesmos princípios são aplicados de várias maneiras para se obter um bom resultado. Talvez a mais óbvia entre elas seja a personalização do produto. A Dell foi pioneira dessa abordagem no que diz respeito aos computadores pessoais – tudo era feito sob encomenda. A Li & Fung é mais incomum, pois cria um novo canal logístico global para cada lote de roupas que produz. Dadas as dificuldades, algumas empresas passam a planejar suas cadeias de suprimentos. Uma abordagem *ad hoc* na gestão de uma cadeia de suprimentos parece contraintuitiva, mas tem se mostrado altamente eficaz.[14] A Capital One cria um novo negócio para cada uma das 50 mil ideias de cartão de crédito que testa a cada ano. Isso é igualmente radical.[15] As abordagens dessas organizações somente são possíveis porque seus modelos de negócios foram concebidos a partir do zero justamente para apoiá-las; a TI desempenha um papel crítico nesse sentido.

Uma discussão mais detalhada a respeito da arquitetura orientada à oportunidade ultrapassa o escopo deste livro, mas, se quiser cogitar sobre esse assunto, pergunte a si próprio: como você montaria um negócio diferente para cada cliente que atende, e a cada vez que atendê-lo? Que valor adicional você poderia criar para o cliente ao agir assim? E como você desenvolveria um modelo de negócio que garantisse esse valor suplementar e superasse quaisquer custos extras envolvidos?

Processos de trabalho

Os benefícios e os custos dos processos

Os processos de trabalho definem como o trabalho da organização deve ser realizado. Um processo consiste de várias etapas, cada uma delas realizada por diferentes mecanismos ou indivíduos, e com o apoio da TI. Processos bem-concebidos tornam uma empresa mais rápida, eficiente e eficaz. As tarefas são mais bem concluídas, de maneira mais célere e a um custo reduzido. E quanto mais o processo é aperfeiçoado, melhor ele fica.

Os processos de trabalho nos ajudam a sermos melhores no que fazemos, mas, ironicamente, eles podem dificultar mudanças. Parte da razão para isso é que, como indivíduos, resistimos quando nos pedem que façamos as coisas de maneira diferente. Uma vez que descobrimos um jeito de fazer algo, não queremos passar pelo sofrimento de aprender tudo de novo (ver **Parte 3: Mentes inteligentes**). A não ser que nos valha a pena, relutamos em fazê-lo, e raramente somos recompensados. Em vez disso, durante um processo de mudança, normalmente somos penalizados com carga de trabalho extra, então, não é de admirar que as alterações não sejam bem-vindas. Nos processos de trabalho, a inércia é amplificada pelo fato de existirem geralmente muitas pessoas envolvidas que precisam mudar ao mesmo tempo. Neste sentido, a resistência coletiva resultante é, muitas vezes, avassaladora. A menos que exista um "dono" responsável pelo processo que esteja realmente entusiasmado com a melhoria, e que tenha o poder e os recursos para conduzi-la, nada irá acontecer.

Apenas para dificultar a situação ainda mais, a reformulação dos processos também demanda modificações na TI, o que representa uma fonte comum de inércia estrutural, como será discutido posteriormente em mais detalhes.

Superando a interdependência

A interdependência entre muitos processos de trabalho também desencoraja iniciativas de reengenharia, porque alterar um processo, muitas vezes, significa ter de modificar muitos outros. Assim, a extensão da tarefa chega ao ponto em que apenas os destemidos estarão preparados para empreender. Os consultores costumam apreciar os exercícios de reengenharia de processos importantes, mas estes são muito caros e bastante inoportunos.

No entanto, o grau de interdependência depende do tipo de processo. Alguns processos são relativamente **locais**, em que a maioria das etapas estará sob o controle de um gestor. Por exemplo, produzir uma série de relatórios ou fabricar um lote de produtos são ações bastante locais e, consequentemente, mais fáceis de mudar – o gestor é o "dono" do processo e se beneficiará de quaisquer melhorias realizadas nele. Já os processos **dispersos** transpõem muitas funções e linhas de responsabilidade e se conectam a muitos outros. O planejamento estratégico e a inovação de produtos fazem parte dessa categoria. Os processos dispersos são mais resistentes à mudança, enquanto os benefícios obtidos por cada um dos vários departamentos envolvidos são relativamente pequenos se comparados ao transtorno gerado. A alteração desses processos requer um "proprietário" forte que disponha de recursos

Capítulo 8 Arquitetura formal – Navegando no labirinto da estrutura corporativa

e do poder necessários para persuadir todos os departamentos a agirem.

Uma maneira de lidar com o problema da interdependência é reduzir o número de processos dispersos e aumentar a quantidade de processos locais, adotando uma estrutura organizacional orientada a objetos, como já discutido anteriormente. Tal estrutura torna mais fácil para os CNEs melhorar seus processos atuais e se adaptar às mudanças no ambiente competitivo, sem interferir nas ações de outros CNEs.

Dentro de um CNE, também faz sentido que o gestor aplique os mesmos princípios de *design* para incentivar as equipes da linha de frente a se autoaprimorarem. Essa abordagem foi adotada com sucesso pela Nucor.[16] Cada uma das suas miniusinas siderúrgicas é efetivamente administrada como um CNE, e a força de trabalho de cada usina está dividida em pequenas equipes que são responsáveis por diferentes fases da produção. As participações e contribuições de cada equipe são especificadas pela natureza do processo de fabricação. No entanto, a produtividade dentro de cada estágio é determinada pela maneira como as equipes trabalham. A Nucor paga bônus de produtividade para suas equipes, o que cria uma pressão social para que todos efetivamente trabalhem juntos. Com tal estrutura de incentivo, as equipes estão sempre procurando maneiras para melhorar sua produtividade, o que torna a Nucor uma das fabricantes de aço mais produtivas do mundo. A constante busca por melhorias significa também que as equipes estão familiarizadas com a **gestão da mudança**. Na verdade, elas se tornaram **máquinas de inovação**. Quando expostas a novas tecnologias para impulsionar a produtividade, elas rapidamente se adaptam a elas e procuram identificar meios de melhorá-las. Desse modo, a capacidade de aprimoramento é distribuída por toda a organização, sem os burocráticos, morosos e dispendiosos exercícios de reengenharia de processos.

O resultado da reengenharia dos processos de trabalho

A boa notícia sobre os processos de trabalho é que, embora eles sejam difíceis de mudar, o retorno oferecido pelas melhorias pode ser considerável. Alguns subprocessos podem ser **aprimorados**, outros, **automatizados**, e ainda outros, **eliminados**, e então o processo reformulado fluirá continuamente. Essa é a filosofia da administração científica de Frederick Winslow Taylor,[17] que induziu ganhos de eficiência na produção industrial no início do século

XX, e agora é aplicada a todos os processos de trabalhos. A rápida ascensão do setor de reengenharia de processos na década de 1990 é uma prova do célere retorno que se faz possível mediante a melhoria de processos complexos, mesmo quando o ambiente não está sob mudança. Com disciplina, essa capacidade pode fornecer um retorno de melhorias táticas em épocas estáveis, mantendo a capacidade de grandes mudanças estratégicas quando estas forem exigidas pelo meio.

A falta de capacidade de mudança muitas vezes faz com que as empresas recorram a pessoas de fora para fazer esse trabalho. Porém, **delegar a responsabilidade pela melhoria** dos processos a **estranhos** é uma **péssima decisão**. Em um mundo de melhoria contínua, o **desenvolvimento** nunca estará concluído, assim, entregar o controle a **terceiros** é como torná-los **proprietários**. Para construir uma vantagem competitiva em processos estrategicamente importantes, como a inovação de produtos, as companhias precisam formar proprietários/desenvolvedores internos capacitados. Utilizar conselhos de pessoas de fora pode ajudar, mas ter uma equipe interna de agentes de mudança, como os consultores *Seis Sigma* faixa preta da GE, mantém o conhecimento dentro da organização. A Danaher, um dos conglomerados mais bem-sucedidos dos EUA, vai além. Gestores com o conhecimento adequado atuam como uma espécie de corpo docente para auxiliar outros setores, oferecendo a eles programas internos de aprendizagem de ações. A Danaher disponibiliza mais de 50 programas internos sobre temas tão diversos quanto contabilidade JIT[a] e cadeias de suprimentos racionalizadas.[18] Incrivelmente, a Danaher tem aplicado técnicas de fluxo de processos para as mesmas fábricas repetidas vezes e sempre conseguiu encontrar melhorias dramáticas na produtividade.[19]

Utilizando recursos em prol da mudança

O início do desenvolvimento da capacidade de mudança deve se concentrar nos CNEs, porque são eles que realizam o trabalho; executivos bem-incentivados encontrarão melhores oportunidades para aumentar a produtividade de seu modelo de negócio atual. Mas há outro fator que faz dos CNEs o lugar mais adequado para se começar. Os primeiros sinais da necessidade

---

a *Just in time* (JIT): é um sistema de administração da produção que determina que nada deve ser produzido, transportado ou comprado antes da hora exata. Pode ser aplicado em qualquer organização, para reduzir estoques e os custos decorrentes. (N.T.)

de mudança são percebidos com mais frequência na linha de frente, assim, para se conseguir oferecer respostas mais rápidas, é importante criar ali a capacidade de mudança. Além disso, aqueles que lideram os CNEs são os donos naturais de muitos processos locais, portanto, eles têm não apenas o incentivo para alterá-los como a autoridade para fazê-lo.

Para apoiar as mudanças, os CNEs e as equipes da linha de frente precisam ser treinados. Mas é claro que eles não necessitam de ferramentas complexas de reengenharia de processos de trabalho para realizar alterações. Muito pode ser feito informalmente, como demonstram as equipes da Nucor. Elas estão sempre descobrindo novas maneiras de bater suas metas de produtividade, e não precisam de mapeamento de processos de trabalhos para fazê-lo.[20] No entanto, "processos para melhorar processos", como o GQT, o *Seis Sigma*, o RPA[21] e o *Work Out* da GE podem ajudar. Se utilizadas por um técnico especialista, tais ferramentas podem ser muito eficazes, como demonstrado pela Danaher.

Desenvolvimento de recursos humanos

Pelo fato de as pessoas serem fundamentais para a execução de uma boa estratégia, destacamos aqui especialmente os processos envolvidos no desenvolvimento da base de recursos humanos da empresa. Além disso, para que a capacidade de mudança estratégica seja distribuída por toda a organização, os indivíduos devem ser treinados para assumir essa responsabilidade. Por fim, quando a estratégia muda, as pessoas muitas vezes precisam mudar; as capacidades de contratar e desenvolver novas competências e de reposicionar antigas habilidades no mercado de trabalho rapidamente ajudam a melhorar as respostas estratégicas.

Em alguns aspectos, as pessoas são mais flexíveis que outros ativos porque podem ser treinadas para fazer coisas novas. Ao contrário de instalações e equipamentos, a contratação de indivíduos não implica um compromisso de longo prazo importante; a princípio, é relativamente fácil **contratá-las** e **despedi-las**. Todavia, contratar e demitir pessoas leva tempo, frequentemente mais do que deveria, e incorre em custos financeiros, emocionais e sociais que não podem ser ignorados. No entanto, as empresas devem enfrentar o fato de que, se quiserem se adaptar de maneira rápida, elas estarão sempre contratando e demitindo pessoas.

Tornando-se um empregador preferencial

Em vez de enxergar a contratação e a demissão de pessoas como eventos isolados e se comportar como se seus profissionais fossem funcionários de carreira, as companhias deveriam mudar sua mentalidade. A maioria dos novos membros deixa a empresa em no máximo cinco anos; na verdade, os modelos de negócios de muitas empresas de serviços profissionais dependem disso. Em tais circunstâncias, as empresas deveriam enxergar a si próprias não como empregadoras para toda a vida, mas como fornecedoras de etapas com maior valor agregado para a carreira de quem escolhe ingressar nelas. Os novatos recebem um treinamento excelente, uma experiência de trabalho notável e uma marca que abre as portas para muitas outras oportunidades de trabalho quando chegar a hora de sair. A companhia atrai os melhores talentos, extrai deles o máximo valor possível ao longo de vários anos e encoraja a todos – à exceção dos que realmente se sobressaem – a seguirem em frente, ajudando-os a fazê-lo. Os poucos que permanecem depois de terem passado no teste, passam para os postos da alta administração. Com este processo, se evita a culpa emocional e social da separação, bem como os custos econômicos da rescisão, e novos talentos são atraídos para aproveitar as vantagens de carreira em oferta.

A McKinsey & Company, empresa líder mundial em consultoria estratégica, segue esta prática. Todos os novatos que se juntam à McKinsey esperam se tornar **parceiros**, mas o modelo de negócio não permite isso. A maioria dessas pessoas sai para assumir cargos de administração – posições que não teriam conseguido tão rapidamente sem a sua experiência de trabalho na McKinsey. Além disso, muitos desses ex-alunos se tornam fontes valiosas de serviços de consultoria para a sua antiga *alma mater*[b], de modo que o VPL de um novo integrante para a McKinsey ao longo de sua carreira é muito alto. Sendo assim, a McKinsey pode se dar ao luxo de contratar os melhores e dar-lhes a melhor formação.

Capacitação em estratégia e mudança

Nas empresas inteligentes, todos desempenham um papel importante nas respostas à mudança estratégica. A formação em estratégia e mudança

---

b   N da T: Nos tempos modernos, o termo é utilizado para referir-se às universidades, realçando a função da instituição como fornecedora alimentar para a faculdade intelectual. Obtido em: http://pt.wikipedia.org/wiki/Alma_mater.

é, portanto, essencial. A maneira mais eficaz de fazer isso é por meio de um processo de aprendizagem de ação – o indivíduo é treinado para desenvolver uma estratégia enquanto na verdade executa um programa de mudanças. Visto que as empresas de QI estratégico elevado estão constantemente revisando suas estratégias, as oportunidades para fazê-lo sempre existem; na verdade, isso faz parte da gestão diária. A abordagem da Danaher nas revisões de negócios incentiva essa dinâmica. O plano estratégico está associado a metas de longo, médio e curto prazos e o progresso no alcance desses objetivos é avaliado mensalmente, sempre em relação à estratégia. Além disso, as avaliações são disseminadas por todo o caminho até a linha de frente, e todos têm suas métricas de desempenho afixadas em suas portas. Todo mundo é responsável por alcançar sucesso estratégico, e de uma maneira bastante visível.[22]

Inércia humana

Ainda assim, indivíduos e grupos podem notoriamente relutar em mudar. As pessoas resistem até mesmo a pequenas interrupções. De fato, crenças apaixonadas podem perdurar por séculos, o que, aliás, vai muito além do tempo de vida da maioria das companhias. A **Parte 3: Mentes inteligentes** aborda essas questões em detalhes. Por agora, vamos resumir esse tópico dizendo que as organizações devem se concentrar em duas respostas: 1ª) procurar pessoas curiosas com elevada inteligência prática – a combinação certa de QIs analítico, criativo, social e emocional, associada à curiosidade e à coragem para aprender e ao desejo de ajudar os outros a fazê-lo; e 2ª) criar um contexto interno que motive todos a demonstrar **inteligência prática elevada** e aceitar as mudanças.

Sistemas de avaliação – O *scorecard* estratégico

O comportamento das pessoas é induzido pelo que é avaliado. A avaliação sinaliza o que é importante e motiva os curiosos e comprometidos de qualquer organização a melhorar. Para alinhar todos na organização em torno de uma estratégia, as empresas precisam de um *scorecard* estratégico – **métricas significativas** em todos os níveis que induzam a comportamentos correlacionados ao sucesso estratégico.[23] Discutimos as análises que podemos esperar de um *scorecard* estratégico no **Capítulo 3: O que é estratégia?** Aqui nos concentramos em seu processo de desenvolvimento.

PARTE 2 ESTRUTURA INTELIGENTE

O desenvolvimento de um *scorecard* estratégico demanda o repasse de objetivos estratégicos cada vez mais detalhados por toda a organização. O CEO e o conselho diretivo concordam com os amplos objetivos estratégicos e os desenvolvem à medida em que são passados para seus subordinados diretos. Esses indivíduos seguem o mesmo processo com suas equipes, o que se repete até que se atinja a linha de frente da companhia.

A maneira pela qual esse processo em cascata é executado é de suma importância para os níveis de QI estratégico e estrutural resultantes. Em um extremo, está a **abordagem comando e controle** – os líderes das equipes apenas dizem aos subordinados o que eles devem alcançar. Isso é rápido, mas não constrói compromisso ou conhecimento, além de criar uma organização que responde lentamente a mudanças. Nesse caso tudo dependerá de o líder perceber a necessidade de mudança e distribuir novas instruções. A inteligência não é distribuída por toda a organização.

Na outra extremidade do espectro encontra-se a **abordagem participativa** – o líder da equipe expõe os compromissos que foram assumidos um nível acima, relaciona-os aos objetivos globais da empresa e explica o raciocínio que os embasa. O líder então pergunta aos membros da equipe o que os objetivos do grupo significam para eles como indivíduos. Isso garante que eles entendam a lógica do que precisa ser feito e possam relacioná-la com o propósito geral da firma. Com esse entendimento, eles ficam em uma posição melhor para identificar métricas significativas para si mesmos e para suas equipes, e ajustá-las mais tarde, se necessário, mantendo-se coerentes com os objetivos estratégicos globais. Isso constrói responsabilidade e compromisso com as métricas e gera maior adaptabilidade quando as coisas precisam mudar. A abordagem participativa leva mais tempo, mas resulta em uma organização mais inteligente que, por ironia, conseguirá mudar mais rápido quando necessário.

Muitas vezes, durante o desenvolvimento de um *scorecard*, as empresas seguem a abordagem de comando e controle e se decepcionam com seus resultados. Elas também caem em outra armadilha: a **proliferação das métricas**. Em uma companhia que visitei, descobri que alguns supervisores de linha de frente tinham até 70 indicadores em seu *scorecard*. Esse número representa, provavelmente, dez vezes mais que o necessário para se obter o foco real. O uso de alguns indicadores que assegurem que o negócio atual está

Capítulo 8 Arquitetura formal – Navegando no labirinto da estrutura corporativa

funcionando corretamente (de **rotina diária**) e mais alguns que permitam a realização de grandes mudanças (**faça a diferença**) já é o suficiente.

Sistemas de recompensa

Pague pelo desempenho estratégico

O uso de métricas certamente induz ao comportamento desejado, mas o pagamento pelo desempenho torna-o muito mais eficaz. Enquanto espécie, nós agimos de modo a acumular recursos, e estamos preparados para trabalhar duro neste sentido. Tendo em vista que a estrutura inteligente alinha o comportamento individual e de grupo aos objetivos estratégicos da companhia, é necessário encarar que as **recompensas** representam um elemento crítico na estrutura de cada firma.

As recompensas nem sempre conduzem à satisfação. Na verdade, elas podem ser a **fonte** de **muita insatisfação**, especialmente quando os indivíduos são solicitados a fazer algo e recompensados por fazer o oposto. Isso é mais comum no mundo dos negócios do que se pode imaginar. Na batalha entre um sistema de recompensa que encoraje uma determinada ação e um imperativo estratégico que demande outra, o sistema de recompensa invariavelmente ganhará.

Vimos isso no **Capítulo 3: O que é estratégia?** com a Energis, a terceira maior provedora de serviços de telecomunicações do Reino Unido. Sua estratégia declarada era proporcionar serviços sofisticados e de alto valor agregado a grandes clientes com necessidades complexas de telecomunicação. Porém, considerando que a construção das relações com tais clientes levaria muitos anos, a equipe de vendas achou mais fácil comercializar serviços de *commodities* em grande escala, e com margens reduzidas, para bater suas metas de vendas mensais. E já que eram comissionados sobre a receita das vendas, não sobre a margem de contribuição, todos continuavam felizes em fazê-lo. A alta direção não interveio, e tendo em vista que o rápido crescimento das vendas foi elevando o preço das ações e o valor de suas opções de compra, ela tinha pouco estímulo para fazê-lo. Como resultado, o empreendimento desviou-se seriamente de sua estratégia e foi à falência.[24]

As empresas devem atentar para a remuneração de comportamentos que conduzam ao sucesso estratégico, mas isso não é fácil. Os sistemas de

187

pagamento por desempenho estão repletos de consequências não intencionais. As empresas podem "**tentar adivinhar**" como os funcionários irão reagir a diferentes estruturas de incentivo, mas faz mais sentido perguntar isso diretamente a eles. Não faz mal nenhum compartilhar os objetivos estratégicos da empresa, discutir como os funcionários poderiam contribuir mais para o alcance desses objetivos e perguntar-lhes que tipo de estrutura de remuneração os encorajaria a maximizar sua contribuição.

Pague para impulsionar a mudança estratégica

Se a concepção dos sistemas de recompensa é difícil, alterá-los é um pesadelo. Na verdade, muitas vezes trata-se do processo politicamente mais cobrado dentro de uma mudança estrutural. Nenhum funcionário apoia uma redução em sua remuneração, e todos ficam atentos para garantir que não percam nada em relação aos seus pares. Os mínimos detalhes são analisados, exagerados e criticados por todos os envolvidos. A menos que haja aumentos para todos os setores, esse é um processo emocional, demorado e angustiante para todos os envolvidos.

Em vez de alterar os sistemas de recompensa toda vez que ocorrer uma mudança estratégica, faz mais sentido inverter a lógica e pagar por cada uma delas. Utilizando-se dessa técnica, a Capital One[25] e a 24 Hour Fitness[26] superaram seus concorrentes de maneira consistente. Uma estratégia inteligente oferece elevado desempenho sustentável, não um rápido sucesso financeiro; essas empresas se concentram no valor presente líquido VPL dos fluxos de caixa futuros da companhia, não em lucros de curto prazo. Se todos forem pagos para incitar o VPL, estarão constantemente procurando novas maneiras de criar valor de longo prazo, e, ao mesmo tempo, menos propensos a trocar lucros de longo prazo por ganhos de curto prazo. O VPL de uma companhia é a soma do VPL de cada um de seus clientes atuais e dos clientes potenciais. As empresas que induzem seus funcionários não somente a construir relacionamentos valiosos com seus clientes atuais, mas a buscar relações mais valiosas no futuro, não estão simplesmente executando um plano tradicional de segmentação de mercado; elas estão incentivando seu pessoal a ajustar a estratégia da organização assim que as circunstâncias mudam, adaptando as linhas de produtos e o foco dos segmentos de clientes às novas circunstâncias.

Capítulo 8 Arquitetura formal – Navegando no labirinto da estrutura corporativa

A operadora de cartões de crédito Capital One paga seus funcionários para buscar clientes de VPL elevado, e conduz 50 mil testes de mercado por ano no sentido de encontrá-los. Como resultado do esforço coletivo de seus milhares de funcionários em busca de novas oportunidades, na primeira indicação de que um segmento de mercado está em declínio a companhia automaticamente se volta para áreas mais atraentes. Isso a ajudou a sustentar os melhores resultados do setor durante as fortes oscilações da economia.

Os proprietários das academias 24 Hour Fitness recompensam seus gerentes todos os meses pelo índice de retenção de clientes. Eles são pagos por cada cliente que não desiste de sua adesão. A retenção é outra medida intimamente relacionada ao VLP do cliente. Como resultado, os proprietários das academias estão constantemente ajustando suas estratégias locais para reter clientes. A 24 Hour Fitness já ultrapassou a Bally Total Fitness como a operadora de academias líder nos EUA, enquanto a Bally entrou em colapso.[27]

Comunicação
Comunicar para aprender

Os sistemas de informação e de comunicação mantêm reunidos todos os elementos da arquitetura formal. Dada a sua natureza *ad hoc*, os sistemas de comunicação são particularmente importantes no apoio a mudanças estratégicas.

A comunicação é essencial para se coordenar o trabalho de muitas pessoas. Em uma estrutura de comando e controle é preciso emitir instruções e obter *feedback* para que seja possível avaliar o impacto que as instruções exerceram. O objetivo da comunicação nesses casos é o de coordenar e controlar uma estratégia que já foi decidida.

Nas empresas inteligentes, a estratégia muda constantemente e os direitos de decisão estratégica são distribuídos por toda a empresa. Isso cria um fluxo constante de *insights* e ideias, não apenas entre CNEs, mas também entre CNEs e a alta gestão, por isso a comunicação se torna ainda mais importante. Porém, nesse caso a comunicação é de duas mãos em vez de unidirecional – o objetivo é tanto **aprender** quanto **informar**. Em tal ambiente, os gestores **comunicam para aprender**.[28] Eles equilibram a defesa com a investigação; todos dão suas próprias opiniões, explicam a lógica e o raciocínio por trás delas e encorajam os outros a testá-las. A aprendizagem ocorre em ambos os lados e a estrutura se torna cada vez mais inteligente.

Comunicar para inspirar

A comunicação persuasiva motiva as pessoas e as alinha em torno de um propósito comum. Com um propósito comum, as ações dos seres humanos adquirem um sentido de missão; eles trabalham em conjunto e de modo cooperativo no sentido de alcançar objetivos; produzem mais durante um longo período de tempo e se sentem melhor com isso; também se dispõem a se adaptar e a realizar alterações no curto prazo se acreditarem que tais atitudes trarão benefícios no longo prazo. Desprovidas de propósito, as pessoas rapidamente se tornam **desanimadas**, **improdutivas** e mesmo **disfuncionais**. Um senso de propósito é um facilitador de alinhamento e mudança. Discutiremos isso em mais detalhes no **Capítulo 15: Utilizando as necessidades humanas insaciáveis**.

A comunicação ajuda a criar um senso de objetivo comum e a formar os valores da empresa. O objetivo compartilhado emana de uma visão inspiradora e dos valores em comum que norteiam os caminhos de todos rumo à realização de metas. Todavia, a simples apresentação da visão da diretoria aos empregados raramente causa impacto. A meta é entender o que inspira as pessoas e quais valores elas realmente estimam. O papel da alta administração é criar uma plataforma de debate e testar ideias que de fato causem repercussões. O plano é fazer com que todos falem uns com os outros sobre o que realmente importa para eles, por isso a necessidade da comunicação direta. Muitas companhias realizam diversas reuniões departamentais multifuncionais e *workshops* para isso, mas algumas procuram ajuda na Internet. Em 2003, a IBM estava passando por uma crise de identidade e sentiu que, pela primeira vez em cem anos, precisava redefinir sua missão e seus valores. Usando uma plataforma *on-line*, a IBM "**se conectou**" com mais de 300 mil funcionários para estabelecer os novos valores. "Considerando a realidade de nossa força de trabalho – inteligente, global, independente e própria do século XXI – não creio que algo tão vital e pessoal como nossos valores pudessem ser ditados a partir do topo", escreveu o CEO Samuel J. Palmisano no *site* da IBM.[29]

Sistemas de informação

Enquanto os sistemas de comunicação facilitam a mudança, os sistemas de informação, muitas vezes, fazem exatamente o oposto. Todo mundo conhece alguma história de horror envolvendo TI. Em relação a isso, executivos

Capítulo 8 Arquitetura formal – Navegando no labirinto da estrutura corporativa

seniores mencionam com temeridade os custos vultuosos e os atrasos nas entregas; um estudo recente indica que cerca de 20% dos maiores projetos de TI acabaram custando **300% de seu orçamento original**. E quando finalmente são implantados, ninguém fica completamente satisfeito. A relutância em enfrentar grandes mudanças nesses sistemas representa uma importante fonte de inércia. Isto é evidente em empresas que terceirizaram suas atividades de TI. Contas de US$ 1 bilhão por ano não são incomuns, e os custos com as menores alterações ultrapassam as dezenas de milhões de dólares. Contudo, possuir um departamento próprio de TI também é problemático.

As fontes de problema são múltiplas. Frequentemente, a maior dificuldade está na concepção ineficiente criada a partir de um "acidente histórico"; os CIOs (*chief information officers*, ou seja, diretores de TI) herdam vários sistemas antigos que foram remendados entre si ao longo do tempo. Cada sistema representa um desafio em si, uma vez que não foi criado para ser mantido ou aprimorado. Além disso, fusões e aquisições também agravam o problema quando sistemas diferentes se unem. Não é incomum que grandes corporações disponham não somente de centenas de sistemas independentes, mas de várias versões de registros de clientes e arquivos de produtos, os quais precisam ser acessados de maneiras distintas. Antes de iniciar a reengenharia do seu sistema de indenizações, a segunda maior seguradora de automóveis dos EUA, Allstate,[30] costumava utilizar um modelo antigo composto de 95 sistemas remendados entre si.

Projetado para mudar

Alterar ou mesmo manter sistemas antigos e complexos é difícil. Para facilitar o desenvolvimento, a manutenção e a modificação dos sistemas de informação, estes devem ser concebidos em torno de uma arquitetura orientada ao objeto constituída de componentes relativamente independentes.[31] Tendo em vista que cada componente se comunica com outros de modo bem definido, então, a maneira como um componente funciona internamente não terá qualquer influência sobre o modo como o sistema todo irá operar. Isso permite aos engenheiros manter e melhorar cada parte de maneira independente. Novos objetos podem ser adicionados e partes antigas adaptadas de maneira relativamente rápida e fácil no sentido de aproveitar novas oportunidades de mercado, sem que seja preciso mudar tudo. Antigos sistemas herdados podem sofrer uma "evolução" transformando-se em algo semelhante a uma arquitetura orientada ao objeto. Neste caso as aplicações atuais ganharão uma camada de *middleware* por meio da qual serão capazes de se comunicar umas com as outras. Ao longo do tempo, as aplicações contidas nesse *middleware* poderão ser substituídas. Isso é algo trabalhoso, lento e caro, mas possivelmente menos oneroso e arriscado que partir do zero. Essa abordagem também estabelece uma capacidade de melhoria contínua e inteligente de mudança – a chave para o sucesso de longo prazo.

Os gestores também costumam obter as informações que merecem; os sistemas de informação são prejudicados por especificações insatisfatórias, uma vez que, em geral, os gestores não investem tempo suficiente para identificar as informações de que realmente precisam. Questionados a respeito dos dados que necessitam e de que modo gostariam que fossem estruturados para facilitar seu trabalho, a maioria dos executivos não sabe o que responder. Mas, ao trabalharem com um engenheiro de informação (ou do conhecimento) que entende a estratégia da empresa, os altos executivos conseguem identificar com rapidez o que é fundamental para eles. Providos de exemplos de como a informação poderá ser estruturada, eles são capazes de determinar o que lhes é mais útil. Um breve protótipo poderá fornecer *feedback* imediato para o gestor e para o engenheiro quanto ao fato de as necessidades estarem ou não sendo atendidas. Desse modo, por meio de uma série de interações rápidas, os executivos conseguirão ajudar a projetar o sistema de informação de que precisam. Essa é a abordagem de prototipagem ágil para o desenvolvimento de sistemas que se faz possível por meio de uma arquitetura orientada a objetos construída sobre uma estrutura de base de dados relacional.

Métodos ágeis de desenvolvimento ajudam a evitar a imposição de novos sistemas nas organizações. As pessoas naturalmente resistem a mudanças, e quando estas lhes são impostas há muita reclamação. No entanto, os profissionais devem ser convencidos de que vale a pena aprender uma nova abordagem. Se o sistema é projetado pelo usuário para tornar sua vida mais fácil, então não há nenhum problema com sua adoção. De fato, a adequação de um sistema é geralmente indicada pelo alastramento viral que ocorre assim que alguns usuários são convidados a testá-lo – as outras pessoas ouvem a seu respeito e logo pedem para utilizá-lo.

Capítulo 8 Arquitetura formal – Navegando no labirinto da estrutura corporativa

TI para vantagem

A TI pode ser uma enorme fonte de vantagem competitiva; ela representa uma arma secreta para, ao mesmo tempo, reduzir custos e aumentar a diferenciação.[32] Ela pode possibilitar modelos de negócios completamente novos, como a plataforma da Li & Fung no setor da moda, que ajuda a criar uma cadeia de fornecimento exclusiva para cada pedido de cliente. As empresas que mais se beneficiam dos sistemas de informação os utilizam para sustentar novos modelos de negócio e criar plataformas que estimulem a mudança rápida em vez de criar obstáculos para isso.

Quando os sistemas de informação são fundamentais para a vantagem competitiva de uma companhia, torna-se perigoso confiar em fornecedores externos para sua construção e manutenção. Quando escolheu o caminho de uma estratégia baseada em informação, a Capital One cancelou seu contrato com a EDS pagando cerca de US$ 50 milhões em multas para reaver o controle de sua TI.[33] Para uma empresa principiante, este foi um movimento extraordinário. Mas a Capital One não podia se dar ao luxo de confiar nas "melhores práticas para o setor"; a empresa precisava construir uma vantagem competitiva que a concorrência não fosse capaz de copiar rapidamente. Neste sentido, a Capital One se empenhou em uma programação orientada a objetos na década de 1990, época em que isso era mais uma teoria que uma prática. A empresa ainda teve de treinar seu próprio pessoal para fazê-lo, pois havia pouquíssimos programadores no mercado versados na nova tecnologia. Esse era o escopo de seu compromisso para com a criação de vantagem competitiva por meio de uma TI própria e mais ágil.

Resumo

A arquitetura formal de uma organização é composta por muitos elementos inter-relacionados que facilitam o trabalho. Cada elemento pode criar inércia, mas estão tão interligados que se torna difícil mudar um sem alterar os demais. Desse modo, a arquitetura formal representa uma fonte importante de inércia estrutural.

Neste capítulo analisamos uma série de elementos importantes da arquitetura formal. Examinamos como cada um deles cria valor e a razão pela qual eles sofrem inércia. Aliás, também discutimos como superar tal situação. Começamos com o organograma que mapeia a hierarquia formal. A hierarquia é uma maneira eficiente de organizar o trabalho, mas conforme as tarefas aumentam, a hierarquia também cresce; nesse momento, a eficiência declina e a inércia se desenvolve. Ao contrário de estruturas grandes e monolíticas e uma abordagem de comando e controle centralizada para a mudança estratégica, defendemos uma **organização orientada a objetos,** dividindo a organização em pequenos negócios semi-independentes – CNEs – e permitindo que eles concebam sua própria maneira de trabalhar e responder às mudanças estratégicas locais. Dessa forma, a inteligência estratégica e estrutural é distribuída por toda a organização. Admitimos também que a *adhocracia* baseada em projetos – uma **organização orientada à oportunidade** – é uma estrutura que deve ser seriamente considerada em ambientes de mudança rápida.

Em seguida, avançamos para os processos de trabalhos. Estes tornam as empresas mais eficientes, mas também criam inércia, especialmente porque muitos processos estão interligados. Para facilitar sua alteração, recomendamos a redução do nível de interdependência dos processos (organização orientada a objetos), recompensando mudanças de procedimentos, em vez de puni-las. Também sugerimos o investimento na capacidade de mudança, uma vez que isso proporcionará um bom retorno sobre os investimentos quando o ambiente não estiver se alterando, além de fornecer recursos para apoiar as mudanças quando o ambiente assim o exigir.

Em seguida, examinamos os recursos humanos da empresa. Distribuir mais inteligência estratégica e estrutural por toda a organização significa recrutar as pessoas certas e ensinar a elas as competências adequadas. Mudar muitas vezes significa também dispensar aqueles cujo conjunto de habilidades está defasado. As empresas que se tornam empregadoras preferenciais têm pouco a temer com isso.

Argumentamos que as análises e as recompensas devem estar cuidadosamente alinhadas com o sucesso estratégico de longo prazo, e defendemos que as empresas devem recompensar mudanças estratégicas em vez de perseguir mudanças realizando apenas ajustes complicados em seu sistema de recompensas.

Em seguida, destacamos a importância da comunicação para conduzir a mudanças. Concluímos que para distribuir inteligência estratégica em toda a companhia, os altos executivos devem **comunicar para aprender**, **não apenas para informar**. Eles também devem **comunicar para inspirar** e **encorajar** a

Capítulo 8 Arquitetura formal – Navegando no labirinto da estrutura corporativa

comunicação direta no sentido de construir e manter um objetivo comum que abrirá o caminho para as mudanças.

Por fim, nos voltamos para os sistemas de informação. Estes podem ajudar as organizações a serem mais inteligentes; mais capazes de reagir de modo inteligente visando mudanças. Na verdade, muitos dos exemplos de empresas inteligentes neste livro contam com sistemas de informação para criar sua inteligência superior. No entanto, esses sistemas também podem representar um impedimento formidável às mudanças. Argumentamos que eles devem ser projetados para serem alterados com arquiteturas orientadas a objetos e métodos de programação ágeis. Também alertamos as empresas em risco de perderem o controle de sua arquitetura de informação para que nunca passem o controle de seu sistema nervoso central para as mãos de terceiros.

Notas

1. Mintzberg (1979).
2. Anand, Collis e Hood (2008).
3. Clippinger (1999, 2007).
4. A pesquisa de Robin Dunbar (Dunbar, 1992) sobre o tamanho do cérebro dos primatas sugere que o limite de um grupo social humano é de 148 indivíduos. Este número foi arredondado para 150, o "**número de Dunbar**". Para uma visão acessível da antropologia evolucionária da história da espécie humana, veja Dunbar (2004).
5. IDEO (2011).
6. Ghemawat e Stander (1992).
7. Veja Taylor (1998) para uma descrição de *design* orientado a objeto. Veja Veryard (2001) para uma tentativa ousada de aplicá-lo nos negócios. Fairtlough (1994) descreve como aplicou os princípios na prática e discute ainda os limites no tamanho do clã.
8. Veja Wells (2005), *Whole Foods Market, Inc.*
9. Ghemawat e Stander (1992).
10. Fung, Fung e Wind (2008).
11. Meyerson (1996
12. Zich (1997).
13. Williamson (1975).
14. Fung, Fung e Wind (2008).
15. Wells e Anand (2008).

16. Ghemawat e Stander (1992).
17. Veja Taylor (1911). A escola de gestão científica de 100 anos atrás demonstrou o potencial para melhorias no processo de fabricação. Foi quantificado pela Rand Corporation na década de 1950 como o efeito da curva de aprendizagem. Rand baseia sua pesquisa nos custos da produção de aviões durante a Segunda Guerra Mundial.

    Na década de 1970, o Boston Consulting Group ampliou o conceito da curva de aprendizagem, abrangendo todos os custos incorridos pela empresa e batizando-o de **curva de experiência**.

    Os benefícios de um melhor *design* de processos foram "redescobertos" na década de 1990, quando surgiu um exército de consultores voltado para o Reengenharia dos Processos do Negócio – *Business Process Reengineering* (BPR) – e prometendo retorno rápido sobre os seus serviços. Isso ocorreu em resposta a um artigo influente de Michael Hammer (1990) na revista *Harvard Business Review*, que argumentou que os gestores deveriam utilizar a TI para redesenhar radicalmente o seu trabalho, não apenas para automatizar os processos existentes. Hammer defendeu uma revolução (veja Hammer e Champy, 1993) e esta foi apoiada com entusiasmo pelos consultores. Lembro-me de que quando estava na PepsiCo em meados dos anos 1990, várias grandes empresas de consultoria prometiam redução de 20% ou mais nos custos dos processos mediante aplicação de BPR. Algumas estavam inclusive dispostas a relacionar o alcance dessas metas aos próprios ganhos que seriam obtidos pelo seu desempenho.

    No entanto, dentro de uma década, a BPR cairia em **descrédito** por causa das **demissões em massa** que normalmente se seguiriam ao processo, dos altos honorários de consultoria e dos grandes transtornos causados. Todavia, o sistema resurgiria como Gestão de Processos de Negócios – *Business Process Management* (BPM) –, que defende uma abordagem de melhoria contínua mais gradual. [Veja Vom Brocke e Rosemann (2010) para uma revisão abrangente do assunto]. Seja qual for o rótulo, os princípios de BPR/BPM foram adotados pela maioria das grandes companhias em todo o mundo, o que representa um testemunho da economia que pode ser feita.
18. Anand, Collis e Hood (2008).
19. Anand, Collis e Hood (2008).
20. Ghemawat e Stander (1992).

Capítulo 8 Arquitetura formal – Navegando no labirinto da estrutura corporativa

21. Veja Wells, Hazlett e Mukhopadhyay (2006) para uma descrição de como o exército dos EUA utiliza o RPA para treinar suas tropas.
22. Anand, Collis e Hood (2008).
23. Kaplan e Norton (2000); Kaplan (2010).
24. Wells (2003).
25. Wells e Anand (2008).
26. Wells e Raabe (2005), *24 Hour Fitness*.
27. Wells e Raabe (2005), *Bally Total Fitness*.
28. Veja Argyris (1990, 2004).
29. O CEO da IBM, Samuel J. Palmisano, escreveu uma carta aberta sobre a experiência, *Nossos Valores no Trabalho como um Membro da IBM (Our Values at Work on Being an IBMer)*. Disponível em http://www.ibm.com/ibm/values/us/. Acessado em 30 de outubro de 2011.
30. Wells (2008).
31. Brown (2000).
32. Michael E. Porter argumenta que existe uma relação entre a redução de custos e o aumento da diferenciação (veja Porter, 2008), mas muitas vezes a inovação tecnológica permite que ambas as vantagens aumentem ao mesmo tempo.
33. Wells e Anand (2008).

CAPÍTULO 9

ARQUITETURA INFORMAL – ALAVANCANDO A MECÂNICA SOCIAL

Introdução

No Capítulo 8 discutimos a complexidade da arquitetura formal e como ela pode reprimir mudanças. Porém, muito do que é realizado nas empresas é feito de maneira informal.[1] A arquitetura informal de uma organização – as regras não escritas, as influências, os rumores – pode ser a maior aliada de um executivo, ou sua pior inimiga. Neste capítulo investigamos o papel da arquitetura informal e verificamos de que modo ela pode contribuir para a inércia ou até mesmo facilitar uma mudança inteligente.

Algumas pessoas enxergam a **arquitetura informal** como uma **desvantagem**, uma "política de corrupção". A partir dessa perspectiva, indivíduos perseguem seus próprios interesses e manipulam o sistema à custa da companhia. Infelizmente, se os funcionários não estiverem motivados para tornar a empresa bem-sucedida, então, muitas vezes, esse poderá ser o caso. Mas existe outra visão: de que os canais e arranjos informais são sinais de "bem-estar social"; de que indivíduos trabalham juntos para tornar a empresa bem-sucedida, apesar dos empecilhos impostos pela arquitetura formal. A criatividade e a auto-organização são inerentes aos seres humanos. Estes utilizam as redes sociais para alcançar um propósito em comum, e tal habilidade pode ser implantada a serviço da empresa.

A **arquitetura informal** pode **contribuir** muito para **mudanças estratégicas**, pois ela se desenvolve sem qualquer custo, funciona sem apoio formal e é capaz de se ajustar à velocidade da luz. Entretanto, ela também pode representar uma fonte formidável de resistência.

Devemos compreendê-la bem para aproveitar seus pontos fortes. Com essa intenção, nos voltamos agora para a neurociência, a biologia evolutiva, a sociologia e a antropologia a fim de entendermos o que motiva nossas ações.

A mecânica social e a evolução do cérebro

A maioria de nós acredita que o poder da escolha nos oferece algum controle sobre nosso destino. Na verdade, **pouquíssimo** do que fazemos está sob nosso **controle consciente**. O jeito com que selecionamos um parceiro, confiamos em um estranho, escolhemos um amigo, defendemos um parente ou detectamos uma traição está programado no fundo de nossa mente. Agimos de maneira inconsciente a mando de um conjunto de habilidades sociais herdadas geneticamente, que tornam o homem o ser mais inteligente e a máquina social mais adaptável do planeta, em comparação a qualquer outra espécie. As habilidades são bastante previsíveis – são uma **forma de mecânica social**.[2] No entanto, nós temos o poder de refletir a respeito de quem somos e do que fazemos. Temos a capacidade de aprender a mudar. Podemos melhorar os comportamentos que herdamos e que nos fazem sentido e, ao mesmo tempo, suprimir aqueles que não são relevantes para o nosso sucesso, ou que podem até nos atrapalhar.

Habilidades de coordenação de pequenos grupos

Com a evolução do cérebro humano, desenvolvemos habilidades de coordenação social que nos fortaleceram enquanto espécie. O desenvolvimento social inicial do cérebro nos proporcionou a habilidade de coordenar pequenos grupos, entre 5 a 20 integrantes, geralmente composto de familiares. Ser membro de um grupo significava contar com mais proteção contra predadores, ter maior capacidade de competir por alimentos e caçar animais de grande porte. Por outro lado, estar excluído do grupo podia significar a morte. As habilidades de coordenação de grupo são evidentes em muitos outros mamíferos, em diferentes graus. Elas são claramente visíveis no comportamento das matilhas de lobos – grandes grupos familiares trabalhando em conjunto para aumentar suas **chances de sobrevivência** e, é claro, de **reprodução**.

A matilha é liderada pelo **macho alfa**, que trabalha em estreita colaboração com sua parceira. O macho alfa usa seu grande poder físico e suas emoções instintivas, como o medo e a intimidação, para controlar os demais membros do bando. Os membros se submetem ao líder com exibições simbólicas de submissão para evitar lutas difíceis e mortais que enfraqueceriam o grupo. Percebemos o mesmo quando vemos dois cães brigando – em vez de lutar até a morte o perdedor rola em submissão. A coordenação ocorre mediante movimentos do corpo e dos olhos, e de linguagem rudimentar. Esses mecanismos são bastante eficazes para o gerenciamento de pequenos grupos. Tais comportamentos, embora brutos a partir de uma perspectiva humana, às vezes se exteriorizam em pequenas equipes de negócios, especialmente durante uma crise. Quando estamos sob pressão, revertemos aos nossos instintos mais primitivos.

Habilidades de coordenação de grandes grupos

Ao longo do tempo, as habilidades de coordenação de pequenos grupos evoluíram para dar conta de grupos bem maiores. Nós desenvolvemos funções especializadas, técnicas de coordenação e sofisticados controles emocionais. Hoje em dia, o cérebro humano evoluiu a tal ponto que, mesmo sem muito esforço consciente, já consegue lidar com uma coordenação social complexa por meio de grupos de aproximadamente **150 integrantes colocalizados**.[3] Esse é o limite da mecânica social. Podemos pensar nisso como o bloco de construção natural da sociedade – um **componente de mecânica social** ou uma **"com-unidade"**.[4]

Entretanto, para garantir tal unidade o uso de uma hierarquia simples em que um único alfa conduz todo um grupo de seguidores é **insuficiente**. O alfa é auxiliado por muitos assessores: **"mediadores"**, eficazes na orientação de recursos para o alcance dos resultados; **"conectores"** que unem as pessoas certas; **"visionários"** que geram ideias e as fazem circular; **"guardiões"** que determinam quem faz parte do grupo e quem está excluído; **"relatores"** que mantêm a honestidade do grupo; **"fiscais"** que garantem que os integrantes obedeçam às regras. Esses papéis criam uma hierarquia natural no grupo, ampliando a esfera de ação do alfa de modo que este possa influenciar o comportamento de um grupo maior de pessoas.

Os membros derivam sua identidade a partir do papel que desempenham dentro do grupo social. O alto desempenho em qualquer uma dessas funções cria uma boa reputação entre todos os membros do grupo. Uma boa reputação no grupo é altamente valorizada, sendo mais importante que a riqueza.

A força bruta, o medo e a intimidação representam instrumentos de controle muito rudimentares para serem utilizados com grandes grupos sociais. Em vez disso, um conjunto bem mais amplo de emoções sociais é utilizado para monitorar o comportamento; eles incluem a simpatia, o embaraço, a vergonha, a culpa, o orgulho, o ciúme, a inveja, a gratidão, a admiração, a indignação e o desprezo. Os seres humanos expressam essas emoções por meio da fala, dos gestos e das expressões faciais.

As emoções são contagiosas; espalham-se rapidamente de pessoa para pessoa. Às vezes, uma emoção desencadeia outra emoção diferente como resposta (por exemplo, a raiva provoca o medo). Tudo isso acontece inconscientemente por intermédio de rápidos sinais às nossas amígdalas cerebrais. Dessa maneira, podemos controlar os outros e ser controlados por eles sem sequer nos darmos conta. O fato é que buscamos nossa satisfação emocional o tempo todo, procurando o agradável e evitando o desagradável, cumprindo nossa necessidade geneticamente herdada de sermos membros valiosos da comunidade.

Comportamentos de coordenação de grandes grupos

Os seres humanos demonstram naturalmente uma série de comportamentos que facilitam a coordenação de grandes grupos, tornando-os mais viáveis.

Reciprocidade — Somos comerciantes naturais; **permutamos** bens e serviços — qualquer um pode atestar isso observando uma criança em um *playground*. Em geral, trocamos objetos colecionáveis, alimentos, favores ou qualquer outra coisa que represente valor para outra pessoa por algo que seja mais valioso para nós. Esse comportamento é importante para o fortalecimento de um grupo, pois permite a especialização de tarefas.

Confiança — A negociação acontece muito mais facilmente quando confiamos uns nos outros. Um dos mecanismos de coordenação mais importantes para os grandes grupos sociais é a **confiança**.[5] Se eu confio em você, faço algo em seu benefício hoje na expectativa de que você irá retribuir esse favor posteriormente. Isso é escambo, só que dessa vez com um tempo de retardo ou na forma de uma "promessa", o que aumenta de forma significativa o número de

Capítulo 9 Arquitetura informal – Alavancando a mecânica social

oportunidades de permuta – e torna o mercado mais eficiente. Na sociedade moderna, substituímos o escambo e a promessa por dinheiro e empréstimos, mas estes também representam apenas promessas. Quando o valor intrínseco do dinheiro ou do empréstimo é questionado, a confiança é minada e as transações cessam. Isso aconteceu quando os mercados faliram durante a crise financeira global de 2008. Em 2011, o perigo de uma nova perda de confiança aparece conforme os EUA e a Europa lutam com suas imensas dívidas.

A confiança é importante em outras situações além da negociação. Temos de confiar que os demais membros irão cumprir seu papel para a sobrevivência do grupo, e eles devem confiar que nós faremos nossa parte. Quando um líder de grupo nos solicita realizar algum trabalho, precisamos confiar que ele não está apenas se aproveitando de nós para seu benefício próprio, mas que está cuidando dos melhores interesses do grupo. Para apoiar esse tipo de comportamento, obtemos um prazer químico ao confiar nas pessoas; uma descarga de dopamina no cérebro que nos fornece uma sensação de bem-estar.[6] Por isso, gostamos de estar perto das pessoas em quem confiamos.

Os seres humanos são especialistas em detectar trapaceiros. Existe uma região específica do cérebro concebida para essa detecção. Um trabalho experimental demonstrou que quando essa área é danificada, torna-se muito difícil para uma pessoa detectar fraudes.[7] Quando sentimos uma traição, perdemos a confiança e ficamos desconfortáveis. Não gostamos de estar perto de pessoas em quem não confiamos.

Troca de presentes e de pequenos favores – Estranhos começam a construir a confiança entre si por meio da troca de presentes. A **troca de presentes** é um dos atos humanos mais antigos e universais. Os riscos são pequenos, mas seu **simbolismo** é **enorme**. Trata-se de um meio pelo qual as redes de reciprocidade e de confiança são criadas. É um sinal do desejo de trabalhar de maneira cooperativa. A confiança aumenta à medida que ocorrem mais e mais transações de sucesso entre ambas as partes. O equivalente disso em termos financeiros é a classificação de crédito.

A troca de favores se assemelha à troca de presentes como um meio de desenvolver uma relação de confiança produtiva. Apesar de a troca de favores parecer algo difícil de controlar, os seres humanos são intuitivamente muito bons em manter essa contagem; conseguimos registrar **quem consideramos nos dever favores** e, ao mesmo tempo, a **quem os devemos**. Além disso, a

203

maioria dos integrantes de um grupo consegue facilmente identificar aqueles entre seus pares que são **"tomadores"** – parasitas que aceitam favores e fazem pouco em troca – ou **"doadores"** – os que oferecem mais do que recebem. Aqueles que se aproveitam acabam isolados, uma vez que ninguém mais deseja negociar com eles.

Apresentação de pessoas – Apresentar outras pessoas é um comportamento importante para o grupo social. Quando uma pessoa apresenta um indivíduo para um integrante de seu grupo, ela está atestando a confiabilidade do indivíduo, oferecendo uma garantia implícita de que todos podem confiar nele e ampliando a rede de confiança. Isso facilita as transações entre pessoas que de outro modo continuariam estranhas entre si, criando novas relações de confiança e ampliando o tamanho efetivo do grupo.

Honestidade e integridade – A **honestidade** e a **integridade** promovem a confiança. Quando as pessoas dizem a verdade e fazem o que prometem, torna-se fácil confiar nelas. Em contrapartida, quando elas mentem aprendemos a não confiar em suas promessas. Deixamos de confiar até mesmo em suas intenções em relação a nós.

O roubo, por exemplo, representa uma atitude que mina o funcionamento da comunidade e ameaça sua estabilidade, então, a lógica exige que essa ação não seja tolerada. A resposta humana ao roubo é mais emocional que lógica, e as emoções não se destinam apenas ao ladrão. Os que roubam são tratados com desprezo e são banidos, e os mais próximos a eles são levados a sentir culpa e vergonha. Isso cria uma pressão social pela honestidade dentro do grupo.

Justiça – A **justiça** (ou **imparcialidade**) também promove confiança. Onde a interdependência é elevada, a incapacidade de compartilhamento justo de recursos gera conflitos internos e mina a força da comunidade. Somos programados para reagir emocionalmente contra a falsidade e a injustiça; respondemos a ambas com indignação e desgosto, comportamentos que, aliás, se revelaram universais em relação à mentira e à corrupção[8] e também já foram observados em alguns primatas. Em experimentos realizados com macacos-prego, os animais se recusavam a aceitar determinada recompensa pela realização de uma tarefa se viam que seus colegas tinham recebido outra melhor.[9]

Transparência – Esta é outra condição importante para a coordenação eficaz do grupo. Claro, é mais fácil coordenar a atividade quando todos **con-**

Capítulo 9 Arquitetura informal – Alavancando a mecânica social

seguem ver o que todo mundo está fazendo. Mas a **transparência** também promove a confiança, revelando quem tem baixo desempenho e barrando os parasitas. Quem se esconde não é confiável. O tamanho do grupo e a maneira como ele é distribuído limitam sua transparência. Com **150** pessoas em um único local, existem poucos lugares para se esconder, pois "todos se conhecem" e todos podem ver claramente o que os outros estão fazendo. Se os grupos aumentam para mais de 150 pessoas ou operam em diferentes locais, a transparência torna-se um problema. E quando a transparência é prejudicada, a confiança começa a minguar.

Responsabilidade – A responsabilidade também é importante para a viabilidade do grupo. Todos devem cumprir seu próprio papel e estar sujeitos a sanções ou até à exclusão (demissão) caso não o realizem. Isso demonstra lealdade e imparcialidade e promove a confiança. Os "fiscais" desempenham um papel importante nesse sentido.

Altruísmo – Esse é um preceito ainda mais importante do comportamento de grupo. O altruísmo ocorre quando uma pessoa **faz algo para alguém sem esperar nada em troca**. Alguns argumentam que a única razão para um integrante de equipe agir assim é o fato de ele acreditar que os outros farão o mesmo por ele – uma forma de **reciprocidade altruísta**. No entanto, a reciprocidade altruísta é um paradoxo! Ela não explica por que, em tempos de guerra, os soldados sacrificam a própria vida pelo bem do grupo. Isso, sim, é **altruísmo verdadeiro**. Uma pesquisa mostrou que parte de nosso cérebro se ilumina e nos dá prazer quando agimos de maneira altruísta.[10]

Os comportamentos descritos anteriormente estão embutidos no cérebro humano. Na ausência de qualquer esforço consciente para controlá-los, e em face de um propósito comum, nos auto-organizamos de maneira espontânea criando grupos altamente eficazes a fim de explorar essas habilidades e responder aos desafios. Assim, pequenas companhias que empregam até 150 indivíduos não precisam de mecanismos de controle muito formais.

Se existir um propósito claro e comum, uma organização informal surgirá e cumprirá essa finalidade com notável eficiência.

Empresas que objetivam se beneficiar desses comportamentos naturais devem atentar para as condições sob as quais eles florescem e recompensar atitudes que lhes dão suporte. A reciprocidade e o altruísmo são fundamentais para a viabilidade do grupo. Transparência, responsabilidade, honestidade e justiça (imparcialidade) promovem a **confiança** e tornam o grupo mais eficaz. Qualquer comportamento conflitante com os expostos anteriormente poderá gerar efeito oposto.

Redes entre grandes grupos – Mecânica social intergrupos

Cento e cinquenta pessoas conseguem trabalhar juntas naturalmente, como uma **"com-unidade"**, mas como fazer vários grupos pararem de competir entre si (algo que ameaça a sobrevivência deles no processo)? As sociedades de massa que criamos atestam o fato de que a espécie humana é coletivamente muito mais inteligente que isso. De que maneira os componentes da mecânica social humana cooperam quando faz sentido fazê-lo?

Algumas espécies menos avançadas têm trabalhado isso e alcançado alguns resultados surpreendentes. As formigas, em geral, são muito territoriais; elas atacam os ninhos umas das outras. Mas algumas espécies de formigas aprenderam a detectar suas vizinhas de mesma carga genética e a cooperar com esses ninhos ao atacar outros. Como resultado, enormes colônias dessas criaturas vorazes surgiram e estão acabando com outras espécies de formigas locais, bem como com a flora e a fauna. Uma colônia com mais de 60 km de diâmetro foi descoberta recentemente perto de Melbourne, na Austrália.[11]

Os seres humanos têm criado estruturas muito maiores que as limitadas pela mecânica social de grupo – de 150 pessoas –, que são facilitadas pela mecânica social intergrupos.

Os seres humanos demonstram comportamentos-ponte: a disposição de realizar transferências a outros grupos e de criar ligações entre eles. O desejo de tentar se comunicar e descobrir novos mundos e outros conjuntos de pessoas é particularmente evidente em indivíduos jovens. As pessoas foram programadas para agir desse modo à medida que atingem a idade de reprodução, uma vez que a diversidade genética faz bem à espécie. O risco de rejeição sempre existe quando alguém se aproxima de um novo grupo, porém, muitas culturas dão boas-vindas aos estranhos, facilitando a absorção de um novo conjunto de genes. E os novos membros mantêm o relacionamento com sua família do grupo de origem, reduzindo as chances de conflitos intergrupais.

Capítulo 9 Arquitetura informal – Alavancando a mecânica social

De fato, se existem suficientes conexões desse tipo, os líderes de cada grupo encontram dificuldades para incitar seus seguidores a se levantarem contra os outros. Desse modo, formam-se coalizões ainda mais fortes que os grupos individuais; aqueles que são incapazes de formar tais coalizões rapidamente perecem. Foi assim que as tribos primitivas e os feudos evoluíram para nações.

Alguns indivíduos transitam em zigue-zague entre os grupos sem demonstrar lealdade a qualquer um deles. Eles são os **networkers** – os trabalhadores das redes. Esse comportamento cria certa desconfiança, portanto, para sua autopreservação, os *networkers* devem evitar atitudes ameaçadoras e sempre se mostrar úteis a ambos os grupos. O objetivo desses colaboradores é criar uma ponte de confiança entre ambos os lados, o que exige inteligência social superior.

Os *networkers* empregam os habituais mecanismos sociais de troca que ocorrem dentro de um grupo – troca de favores, construção de relações de confiança, apresentações –, mas com um grau de intensidade muito mais elevado. Sua reputação, em todos os grupos de que participam, não se dá por sua posição hierárquica na empresa, mas pela qualidade de sua rede de contatos, que é guardada com extremo zelo. Aliás, não é de seu interesse que os grupos se reúnam, porque desse modo o valor pessoal do *networker* seria diminuído. Contudo, para os próprios grupos, quando a cooperação oferece benefício significativo, torna-se interessante para eles estabelecer pontes com mais *networkers* a fim de reduzir esse poder individual, proporcionando uma coordenação mais estreita.

Todos os seres humanos têm a capacidade de trabalhar e se relacionar em rede, embora alguns sejam naturalmente mais predispostos a ela que outros. Alguns papéis corporativos tradicionais, como o dos **gestores de relacionamento** com clientes, dependem particularmente de tais capacidades a fim de criarem pontes entre a organização e os consumidores.

Todo mundo conhece um bom *networker*, mas até recentemente poucos percebiam quanto tempo eles precisavam investir na construção de suas redes. Os *sites* de redes sociais revelam o papel do *networker* e o alcance de suas redes. No *site* de rede profissional LinkedIn, um pequeno subconjunto de integrantes se torna *networkers*; eles passam muitas horas construindo dezenas de milhares de contatos para cumprir esse papel de modo eficaz. Esse comportamento é instintivo e até mesmo compulsivo em algumas personalidades.

Os *networkers* que trabalham dentro de organizações constroem pontes de relacionamento entre seus limites formais e informais. À medida que as firmas adquirem mais experiência no desenvolvimento de redes sociais, essas pontes se formam cada vez mais mediante planejamento que por acaso, como discutiremos mais adiante.

A formação de arquitetura informal

Hierarquia informal

As mecânicas sociais ajudam a moldar uma arquitetura informal muito semelhante ao mundo formal.

As organizações descrevem no organograma sua hierarquia formal, contudo, a hierarquia informal e menos visível revela de modo mais preciso os verdadeiros líderes da comunidade, aqueles que os indivíduos realmente irão seguir.

As pessoas naturalmente respeitam os líderes por sua capacidade de liderar, os admiram por sua conduta e confiam neles por que eles colocam o bem da comunidade acima do seu próprio interesse. Esses são os líderes legítimos e as pessoas se sentem felizes em segui-los. As comunidades legitimamente lideradas são mais adaptáveis e sustentáveis; indivíduos que têm escolha procuram ambientes emocionais e sociais mais positivos onde suas sugestões de mudanças sejam bem-vindas, assim, eles também se mostram dispostos a mudar para continuar fazendo parte desses meios. Líderes coercivos usam de recompensa e punição para estimular o comportamento desejado, contando mais com os instintos primitivos. Em locais onde as pessoas têm escolha, elas evitam essas ações ou até mesmo se rebelam. Os líderes supervisores estão lá para manter o *status quo* e são amplamente reconhecidos dentro da comunidade como impróprios à verdadeira liderança.[12]

As empresas devem nomear líderes legítimos para as posições hierárquicas formais ou haverá o risco de os funcionários os ignorarem ou até rejeitarem. Os líderes não nomeados deverão sempre se lembrar de que embora os líderes naturais não disponham de posição formal, eles exercem grande influência e não podem ser ignorados.

Processos informais

Os processos formais definem de que modo o serviço deve ser realizado em uma organização. Poucas empresas documentam todos os

Capítulo 9 Arquitetura informal – Alavancando a mecânica social

seus processos, e nas empresas em que esses documentos existem, eles raramente refletem a realidade porque seus funcionários já encontraram maneiras mais rápidas e melhores de realizar seu trabalho. Entretanto, na ausência de incentivos significativos para se compartilhar os ganhos, a força de trabalho irá aprimorar sua eficiência em benefício próprio – por exemplo, para ganhar tempo extra de lazer. No entanto, se a companhia fornece os incentivos adequados, as mecânicas sociais esculpem novos caminhos para tornar a empresa mais inteligente e mais rentável. O treinamento formal e os "processos para melhorar processos" podem ajudar, mas as equipes motivadas descobrem isso por si só e obtêm muita satisfação social e emocional durante o processo. Nas miniusinas de aço da Nucor, elevados bônus baseados no trabalho em equipe proporcionam forte motivação para aumentar a produtividade, e as equipes continuam a encontrar melhorias sem a necessidade de processos de mapeamento de exercícios formais e complexos.[13]

Gerenciamento informal de recursos humanos

A arquitetura informal também é capaz de desempenhar um papel muito eficaz no desenvolvimento da base de recursos humanos. Tanto a Capital One[14] quanto a Progressive Insurance[15] descobriram que os novos profissionais recomendados por seus atuais funcionários têm uma chance de sucesso significativa. Algumas firmas rejeitam essa prática alegando que ela incentiva o nepotismo, sem se dar conta do funcionamento das redes sociais. Seria muito tolo da parte de um valioso membro de uma comunidade recomendar alguém incompetente para realizar um trabalho, por duas razões muito importantes: 1ª) tal membro estaria minando sua própria credibilidade; 2ª) ele seria responsabilizado pela própria pessoa indicada para uma função, por tê-la levado ao fracasso. As recomendações pessoais são um dispositivo de triagem poderoso.

As redes informais também são mais implacáveis na eliminação de funcionários incompetentes, como demonstrado pela Nucor.[16] O sistema de recompensa da Nucor baseado em equipes gera uma forte pressão social para que todos, de fato, desempenhem bem seus papéis, assim, aqueles que não estão prontos para isso simplesmente deixam a companhia.

O desenvolvimento de sistemas informais também pode ser altamente eficaz. A maioria dos executivos mais bem-sucedidos consegue se lembrar da maior contribuição de um mentor e/ou treinador para sua carreira. Além de auxiliarem no desenvolvimento das habilidades funcionais de um executivo, os mentores também acrescentam novos profissionais à sua rede social. Isso ajuda os "orientandos" a se estabelecerem mais rapidamente na arquitetura informal da empresa e a começarem a troca de moeda social no sentido de alcançarem seus resultados. Muitas vezes, a motivação para a tutoria se revela egoísta – **você me ajuda e eu ajudo você** –, porém, muitos executivos o fazem pela simples satisfação emocional – reciprocidade altruísta – e, neste caso, eles atuam como pais criando seus filhos, sem ter em mente qualquer recompensa específica.

Mensurações e recompensas informais

As recompensas sociais e emocionais representam grandes motivadores dentro da organização informal. A maioria dos sistemas de recompensa formais se concentra principalmente em incentivos econômicos, mas satisfazer as necessidades sociais e emocionais pode ser muito mais poderoso. Não existe **"benevolência"** na moeda social. Os soldados não morrem no campo de batalha por remuneração extra, eles morrem por seus colegas. A pressão social para que eles façam o contrário é muito grande. Para as organizações, o objetivo é alinhar a pressão social interna ao sucesso estratégico. Foi isso o que a Nucor alcançou ao oferecer regularmente bônus a equipes que conseguem custos mais baixos na produção de aço. Ninguém se atreve a decepcionar a equipe, ou irá ouvir de seus colegas até não querer mais.[17]

As recompensas simbólicas custam bem menos que as financeiras. O reconhecimento público gera estima social e custa pouco, mas é um motivador muito forte. Até mesmo a simples publicação das classificações de desempenho das unidades de negócio pode se mostrar bastante eficaz. As que estão no topo da lista desfrutam da fama, enquanto as que se situam na parte inferior do rol sentem vergonha – o que eu chamo de **"jogo do orgulho e da humilhação"**. E a humilhação pode ser muito dolorosa, até mesmo perturbadora. Portanto, o ideal é publicar apenas as melhores classificações com um intuito motivador, porque os problemas que se criam por se destacar desempenhos ruins são muito grandes.

Sistemas informais de comunicação e de informação

A comunicação informal representa uma força poderosa dentro de todas as organizações – **tanto para o bem quanto para o mal**. Como a comunicação eficaz desempenha um papel fundamental nos processos de mudança, é muito importante aprender a explorar seus canais informais.

Os canais informais de comunicação são muito rápidos. Isso acontece porque os que estão "por dentro do assunto" trocam segredos; e já que os segredos não duram muito tempo, essas pessoas trabalham duro no sentido de repassá-los antes que outros o façam, mantendo assim seu *status* de "porta-novas". Líderes inteligentes estabelecem laços com esses "novidadeiros" para fornecer à sua equipe um sistema de alerta precoce e de rápida transmissão de mensagens.

Tendo em vista que a autoria de tais informações não é referida e que se trata de dados extraoficiais, não há necessidade de ajudar as pessoas a se protegerem ou de apresentar ônus de prova, tampouco o risco de sofrer calúnia ou difamação. Isso significa que esse tipo de informação é, geralmente, mais precisa que sua versão oficial. Sempre existe o risco de um boato malicioso, mas um sistema interno autorregulador incentiva os indivíduos a verificar suas fontes em busca de veracidade. A troca de dados mal-intencionados pode levar à perda de credibilidade e minar a reputação da pessoa na rede.

Entretanto, as redes informais de comunicação também têm seus problemas. Elas tendem a amplificar sinais relativamente pequenos, exagerando a realidade; e, na ausência de qualquer sinal real, elas criam e amplificam ruídos. Elas também podem ser usadas por pessoas sem escrúpulos a fim de prejudicar os outros, especialmente tendo em conta o anonimato que proporcionam. A melhor maneira de evitar esses problemas é preenchendo a rede com informações precisas. Sinais pequenos e capciosos devem ser substituídos por indicações mais fortes e mais precisas que ofereçam margem reduzida para a geração de ruídos. Desse modo, aqueles cuja intenção seja espalhar mentiras maliciosas terão menos oportunidades, já que todos na organização terão acesso a uma visão clara dos objetivos da companhia e do papel que desempenham a fim de alcançá-los. É a ausência de informação que cria a oportunidade para a prática desses jogos prejudiciais.

A arquitetura informal também constrói sofisticadas bases de dados com informações práticas fundamentais que são distribuídas por toda a mente coletiva. Essas bases contêm uma grande variedade de informes essenciais para a realização dos trabalhos – incluindo **"quem conhece quem"** e **"quem sabe o quê"**; pontuações referentes à estima social identificam quem é respeitável, admirado e/ou capaz de exercer influência *versus* aqueles que tendem a ser ignorados ou mesmo vilipendiados; pontuações quanto à reputação dos indivíduos com os quais se poderá contar e quem é passível de confiança; informações sobre pessoas altruístas dispostas a auxiliar a comunidade e sobre os que apenas solicitam favores e não dão nada em troca. Todo esse conjunto de conhecimentos está disponível para os indivíduos bem conectados ao sistema social. E ele é essencial para o alcance dos resultados.

A integração entre os componentes sociais – Das tribos às nações

A maioria das grandes organizações se divide em áreas e departamentos que rapidamente se transformam em componentes de mecânica social e agem como uma comunidade local a serviço da empresa. No entanto, tendo em vista que mecanismos formais multifuncionais raramente promovem confiança, reciprocidade, responsabilidade pessoal e transparência, eles muitas vezes se fragmentam dando origem a feudos corporativos.[18] Assim, a companhia acaba se dividindo em **"tribos" concorrentes**, cada uma com sua própria identidade e senso de propósito. E, embora se perceba forte coordenação e esforço cooperativo dentro de cada área, a capacidade de operação eficaz entre todos os departamentos passa longe do ideal.

Ao longo dos anos, diversos processos de negócios foram desenvolvidos no sentido de buscar um maior alinhamento entre as fronteiras formais existentes dentro das empresas e a eliminação dos feudos corporativos, mas apesar de todos esses esforços, esses feudos permanecem. Nossos instintos são muito mais fortes que os processos burocráticos que temos posto em prática para tentar superá-los. No entanto, com os processos corretos e a adequada motivação é possível alinhar essas tribos sob um objetivo comum maior e formar uma nação.

Empresas inteligentes exploram o poder das redes informais para alcançar a coordenação e a cooperação interorganizacionais. Exemplos comuns disso incluem áreas de café e cantinas dentro das companhias, *happy hours* às sextas-feiras, exercícios de construção de equipes e outros eventos sociais. Estas são maneiras sutis de incentivar o intercâmbio social e nem sempre são muito eficazes. Na verdade, elas muitas vezes resultam na socialização entre colegas que já se conhecem bem, não na formação de novas relações.

Capítulo 9 Arquitetura informal – Alavancando a mecânica social

A Halliburton,[19] grupo norte-americano que atua principalmente na área de infraestrutura voltada para o setor petrolífero, tomou uma abordagem mais sistemática; a organização desenvolveu sociogramas[20] que mapeiam as interações entre seus membros a fim de tentar moldar redes informais mais eficazes. A empresa descobriu que alguns indivíduos, quando transferidos para outra unidade organizacional, conservavam laços fortes com seus antigos colegas. Isso estimulou a Halliburton a transferir alguns gestores para localizações geográficas diferentes para melhorar a cooperação entre as unidades. O resultado foi uma melhoria notável no desempenho de toda a companhia. Usando técnicas semelhantes, uma grande instituição financeira descobriu recentemente as razões pelas quais suas operações internas e de relacionamento direto com os clientes não estavam funcionando bem de maneira conjunta; a maioria das interações entre as duas áreas era canalizada por apenas um *networker*. Agora a empresa está trabalhando para construir mais pontes sociais a fim de ampliar e facilitar essas interações.

É possível começar a estabelecer relações de confiança e reciprocidade a partir da reunião periódica dos líderes tribais, incentivando-os a auxiliar uns aos outros e a moldar uma estratégia global, criando uma **"tribo das tribos"**. A J&J começou a fazer isso em 1993 com diálogos estruturados que visavam democratizar a maneira como a empresa fazia suas escolhas estratégicas.[21] A legitimidade da liderança nacional da tribo das tribos é primordial. Cada líder deve visitar as diferentes tribos demonstrando respeito, reforçando uma visão coletiva e um propósito comum, enfatizando os benefícios de se trabalhar em conjunto, mostrando competência e integridade e construindo o entendimento. As revisões mensais de implantação de políticas da Danaher cumprem essa finalidade.[22] Tais encontros também permitem que os membros de cada tribo se reúnam com a direção nacional e troquem opiniões. Isso mantém a honestidade dos líderes tribais, porque eles sabem que seus membros têm acesso direto à alta administração.

As reuniões multitribais, as forças-tarefa intertribais e as visitas intertribais informais criam maiores oportunidades de comunicação e de desenvolvimento de confiança. A transferência de profissionais entre as tribos também contribui para esse fim tendo em vista que os funcionários transferidos costumam manter suas redes sociais antigas, o que favorece a construção do entendimento entre as duas – uma espécie de casamento intertribal. Desse modo, as nações são originadas e mantidas. Nenhum amontoado burocrático formal tem o poder de gerar o mesmo efeito.

Portanto, o desafio para as companhias não é evitar o tribalismo, mas abraçá-lo de maneiras que evitem o comportamento feudal disfuncional. A meta é cultivar as tribos que atuam como componentes de negócio estratégicos, executando a agenda estratégica local da empresa enquanto todos trabalham juntos como uma **"nação"** em prol do bem geral da organização.

Alinhando as estruturas formais e informais

Em vez de depender de algumas das características da mecânica social para refinar nossas estruturas atuais, por que não adotar uma abordagem mais radical e trabalhar no sentido de alinhar totalmente as arquiteturas formais e informais? Que tal reestruturar a organização com um determinado número de componentes de negócios estratégicos (CNEs), cada um limitado pelo tamanho definido pela mecânica social? Isso incentivará os componentes da mecânica social a adotarem uma formatação que se auto-organizará. Identifique e invista de maneira sistemática em *networkers* que amarrem os CNEs uns aos outros e combine-os em um "super-CNE", uma tribo das tribos, que, em si, significa uma pequena comunidade operando dentro dos limites de tamanho de um componente de mecânica social. Essa abordagem permite às empresas explorar o conjunto completo de recursos herdados pela espécie humana e criar organizações mais eficientes, mais adaptáveis e de baixo custo.

Algumas empresas já exploraram essa estrutura e alcançaram um bom resultado. A Walmart, em seus primeiros anos, foi um desses casos.[23] Ao contrário de muitos dos grandes varejistas, a Walmart resistiu à criação de uma estrutura regional e, em vez disso, estabeleceu seus vice-presidentes regionais em Bentonville junto aos compradores e aos funcionários da empresa. Fazia parte da função dos vice-presidentes regionais viajar toda segunda-feira de manhã para visitar suas lojas e voltar no final da semana com uma nova ideia que mais que cobrisse o custo do voo. Eles eram convocados para partilhar suas ideias com seus colegas todos os sábados pela manhã em uma reunião da empresa. A pressão social garantia que a maioria apresentasse uma boa ideia! Ao longo das tardes de sábado, as lojas começavam a telefonar para saber o que precisariam colocar em prática na semana seguinte. Essa ação gerou um **ciclo de aprendizagem rápido**. A reunião nas manhãs de sábado criava transparência e responsabilidade entre todos os membros da alta equipe de gestão (a super-CNE) e enorme pressão social por desempenho. E os vice-presidentes regionais, membros-chave de tal equipe, realizavam a ponte entre as lojas e os centros de distribuição, sendo cada um destes um CNE.

Mas a mecânica social não era a única ferramenta de coordenação na Walmart. Na verdade, a companhia possuía alguns dos **sistemas de informação** mais **sofisticados do mundo**. Entretanto, o objetivo dos sistemas de informação era fornecer dados para que os gerentes das lojas as administrassem melhor e permitir a supervisão da diretoria. A boa informação é essencial para a transparência e para a prestação de contas. Mas, quando se tratava de realizar alterações, os processos formais e os sistemas apenas refletiam o que a companhia já sabia. A estrutura informal era a plataforma mais adequada para se tomar conhecimento do que precisava mudar e para se fazer alterações rapidamente. Desse modo, a Walmart alinhava suas arquiteturas formais e informais, fazendo pleno uso da mecânica social.

Os resultados dessa estruturação eram evidentes. A Walmart começou no varejo de descontos em 1962, no mesmo ano que a Kmart. Em dez anos, a Kmart, com seus recursos superiores, alcançou a liderança do setor superando em dez vezes as vendas da Walmart. Na verdade, os primeiros esforços da Walmart foram absolutamente desastrosos. Mas a Walmart aprendeu, enquanto a Kmart não dispunha de mecanismos de aprendizagem. No período de mais 15 anos que se seguiu, a Walmart alcançou o mesmo tamanho da Kmart, crescendo muito **mais rápido** e tornando-se **bem mais rentável**. A Kmart lutou durante anos para se recuperar, mas acabou declarando falência em 2002.

Turbinando a arquitetura informal – O potencial da tecnologia das redes sociais (TRS)

A conexão entre a arquitetura informal e o sucesso nos negócios já foi reconhecida há bastante tempo, mas não é fácil otimizar esse vínculo de uma maneira sistemática por causa de sua própria natureza. A arquitetura informal não é escrita ou gravada em qualquer lugar. A mecânica social da qual ela depende é subconsciente, instintiva e automática. Somos especialistas nisso, mesmo que não saibamos o que estamos fazendo. No entanto, a TRS se tornou um instrumento poderoso para nos ajudar a "enxergar" o invisível.

PARTE 2   ESTRUTURA INTELIGENTE

As primeiras ferramentas nessa área incluíam gráficos sociais que tentavam mapear os padrões de intercâmbio social usando métodos alternativos como os *e-mails*. Algumas empresas já usaram essa técnica obtendo bons resultados – entretanto, em algumas jurisdições há de se considerar questões ligadas à privacidade. Mas plataformas como o Friendster, o MySpace e o Facebook elevaram as ferramentas de redes sociais a um novo patamar. Elas oferecem meios muito mais sofisticados para o mapeamento do intercâmbio social e para a mensuração da moeda intrínseca aos relacionamentos; elas apoiam muitos dos comportamentos necessários à eficácia da coordenação e do controle informais já discutidos, e oferecem as condições de responsabilização e transparência atinentes.

A TRS promete turbinar a arquitetura informal. Ela permite que os componentes sociais operem com eficiência em todos os lugares e fusos horários. Ela expande o tamanho dos componentes sociais naturais para números que vão além de 150 ou 200 pessoas, e fornece uma plataforma eficiente que permite aos *networkers* criar pontes entre muitos outros componentes.

A transparência fornecida pela TRS também ajuda em questões de governança levantadas quando as organizações recorrem ao diálogo informal. A alta gestão tem responsabilidade fiduciária para com os acionistas de garantir que os membros da empresa atuem em seus melhores interesses e de maneira consistente com os valores da companhia.

A TRS promete apoiar novas estruturas baseadas em componentes em grandes organizações, ajudando-as a superar sua **inércia estrutural**. Ela também oferece grande potencial para as pequenas empresas que já se beneficiam da mecânica social.

Empresas pequenas, que não excedem o tamanho máximo de um componente social, não necessitam de muito para operar no que se refere a sistemas formais e processos. Mas, à medida que crescem, a coordenação e o controle informais perdem a eficácia e estruturas mais formais passam a ser necessárias. Estas são lentas e caras e, muitas vezes, minam a lucratividade. Assim, o desempenho financeiro é restaurado somente quando, por terem se tornado maiores, as economias de escala compensam os custos adicionais trazidos pela estrutura formal. É por isso que muitos setores têm poucos grandes atores que operam acima do limite e uma variedade de pequenos competidores que servem a nichos que devem sua sobrevivência à melhor economia e à resposta mais rápida de arquitetura informal. Para as pequenas empresas em crescimento, que se aproximam do tamanho limite ora discutido, a TRS promete retardar sua necessidade de ação ao facilitar a interação em componentes sociais maiores. Além disso, a TRS também oferece uma maneira de evitar essa barreira completamente, por meio da construção de uma organização orientada a objetos.

Progresso na aplicação da TRS

Os primeiros *sites* de redes sociais, como o Friendster,[24] o MySpace e o Facebook,[25] começaram como comunidades para que os jovens procurassem uns aos outros e trocassem conteúdo. Porém, o Facebook, em particular, migrou para uma plataforma que permite a interação entre várias comunidades. Lançado em 2004, o *site* já ostentava notáveis 500 milhões de usuários ativos em 2010. No início de 2013, o Facebook já tinha mais de 1 bilhão de usuários. Os trinta perfis mais vistos no Facebook até 9 de dezembro de 2010 incluíam muitas celebridades, com Michael Jackson e Lady Gaga na liderança, e vários programas de TV.[26] No entanto, quatro marcas também foram destaque: Coca-Cola, Starbucks, Oreo e Disney. Aliás, quando combinadas, as marcas ligadas à Disney representavam 100 milhões de fãs no Facebook.[27]

O Facebook fornece *insights* interessantes de ordem social e permite que os indivíduos ativamente gerenciem sua própria influência sobre os outros. Embora bastante variável, a quantidade média de amigos de um membro do Facebook em 2010 era de cerca de **200**, semelhante ao limite estabelecido pela mecânica social. Ao que parece, representamos a figura central do nosso próprio mundo social, um componente social de aproximadamente 200 pessoas, limitado em números por nossa habilidade de socialização herdada geneticamente. Isso define um limite para nossa influência direta informal, mas tendo em vista que nossos amigos fazem parte de muitos outros componentes sociais, nossa influência indireta é muito maior. Quanto mais amigos temos em grupos diversos, mais influência somos capazes de exercer – e agora podemos rastrear isso no Facebook. O *site* também facilita a manutenção de relacionamentos com pessoas no mundo todo. Foram-se os dias em que os que se mudavam para outros países tinham de fazer novos amigos e dizer adeus aos velhos. O Facebook nos permite manter contato com as pessoas onde quer que elas estejam. Ele promete uma nova ordem social.

PARTE 2 ESTRUTURA INTELIGENTE

O LinkedIn é promovido como uma rede social para profissionais, mas, na realidade, o *site* é usado muito mais para recrutamento.[28] Ao contrário de *sites* como o Monster.com, em que as pessoas, na verdade, estão à procura de trabalho, o LinkedIn fornece a potenciais empregadores acesso a quem já tem um emprego remunerado, mas que pode estar aberto a propostas. Isso amplia o grupo alvo para os recrutadores e sem dúvida melhora a qualidade. Essa característica de rede de profissionais representa uma "boa desculpa" para os usuários quando seus empregadores atuais descobrem seus perfis.

Muitas novas empresas com modelos de negócios inovadores usam alguns dos recursos da TRS. Isso inclui a eBay, que apresenta a pontuação de sua reputação, a Amazon que disponibiliza suas recomendações e a eHarmony, um *site* de namoro que já responde por **30%** de todos os casamentos nos EUA.[29] Os *softwares* de código aberto e o Wikipedia também se baseiam em troca social. Organizações grandes e bem-estabelecidas também estão adotando a TRS, mas, por enquanto, poucas a estão usando para turbinar sua arquitetura informal.

O impacto inicial da TRS no mundo corporativo foi o poder de ataque que ela proporcionou a grupos restritos. Um pequeno grupo de estudantes de uma universidade dos EUA (The Rainforest Action Network) conseguiu fechar algumas madeireiras na América do Sul sem atacá-las diretamente; o objetivo foi o Citigroup, o banco que lhes fornecia linhas de crédito.[30] As grandes companhias estão cada vez mais interessadas em rapidamente rastrear e responder às críticas que estão atraindo antes que as coisas saiam do controle.

A atenção ao ativismo é de particular interesse para as grandes marcas, porque a notoriedade do perfil delas as torna mais vulneráveis.[31] Ironicamente, os ativistas ambientais são menos propensos a atacar as maiores indústrias poluidoras, porque elas não possuem nomes familiares ao público geral. As empresas que detêm grandes marcas também estão perdendo o controle sobre elas. No passado, essas empresas podiam transmitir qualquer informação que quisessem sobre suas marcas com relativa impunidade, mas as atuais plataformas de redes sociais oferecem aos consumidores uma poderosa ferramenta para que respondam e se unam a fim de protestar. A Target, varejista de descontos número dois dos EUA, experimentou uma reação pública em setembro de 2011 quando lançou uma linha de roupas criada pela Missoni altamente divulgada. A demanda foi tão grande que o *site* da empresa travou e o produto se esgotou

Capítulo 9 Arquitetura informal – Alavancando a mecânica social

em poucas horas. Muitos pedidos completados *on-line* foram inexplicavelmente cancelados no dia seguinte. Um desastre de relações públicas se seguiu conforme a indignação dos clientes inundou o Twitter e o Facebook.³²

O medo de represálias do consumidor deu à luz uma nova ciência: a gestão da reputação *on-line*.³³ As grandes marcas oferecem agora meios para a troca de pontos de vista entre seus clientes, enquanto os ouvem com muito cuidado. A Procter&Gamble tem um *site* de sucesso chamado Pampers Village para jovens mães. O *site* permite às novas mamães compartilhar problemas e experiências e prestar apoio mútuo num momento em que esse amparo é muito apreciado; mas também fornece uma plataforma útil para a publicidade dos produtos da P&G.³⁴

Embora as grandes organizações estejam cada vez mais dispostas a utilizar as plataformas de redes sociais para se comunicar com grupos externos, poucas já consideraram a TRS para sua comunicação interna ou para turbinar sua arquitetura informal. Esta é uma omissão perigosa, porque os funcionários não precisam esperar que a empresa lhes forneça uma plataforma para começarem a criticar; eles podem usar o Facebook, que não é mais apenas uma fonte de entretenimento para os jovens; um número crescente de pais e avós também faz parte dessa rede. As empresas ignoram a ameaça da TRS por sua conta e risco. Os motins que ocorreram em Londres em 2011, que destruíram muitas empresas, foram organizados por meio de *sites* de redes sociais. Aliás, esses *sites* também ajudaram a desencadear a Primavera Árabe, que derrubou os governos do Egito, da Tunísia e da Líbia em 2011, e ainda ameaçam o Iêmen e a Síria.

Bem-vindo ao mundo conectado! As companhias devem abraçar a TRS e usá-la para alcançar seus principais públicos, incluindo clientes, fornecedores, funcionários, acionistas e órgãos reguladores. Ao utilizá-la com o intuito de turbinar sua arquitetura informal, as organizações elevam seu QI Estrutural.

Uma **importante observação**: muitas empresas que utilizam a TRS tentam adotar uma antiga mentalidade de comando e controle. Elas querem especificar que intercâmbios podem acontecer, mas limitar o conteúdo permitido. Outras argumentam que os funcionários devem ter liberdade para criar suas próprias redes sociais e fazer tudo o que gostam; a empresa deve simplesmente lhes fornecer uma plataforma flexível para isso. Todavia, é preciso que haja um equilíbrio entre essas duas visões. Para funcionarem de maneira eficaz, as redes sociais precisam de um bom grau de liberdade, mas

219

é fundamental alimentá-las com conteúdo valioso que atraia os usuários e suprima ruídos e rumores maliciosos. Não faz sentido que as empresas incentivem um intercâmbio social que trabalhe em oposição a um QI Estratégico e Estrutural mais elevado. Além disso, existem alguns comportamentos sociais lamentáveis que devem ser ativamente desencorajados.

O que as organizações não podem fazer é se dar ao luxo de ignorar a TRS, porque seus funcionários irão usar plataformas como o Facebook e o Twitter de qualquer maneira. E, deixados à própria sorte, eles podem muito bem usá-las para redirecionar o poder da mecânica social contra a empresa.

Resumo

A **socialização** é a força poderosa que **une as sociedades**. Herdada geneticamente, essa nossa capacidade inconscientemente molda o nosso comportamento e nos faz construir unidades coesas que nos tornam mais fortes enquanto espécie. Temos a capacidade de pensar de maneira consciente sobre essa força e utilizá-la a nosso favor. Também temos o poder da TRS para aproveitar essa força a fim de criar unidades sociais mais fortes para dar apoio a estruturas sociais mais complexas. Evoluímos de um mundo de unidades isoladas em competição para uma rede de redes constituída de componentes interdependentes que ao mesmo tempo cooperam e competem entre si.

As empresas são componentes vitais de um sistema social complexo. Elas criam valor, e sem elas a sociedade não funcionaria. Todos dependemos delas. Para alcançar sucesso, as companhias que criamos dependem em grande parte de **troca social**, apesar de tentarmos enganar a nós mesmos dizendo que é a arquitetura formal que deve levar o crédito. Aqueles que abraçam a TRS para alavancar a arquitetura informal a serviço da empresa irão aumentar sua capacidade de mudança. Aqueles que a ignoram perceberão que seus funcionários a estão usando de qualquer modo; afinal, trata-se de algo gratuito disponível no Facebook e no Twitter, e se não estiverem satisfeitos, eles irão utilizá-lo contra a empresa. Assim como farão os clientes, os fornecedores, os órgãos reguladores e o público em geral. **Bem-vindo ao mundo conectado**!

Notas

1. Veja Cyert e March (1963) para a abordagem rigorosa de uma teoria comportamental da empresa.

Capítulo 9 Arquitetura informal – Alavancando a mecânica social

2. Clippinger (1999; 2007).
3. Dunbar (1992).
4. Evito o uso dos termos "comuna" e "comunidade" pelas imagens que, por vezes, esses vocábulos evocam.
5. Covey (2006).
6. Lehrer (2011).
7. Young (2002).
8. Em um experimento chamado "jogo do ultimato", uma soma em dinheiro é dada a um indivíduo e pede-se a ele que ofereça parte do montante a outra pessoa. Se o segundo indivíduo aceita a oferta, ambas as partes mantêm o dinheiro, mas, se a segunda pessoa recusa a oferta, ninguém pode ficar com o dinheiro. Pela lógica, o segundo indivíduo deveria aceitar **qualquer** oferta, porque isso é melhor do que nada. Entretanto, a maioria rejeita a oferta se sente que ela é muito baixa, a fim de punir a outra parte por ser injusta. O limite normalmente fica em torno de 30% do total. O jogo do ultimato foi jogado em muitas culturas ao redor do mundo, alcançando resultados extremamente consistentes. Veja Kagel e Roth (1995).
9. Brosnan e Waal (2003).
10. Em um artigo publicado na revista *Proceedings of the National Academy of Science*, em 17 de outubro de 2006, Jorge Moll *et al.* relataram que tanto as recompensas monetárias quanto as doações ativam a via mesolímbica de recompensa, uma parte primitiva do cérebro que se acende em resposta à comida e ao sexo. Isso sugere que o altruísmo esteja impresso em nosso encéfalo e nos dê prazer. As doações também ativam o córtex subgenual/a região do septo relacionado ao apego social.
11. BBC News (2004).
12. Ansoff e McDonnel (1990).
13. Ghemawat e Stander (1992).
14. Wells e Anand (2008).
15. Wells, Lutova e Sender (2008).
16. Ghemawat e Stander (1992).
17. Ghemawat e Stander (1992).
18. Para uma excelente descrição do problema de feudos, leia Gulati (2007).
19. Laseter e Cruz (2006).
20. Um gráfico social "traça a estrutura das relações interpessoais em uma

PARTE 2 ESTRUTURA INTELIGENTE

     situação de grupo". Acesse www.merriam-webster.com/dictionary/sociogram. Eles são usados para mapear e analisar redes sociais.
21. Meyerson (1996).
22. Anand, Collis e Hood (2008).
23. Wells e Haglock (2006).
24. Piskorski e Knoop (2006).
25. Piskorski, Eisenmann, Chen e Feinstein (2008); Piskorski (2011).
26. http://pagedata.insidefacebook.com. Acessado em 9 de dezembro de 2010.
27. http://mashable.com/2010/12/05/disney-100-million-facebook-fans. Acessado em 9 de dezembro de 2010.
28. Piskorski (2006; 2007).
29. Com base nos resultados de um estudo de 18 meses conduzido pela Harris Interactive, e patrocinado pela eHarmony. Veja o que foi divulgado na *Business Wire - Estudo: Em Média, 542 Pessoas Se Casam Todos os Dias nos EUA por Intermédio do eHarmony; Mais de 1 Milhão de Pessoas Não Casadas Relataram Estar em uma Relação Monogâmica Com Um Parceiro eHarmony*. 16 de agosto de 2010.
30. Baron, Barlow, Barlow e Yurday (2004).
31. Eesley e Lenox (2005).
32. D'Innocenzio (2011).
33. Gaines-Ross (2010).
34. www.pampers.com

CAPÍTULO 10

EM BUSCA DE UMA ESTRUTURA MAIS INTELIGENTE

Introdução

Tendo discutido como os elementos estruturais das organizações criam inércia, neste capítulo reunimos tudo para traçar um curso em direção a um QI estrutural mais elevado.

Tendo em vista que as empresas demonstram uma grande variedade de inteligência estrutural, identificamos os diferentes níveis de QI estrutural e fornecemos um plano passo a passo para criar uma **organização estruturalmente mais inteligente**. Para isso, as companhias devem adotar uma gestão de ativos e uma arquitetura formal mais inteligente, e precisam turbinar sua arquitetura informal.

QI estrutural reduzido

As empresas com QI estrutural reduzido estão comprometidas de maneira insensata com ativos que acumularam ao longo de muitos anos, e qualquer tentativa de questioná-las recebe a seguinte resposta: "Esta é a maneira como fazemos as coisas por aqui." Elas estão presas à noção de que precisam possuir as coisas para controlá-las e que devem desenvolver todas as ideias sozinhos – a síndrome do **"isso não foi inventado aqui"**. Quando terceirizam, seus motivos são o corte de custos e os pensamentos convencionais, em vez de lógica estratégica, e isso muitas vezes pode deixar a empresa exposta aos fornecedores.

PARTE 2 ESTRUTURA INTELIGENTE

As organizações estruturalmente menos inteligentes não estão cientes da necessidade de alinhar os elementos de sua estrutura. Elas não reconhecem o quão inter-relacionados são os elementos da arquitetura formal, por isso eles muitas vezes parecem incoerentes entre si. Assim, a organização entra em guerra consigo mesma. Aos indivíduos são atribuídas responsabilidades por coisas sobre as quais eles têm pouco controle.

Os processos duplicam o trabalho ou conduzem a atividades que não têm relação com o desempenho da empresa. Espera-se que as pessoas realizem tarefas para as quais elas não têm experiência ou treinamento. Os novatos são recrutados com base em critérios-padrão, sem que se pense sobre o que o trabalho realmente exige. Os funcionários não são enviados para programas de "reciclagem" para desenvolver conhecimentos e competências relevantes, mas como se isso fosse uma recompensa por um bom trabalho.

Os sistemas de mensuração servem para confundir em vez de esclarecer, ou focam intensamente em lucros de curto prazo à custa do sucesso de longo prazo. Os sistemas de remuneração recompensam o total de subordinados diretos em vez de premiar o conhecimento, as habilidades ou a contribuição para o sucesso estratégico. Não há incentivos para a obtenção de resultados ou, pior ainda, os funcionários são recompensados para fazer exatamente o oposto do que é necessário. Os sistemas de informação produzem grandes quantidades de dados irrelevantes.

Quando essas empresas decidem realizar mudanças organizacionais, elas abordam o tema de maneira fragmentada, sem referência à estratégia ou ao impacto que ela causará sobre a estrutura informal. Em uma demonstração ritual de indução ao medo de humilhação pública, algumas forçam os executivos seniores a se recandidatarem aos próprios cargos, apesar dos dados abundantes sobre seu desempenho passado. Outras remodelam duas ou três camadas da gestão sênior em um verdadeiro jogo de **"dança das cadeiras"** para os altos executivos. Quando a música para, os bem-sucedidos se encontram em novos assentos, enquanto os outros devem deixar o jogo. Para todos os demais, são apenas negócios.

As companhias com QI estrutural reduzido adicionam novos processos sobre os antigos na esperança de resolver os problemas, mas, ao contrário disso, criam ainda mais. Sob o disfarce de um *scorecard* equilibrado, elas introduzem novos sistemas de análise que impõem dezenas de prioridades sobre funcionários perplexos. Elas fazem investimentos maciços em novas plataformas de TI que prometem uma abordagem personalizada e integrada, mas, ao mesmo tempo, forçam todos a mudar para a solução-padrão escolhida pelo fornecedor. São regras de senso comum para cada elemento estrutural, mas nada é feito para entender como eles funcionam juntos. Frequentemente, isso acontece porque a responsabilidade de cada um dos elementos se encontra nas mãos de gestores cujas funções são diferentes, que buscam a excelência funcional, não a integração para o bem geral da empresa.

As companhias cuja inteligência estrutural é reduzida ignoram a arquitetura informal ou a enxergam como uma política do mal. Isso se torna uma profecia autorrealizável quando pessoas frustradas e desmotivadas usam suas habilidades inatas para se organizar contra a empresa.

Por fim, algumas empresas percebem a importância da coerência estrutural interna, mas não conseguem tornar sua estrutura consistente com sua estratégia.

Esse é um passo na direção certa, mas de inteligência estrutural ainda baixa, o que muitas vezes conduz à execução de uma estratégia diferente. Vimos isso com a Energis; a intenção estratégica era desenvolver relacionamentos de margem elevada com clientes sofisticados sistemas de telecomunicações, porém, a própria estrutura de recompensa incentivou a busca por negócios simples, de margem mais reduzida.[1] Ao longo dos últimos dez anos, a Gap, varejista têxtil líder nos EUA, tem feito várias tentativas para se posicionar em segmentos mais sofisticados, mas isso nunca funcionou; ela está estruturada para fornecer mercadorias básicas.[2]

QI estrutural moderado

As empresas com QI estrutural moderado têm tomado medidas para se tornarem mais *asset light*. Elas focam seus investimentos em atividades que proporcionam retornos mais elevados ou vantagens exclusivas, e terceirizam quando faz sentido estratégico. Por exemplo, a Zara produz 20% das suas próprias roupas na Espanha, mas mesmo para esses 20%, ela terceiriza os serviços a muitos costureiros da região da Galícia. Ela também utiliza caminhoneiros terceirizados em vez de possuir frota própria. Isso porque tanto a costura como o transporte são negócios que oferecem lucros baixos e, ao mesmo tempo, não oferecem barreiras à entrada de novos fornecedores, o que amplia as opções do contratante.

As empresas de QI estrutural moderado alinham sua estrutura à estratégia pretendida. Dada a complexidade da estrutura, esse alinhamento se torna uma ação importante. Mas as empresas de QI estratégico moderado criam uma estrutura difícil de mudar e adotam uma abordagem hierárquica descendente que reune as dificuldades envolvidas. Eles somente tentam mudar quando consideram isso absolutamente necessário, o que provoca uma inércia significativa.

A lógica da abordagem de comando e controle é **enganosa**, em especial para os engenheiros. Primeiro, a estrutura atual é definida – a **posição inicial**. Em seguida a futura estrutura ideal para apoiar a estratégia é projetada – a **posição almejada**. Em terceiro lugar, as grandes diferenças entre o ponto de partida e o objetivo final são identificadas, e as mudanças necessárias são priorizadas. Isso tudo parece muito racional, mas os problemas tendem a surgir logo na primeira etapa. Mapear mesmo as menores e relativamente mais simples organizações é algo complexo; a maior parte de sua atual arquitetura formal está simplesmente maldocumentada e defasada, enquanto sua arquitetura informal desafia qualquer descrição. Existe tanto para mapear que, no momento em que o processo for concluído, já é hora de mudar novamente. As empresas de consultoria estão sempre dispostas a ajudar em tais empreendimentos, porque o potencial de ganhos com esse serviço é quase ilimitado. Mas os recursos extras implantados raramente resolvem o problema real.[3]

A maioria das iniciativas de mudança estrutural hierárquica acaba sendo relativamente superficial, restando aos funcionários – particularmente àqueles da linha de frente – juntar os pedaços e tentar fazê-la funcionar. A linha de frente é ignorada no processo, e a arquitetura informal, tratada com desdém e até mesmo suspeita; porém, assim que o disfarce formal cai, as empresas contam justamente com a linha de frente e a arquitetura informal para socorrê-las e terminar o trabalho. Impor dessa maneira novas estruturas sobre a linha de frente raramente gera um forte incentivo para a mudança; aliás, o tiro pode sair pela culatra se os empregados ressentidos decidem sabotar os esforços da alta gestão.

Isso não quer dizer que a administração sênior não deva expor uma visão clara do que ela acredita ser do melhor interesse da companhia. A **"intenção do comandante"** deve estar clara. Mas o pessoal da linha de frente precisa estar envolvido desde o início, entender o que precisa ser feito, acreditar nessa intenção e ser recompensado por executá-la. Então eles poderão seguramente ser deixados para lidar com os detalhes por si só.

QI estrutural elevado

Se a sua empresa está repousando em um degrau intermediário da escada do QI Estrutural, mas almeja alcançar o topo, o roteiro a seguir irá levá-la a patamares mais elevados. Se a sua empresa conseguir dominar os métodos mais inteligentes de gestão de ativos, na arquitetura formal e informal, você terá percorrido dois terços do caminho rumo à inserção de inteligência estratégica no próprio DNA de sua companhia. (O terço restante está detalhado na **Parte 3: Mentes inteligentes**.) Você está no caminho certo para a rentabilidade sustentável superior.

Gestão inteligente de ativos

As empresas com QI estratégico moderado sabem quais ativos elas precisam ter à sua disposição para transformar sua estratégia em um sucesso, porém, as empresas inteligentes fazem um esforço concentrado para se manter *asset light*, investindo apenas nos ativos que lhes são cruciais. Elas terceirizam o restante e visam tanto sua **"comoditização"** quanto seu **"controle"**. "Comoditizar" significa certificar-se de que existem muitos fornecedores que prestam esses serviços terceirizados e que o custo de alternar entre eles é muito baixo. A Li & Fung criou uma rede de 15 mil fabricantes para atender suas necessidades, e é capaz de alternar facilmente entre eles.[4]

Se houver poucos fornecedores disponíveis, então as empresas inteligentes procuram incentivar a entrada de novos participantes, embora elas possam precisar investir elas próprias até que uma base de fornecedores seja estabelecida. Por exemplo, a produtora de celulose chilena Arauco precisou investir em transporte até conseguir persuadir outros a fazê-lo.[5] O controle surge com a certificação de que cada terceirizado depende fortemente da companhia. Para alcançar esse objetivo, a Li & Fung compra entre 30% e 70% da produção de cada fabricante – **mas nunca 100%**.[6]

A Li & Fung não terceiriza tudo. Ela investe em atividades que são cruciais para a sua vantagem competitiva. Estas incluem fortes sistemas de controle financeiro, sistemas logísticos modernos de nível mundial e TI de ponta. A Li & Fung não terceiriza essas atividades críticas, porque elas são verdadeiramente estratégicas.

Historicamente, a PepsiCo e a Coca-Cola desempenharam uma estratégia *asset light*. Elas terceirizaram o processo de engarrafagem, que requer o uso intensivo de ativos, e o complexo sistema de logística para dezenas de engarrafadores regionais, concentrando seus próprios esforços em tarefas relativamente simples: mistura do concentrado e *marketing*. A razão é simples: a maior parte dos lucros está justamente no concentrado. Com o tempo, e de modo imprudente, ambas incentivaram seus engarrafadores a se consolidar, até que estes se tornaram uma grande ameaça aos seus lucros. Em resposta, a Pepsi e a Coca-Cola agora adquiriram suas próprias redes de engarrafagem. Todavia, o engarrafamento é bem menos atraente que a produção dos concentrados das marcas. Será que essas megamarcas terceirizarão novamente a engarrafagem para os pequenos engarrafadores regionais e mais uma vez se tornarão *asset light* ou optarão por um compromisso de longo prazo com o setor de engarrafamento?

Se fizer sentido para uma companhia possuir ativos, ela deverá procurar maneiras de criar flexibilidade e, assim, ajudar a evitar armadilhas fatais de ativos. Planejar com antecedência pode ajudar a evitar o desastre. Os gestores devem identificar as maneiras em que o ambiente pode mudar e criar flexibilidade para lidar com tais eventualidades. Empresas inteligentes procuram maneiras de adaptar a demanda a seu favor. A Samsung adota essa abordagem em suas indústrias multibilionárias de fabricação de componentes a partir do silício.[7]

Por fim, as empresas inteligentes declaram guerra aos custos fixos: elas se reestruturam para torná-los tão variáveis quanto possível. Isso pode incluir sistemas de remuneração por desempenho e dispositivos contratuais que associam o custo dos insumos aos preços de mercado ou à rentabilidade da companhia.

Arquitetura formal mais inteligente

Recompense o sucesso estratégico – Os elementos da arquitetura formal representam alavancas de mudança. Mas qual alavanca os líderes devem acionar primeiro? Comece pelos **sistemas de recompensa**! As recompensas induzem comportamentos e podem ser extremamente contraprodutivas quando desalinhadas dos objetivos da empresa. Companhias inteligentes recompensam o sucesso estratégico em todos os níveis da organização. Isso leva os funcionários a adaptar seus comportamentos às mudanças do ambiente, modificando a arquitetura informal para se manter à frente da disputa, mesmo se esta estiver em conflito com os atuais processos e sistemas formais.

Processos para melhorar processos – No entanto, operar em conflito com processos formais desatualizados por tempo prolongado é ineficiente. O melhor é alinhar esses processos à nova estratégia. Para conseguir isso, empresas inteligentes evitam abordagens de projeto descendentes e empregam programas de melhoria contínua que encorajam iniciativas ascendentes. Por exemplo, o programa *Work Out* da *GE* pode ser usado para envolver a linha de frente na reformulação da arquitetura. Esse é um dos muitos processos para melhorar processos que ajudam a distribuir inteligência estrutural por toda a companhia, incentivando toda a organização a se alinhar à sua estratégia.

Arquitetura orientada para objetos – Todavia, ainda é bastante desafiador remodelar estruturas "monolíticas" grandes e complexas, porque a modificação de um processo em uma parte da organização provoca problemas em outras partes. Empresas inteligentes dividem as hierarquias monolíticas em **componentes de negócios estratégicos** (CNEs) com menos interdependências, de modo que estes possam realizar alterações locais sem afetar outros CNEs – **arquitetura orientada para objetos**.

Os CNEs podem agora se concentrar em sua melhoria contínua interna e na resposta estratégica às mudanças locais no ambiente competitivo sem afetar outros CNEs. Com efeito, os CNEs se tornam pequenas unidades de negócios. Companhias inteligentes limitam o tamanho de seus CNEs para obter as respostas mais rápidas e eficazes permitidas pela mecânica social. Então, cada CNE se desenvolve naturalmente transformando-se em um componente de mecânica social. Dessa maneira, a estrutura formal se alinha à informal.

Embora os CNEs sejam concebidos para atuar de modo relativamente independente, alguma coordenação entre os próprios CNEs e entre CNEs e a administração central se faz necessária. Isso pode ser especificado como um conjunto de regras societárias, de mecanismos de mercado específicos ou de mecanismos de coordenação social. A maioria das empresas utiliza uma combinação dos três.

Quando mecanismos de mercado são usados, os CNEs podem ser transformados em centros de lucro, com plenos direitos para definir os preços de revenda. Esse é o modelo adotado pela Asea Brown Boveri. Os mecanismos de mercado também podem ser mais restritos para se alcançar o alinhamento estratégico.

Por exemplo, os gerentes das lojas Zara são recompensados por sua rentabilidade, mas eles não negociam preços com a alta direção nem definem os preços na loja; eles decidem quais linhas estocar e em que quantidades. Isso os incentiva a selecionar linhas de movimento rápido e a não fazer pedidos em demasia, o que evita as custosas remarcações de final da temporada. Esse mecanismo estimula os gerentes das lojas a agir exatamente em sintonia com a estratégia de **moda rápida da Zara**.[8]

A partir de uma coordenação baseada no mercado, os CNEs são recompensados pelo desempenho em um mercado interno projetado pela empresa. Esse mercado deve ser concebido para ser mais eficiente que o mercado externo, com maior transparência de informações e confiança. O papel dos altos executivos se altera de comando e controle para projeto e regulamentação de mercados eficientes. Além disso, a velha hierarquia funcional se inverte. O mercado voltado para os CNEs gera negócios e as antigas funções corporativas se tornam operações de serviço de apoio.

As empresas também podem utilizar a coordenação social para alinhar os CNEs, estimulando pessoas a servir de ponte entre eles ou organizando encontros informais para compartilhar conhecimentos e experiências. A Whole Foods faz isso enviando equipes de algumas lojas para visitarem outras lojas (veja na sequência).

Formando equipes de negócios especializadas para os CNEs – Para que os CNEs funcionem de maneira eficaz, os líderes devem ser recrutados e treinados para desenvolver estratégias, gerir mudanças e desenvolver seu pessoal. Empresas inteligentes recrutam e treinam gestores para que estes definam objetivos estratégicos, se organizem no sentido de obter resultados, se ajustem às mudanças, lutem pela melhoria, desenvolvam os membros da equipe e trabalhem bem com outros componentes.

TI projetada para a mudança – Por fim, uma estrutura CNE exige uma arquitetura de informação orientada para objeto capaz de servir a múltiplos propósitos; ela deve fornecer a informação certa para que os CNEs façam seu trabalho; permitir que outros CNEs enxerguem o que está acontecendo para que eles possam aprender uns com os outros e coordenar suas atividades; e fornecer as informações de que a alta administração necessita para cumprir sua responsabilidade fiduciária para com os seus clientes-chave, tais como os acionistas e as agências regulatórias.

Levando em conta a relativa independência dos CNEs, as companhias não precisam necessariamente possuir todos eles. CNEs independentes podem ser convidados a participar do mercado interno, desde que obedeçam às regras de mercado estabelecidas pela alta administração. Isso proporciona uma grande abertura para que a empresa seja mais *asset light*. Na estrutura da Li & Fung, cada um dos 15 mil fabricantes representa efetivamente um CNE independente, mas a Li & Fung não é dona de nenhum deles.[9]

Arquitetura informal mais inteligente

A arquitetura informal é moldada pela nossa capacidade de colaboração herdada geneticamente. Nós fazemos isso de maneira inconsciente e bastante eficaz, algo, aliás, que muitas pequenas empresas poderiam atestar. Grandes organizações devem reconhecer sua importância e moldá-la a seu favor, em vez de permitir que se desenvolva de modo independente em relação à estrutura formal e possa inclusive trabalhar contra elas.

Companhias inteligentes usam o poder da mecânica social para projetar estruturas formais mais flexíveis. Quando limitam o tamanho dos CNEs ao número de pessoas que podem formar naturalmente uma unidade social, as empresas aproveitam a força e a velocidade da mecânica social, evitando muito da arquitetura formal. Elas se certificam de manter as condições para que a mecânica social floresça, e incentivam os comportamentos que as criam. A reciprocidade e o altruísmo são fundamentais para a viabilidade do grupo. **Transparência, responsabilidade, honestidade** e **lealdade** promovem a confiança e tornam o grupo mais eficaz.

O tamanho exato de um CNE é limitado pela regra de uma camada – uma camada hierárquica entre o líder e os supervisores da linha de frente. Isso significa que o tamanho máximo do grupo é determinado pela amplitude de controle possível, e esta é induzida pela natureza da tarefa. Para tarefas complexas incertas que permitem apenas uma estreita amplitude de controle, o limite pode ser de algumas dezenas, como no caso da IDEO.[10] Tarefas mais uniformes que permitem maior amplitude podem suportar CNEs de até 500 pessoas; por exemplo, as miniusinas siderúrgicas da Nucor.[11]

PARTE 2 ESTRUTURA INTELIGENTE

Empresas inteligentes utilizam a mecânica social para ajudar a criar uma ponte entre os CNEs, suplementando mecanismos baseados em regras e de mercado. Há muitas maneiras de fazer isso: a transferência de pessoas dentro dos limites organizacionais, as reuniões regulares de revisão, os *happy hours* e piqueniques da empresa etc., mas tome cuidado para não aplicar esses mecanismos sociais de forma aleatória e esperar que eles funcionem. As companhias devem identificar onde as pontes são realmente necessárias e, em seguida, construí-las. **Sociogramas** – mapas de comunicação interna – podem ajudar nesses casos.

A arquitetura informal torna-se muito mais eficaz quando as mecânicas sociais são alavancadas pela **tecnologia de rede social** (TRS). A TRS permite que os CNEs trabalhem de maneira eficaz em todas as geografias e fusos horários; ela também amplia o limite de tamanho natural e fornece uma plataforma eficiente que permite aos *networkers* acessar muito mais componentes. A TRS também ajuda com as questões de governança que surgem quando as empresas dependem de intercâmbios informais, pois agora estes podem ser rastreados.

Assim, as empresas inteligentes investirão em suas próprias plataformas sociais em vez de deixarem que seus funcionários desenvolvam suas próprias no Facebook.

Notas
1. Wells (2003).
2. Wells e Raabe (2006).
3. Minha experiência pessoal sugere que, normalmente, elas impõem as "melhores práticas do setor" para a arquitetura formal e tentam suprimir completamente a arquitetura informal.
4. Fung e Magretta (1998); Fung, Fung e Wind (2008).
5. Casadesus-Masanell, Tarzijan e Mitchell (2005).
6. Fung e Magretta (1998); Fung, Fung e Wind (2008).
7. Siegel e Chang (2005).
8. Ghemawat e Nueno (2003).
9. Fung e Magretta (1998); Fung, Fung e Wind (2008).
10. IDEO (2011).
11. Ghemawat e Stander (1992).

PARTE 3

MENTES INTELIGENTES

Capítulo 11	A necessidade de mentes inteligentes	**235**
Capítulo 12	O que é uma mente?	**241**
Capítulo 13	Contratando mentes inteligentes	**265**
Capítulo 14	Atendendo às necessidades humanas básicas	**281**
Capítulo 15	Utilizando as necessidades humanas insaciáveis	**297**

CAPÍTULO 11

A NECESSIDADE DE MENTES INTELIGENTES

Introdução

A capacidade de uma organização para mudar sua estratégia e estrutura de maneira inteligente e objetiva é, em última análise, limitada pela vontade e capacidade de seu pessoal em fazer o mesmo; a mudança deve ser adotada por todos os níveis da organização. A Parte 3 desse livro aborda a busca por **mentes inteligentes**: indivíduos curiosos e adaptáveis, que estão continuamente procurando aprimorar a si mesmos e aos grupos a que pertencem. Algumas pessoas são mais abertas à mudança que outras, por isso a seleção de pessoal é muito importante. Porém, no contexto adequado, todo mundo pode se tornar mais aberto a transformações. O desafio para a companhia é criar um contexto que possibilite isso.

Como indivíduos, muitas vezes resistimos às mudanças; essa falta de vontade em se adaptar de modo inteligente demonstra QI pessoal reduzido. Mas por que nos arriscarmos dessa maneira, especialmente quando temos a capacidade natural de imaginar novos futuros e demonstrar enorme compromisso para com a mudança? O que leva as pessoas a se comportarem de modo mais inteligente?

Mas se como indivíduos resistimos a mudanças, enquanto grupos, muitas vezes, somos ainda mais refratários a elas, demonstrando um QI mais reduzido. No entanto, quando motivados a mudar, os grupos podem demonstrar inteligência muito mais elevada que os indivíduos que os compõem. **Novamente, o que faz com que os grupos se comportem de modos mais inteligentes?**

O que é uma mente?

A resposta está na maneira como nosso cérebro evoluiu. Ao longo de milhões de anos, herdamos uma ampla gama de comportamentos individuais e sociais que estão programados em nossa constituição genética e sobre os quais temos pouco controle consciente. Esses comportamentos parecem satisfazer um conjunto de necessidades, algumas das quais são essencialmente humanas, enquanto outras são mais características de nossos ancestrais répteis. Em geral, nossos instintos mais primitivos nos levam a temer a mudança, enquanto os mais sofisticados nos ajudam a percebê-la como uma oportunidade para satisfazer nossa curiosidade e aprender coisas novas. Assim, eles frequentemente entram em conflito. Aqueles que nos dominam orientam nossa vontade de aceitar mudanças. O desafio para as firmas é fazer a balança pender em favor de uma maior **inteligência estratégica**.

Mas nem tudo o que fazemos está impresso em nossos circuitos e é impulsionado por nossos genes. Grande parte do nosso comportamento é aprendida, e depende de nossa criação, não de nossa natureza; na verdade, o cérebro humano tem uma enorme capacidade de aprendizagem. Essa é uma boa notícia porque a mudança invariavelmente demanda aprender novos conhecimentos e habilidades. Mas a maneira como aprendemos é, mais uma vez, orientada por nossos genes. Estes muitas vezes nos cegam para o que sabemos dificultando nossa transformação e fazendo com que nos comportemos de maneiras tolas. Nós também exibimos uma série de habilidades antiaprendizagem, tanto como indivíduos quanto como grupos, e temos de aprender a superá-las se quisermos agir de modo mais inteligente.

Precisamos entender a natureza humana se quisermos transformá-la a nosso favor. Para tanto, no **Capítulo 12: O que é uma mente?** voltamo-nos para a biologia evolutiva, a neurologia, a psicologia comportamental e a psicologia social para explicar como a natureza e nossa criação nos levam a nos comportar da maneira como fazemos. O objetivo é identificar os comportamentos que ajudam a tornar as empresas estrategicamente mais inteligentes e incentivá-los; e identificar aqueles que nos travam, procurando maneiras de superá-los.

Contratando mentes inteligentes

Todos gostamos de um pouco de mudança; as pequenas demais causam tédio, as muito grandes provocam estresse. Trata-se de um luta interminável entre nossa necessidade de segurança e nosso desejo de aprender algo novo. Para cada um de nós, o ideal está em algum ponto no percurso. Mas o fato é que algumas pessoas são mais abertas à mudança que outras. Elas demonstram **inteligência prática**; há uma curiosidade a respeito de como o mundo funciona, e elas sempre se esforçam para oferecer um desempenho melhor para si mesmas e para o grupo em que trabalham. As companhias devem procurar esses indivíduos e contratá-los porque são eles que geram QIs estratégico e estrutural elevados.

No **Capítulo 13: Contratando mentes inteligentes** discutimos de que modo as empresas podem sistematicamente contratar pessoas mais flexíveis à mudança e ao aprendizado.

Quando procuramos futuros líderes de mudança estratégica, adotamos uma visão global quanto à abrangência de inteligência necessária para tais postos.[1] Identificamos as inteligências **racional, criativa, emocional** e **social** como elementos importantes de um todo; eles aumentam a capacidade de aprendizagem individual e grupal. Também nos concentramos no compromisso para com a aprendizagem, o que requer **curiosidade**, **coragem** para ir do começo ao fim e vontade de ferro. É a combinação de capacidade e compromisso com a aprendizagem que impulsiona a inteligência prática. As organizações devem testar esses atributos, mas também devem se lembrar que, no contexto adequado, todos podemos demonstrar mais inteligência prática.

Quando as empresas recrutam líderes potenciais, eles procuram por "talentos a lapidar" que possuam um conjunto de conhecimentos e habilidades. Para posições "principiantes", como a admissão de recém-graduados, o foco principal é o **talento bruto**. Isso é inteligência prática.

Quando as empresas contratam para cargos administrativos de nível sênior, elas procuram por candidatos com experiência e cuja competência para realizar o trabalho seja validada pelo histórico profissional do indivíduo. O objetivo é contratar especialistas que possam ser imediatamente colocados para trabalhar. Mas a experiência pode ser uma desvantagem se não soubermos o que sabemos. Se desejamos construir nossa experiência e passá-la adiante, temos de ser curiosos, investigativos e nos esforçar muito para melhorar sempre, nos mantendo abertos à aprendizagem. Devemos também estar sempre dispostos a ser questionados e prontos para explicar a lógica causal que embasa nossas ações. Em suma, temos de demonstrar **inteligência prática**.

As companhias também testam a "compatibilidade" de seus candidatos, embora isso muitas vezes não seja feito de maneira formal, mas informal. A compatibilidade é importante porque os novos membros da empresa devem ser capazes de trabalhar de modo eficaz com seus colegas. No entanto, o exagero de foco nesse quesito pode resultar em conformidade; o grande problema é que a conformidade é perigosa, uma vez que ela cega as organizações para a necessidade de mudança.[2] Em vez disso, as empresas devem se disciplinar para contratar com base em diversidade – pessoas com diferentes formações e pontos de vista. Um grupo diversificado irá tomar melhores decisões. Todavia, a diversidade pode se revelar importuna, então ela é ignorada. As companhias devem contratar indivíduos que consigam expressar seu ponto de vista de maneira construtiva; pessoas que expliquem sua lógica e raciocínio e que estejam abertos a questionamentos, o que ajudará todos a aprender. Isso também requer inteligência prática.

Atendendo às necessidades humanas básicas

Em 1943, Maslow identificou uma hierarquia de necessidades humanas. Isso, portanto, ocorreu bem antes de a neurociência e a biologia evolutiva lançarem luz sobre o que as originou.[3] Ele observou que as necessidades **fisiológicas** e de **segurança** se alinhavam mais aos estágios reptilianos primitivos do desenvolvimento humano; as necessidades **sociais** e de **estima** se pareciam mais com o comportamento grupal das famílias de mamíferos menores; já as necessidades superiores de **autorrealização** e **propósito** estavam mais associadas ao avançado cérebro humano. Maslow categorizou as necessidades básicas como **"saciáveis"** e as superiores como **"insaciáveis"**. No entanto, as necessidades básicas devem ser satisfeitas antes que se possa pensar a respeito das mais elevadas.

As necessidades insaciáveis oferecem grande potencial para aprimorar a inteligência de uma empresa porque elas estimulam os indivíduos a melhorar a si próprios e os que estão a sua volta. Porém, as necessidades básicas devem ser satisfeitas em primeiro lugar, e se estas forem ameaçadas pela mudança, então as pessoas irão resistir a ela com violência. O desafio para uma empresa é proporcionar ao seu pessoal uma base forte e segura a partir da qual eles possam experimentar coisas novas.

Capítulo 11 A necessidade de mentes inteligentes

No **Capítulo 14: Atendendo às necessidades humanas básicas** revisitamos a hierarquia de Maslow e discutimos sua relevância no mundo dos negócios e na sociedade. Identificamos que o emprego desempenha um papel fundamental na satisfação de todas as nossas necessidades básicas. Além disso, ele também é potencialmente capaz de sanar muitas das nossas necessidades mais elevadas. Todavia, a mudança organizacional muitas vezes ameaça a segurança do trabalho, levando a uma feroz resistência. Por isso, em um mundo em constante mudança, procuramos maneiras de evitar demissões ou de torná-las menos dolorosas para os indivíduos e para a empresa.

Em seguida, voltamo-nos para o trabalho em equipe, que é essencial para o sucesso dos negócios e também fornece uma oportunidade importante para satisfazermos nossas necessidades naturais de **pertencimento** e de **estima**. As companhias devem procurar satisfazer essas necessidades naturais, motivar suas equipes a obter resultados positivos e se adaptar à mudança. Discutimos ferramentas de apoio para um trabalho em equipe mais gratificante e identificamos de que modo as recompensas podem enfocar a pressão social por melhorias contínuas.

Voltamo-nos, finalmente, para as necessidades de estima individual e social. Para ajudar a satisfazê-las, revisitamos a **arquitetura orientada para o objeto** (ver **Capítulo 8: Arquitetura formal**) porque ela permite que as pessoas tenham mais controle sobre seu trabalho e sua direção estratégica. Em seguida, observamos de que maneira recompensas informais podem ser usadas para compensar a perda de um cargo e da estima social a ele associada, algo muitas vezes provocado pelas mudanças na arquitetura formal.

Aproveitando as necessidades humanas insaciáveis

Quando nossas necessidades básicas são atendidas, passamos a nos dedicar a satisfazer nossas necessidades superiores insaciáveis. Estas representam uma grande oportunidade para empresas que se esforçam em se adaptar a um mundo em rápida mutação. Somos naturalmente curiosos e gostamos de aprender. Apreciamos criar coisas novas e tentar novas experiências. Buscamos a realização proveniente de oferecermos o que temos de melhor; e quando alcançamos isso, queremos ajudar os outros a fazer o mesmo. E, acima de tudo, ansiamos por um objetivo compartilhado que supere nossos próprios interesses e sirva ao bem comum. Esses comportamentos nos fazem individual e coletivamente mais inteligentes, mais capazes de nos adaptar às mudanças e de moldar o ambiente a nosso favor. Se a firma conseguir canalizar essas nossas necessidades e nos fornecer o objetivo que buscamos, então ela também poderá se tornar mais inteligente.

No **Capítulo 15: Utilizando as necessidades humanas insaciáveis** revisitamos as necessidades superiores de Maslow para identificar as que possuem maior probabilidade de ajudar a elevar o QI da organização.[4]

Destacamos a importância do **aprendizado** na condução do QI da empresa. Também discutimos de que modo as companhias podem encorajar mais aprendizagem e como identificar uma série de habilidades antiaprendizagem inerentes aos seres humanos, que devem ser superadas para que possamos nos tornar aprendizes mais eficientes. Observamos ainda nosso instinto natural de sermos criativos e o modo como essa capacidade pode ser expandida para auxiliar na criação de organizações mais inteligentes.

Em seguida, voltamo-nos para a **autorrealização** e examinamos as condições que levam as pessoas a dar o melhor de si.

Reconhecemos a busca por um **objetivo** comum e discutimos como isso pode ser traduzido em uma visão e em valores que orientem a competitividade no longo prazo, enquanto utilizamos o poder dos grupos em trabalhar efetivamente juntos.

Por último, falamos a respeito do cumprimento do nosso desejo de ajudar os outros a se sentirem realizados, identificamos de que modo o *coaching* e o *mentoring* podem atender a essas necessidades enquanto estimulam o desempenho e, finalmente, discutimos o maior dom de todos: **ensinar as pessoas a aprender**!

Notas
1. Veja Howard Gardner (1983), *Frames of Mind (Estruturas da Mente)*, para uma discussão sobre a teoria das inteligências múltiplas.
2. Irving Janis (1983) descreve os perigos da conformidade em seu livro *Groupthink (Pensamento de Grupo)*, clássico.
3. Maslow (1943).
4. Maslow (1969).

CAPÍTULO 12

O QUE É UMA MENTE?

A evolução do cérebro

O cérebro é um instrumento fascinante, embora pouco compreendido. Todavia, a neurociência já começou a desvendar seus mistérios. Sabe-se agora que, ao contrário do que se pensava, ele não é uma calculadora de uso geral, mas um conjunto de áreas altamente concentradas que foram sendo adicionadas conforme seu desenvolvimento. Seus campos mais rudimentares estão localizados na parte anterior do pescoço, no topo da coluna; os mais complexos estão situados na parte frontal do crânio, que termina com um grande córtex frontal. Este, por sua vez, nos permite raciocinar de maneira consciente. Podemos imaginar nosso cérebro "crescendo" na extremidade de nossa medula espinhal para atender às nossas necessidades cada vez mais complexas.[1]

Embora muito complexo, o cérebro está organizado em três partes principais: o **arquicórtex**, ou **cérebro reptiliano primitivo**; o **paleocórtex**, ou **cérebro intermediário**, tipicamente encontrado em mamíferos simples; e o **neocórtex**, ou **cérebro superior**, encontrado em **primatas**, incluindo os **seres humanos** (Figura 12.1).

O cérebro reptiliano

O arquicórtex é responsável pelos reflexos básicos e pela autopreservação. Os comportamentos desencadeados pelo cérebro reptiliano são desprovidos de emoção e, portanto, ferozmente individualistas. Necessidades fisiológicas como comida, água, abrigo e sexo são fundamentais. Os seres humanos também demonstram tais necessidades básicas, e, se elas não são satisfeitas, suas necessidades mais refinadas são muitas vezes ignoradas. Neste sentido, quando estamos com muita fome corremos o risco de retomar nossas **condutas primitivas!**

Como espécie, demonstramos nossos piores comportamentos quando estamos sob o controle de nosso cérebro reptiliano, visto que sua intenção primordial é satisfazer nossas necessidades **fisiológicas** e de **segurança**. Sempre que nos sentimos ameaçados por mudanças, tornamo-nos violentamente individualistas e resistimos ativamente a elas.

Figura 12.1: O cérebro humano

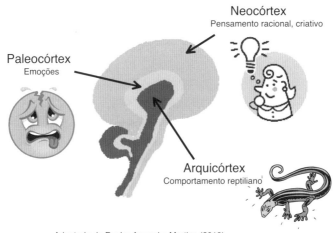

Adaptado de Rocha Amaral e Martins (2010)

Sendo assim, no âmbito profissional, a menos que as empresas garantam a satisfação dessas antigas e primitivas necessidades, a inércia humana criada por elas poderá ser fatal.

O cérebro dos mamíferos menores

O paleocórtex comanda uma vasta gama de comportamentos que auxiliam não apenas na coordenação de pequenos grupos, mas em seu processo de aprendizagem. Grupos coordenados são mais viáveis enquanto espécie que indivíduos que atuam sozinhos, pois conseguem derrubar presas maiores e

Capítulo 12 O que é uma mente?

proteger uns aos outros. A matilha lupina é um exemplo claro disso – um extenso grupo familiar sob o controle de um macho alfa que trabalha em conjunto para aumentar suas chances de sobrevivência. O paleocórtex impulsiona comportamentos indispensáveis aos mamíferos, o que inclui amamentação, proteção aos mais jovens e brincadeiras que incentivam a experimentação e oferecem apoio à aprendizagem. Ele é composto por estruturas do sistema límbico que nos dotam de uma ampla gama de emoções como **raiva**, **medo**, **amor**, **ódio**, **alegria** e **tristeza** – todas nos ajudam a trabalhar de modo cooperativo e a aprender.

Conforme nosso cérebro se desenvolveu em tamanho, nossas habilidades de coordenação de pequenos grupos evoluíram ao longo do tempo a fim de que pudéssemos lidar com grupos maiores de 150 pessoas (ver **Capítulo 9: Arquitetura informal**).[2] Em tais grupos ocorre a formação de uma hierarquia natural. O alfa é auxiliado por muitos tenentes cujas funções são especializadas. Os membros obtêm sua identidade a partir do papel que desempenham, e o alto desempenho cria uma forte reputação que é bastante valorizada por todos no grupo. A especialização em determinadas tarefas apela para o desenvolvimento de processos de grupo e de meios de troca, uma moeda social que nos permite manter a contagem de quem fez o quê. Em grandes grupos, um conjunto mais amplo de emoções sociais é usado para controlar comportamentos. Este inclui a simpatia, o embaraço, a vergonha, a culpa, o orgulho, o ciúme, a inveja, a gratidão, a admiração, a indignação e o desprezo. Nós expressamos essas emoções por meio da fala, de gestos e de expressões faciais.[3]

A **confiança** é a cola essencial que mantém o **grupo unido**. Todos nós gostamos de confiar, e obtemos prazer químico em fazê-lo; a confiança dispara uma carga de dopamina em nosso cérebro, o que gera uma sensação de bem-estar.[4] Os seres humanos são especialistas em detectar trapaceiros. Existe uma região específica do cérebro concebida para isso. Quando essa área é danificada, torna-se muito difícil para uma pessoa detectar fraudes.[5] Quando percebemos uma traição, perdemos a confiança e nos sentimos desconfortáveis. Não gostamos de estar perto de pessoas em quem não confiamos.

A transparência, a responsabilidade, a honestidade e a imparcialidade promovem a confiança e tornam o grupo mais eficiente. Somos geneticamente predispostos a ser justos e honestos para apoiarmos a viabilidade do grupo.

Somos uma espécie social programada para agir de maneiras bastante previsíveis – mecânica social – e trabalhar efetivamente em conjunto para garantir nossa própria sobrevivência. Em face de interesses comuns, somos notavelmente hábeis em nos auto-organizarmos no sentido de persegui-los de modo eficiente e eficaz. Para isso, desenvolvemos estruturas e estabelecemos valores que norteiam o comportamento humano. Estes, por sua vez, são rigorosamente aplicados e supervisionados.

Quando o propósito comum está alinhado com os objetivos da empresa, a mecânica social se torna um valioso aliado. Porém, quando a sobrevivência do grupo é ameaçada, o pleno poder da mecânica social é exercido para que se possa resistir às mudanças e eliminar fontes da ameaça.

O cérebro superior

O cérebro superior, ou córtex frontal, consiste de um conjunto altamente complexo de células neurais (ou neurônios) – 100 bilhões delas – que sustenta o desenvolvimento da linguagem simbólica e das habilidades de raciocínio. A representação simbólica permite uma comunicação muito mais poderosa, a geração de novas ideias e a rápida aprendizagem. Todas elas são ferramentas poderosas para as mudanças. O cérebro superior também é responsável pela autopercepção humana, que levanta questões difíceis a respeito de quem somos e por que existimos, levando-nos à necessidade de **autorrealização** e à busca de um **propósito maior**. No âmbito profissional, o objetivo é alinhar essas poderosas necessidades para maximizar o desempenho de longo prazo da companhia.

A neurociência e a psicologia comportamental – A mente individual

A gama de comportamentos estimulados pelas várias camadas do cérebro foi reconhecida muito antes de a neurociência fornecer quaisquer respostas. Por mais de um século, diversos psicólogos comportamentais observaram o comportamento de ratos, macacos e seres humanos na tentativa de compreender o funcionamento da mente. Um dos mais eminentes profissionais nesse campo foi Abraham Maslow. Enquanto seus antecessores, como Sigmund Freud e Carl G. Jung, tentaram compreender a mente humana focando em deficiências psicológicas, Maslow concentrou sua atenção em indivíduos sau-

Capítulo 12 O que é uma mente?

dáveis e optou por tentar construir uma imagem mais completa da atividade mental. Suas ideias revolucionárias foram publicadas pela primeira vez em 1943, em uma tese intitulada *A Teoria da Motivação*.[6]

Maslow argumentou que, embora os comportamentos individuais possam diferir de maneira substancial, todos eles são movidos pelas mesmas necessidades básicas subjacentes. Além disso, o psicólogo postulou que os seres humanos possuem uma hierarquia de necessidades (Figura 12.2), sendo que as mais básicas devem ser satisfeitas antes que o indivíduo se preocupe com as mais elevadas. Ele escreveu: "A vontade de escrever poesia, a ambição por um novo automóvel, o interesse por estudar história ou o desejo de comprar um novo par de sapatos são, em casos extremos, esquecidos ou adquirem importância secundária." Ele também postulou que as necessidades de nível mais baixo representam carências/privações – uma vez saciadas elas deixam de ser uma preocupação –, enquanto as necessidades de nível elevado são insaciáveis.

Figura 12.2: A hierarquia das necessidades de Maslow (1943)

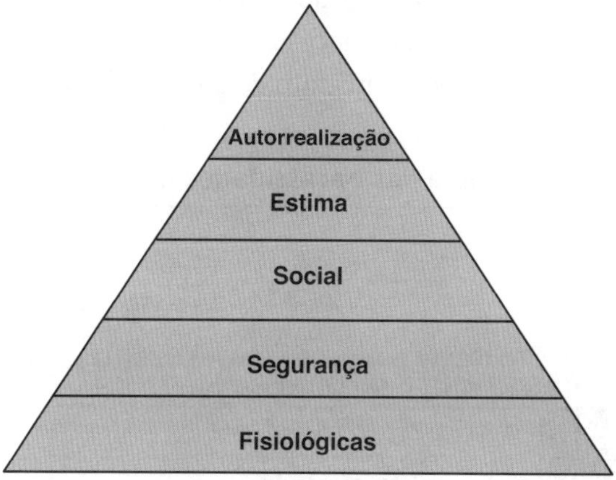

(Pirâmide, de cima para baixo: Autorrealização; Estima; Social; Segurança; Fisiológicas)

Fonte: Adaptado de Maslow, Abraham H., *A Theory of Human Motivation* (Uma Teoria da Motivação Humana), *Psychological Review* 50(1943):370-96.

Apesar dos muitos debates acadêmicos ocorridos ao longo dos últimos 65 anos[7] sobre a veracidade do modelo de Maslow, em particular no que diz respeito à natureza hierárquica das necessidades, suas observações atinentes aos diferentes níveis de comportamento são **notavelmente consistentes** com as

Parte 3 Mentes Inteligentes

camadas evolutivas do cérebro, o que torna o seu modelo ainda mais convincente.[8] A identificação pelo psicólogo das necessidades humanas básicas e de nível mais elevado inspirou vários trabalhos em diferentes estilos de gestão.[9] De fato, alguns outros modelos alternativos também identificaram, a grosso modo, os mesmos níveis de necessidades.[10] E, tendo em vista que as várias camadas do cérebro são fortemente interligadas e, portanto, operam de maneira interdependente, não é de surpreender que as necessidades não sejam expressas como uma hierarquia rígida. No entanto, a intuição e a observação pessoal sugerem que a hierarquia desempenhe um papel importante. É **difícil**, por exemplo, pensar em **aprender coisas novas** quando estamos com **fome**, embora tenhamos a capacidade de fazê-lo – muitas pessoas morreram de fome em busca de um objetivo maior, mas é preciso força de vontade suprema para ignorar nosso passado primitivo quando nossas necessidades básicas não são satisfeitas.

Necessidades básicas

Maslow identificou a classe mais essencial de necessidades humanas como "fisiológica" (Figura 12.3), o que, aliás, está perfeitamente de acordo com o cérebro reptiliano. Tais necessidades incluem alimentos, água, abrigo, vestimenta e sexo. A intuição sugere que essas necessidades possam substituir as de nível mais elevado, uma vez que nosso instinto de sobrevivência é muito forte.

Figura 12.3: A hierarquia das necessidades de Maslow e o cérebro

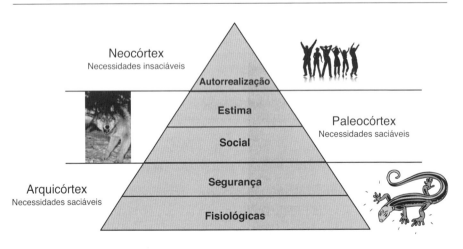

Fonte: Adaptado de Maslow.

No nível seguinte, Maslow identificou a necessidade de **"proteção e segurança"**. O desejo aqui é libertar-se do **medo**, que talvez seja a primeira emoção do cérebro intermediário em desenvolvimento. Neste caso, valorizam-se os rituais, a estabilidade, a estrutura, as rotinas, as leis, as fronteiras e as tradições.

Acima das necessidades de proteção e segurança, Maslow posiciona o **"amor e o sentimento de pertencimento"**, comportamentos, aliás, bastante impulsionados pelo antigo cérebro dos mamíferos. Aqui, o foco é preencher a carência pela família e por uma comunidade local. O poder evolutivo da necessidade de se viver em grupo é irrefutável. A capacidade de coordenação comportamental em pequenas congregações aumentou a viabilidade das espécies.

O próximo nível na hierarquia de Maslow, acima da integração e do amor, é a **"necessidade de estima"**. Maslow também identificou dois níveis de estima: o inferior – a estima social recebida de outras pessoas na forma de reconhecimento, *status* e fama; e o superior – a autoestima, que se projeta como sentimentos de competência interna, autoconfiança, independência e liberdade.

A necessidade de estima social está relacionada com a evolução dos mecanismos mais sofisticados de controle social do cérebro que sustentam a coordenação de grupos maiores. As funções especializadas são importantes em tais grupos e precisamos nos sentir bem sobre sua adoção. O alto desempenho em qualquer uma dessas funções cria uma boa reputação entre todos os membros do grupo e é, portanto, altamente valorizado. Ele é um dos indicadores do grau de estima como o qual somos considerados. Inconscientemente, medimos nossa reputação pela maneira como as pessoas agem em relação a nós, e então trabalhamos no sentido de melhorá-la. Isso nos leva a desempenhar nosso papel de modo ainda melhor e, assim, tornar o grupo mais apto para vencer a corrida evolucionária.

A autoestima ocupa um nível hierárquico mais elevado e é impulsionada pelo nosso desejo de pensar em nós mesmos como um membro valioso do grupo. De fato, já foi sugerido que a autoestima seja uma habilidade necessária para permitir que as pessoas meçam seu próprio nível de admiração e afeto dentro de um grupo. No entanto, a sobrecarga gerada pelas angústias da insegurança em muitas pessoas com baixa autoestima sugere que tal mecanismo seja muito mais poderoso que isso, o que nos incentiva a continuar a melhorar sem a pressão imposta pelo grupo.

Segundo Maslow, essas necessidades representam "carências" e, embora precisemos nos esforçar para satisfazê-las, elas ainda são saciáveis.

Necessidades insaciáveis

Acima das necessidades por carência, Maslow estabeleceu uma classe de necessidades insaciáveis à qual ele denominou "de autorrealização". Estas são, em grande parte, o resultado do trabalho do cérebro superior, responsável pelo autoconhecimento humano e pelo estímulo à necessidade de aprendizagem e autorrealização, curiosidade e criatividade, pelo desejo de ajudar os outros a atingir seu pleno potencial e pela busca de um propósito maior.

Esse esforço por autoaperfeiçoamento e pelo bem comum seria, obviamente, muito valioso para as empresas desde que pudesse ser direcionado ao desempenho de longo prazo e sustentável. Entretanto, com base na hierarquia de Maslow, é difícil considerar as necessidades mais elevadas quando as primordiais estão sob ameaça. Nossas habilidades cognitivas são dominadas por emoções e ações reflexas. No entanto, se entendermos por que fazemos o que fazemos e de que modo sentimos o que sentimos, alcançaremos uma posição melhor para exercer controle consciente, aproveitando as emoções e os reflexos favoráveis e suprimindo os desfavoráveis.

Mas o que significa aceitar mudanças para a nossa disposição enquanto indivíduos? Temos uma necessidade real de aprendizado e de sentir emoção com algo novo, sendo assim, todos apreciamos algum grau de mudança. Todavia, essas são necessidades de alto nível, que apenas apreciamos quando nossas carências básicas já foram atendidas.

Se as necessidades fisiológicas e de segurança são ameaçadas pela mudança, os responsáveis por sua condução serão ferozmente combatidos; as pessoas naturalmente temem perder o emprego, em especial se considerarem difícil conseguir outro. E quando os grupos sociais se dividem, o sentimento de pertencimento se dispersa; quando indivíduos perdem sua posição na estrutura, assim como a reputação conferida a ela, sua estima social é destruída; quando pessoas são indicadas para realizar tarefas para as quais não se sentem competentes, sua autoestima também é prejudicada. Não é de admirar, portanto, que os seres humanos não gostem de reorganização. Instintos desenvolvidos ao longo de milhões de anos nos alertam disso.

Neste sentido, o desafio para as companhias é proporcionar ao seu pessoal uma base firme e segura na qual se possa buscar uma autorrealização que apoie mudanças estratégicas constantes.

Neurociência e psicologia social – A mente coletiva

A sabedoria do grupo

A maneira como o cérebro evoluiu gerou um profundo efeito sobre o modo como nos comportamos em grupo. Somos uma espécie social programada para trabalhar de maneira eficaz visando nossa própria sobrevivência. Diante de interesses comuns, somos notavelmente eficazes em nos auto-organizarmos com o intuito de perseguirmos esses objetivos de maneira bastante eficiente. Com a motivação adequada, grupos são bem mais inteligentes que membros individuais; em média, grupos tomam decisões melhores que indivíduos isolados[11] e, ao contrário da crença popular, chegam a conclusões tão rapidamente quanto pessoas que agem sozinhas. Grupos aprendem a jogar de maneira mais estratégica,[12] sendo assim, o desempenho de um time é, em geral, melhor que os desempenhos dos melhores indivíduos que jogam por conta própria.[13] **Somos mais inteligentes coletivamente!** Temos mais conhecimento, mais curiosidade e mais compromisso. Por compartilharmos os riscos, temos ainda mais coragem. Pelo fato de possuirmos diferentes repertórios de referência, apresentamos um número maior de pontos de vista. Ao dispor de muitos pares de olhos e ouvidos, e de muitas perspectivas, um grupo pode se revelar muito mais experiente e propenso a perceber a necessidade de mudanças.

Existe muita sabedoria nas multidões que pode ser aproveitada se abordada de maneira sensata. Todo mundo possui algum conhecimento verdadeiro, porém, em geral eles são mesclados a inclinações pessoais e a erros. O problema é que quando tais tendências e equívocos não são correlacionados de maneira ampla, em vez de promoverem grandes soluções eles estatisticamente se autoanulam.[14] O perigo em se tentar explorar a inteligência coletiva é o fato de que essas propensões e erros sistemáticos podem acabar sendo introduzidos no processo. Por exemplo, se alguns indivíduos são convidados a dar suas opiniões na frente dos outros, o que eles disserem poderá ser influenciado por aqueles que os estiverem ouvindo. Em contrapartida, os ouvintes também poderão ser influenciados pelos primeiros a falar. O ideal é que a visão de cada pessoa seja solicitada de maneira particular, a fim de que se alcance a verdade.

A tendenciosidade do grupo

As predisposições de um grupo podem ser muito debilitantes. A conformidade as impulsiona, seja de maneira consciente ou inconsciente. A conformidade inconsciente – identidade de grupo ou *groupthink* – resulta de todos enxergarem o mundo da mesma forma. Nesse caso, variáveis potencialmente importantes são ignoradas. Para evitar isso, as empresas precisam procurar em seu pessoal a diversidade de perspectivas. A conformidade consciente surge quando opiniões minoritárias são suprimidas.[15] Aqui há uma pressão social para se **"ver as coisas da maneira certa"**. Algumas pessoas de fato negam a verdade como o intuito de se adequarem. Para impedir que isso aconteça, além de contratar pessoas com pontos de vista diversos, é importante verificar se elas têm a coragem de expressá-los. Veja que até mesmo um pequeno número de dissidentes é suficiente para dar aos outros a coragem de falar. No entanto, eles devem ter o cuidado de expressar seus pontos de vista divergentes de modo a ajudar os demais a aprender, ou simplesmente não serão ouvidos.

A inépcia dos grupos

Os grupos também podem ser extraordinariamente ineptos, demonstrando inteligência muito inferior a qualquer membro individual. Desestimulados, os integrantes vagam sem rumo, sem alcançar nenhum resultado – o **paradoxo de Abilene**[a].[16] Pouco motivados, eles semeiam as sementes da autodestruição e cometem suicídio coletivo.

---

a   Neste paradoxo, um indivíduo toma sua decisão baseando-se na suposição de que o grupo agirá de determinada maneira. Para obter aceitação ou para não sofrer censura, essa pessoa contraria sua própria vontade em função do grupo. Não há comunicação alguma, pois o indivíduo em questão tem certeza de que avaliou corretamente as intenções dos demais integrantes do grupo. O paradoxo está no fato de que essa mesma situação afeta todos os outros integrantes. Uma maneira coloquial de se referir a este paradoxo é o "desejo de não ir contra a maré". (N.T. conforme *Wikipédia*. Disponível em: http://pt.wikipedia.org/wiki/Paradoxo_de_Abilene)

Capítulo 12 O que é uma mente?

É difícil compreender e prever o comportamento grupal. Também é extremamente perigoso imaginar que um grupo "pensa" da mesma maneira que um indivíduo. O comportamento de um grupo **é emergente**[b]. Trata-se da soma de todas as ações individuais de seus membros. Porém, a motivação do todo pode se revelar muito diferente daquela de cada uma das partes. Douglas Hofstadter ilustrou brilhantemente essa situação ao descrever o diálogo entre um tamanduá e sua melhor amiga, a tia Hillary, uma colônia de formigas.[17] Enquanto individualmente cada formiga encara o tamanduá como um arqui-inimigo, tia Hillary entende a lógica por trás de se comer as formigas.

No caso das formigas, a sofisticação do comportamento emergente do formigueiro em comparação à relativa simplicidade de cada formiga isolada é bastante óbvia. Nas organizações, muitas vezes parece justamente o contrário – em geral, indivíduos se mostram isoladamente bastante sensíveis, todavia, no modo coletivo, seu comportamento parece tolo. No entanto, nós humanos precisamos refletir a respeito das estruturas sociais extremamente complexas que criamos em comparação às nossas habilidades cognitivas individuais. Muitas vezes somos pressionados a descrever o funcionamento de cidades ou até de economias, quando até mesmo os engarrafamentos que se formam de repente e sem motivo aparente nas rodovias, e depois desaparecem com a mesma rapidez, são um mistério para a maioria de nós.

O comportamento emergente pode nos parecer bastante absurdo, e justamente por isso, com o intuito de prever resultados futuros, companhias tem feito simulações em grande escala do comportamento de milhares de agentes.[18] A Nasdaq fez isso enquanto analisava alterações na flutuação mínima de preços de negociação, indo de 0,125 centavos

---

b Um **comportamento emergente** ou uma **propriedade emergente** pode aparecer quando várias entidades (agentes) simples operam em um ambiente, formando comportamentos complexos no coletivo. A propriedade em si é comumente imprevisível e não precedente, e representa um novo nível de evolução dos sistemas. O comportamento complexo ou as propriedades não representam a propriedade de nenhuma entidade em particular, e também não podem ser previstos ou deduzidos dos comportamentos das entidades de nível inferior. O formato e o comportamento dos bandos de pássaros são um bom exemplo de comportamento emergente. (N.T. conforme *Wikipédia*. Disponível em: http://pt.wikipedia.org/wiki/Emerg%C3%AAncia)

de dólar para 0,0625 centavos de dólar e, por fim, para 0,01 centavo de dólar. A hipótese era de que isso reduziria as margens entre as cotações de compra e venda no mercado, tornando-o mais eficiente. No entanto, uma simulação das prováveis reações de milhares de agentes de mercado sugeriu que ocorreria exatamente o oposto, o que levou a Nasdaq a ajustar seus planos.

É perigoso atribuir **lógica** às **decisões de grupo**.[19] O fato de os agentes serem racionais não significa que o comportamento emergente também o será. Cada indivíduo poderá agir em benefício próprio (em modo reptiliano), porém, é bem provável que o resultado seja político, dependendo do poder relativo dos agentes e de sua capacidade de influenciar o cômputo final.

Também é perigoso atribuir lógica às decisões individuais dos agentes quando estes são simples seres humanos. Somos uma espécie coletiva e isso nos leva a satisfazer as necessidades emocionais e sociais que nos estimulam a agir a fim de proteger nossa comunidade. Ironicamente, isso pode fazer com que o resultado do grupo pareça mais lógico – indivíduos se sacrificando pela sobrevivência do grupo –, mas nem sempre.

Os grupos podem parecer **demasiado inteligentes** ou **insensatos**. Esses completos extremos são criados mediante a amplificação das necessidades individuais por laços emocionais e sociais. As emoções são contagiosas, portanto, quando alguns membros temem pela segurança do grupo, logo todos sentem medo. Somos movidos pelo instinto de ajudar – estamos programados para proteger uns aos outros de ameaças externas; sentimo-nos obrigados a partir em seu auxílio – trocamos favores e devemos isso a eles. E, da mesma maneira, também esperamos que alguém venha em nosso auxílio se estivermos em tal posição. Desse modo, o grupo se comporta emocional e socialmente como um, baseando-se no instinto para defender seus membros. As pessoas se aproximam e fazem sacrifícios enormes por seu grupo, mas isso nem sempre melhora a saúde do conjunto. Às vezes, algumas unidades sociais preferem cometer suicídio em massa em vez de aceitar mudanças. Isso não é incomum. Muitas organizações foram à falência como resultado de ações coletivas de seus funcionários contra medidas que eram claramente essenciais à sobrevivência da empresa.

Então, como uma empresa contraria essa força aparentemente irresistível? Ela somente conseguirá fazê-lo apelando para as emoções e os instintos de seus funcionários, não para a lógica. Pelo lado positivo, as mudanças devem ser mostradas como responsáveis pela oportunidade de um futuro mais atraente e mais gratificante para todos os que colaborarem. Pelo negativo, a falta de mudanças deve ser evidenciada como uma ameaça para um número significativo de indivíduos, de modo que isso estimule o instinto reptiliano dessas pessoas e faça com que elas as adotem para sua própria sobrevivência, mesmo à custa dos empregos de alguns outros membros do grupo. Assim, apesar da relutância, os concordantes irão se despedir de seus colegas.

O cérebro como uma máquina de aprendizagem

Nem todos os nossos comportamentos são herdados geneticamente. Na verdade, o **cérebro humano** tem uma capacidade enorme de **adquirir conhecimentos** e **competências** e de conduzir novos comportamentos que nos ajudam a nos adaptar de maneira inteligente às mudanças, tornando-nos a espécie poderosa que somos.

A adaptação à mudança é um processo de aprendizagem. Às vezes, consideramos que já vimos uma sequência de eventos anteriormente e, portanto, sabemos exatamente o que fazer. Todavia, é mais frequente que alguns aspectos da mudança nos sejam desconhecidos e que precisemos modificar antigas respostas às novas circunstâncias ou, até mesmo, projetar outras completamente novas.

Conforme descobrimos novas soluções, nós as adicionamos ao nosso repertório de conhecimentos e habilidades e nos tornamos mais experientes. Desse modo, o comportamento inteligente se amplia sobre o que já sabemos – isso é essencial para o processo de aprendizagem.

No entanto, nossos comportamentos herdados desempenham um papel importante na maneira como adotamos novos, e nossas respostas emocionais inconscientes nos ajudam a aprendê-los. O entendimento desses processos ajuda a lançar luz sobre a razão pela qual muitas vezes resistimos às mudanças.

Processos conscientes de aprendizagem

Os seres humanos aprendem de diversas maneiras. Como pode ser atestado por qualquer pessoa que já tenha observado uma criança pequena, entendemos o nosso meio tocando-o, saboreando-o e brincando com ele. Costumamos desmantelar objetos só para ver como eles são feitos. Construímos em nossa mente modelos sobre como eles podem funcionar, prevemos resultados e testamos sua eficiência. Aprendemos com nossas próprias experiências, mas também consultamos outras pessoas e aprendemos com elas. À medida que adquirimos novos conhecimentos, construímos um modelo do mundo – uma estrutura pessoal – que representa nossa própria realidade. E, conforme descobrimos novas coisas, uma emoção positiva é desencadeada em nossa mente; **nós gostamos de aprender**.[20]

Na verdade, as emoções são essenciais para o aprendizado. Quando experimentamos algo novo, reagimos a isso de maneira fisiológica e emocional. Ao enfrentamos novamente as mesmas circunstâncias, sentimos emoções similares – se elas forem agradáveis, tentamos repetir os comportamentos; se não, procuramos evitá-los. Assim, somos programados para **"buscar a felicidade"**.

Nossa busca pela felicidade muitas vezes nos leva à **procrastinação**. Adiamos tarefas que não gostamos de realizar, mesmo sabendo que as consequências por não executá-las nos poderão gerar ainda mais trabalho. Somente quando a crise por não agir se afigura suficientemente próxima e clara é que finalmente estamos preparados para entrar em ação.[21]

À medida que descobrimos maneiras de fazer as coisas, tornamo-nos parcimoniosos em nossa abordagem. O mundo é muito complexo, por isso procuramos focar no menor número de variáveis necessárias para resolver um problema. Quando encontramos uma resposta que funciona para nós, tendemos a aceitá-la como "a solução" em vez de procurarmos abordagens melhores. Ao contrário de otimizadores, somos solucionadores;[22] agindo assim, liberamos o córtex frontal do nosso cérebro para trabalhar em problemas mais novos. Desse modo, construímos modelos simplificados do mundo que rapidamente identificam o que consideramos relevante, e então nos deixamos influenciar por eles como se fossem verdadeiros. E quanto mais obtemos êxito com nossos modelos mais simples, mais convencidos ficamos com o fato de que eles estão certos.

Competência maquinal

Quanto mais repetimos nossos comportamentos do passado, menos temos de pensar conscientemente sobre deles; o controle do processo é lentamente passado para outra parte do nosso cérebro até que se torne automático, inconsciente.[23] A maioria de nós já experimentou isso

Capítulo 12 O que é uma mente?

ao dirigir um carro. Quando estamos dirigindo para casa por uma rota conhecida, nosso cérebro se desliga e pensa em outra coisa. Apenas voltamos a pensar conscientemente sobre estar dirigindo se algo estranho nos acontece no caminho. Tornamo-nos **"especialistas maquinais"** no que fazemos, e, muitas vezes, a única saída que temos para melhorar é aprendendo tudo de novo!

Poucos de nós se preocupam em melhorar as próprias habilidades na condução de veículos. Quando atingimos um nível satisfatório, preferimos investir nosso tempo em outras atividades. Se realmente quiséssemos ser melhores condutores, precisaríamos retomar os princípios básicos e trabalhar no sentido de desaprender certos comportamentos, o que, muitas vezes, se revela uma experiência dolorosa.

Muitos golfistas já enfrentaram esse problema ao tentar melhorar seu *swing* (movimento feito para a batida na bola). Em primeiro lugar, trata-se de um trabalho duro – o indivíduo se sente tão estranho e constrangido quanto na época em que começou a jogar; e durante o processo, a pontuação cai antes de aumentar. Isso é desagradável e provoca emoções negativas que nossos instintos nos alertam a evitar. O fato é que aprender pela primeira vez dói, mas reaprender dói ainda mais. Como seres humanos, temos de nos perguntar se isso vale a pena: a promessa de satisfação emocional em aprender algo novo é suficiente para superar a dor de chegar lá? Como observaram os psicólogos K. Warner Schaie e James Geiwitz, "cães velhos raramente têm dificuldade em aprender novos truques; em geral eles têm mais dificuldade em convencer-se de que o esforço vale a pena..."[24]

Então, como especialistas maquinais, a menos que consigamos nos convencer de que queremos aprimorar nossa experiência, continuaremos ignorantes e simplesmente repetiremos nosso comportamento de modo contumaz.

Pelo fato de não sabermos realmente por que agimos de determinadas maneiras, também nos sentimos limitados quanto a maneiras de ajudar os outros a aprenderem. Podemos até encorajá-los a nos imitar (veja a seguir), mas quando nos perguntam por que realizamos as coisas de tal maneira, não conseguimos explicar. Reagimos defensivamente com expressões do tipo "de acordo com a minha experiência" ou "faça o que lhe é dito". E é assim que repassamos aos outros nossa **"perícia cega"**.

255

Aprendizagem inconsciente por meio da metáfora

Esse automatismo se torna um problema ainda maior quando "aprendemos" como resolver um problema de modo inconsciente, sem de fato sabermos o que estamos fazendo. Diante de um novo desafio, atuando de maneira automática, o cérebro procura em nosso subconsciente pela solução de problemas semelhantes enfrentados no passado. Em seguida, aplicamos a técnica já utilizada, e, se ela funcionar, simplesmente a guardamos como a resposta "certa," sem saber o porquê. Como Edward De Bono observou certa vez: **"A mente é uma maquina de fazer e usar clichês."**[25]

Por que o cérebro funciona dessa maneira? Se tivéssemos de processar de modo consciente cada informação que chega ao nosso cérebro, rapidamente atingiríamos uma sobrecarga. Assim, o cérebro age como um filtro muito sofisticado, usando nossas experiências passadas para garantir que somente informações mais relevantes tenham acesso à nossa consciência. Isso nos permite concentrar todos os nossos esforços na resolução de novos problemas. Por exemplo, quando nos sentamos em um restaurante, inconscientemente ouvimos a dezenas de conversas paralelas simultâneas. Contudo, agindo de maneira automática, nosso cérebro filtra esses diálogos e permite que nos concentremos apenas naqueles que queremos de fato escutar. Todavia, em meio a essa cacofonia, ainda somos capazes de captar uma voz familiar ou um som estranho. Da mesma forma, quando dirigimos por uma estrada, embora de modo inconsciente sejamos capazes de observar milhares de objetos ao nosso redor, conseguimos perceber uma mudança na posição de um sinal de trânsito.

De maneira curiosa, o cérebro humano é projetado para não trabalhar em excesso; ele está sempre se esforçando para evitar pensar de modo consciente, pois isso demanda muito esforço. Na verdade, o **pensamento consciente queima energia**. Um jogo de palavras cruzadas usa até 40% do consumo total de energia do corpo humano – **é muito cansativo**.[26] No entanto, quando fazemos algo familiar, como dirigir do trabalho para casa, uma atividade que teoricamente exigiria um poder de processamento muito maior, nosso cérebro passa ao piloto automático e, como resultado, consome bem menos energia.

Aprendizagem por meio do mimetismo

Outra maneira de aprender é por meio da **imitação** de indivíduos já experientes no assunto – assistindo-os ou lendo seus sábios conselhos. A não ser que as pessoas expliquem por que resolvem certos problemas da maneira como o fazem, em geral não entendemos a lógica que embasa as abordagens adotadas: nós simplesmente copiamos o que foi feito, e quando vemos que funciona para nós, passamos a acreditar que sabemos a resposta. Isso funciona bem até que o problema muda um pouco e vemos que não conseguimos ajustar a nossa solução para resolvê-lo. Neste caso, se o perito não estiver por perto para rever a lógica original, estaremos em apuros. Esse é o **problema do aprendiz de feiticeiro**, tão habilmente retratado no longa-metragem *Fantasia*, da Disney.[27] No início, Mickey Mouse estava indo muito bem, afinal, ele só precisava copiar o que o feiticeiro fazia. Porém, assim que o feiticeiro o deixou sozinho, as coisas começaram a dar errado.

Aprendizagem por meio de mimetismo inconsciente

A aprendizagem por meio da cópia é muito mais comum do que a maioria de nós poderia imaginar. Isso acontece porque fazemos isso o tempo todo, e de modo inconsciente; somos geneticamente programados para ser **imitadores** de **especialistas**. Copiamos aqueles que admiramos, mesmo sem perceber. Quando fazemos isso, neurônios-espelho[28] são acionados em nosso cérebro e, então, é como se nós mesmos estivéssemos realizando tal ação. Isso nos ajuda a aprender soluções para problemas sem de fato saber o porquê.

Aprendizagem por meio de emoções

Também somos capazes de aprender e ensinar de maneira inconsciente por meio da nossa poderosa habilidade de influenciar (e de sermos influenciados) por meio de **emoções**. Sinalizamos nossas emoções para os outros não apenas pelo nosso tom de voz, mas por nossos movimentos corporais e faciais. Na verdade, usamos **42 músculos faciais** para expressar felicidade, tristeza, surpresa, nojo, medo e raiva. Isso nos permite ajudar os outros a aprender. Quando éramos crianças, sempre que nossas mães gritavam um aviso – se estivéssemos, por exemplo, nos movendo em direção a uma piscina e não soubéssemos nadar – sentíamos medo e não repetíamos o comportamento, mesmo que nunca tivéssemos experimentado o trauma do evento propriamente dito. Mais tarde na vida, poderemos inclusive sentir o mesmo medo sempre que nos aproximarmos de água, sem saber o porquê. Como sou membro de uma família de três gerações de **não nadadores**, estou bem ciente das fortes emoções envolvidas.

O enigma da aprendizagem

Independentemente de esquecermos o que aprendemos ou de adquirirmos o conhecimento de modo inconsciente, enfrentamos o dilema clássico da aprendizagem: **não sabemos o que sabemos e não sabemos o que não sabemos.** Além disso, a dor emocional da aprendizagem é forte o suficiente para que tentemos evitar tal descoberta. Apenas quando somos movidos por necessidades mais poderosas nos disponibilizamos a realizar tal esforço. Essas necessidades podem ser básicas, como a sobrevivência, ou de nível elevado, como tentar oferecer o que há de melhor em nós.

Ironicamente, os limites em nossa capacidade de aprender são criados pelo próprio cérebro, em uma tentativa de ser mais eficiente, ou seja, de se concentrar nos problemas mais novos e importantes que afetam nossa sobrevivência, não naquilo que ele interpreta como rotineiro.

Para superar esse problema precisamos primeiramente entender essa dinâmica, e, conscientemente, aprender a aprender.

Práticas de antiaprendizagem

Para complementar o enigma da aprendizagem, vale ressaltar que desenvolvemos **práticas de antiaprendizagem bastante eficazes**.[29]

Evitamos a responsabilidade por nossas ações e praticamos **jogos de culpa**. Nossa incapacidade para aceitar responsabilidades se refere, em parte, à dor emocional associada a falhas, que, aliás, preferiríamos evitar. Ela também foi programada em nós por pais amorosos que sempre pensaram estar ajudando seus filhos ao dizer-lhes: **"Não é sua culpa"**, mesmo quando o oposto era verdadeiro. Essa atitude prejudica a capacidade da criança de aprender. Se não estamos dispostos a aceitar nossos erros, então jamais aprenderemos com eles.

Quando explicamos nosso ponto de vista, o fazemos com convicção suficiente para desencorajar o questionamento por qualquer um; não fornecemos quaisquer dados ou argumentos para apoiar nossa perspectiva. Muitas vezes, este comportamento é impulsionado pelo medo, uma vez que realmente não temos uma explicação em nossa defesa nem desejamos nos sentir embaraçados por perguntas que provariam nosso equívoco. Quando desafiados, nos defendemos com banalidades como "em minha experiência" ou "na última empresa em que trabalhei". Isso significa que os nossos modelos nunca são questionados, por isso não temos como descobrir quais são eles, tampouco como melhorá-los.

Falhamos em ouvir as opiniões alheias, descartando os oferentes como tolos simplesmente porque suas ideias não refletem nossas próprias experiências. Estamos convencidos de que o nosso modelo é o correto e somos muito impacientes para investir tempo para descobrir se alguém é capaz de proporcionar uma abordagem melhor. Quando ouvimos uma proposta com a qual não concordamos, isso nos desencadeia uma emoção negativa que projetamos naqueles que expressam a sugestão. Daí assumimos que tais indivíduos são estúpidos e, em seguida, descartamos tudo o que eles dizem. Agindo assim, garantimos que não iremos aprender nada com essas pessoas.

Se quisermos aprender como indivíduos e grupos, devemos nos preparar para superar esses comportamentos antiaprendizagem. Isso requer 1º) treinamento para nos ajudar a aprender o que fazer e o que não fazer; 2º) métricas para mostrar nosso progresso (normalmente usando instrumentos de avaliação como o *Feedback* 360 graus); e 3º) recompensas que incentivem comportamentos corretos e desencorajem os equivocados.

Discutiremos essas questões em mais detalhes no **Capítulo 15: Utilizando as necessidades humanas insaciáveis.**

Deficiências de aprendizagem em grupo

Os desafios do aprendizado individual também são amplificados nos processos de aprendizagem em grupo. Como as tarefas são divididas entre muitas pessoas, é fácil para os grupos esquecerem o que sabem. Apenas o criador do processo tem uma visão geral de todo seu funcionamento, e se o criador deixa sua posição, o processo continua funcionando em piloto automático. Enquanto isso, todos os envolvidos se tornam especialistas em sua própria tarefa, a ponto de eles mesmos esquecerem como fazem o que fazem. Qualquer pessoa que pretenda alterar o processo é confrontada por vários membros do grupo que simplesmente não querem aprender a mudar. Isso é muito desafiador. Os integrantes somente compreendem a necessidade de implementar mudanças quando todo o grupo é ajudado a descobrir a lógica do processo. Além disso, eles somente se sentem preparados para considerá-las quando acreditam que os benefícios pessoais trazidos por essas mudanças excederão seus custos de aprendizagem. Porém, convencê-los de que as transformações serão positivas para eles não significa necessariamente que todos irão saudá-las. As mudanças provocam dor, portanto, até que seja realmente forçado a colocá-las em prática, o grupo tentará adiá-las. Incutir um senso de urgência também é essencial. Somente quando perceber o custo imediato por não mudar o grupo abraçará a ação transformadora.

Os grupos sofrem também outras dificuldades de aprendizagem. Como já discutimos, as tendenciosidades e a submissão cegam os grupos para as necessidades de mudar. A diversidade de pontos de vista ajuda a evitar esse problema. Abordamos esse assunto no **Capítulo 13: Contratando mentes inteligentes**. Interesses díspares evitam um ponto de vista coletivo; os membros da companhia devem ser encorajados a se alinhar aos objetivos da organização ou isso será sempre um problema – para estimular maior alinhamento e inteligência estratégica, todos devem ser recompensados pelo sucesso estratégico (ver **Capítulo 8: Arquitetura formal – Navegando pelo labirinto corporativo**). Por fim, os padrões de referência individuais impedem o diálogo construtivo. Para isso, as pessoas devem ser treinadas e incentivadas a se comunicar para aprender, assunto que trataremos no **Capítulo 15: Utilizando as necessidades humanas insaciáveis**.

Resumo

O cérebro humano evoluiu de maneiras que nos permitem trabalhar de modo bastante construtivo e adquirir grandes volumes de conhecimento. No entanto, a forma como somos naturalmente programados para aprender e nos comportar, muitas vezes atrapalha mudanças estratégicas e estruturais, criando inércia humana. As habilidades de uma organização em alterar de maneira inteligente e objetiva suas estratégias e sua estrutura, são, em última análise, limitadas pela vontade e capacidade de seu pessoal de fazer o mesmo.

Capítulo 12 O que é uma mente?

Figura 12.4: Subindo a escada do QI humano

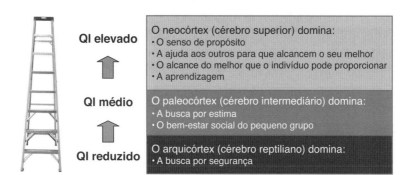

Nosso **pior comportamento** como espécie advém do controle que nosso cérebro **reptiliano** exerce sobre nós (Figura 12.4), e cuja intenção é satisfazer nossas necessidades fisiológicas e de segurança. Somos ferozmente individualistas e resistimos ativamente a mudanças, sempre que elas nos ameaçam. A não ser que as empresas garantam satisfazer essas antigas e primitivas necessidades, a inércia humana ali gerada poderá ser fatal.

Uma vez atendidas nossas necessidades reptilianas, nosso cérebro intermediário assume o comando e nós nos tornamos mais eficazes enquanto espécie, pois procuramos satisfazer nossas necessidades de pertencimento e nosso senso de estima (Figura 12.4). Isso incentiva o trabalho em equipe e nos permite assumir desafios maiores. Porém, essas necessidades também são facilmente ameaçadas por mudanças estratégicas e estruturais; quando nos reorganizamos, a coesão social é rompida; quando perdemos uma função que adoramos, nossa estima social é prejudicada; quando os trabalhos são redefinidos, nossos sentimentos de competência e autoestima são perdidos; e se enfrentamos o desemprego, destroem-se tanto a estima social quanto a autoestima. A não ser que as firmas possam atenuar tais efeitos, as mudanças se revelarão bastante indesejáveis.

Todavia, as companhias que conseguem satisfazer tais necessidades básicas em face de mudanças desenvolvem um enorme potencial, já que isso libera os seres humanos para perseguirem suas necessidades de nível mais elevado (Figura 12.4). Tornamo-nos curiosos; queremos tentar novas experiências e aprender. Nós nos esforçamos para fazer melhor, alcançar o nosso pleno potencial e ajudar os outros a fazer o mesmo. Esses comportamentos nos deixam mais inteligentes, individual e coletivamente. Também nos tornamos mais capazes de nos adaptar às mudanças e moldar o ambiente a nosso favor. Buscamos subordinar nossas próprias necessidades a uma ordem superior, nos alinhando em torno de um objetivo comum. Sendo assim, se a empresa puder utilizar essas necessidades e fornecer o objetivo que almejamos alcançar, então ela também se tornará mais inteligente.

Notas

1. Para uma boa introdução *on-line* sobre a estrutura do cérebro, veja Amaral e de Oliveira (2011).
2. Dunbar (1992).
3. Clippinger (1999; 2007).
4. Lehrer (2011).
5. Young (2002).
6. Maslow (1943).
7. Críticos como Mahmoud Wahba e Bridwell Lawrence afirmaram que, apesar de sua ampla aceitação, existem poucas evidências que apoiem a hierarquia de Maslow. Veja Wahba e Bridwell (1976).
8. Conecto as necessidades às regiões do cérebro que se desenvolveram na espécie humana. As regiões do cérebro são altamente interligadas, portanto, as necessidades que elas estimulam não podem ser expressas como uma função estrita de utilidade léxica; todavia, a estrutura do cérebro como revelada pela neurociência lança luz sobre os comportamentos humanos observados por psicólogos, muito antes dos segredos do cérebro terem sido expostos.
9. O trabalho de Douglas McGregor (1960) sobre os estilos de gestão: teoria X (diretiva, autoritária) e teoria Y (integrativa, participativa), representou uma aplicação prática muito influente do trabalho de Maslow. A teoria X e a teoria Y postularam dois diferentes modelos de comportamento humano: a teoria X refletia as necessidades mais básicas de Maslow; a teoria Y, as necessidades de alto nível.
10. Uma série de estudos realizados por Clayton Alderfer (1972), Eugene Mathes (1981), Richard Ryan e Edward Deci (2000) e Michael Thompson, Catherine O'Neill Grace e Lawrence Cohen (2001) postulou três necessidades básicas que, de grosso modo, estão alinhadas às classes principais

Capítulo 12 O que é uma mente?

de Maslow. Outro estudo, realizado por Nitin Nohria, Paul Lawrence e Edward Wilson (2001) utiliza uma teoria sociobiológica para catalogar quatro necessidades. O Institute for Management Excellence também acrescentou dados ao debate, propondo nove necessidades. O trabalho do instituto é discutido mais detalhadamente por William Huitt (2004).

11. Blinder e Morgan (2000).
12. Cooper e Kagel (2005).
13. Lombardelli, Proudman e Talbot (2002).
14. Surowiecki (2004).
15. Asch (1951).
16. Harvey (1988).
17. Hofstadter (1979). *Gödel, Escher, Bach: Um Entrelaçamento de Gênios Brilhantes*.
18. Bonabeau (2002).
19. Veja o clássico de Graham Allison (1971) *Essence of Decision: Explaining the Cuban Missile Crisis (A Essência da Decisão: Explicando a Crise dos Mísseis de Cuba)* para obter três perspectivas sobre a tomada de decisões: ator racional, organizacional e político.
20. Veja o quadro de Garvin (2000) sobre os tipos de aprendizagem.
21. A procrastinação leva a *Predictable Surprises (Surpresas Previsíveis)*. Veja Bazerman e Watkins (2004).
22. Veja as discussões de March e Simon (1958) sobre limites da racionalidade e comportamentos satisfatórios.
23. Rettner (2010).
24. Schaie e Geiwitz (1982).
25. De Bono (1977).
26. Apesar de constituir apenas 2% do peso corporal, o cérebro usa mais energia que qualquer outro órgão humano, representando cerca de 20% do consumo total. A pesquisa sugere que o cérebro usa mais **energia** quando **pensamos em demasia**. Veja Larson, Haier, LaCasse e Hazen (1995).
27. O filme *Fantasia* foi lançado em 1942 pela Walt Disney Productions. Com música de Leopold Stokowski, a peça consistia de oito segmentos de animação, sendo que em uma delas temos Mickey Mouse como o **aprendiz de feiticeiro**.
28. Rizzolatti e Craighero (2004).
29. Argyris (1990).

CAPÍTULO 13

CONTRATANDO MENTES INTELIGENTES

Algumas pessoas são mais abertas a mudanças que outras. Isso depende do equilíbrio de poder entre nossas necessidades básicas e superiores. Aqueles que buscam aprendizado e autorrealização, e cujos instintos básicos já tenham sido atingidos, são mais propensos a dar boas-vindas às alterações. Isso se dá parcialmente em função da idade. À medida que nos desenvolvemos como seres humanos, grande parte de nossos esforços nos primeiros anos de vida é direcionada para satisfazer nossas necessidades de segurança, pertença e estima. Somente mais tarde na vida a realização pessoal se torna mais importante. Todavia, isso também depende do meio em que vivemos; é difícil para os seres humanos amadurecerem neste sentido tendo vivido em extrema privação. Assim, em vez de atingir o equilíbrio, eles continuam presos em um nível mais baixo de desenvolvimento emocional.

Indivíduos mais propensos a mudanças demonstram aquilo o que denomino **inteligência prática** - curiosidade sobre o modo como o mundo funciona –, e se esforçam de maneira contínua para oferecer desempenho máximo para si mesmos e para o grupo com o qual trabalham. Essas são as pessoas que apoiam a conquista dos QIs estratégico e estrutural elevados.

Recrutando talentos naturais

Ao contratar "novatos" com potencial de liderança, as empresas procuram por habilidades naturais que possam ajudá-los a se tornar executivos mais eficientes. Porém, ela deveriam buscar inteligência prática: uma combinação entre inteligência racional, criativa, emocional e social (Figura 13.1), e um forte senso de curiosidade e de compromisso com a aprendizagem.[1]

Parte 3 Mentes Inteligentes

A **inteligência racional** é a capacidade de resolver problemas de uma maneira coerente por meio do exercício da **razão**. Isso requer habilidades nas áreas de reconhecimento de padrões e raciocínio lógico, que são o foco da maior parte dos testes de QI. Vale lembrar que, em um determinado nível, os macacos demonstram tais capacidades, ainda que seus resultados sejam tipicamente mais baixos que os dos humanos.

Figura 33: Tipos de inteligência executiva

- Inteligência racional

- Inteligência criativa
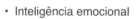
- Inteligência emocional

- Inteligência social

Os resultados dos testes de QI mudam pouco no decorrer da vida de uma pessoa – um indivíduo tolo assim o será por toda a vida –, por isso é importante que empresas em busca de comportamentos inteligentes selecionem QIs elevados.

A **inteligência criativa** nos ajuda "a pensar de maneira inovadora", a "criar" e resolver problemas e a buscar novos conhecimentos. Isso requer imaginação, curiosidade e criatividade, atributos exclusivamente humanos adquiridos no decorrer do processo evolutivo. Esses atributos são particularmente valiosos na promoção de mudanças. Eles também estão correlacionados aos resultados-padrão dos testes de QI.

Normalmente, considera-se que as atividades de raciocínio e pensamento lógico estejam relacionadas **ao lado esquerdo do cérebro**, enquanto as de criatividade e imaginação estariam ligadas **ao lado direito** – embora as últimas pesquisas neurológicas demonstrem que tal distinção é um **equívoco**.[2] No entanto, na prática, alguns indivíduos são de fato mais predispostos ao pensamento racional, enquanto outros, ao pensamento criativo. O fato é que quando as inteligências racional e a criativa estão separadas elas são úteis, porém limitadas. Quando **combinadas**, ambas representam uma força poderosa, como já demonstrado por Leonardo de Vinci. Para resolver os problemas de hoje – e também os de amanhã – é necessário uma ampla variedade de inteligência intelectual para identificar novos caminhos e fazer escolhas sensatas entre eles.

Resultados altos em testes de QI indicam inteligências racional e criativa elevadas. No entanto, eles não garantem a eficiência de um executivo; muitos executivos de QI elevado demonstraram ineficiência nas organizações, seja pela falta de comprometimento ou pela incapacidade de compreenderem a si próprios e/ou aos seus colegas de trabalho. Executivos eficazes também precisam dispor de inteligência **emocional** e **social**.

A **inteligência emocional** representa uma métrica de **maturidade psicológica** dos indivíduos: quão conscientes são de si próprios; quão confortáveis se sentem em relação a si mesmos; e quão capazes são de controlar seu próprio estado emocional. A inteligência emocional elevada fornece o nível certo de autoconfiança, disposição positiva, automotivação, responsabilidade pessoal e abertura para o aprendizado. Quando combinada às inteligências racional e criativa, ela cria uma alta capacidade de aprendizagem individual e de mudança. Existem muitos instrumentos que fornecem o grau de inteligência emocional de um indivíduo, portanto, faz pleno sentido para as empresas testá-los nos novatos.[3]

A **inteligência social** é uma medida de **maturidade social**: quão conscientes os indivíduos são de sua influência sobre os outros; quão confortáveis eles se sentem em um grupo; e quão capazes são de gerenciar os estados emocionais de outras pessoas. A inteligência social elevada fornece boas habilidades interpessoais e motivacionais – esta última, a capacidade de conseguir que os outros realizem trabalhos –, além de reputação de integridade pessoal e capacidade para ser um bom membro de equipe, bem como um líder. Aqueles com inteligência social elevada dispõem de uma boa reputação na arquitetura informal da companhia e demonstram os comportamentos que tornam eficazes os componentes da mecânica social (ver **Capítulo 9: Arquitetura informal**).

A inteligência social, combinada com as inteligências emocional, criativa e racional, capacita um indivíduo a ajudar a conduzir o aprendizado e a mudança organizacional efetiva.[4]

Controlar as emoções é fundamental para as inteligências emocional e social. As emoções, enquanto subconscientes, são rapidamente contagiosas. Portanto, ter a capacidade de gerir as próprias emoções – **uma medida-chave de inteligência emocional** –, é o primeiro passo para controlar as emoções dos outros.

As inteligências criativa e racional estão concentradas no córtex frontal do cérebro, e, em grande parte, sob nosso controle consciente. Elas representam o estágio mais recente e mais sofisticado da evolução do cérebro humano. As inteligências emocional e social são mais "conectadas"; representam mecanismos de pensamento mais rápido adicionados durante o nosso passado evolutivo. Os circuitos do pensamento emocional são muito mais rápidos que nossa capacidade de pensar logicamente a respeito de um problema; eles derivam de sinais gerados dentro da amígdala cerebral. Na verdade, grande parte das respostas que oferecemos ao mundo é de natureza emocional; muito de nossos pensamentos conscientes é gasto na racionalização de decisões que tomamos emocionalmente.

Em resumo, o equilíbrio entre as inteligências racional, criativa, emocional e social representa um importante condutor de sucesso para um executivo – indivíduo de quem se espera não apenas alcançar um nível elevado em uma função específica, mas estar aberto a mudanças e ser capaz de conduzir as alterações necessárias nas organizações. Existem muitos instrumentos usados na avaliação de inteligência; embora apresentem limitações, todos podem servir como um guia útil na seleção de pessoal.

Embora uma ampla inteligência seja importante para o sucesso, ela não é muito útil se não estiver combinada com o compromisso. Por mais elevado que possa ser o grau de inteligência de uma pessoa, se não estiver motivada a agir e comprometida com bons resultados, ela não terá sucesso. Em muitos aspectos, o compromisso é uma função da inteligência emocional. O compromisso com a aprendizagem requer abundância de curiosidade, coragem para continuar quando as coisas ficam difíceis e grande força de vontade. O compromisso dos indivíduos emocionalmente equilibrados vem de um desejo inerente ao ser humano de crescer pessoalmente, o que os ajuda a superar as dificuldades do aprendizado. Entretanto, atingir o equilíbrio emocional é difícil; os bastante **satisfeitos** e céticos muitas vezes **não estão dispostos a se esforçar**; aqueles demasiadamente **insatisfeitos** ou em dúvida têm **muito medo de agir**. Ao selecionar novos talentos para minha consultoria, sempre procurei por pessoas confiantes o suficiente para construírem um modelo do mundo que acreditassem estar correto, mas, ao mesmo tempo, suficientemente em dúvida para testá-lo rigorosamente antes de recomendá-lo.

A combinação entre capacidade e compromisso, e aprendizagem, induz à **inteligência prática** – a propensão do indivíduo em demonstrar um comportamento inteligente que proporcione um desempenho cada vez mais elevado para si próprio e para o grupo em que trabalha (Figura 13.2).

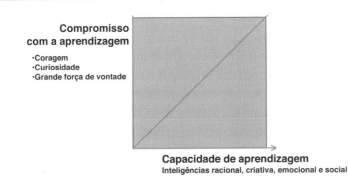

Figura 13.2: Inteligência prática

Selecionando a inteligência prática

Testes psicográficos e de inteligência podem ser úteis no recrutamento de novos talentos. A Capital One, líder na emissão de cartões de crédito nos EUA, depende completamente desses testes para escolher o tipo certo de profissionais que seja produtivo para o seu modelo de negócio, baseado em inovação constante. Para aplicar tais testes de maneira prática, o melhor é selecionar uma amostra dos atuais funcionários em diferentes níveis de desempenho e pedir-lhes para realizá-los, de modo que os resultados sejam calibrados. Com esse objetivo, a Capital One utiliza uma amostra de 1.600 funcionários.[5] A extensão dos testes que a empresa emprega realmente desestimula alguns indivíduos a se candidatarem para as vagas. Na verdade, ao longo dos anos, tive alguns alunos em minhas aulas de MBA que se queixaram do fato de os testes serem

Parte 3 Mentes Inteligentes

humilhantes. Isso, por si só, pode fazer parte do processo de seleção. Aqueles que não conseguem demonstrar maturidade emocional para passar quatro ou cinco horas testando sua adequação para um passo importante na carreira podem não ser o tipo de pessoas que a Capital One deseja.

A Capital One considera esse tipo de teste mais prognóstico que a realização de entrevistas. Como ferramenta de recrutamento, as entrevistas apresentam uma série de fraquezas, todavia, uma abordagem sistemática no uso dessas entrevistas pode ajudar no processo de seleção. Vinte anos atrás, quando recrutava recém-formados como potenciais consultores estratégicos, deparei acidentalmente com uma abordagem que, em retrospectiva, revelou-se muito eficaz; muitos dos jovens que passaram no teste tornaram-se empresários e líderes muito eficientes. Meu objetivo era avaliar os candidatos em quatro dimensões, comparando-os aos melhores profissionais que eu já conhecia em cada uma delas. Essas dimensões eram **raciocínio** e **inteligência criativa** – pontos-chave para a resolução de problemas estratégicos; carisma – fundamental para convencer as pessoas da necessidade de mudança e conduzir sua execução; **habilidades interpessoais** em entrevistas e debates – capacidades cruciais em muitos aspectos da consultoria (que vão desde compreender verdadeiramente um problema até coletar dados e treinar indivíduos durante o processo de implantação); e **compromisso** – algo vital para se enxergar um problema difícil, encará-lo do começo ao fim e alcançar bons resultados (Figura 13.3).

Figura 13.3: As quatro dimensões do talento

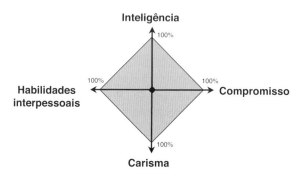

Capítulo 13 Contratando mentes inteligentes

Então, ao longo do processo, testei o raciocínio e a inteligência criativa usando um problema não estruturado que exigia poder de raciocínio e capacidade de fazer suposições e construir modelos em face de elevada incerteza. Também testei o carisma pedindo a cada candidato que se levantasse e apresentasse suas conclusões diante de uma sala lotada. As habilidades interpessoais foram testadas pela apresentação de um "cliente" muito difícil (eu!) durante uma encenação. Por fim, testei o compromisso, observando suas respostas durante a entrevista. Todo o processo levou cerca de uma hora e, aparentemente, foi bastante estressante para os candidatos. Os resultados foram apresentados em um gráfico de quatro dimensões, no qual cada candidato foi avaliado em cada uma delas em comparação ao melhor profissional, que marcou **cem pontos**.

Basicamente, eu estava à procura da inteligência de Einstein e do carisma de Ronald Reagan (tomando cuidado para não confundir os dois!). Também procurava as habilidades interpessoais de um sacerdote e o compromisso de um mártir. Busquei candidatos que dispusessem de um conjunto equilibrado de conhecimentos, definindo-os pela amplitude de seu potencial,[a] não pelo destaque em dimensões isoladas. Eu acreditava que isso criaria consultores de mudança bem-sucedidos, e não me desapontei. Aqueles com boa pontuação tornaram-se profissionais altamente eficazes e mais tarde ingressaram em carreiras de negócios muito bem-sucedidas. Ao refletir agora sobre o processo, embora não tenha percebido isso na época, eu estava à procura da **inteligência prática**.

Incentivando o comportamento inteligente

As empresas devem contratar pessoas que obtenham boas pontuações nas avaliações de suas inteligências racional, criativa, emocional e social, mas não podem esperar que esses indivíduos demonstrem comportamentos que reflitam esses índices sem que sejam encorajados a fazê-lo. Desmotivadas, mesmo as pessoas mais inteligentes se sairão mal. Em contrapartida, mesmo os de capacidade modesta poderão conseguir bons resultados simplesmente por se proporem a fazê-lo.

---

[a] O autor se refere ao desenho formado na Figura 13.3. Quanto mais os candidatos se destacassem nas dimensões, mais ampla se mostra a "área de potencial". (N.T.)

Tomemos o exemplo das crianças do ensino fundamental com dificuldade em Matemática.[6] Esse é um tema que avalia a inteligência racional. Uma amostra de alunos com baixo desempenho foi separada em dois grupos. Um deles foi informado de que o cérebro era como um músculo – **quanto mais fosse usado, maior e mais forte ficaria**. Ao outro grupo (de controle), nada foi dito. As crianças do primeiro grupo melhoraram significativamente enquanto o desempenho das do segundo grupo permaneceu inalterado. Assim, com a motivação certa, os seres humanos podem ser encorajados a raciocinar de maneira bastante eficaz, independentemente de suas pontuações de QI. Igualmente, os indivíduos desmotivados com elevado QI raramente demonstram qualquer capacidade de raciocínio útil.

Tal como acontece com a inteligência racional, a capacidade dos indivíduos para demonstrar inteligência criativa pode ser aumentada de modo significativo com a motivação e o treinamento corretos. Como seres humanos, todos somos naturalmente criativos. Porém, quando convidados a gerar novas ideias nos tornamos nossos piores críticos. Apresentamos um número enorme de opções, mas, inconscientemente, as comparamos com experiências passadas e eliminamos a maioria delas antes mesmo que surjam em nossa consciência. O desafio é desligar nossa própria autocrítica e permitir que mais dessas ideias venham à tona para que possamos considerá-las mais a sério. Esse é o objetivo das muitas técnicas e ferramentas de criatividade.[7] Tipicamente, elas envolvem suspender o julgamento, o que nos permite gerar ideias antes de começar a avaliá-las em termos de qualidade. Por exemplo, ao assumir o papel de outra pessoa, muitas vezes conseguimos nos libertar da autocrítica e nos permitir chegar a muitas ideias novas e potencialmente úteis a partir de uma perspectiva diferente. Muitos anos atrás, conduzi uma sessão desse tipo para os executivos da recém-privatizada British Airways (BA). Eles estavam encontrando dificuldades para visualizar claramente as vulnerabilidades da BA até que pedi que encenassem uma equipe de gestão sênior de uma grande concorrente com o intuito de destruir a BA. Desse modo, conseguiram criar uma longa e abrangente lista de fraquezas.

As inteligências emocional e social também podem ser desenvolvidas. Ambas estão enraizadas em complexos mecanismos de resposta emocional, de modo que o objetivo deva ser o de ajudar as pessoas a compreender a maneira pela qual suas respostas emocionais impactam suas decisões "racionais," e como seus comportamentos afetam as respostas emocionais dos outros. O International Institute for Management Development (IMD), da Suíça, um das líderes mundiais no setor de escolas de administração, fornece extensivos serviços de aconselhamento e psicanálise para ajudar seus estudantes de MBA a compreender suas emoções e a desenvolver sua capacidade de demonstrar níveis mais elevados de inteligência emocional e social.

As companhias também podem estimular o compromisso com a aprendizagem e a curiosidade inata de seus funcionários no contexto certo. Discutiremos isso adiante, no **Capítulo 15: Utilizando as necessidades humanas insaciáveis**.

Recrutando altos executivos

Passemos agora do recrutamento de novatos à contratação de pessoal sênior. Esse é um grande desafio, e aqui as falhas são comuns. Archie Norman, presidente do canal televisivo ITV, contou-me certa vez sobre sua regra de **"um terço"**. Ele disse que um terço das contratações de executivos seniores são **bem-sucedidas** e agregam muito valor; um terço são **neutras**; e um terço são um **desastre** e destroem valor. O desafio, de acordo com Archie, é identificar rapidamente as falhas e se livrar delas.

Quando as firmas recrutam altos executivos, elas estão normalmente à procura de "experiência" e "adequação". A experiência é a competência comprovada para fazer o trabalho, como ilustrado pelo currículo do candidato. A adequação é a capacidade de trabalhar de maneira eficaz com os demais integrantes na empresa para que as coisas aconteçam.

A experiência é obviamente importante. São necessários muitos anos para a aquisição do conhecimento e das habilidades que compõem o domínio de conhecimentos específicos de nível superior, com elevado grau de competência. É também essencial ter a capacidade de trabalhar de modo eficaz com os colegas. Porém, existem riscos tanto no que diz respeito à experiência quanto à adequação, a menos que ambos estejam combinados à inteligência prática.

Cuidado com a experiência

As companhias costumam tentar recrutar executivos seniores que já tenham se mostrado competentes na realização de seu trabalho. Elas investem recursos significativos na avaliação do desempenho passado dos interessados. Elas procuram por um histórico de tomada de decisões de sucesso e por impactos positivos significativos em segmentos semelhantes. Isso sugere que o candidato já tenha construído um conjunto de conhecimentos e competências no domínio de sabedoria desejado. A lógica por trás dessa abordagem é que diferentes setores operam com modelos bastante distintos, portanto, o conhecimento do modelo correto representa a chave para o sucesso. Um executivo com experiência relevante e significativa é visto como um especialista, e tal conhecimento poderá ser imediatamente colocado em prática.

Entretanto, muitas vezes é difícil confirmar o impacto que os executivos exerceram em seus papéis anteriores. Além disso, conhecimento não significa necessariamente experiência. Alguns indivíduos trabalham em um segmento por apenas alguns anos e tornam-se grandes especialistas, enquanto outros passam décadas em uma mesma área e não aprendem absolutamente nada. Tudo depende de sua capacidade e do seu compromisso com a aprendizagem – de sua **inteligência prática**.

Como discutimos no **Capítulo 12: O que é uma mente?**, o conhecimento também pode se "cego". Enfrentamos os mesmos problemas tantas vezes no passado que nos esquecemos da lógica que embasa nossas soluções e passamos simplesmente a aplicá-las. As respostas são **"óbvias"**. Porém, o perigo aqui é não sermos capazes de ajustar o que fazemos caso a lógica se altere.

A Wild Oats, a segunda maior varejista de alimentos orgânicos dos EUA, sofreu por conta disso. A companhia teve de enfrentar a Whole Foods Markets, uma concorrente formidável, em uma disputa do primeiro lugar. A Whole Foods criou um modelo de negócio descentralizado que permitia aos funcionários das lojas não apenas se adaptarem rapidamente às condições de mercado locais, mas vencer as grandes mercearias que se mostravam lentas em realizar mudanças a partir da administração central. Quando a Wild Oats começou a atacar os principais mercados da Whole Foods, os lucros da primeira caíram. O conselho da empresa colocou de lado o CEO fundador e nomeou uma nova equipe de gestão com experiência em mercearias tradicionais.[8]

Fiel ao gênero, a nova equipe de liderança na Wild Oats introduziu um típico modelo de negócio de mercearia, com compra centralizada e planogramas de *merchandising* padronizados que especificavam exatamente onde cada produto deveria estar na prateleira. Isso se revelou ineficaz contra a abordagem descentralizada e ágil da Whole Foods, e a Wild Oats acabou sendo igualmente derrotada por outras grandes redes de mercearia. O declínio da empresa continuou – tudo porque ela optou por contratar "experiência".

O perigo de se recrutar experiência é receber exatamente o que foi solicitado, ou seja, experiência. Se ela não for a mais adequada para o caso específico, poderá destruir a empresa.

O conhecimento cego apresenta vários desafios. Se não conhecemos a lógica causal subjacente para a solução de um problema, como podemos aperfeiçoá-la? Quando o problema se altera, como podemos adaptar nossa solução para atender as novas circunstâncias? Se não sabemos por que fazemos as coisas, como vamos treinar outros e ajudá-los a aprender? Dizer às pessoas **"faça o que lhe mandam fazer"** não é maneira de construir inteligência organizacional.

Se quisermos desenvolver nossa experiência e passá-la adiante, temos de ser curiosos e questionadores; precisamos nos esforçar para melhorar e nos manter abertos ao aprendizado; devemos também acatar questionamentos e estar prontos para tentar explicar a lógica causal que embasa nossas ações. É preciso ainda que estejamos preparados para demonstrar humildade e reaprender o que pensamos que sabemos. Em suma, temos de demonstrar inteligência prática.

Isso não significa que a experiência deva ser ignorada. Os ambientes de negócios são extremamente complexos e, portanto, demora muitos anos para se consiga realmente entendê-los. Altos executivos com ampla experiência em domínios de conhecimento específicos têm óbvia vantagem. Porém, seu nível de experiência no domínio do conhecimento ocorre em função de sua capacidade de aprender e do seu compromisso com a aprendizagem – de sua **inteligência prática**. Além disso, a inteligência prática é essencial para ajudá-los a enfrentar novos problemas de modo eficaz, a desenvolver seus conhecimentos e a distribuir informações por toda a organização. Por conseguinte, ela não pode ser ignorada.

Note que os "especialistas" cegos experientes podem ter sido muito bem-sucedidos em papéis anteriores, porque suas limitações não os impediram de resolver os problemas vigentes. Isso se aplica particularmente a situações de crise quando o foco é a tomada de decisões rápidas para assegurar a sobrevivência em curto prazo, não a construção de inteligência e a promoção de sustentabilidade de longo prazo na empresa. De fato, uma pessoa com inteligências racional, criativa, emocional e social limitadas, mas com o conhecimento do domínio correto, é mais propensa a adotar padrões comportamentais mais adequados a tais situações – a disposição para ditar rapidamente um conjunto determinado de ações em face da crise –, pois tem pouco tempo para voltar aos princípios e explicar a todos porque uma determinada ação deve ser tomada. No entanto, uma vez que a crise de curto prazo termine, a situação demandará alguém com mais inteligência e abertura ao aprendizado para construir na empresa capacidade organizacional.

Cuidado com a adequação

Quando querem contratar altos executivos, as empresas se preocupam justamente com a adequação. Os novos membros da companhia devem ser capazes de trabalhar de maneira eficaz junto com os seus colegas. No entanto, foco excessivo nessa adaptação pode resultar em conformidade, o que é perigoso.

Somos todos naturalmente inclinados a contratar "pessoas como nós"; pessoas com a mesma formação e educação, e com os mesmos interesses e pontos de vista. Elas pensam como nós, concordam conosco e entendem o que dizemos. Elas estão tranquilas para progredir e claramente se encaixam! Porém, este nível de conformidade leva à identidade de grupo. Todos veem o mundo da mesma maneira e por isso só existe uma verdade. A organização torna-se cega para potenciais ameaças.[9] Às vezes, tal conformidade é inconsciente, ou seja, ninguém é forçado de maneira alguma. Outras vezes, entretanto, ela é bastante consciente. Todos fazem o que se espera deles e a pressão social leva as pessoas a enxergarem as coisas "da maneira correta."[10] Todos estão realmente dispostos a negar a verdade para se conformar. O fato é que, quando o enquadramento se torna conformismo, as sementes do fracasso se espalham.

Procure a diversidade

Em vez de insistir para que todos concordem, as organizações se tornam mais saudáveis quando incentivam pontos de vista diversos. Perspectivas diferentes fornecem às empresas uma capacidade maior de identificar problemas e gerar soluções criativas. Como James Surowiecki observou em *The Wisdom of Crowds* (*A Sabedoria das Multidões*): **"O julgamento individual não é preciso o bastante nem suficientemente consistente; a diversidade cognitiva é essencial para uma boa tomada de decisão."**[11] E não é preciso muita diversidade para evitar a supressão de ideias; uma única pessoa com coragem para falar certamente incentivará outros a fazê-lo.[12] Além disso, grupos responsáveis pela tomada de decisões geralmente se saem melhor quando não são compostos exclusivamente por especialistas. A presença de um membro que esteja preparado para fazer **"perguntas aparentemente tolas"** já é o suficiente para conduzir à tomadas de melhores decisões. Como observado por James G. March[b]: **"O desenvolvimento do conhecimento poderá depender da afluência dos ingênuos e ignorantes."**[13]

Aprendizagem por meio da diversidade construtiva

A **diversidade** de pontos de vista é positiva para o aprendizado. Por essa razão as empresas deveriam contratar pessoas que não apenas tenham diferentes perspectivas, mas coragem para compartilhá-las com seus colegas. Todavia, a diversidade é, por vezes, desagradável. E quando as pessoas são desagradáveis, nós as evitamos ou ignoramos. Assim, é importante que aqueles que dispõem de diferentes pontos de vista os expliquem de uma maneira não ameaçadora, evitando comportamentos defensivos. Também é fundamental que respaldem suas conclusões em dados e embasamento lógico, para que todos os entendam.[14] Além disso, as pessoas devem ser encorajadas a questionar o raciocínio uns dos outros, a fim de que possam aprender por si mesmas e ajudar os demais a aprender. Desse modo, cada membro do grupo descobrirá **o que sabe** e o **que não sabe**; e os especialistas que eram cegos começarão a enxergar e a se desenvolver. As empresas não devem, portanto, apenas procurar pessoas com pontos de vista diferentes. E crucial que esses indivíduos tenham a capacidade de enunciá-los de maneira a ajudar a si próprias e aos seus colegas a aprender.

Diversidade de pensamento, não de ação

A diversidade de perspectivas pode ser muito útil quando uma empresa está na fase do "pensamento", avaliando as potenciais ameaças, identifican-

---

b   Professor emérito da Universidade Stanford (EUA). (N.T.)

do oportunidades ou criando e julgando opções para o futuro. No entanto, existe um limite para o valor positivo da diversidade. As decisões têm de ser tomadas, e a organização deverá se alinhar por trás delas para garantir sua execução eficaz. Mas se a diversidade de pontos de vista continuar na fase de ação e os indivíduos perseguirem seus próprios interesses, isso poderá levar a efeitos desastrosos. O desafio é recrutar pessoas que não tenham medo de falar durante a fase de reflexão, mas que, uma vez ouvidas, estejam dispostas a se comprometer com uma decisão com a qual talvez não concordem e a executá-la de maneira disciplinada no melhor interesse da companhia.

Resumo

Ao **recrutar novos talentos**, é importante procurar por **inteligência prática**: o tipo de inteligência que conduz ao sucesso de longo prazo do empreendimento. Trata-se de um **equilíbrio** entre as inteligências racional, criativa, emocional e social e o compromisso de aplicá-las a serviço da aprendizagem. Existem muitos testes disponíveis que ajudam a avaliar as diferentes formas de inteligência, e as empresas devem calibrá-los utilizando-se do conjunto de profissionais de sua atual base de funcionários.

No entanto, as empresas não devem se esquecer de que se fornecerem o treinamento correto, os sistemas de recompensa adequados e um ambiente de apoio dentro da companhia, elas mesmas poderão aumentar significativamente a capacidade dos indivíduos que já ostentam inteligência natural, de modo que eles demonstrem um comportamento ainda mais inteligente.

Ao contratar altos executivos, muitas organizações se concentram na experiência e na adequação, mas a inteligência prática continua sendo muito importante.

O perigo da adequação é a conformidade, que pode dificultar o aprendizado. As firmas devem buscar diversos pontos de vista e comportamentos, mas se assegurar de que a maneira como eles são expressos incentive todos a aprender.

Em geral, as companhias usam a experiência como um substituto para o conhecimento, mas esse nem sempre é um bom indicador. No entanto, a **inteligência prática combinada** com a **experiência** ajuda a desenvolver competências. A inteligência prática fornece a capacidade de melhorar esse conhecimento e adaptá-lo a diferentes circunstâncias e fases de mudança.

Notas

1. Howard Gardner (1983), em seu livro *Frames of Mind (Estruturas da Mente)*, nos fornece um extenso relato sobre a teoria de inteligências múltiplas.
2. Rose (2005).
3. Goleman (1996).
4. Goleman (2006).
5. Wells e Anand (2008).
6. Dweck (2007); Blackwell, Trzesniewski e Dweck (2007).
7. Glassman (1991).
8. Wells (2005; 2006).
9. Janis (1983).
10. Asch (1951).
11. Surowiecki (2004).
12. Asch (1951).
13. March (1991).
14. Argyris (1990).

CAPÍTULO 14

ATENDENDO ÀS NECESSIDADES HUMANAS BÁSICAS

Introdução

Os seres humanos possuem uma série de necessidades básicas que muitas vezes podem ser ameaçadas por mudanças organizacionais. Quando esse é o caso, eles resistem ferozmente, criando significativa **inércia**. As empresas precisam reduzir esse medo de mudanças. O ideal é que elas atendam às necessidades básicas de seus funcionários como parte do seu processo de transformação.

Necessidades humanas básicas nos negócios e na sociedade

Maslow identificou uma hierarquia de necessidades humanas (ver Figura 12.2). Segundo ele, cada um desses níveis deve ser satisfeito antes que o próximo se torne importante.[1] A classe basilar das necessidades de Maslow é a **fisiológica**. Ela inclui o **sexo**, a **alimentação**, a **água**, o **abrigo** e as **vestimentas**. Atualmente, também podemos considerar os cuidados com a **saúde** nessa mesma classe.

Nas sociedades contemporâneas, o trabalho normalmente nos fornece renda suficiente para saciar nossas necessidades fisiológicas. Porém, quando não há emprego disponível, algumas sociedades fornecem às pessoas uma rede de segurança social financiada pelos impostos, justamente para atendê-las. O estado previdenciário, que surgiu no Reino Unido após a Segunda Guerra

Mundial, é um exemplo disso. A Inglaterra vitoriana era muito diferente de hoje, por isso, líderes empresariais mais esclarecidos tentaram preencher essa lacuna assistencial. Por exemplo, com o intuito de aliviar a miséria e a pobreza de uma Inglaterra em fase de industrialização, William Hesketh Lever, da Lever Brothers (que viria a se tornar a Unilever), construiu para sua força de trabalho a Port Sunlight, uma vila modelo completa com escolas, bibliotecas e prédios públicos.[2] No mundo em desenvolvimento de hoje, tais necessidades continuam importantes. Em 1996, quando me tornei

CEO da Wedel, companhia polonesa líder na fabricação de chocolate, fui responsável não somente por 3 mil funcionários e quatro fábricas, mas também por um hospital, duas creches e um prédio de apartamentos cujo aquecimento central era feito pela caldeira de fábrica. Para que uma comunidade funcional seja eficaz, suas necessidades básicas devem ser atendidas.

A próxima classe de necessidades identificada por Maslow é de proteção e segurança – a **libertação do medo**. Assim, a estabilidade, a estrutura, as rotinas, as leis, os limites, as tradições e os rituais são valorizados e estão disponíveis em ambientes políticos estáveis, apesar de, lamentavelmente, inexistirem em algumas partes do mundo. Nas sociedades mais desenvolvidas, essas carências são, em geral, expressas pela necessidade de uma renda regular, poupança e seguros. As crenças religiosas e científicas também desempenham um papel importante no sentido de "explicar" a realidade e reduzir a incerteza. Superar as ameaças à segurança é uma das tarefas mais difíceis de um líder na criação de um contexto que acolha mudanças. Paradoxalmente, muitas vezes pode-se alcançar um resultado melhor nesse sentido tornando o impacto da mudança ainda mais indefectível. **A incerteza gera medo!**

Não é de surpreender que uma espécie com elevada capacidade para satisfazer as próprias necessidades fisiológicas e de segurança tenha se mostrado mais eficaz na corrida evolutiva. As implicações dessa evolução para o impulso à mudança em uma organização são significativas; qualquer ação que ameace nossas necessidades basilares desencadeia uma feroz resistência inconsciente. O emprego contribui muito para nossas necessidades fisiológicas e de proteção, de modo que ameaças à sua segurança espalham medo em qualquer organização.

Depois das necessidades de proteção e segurança, Maslow identificou o **amor** e o **pertencimento**. Aqui, o foco está em satisfazer um senso de comunidade local e familiar. Antes da industrialização e da urbanização das sociedades, as pessoas normalmente viviam perto de suas famílias em aldeias, e, dessa maneira, as necessidades de amar e pertencer eram prontamente atendidas. A admissão à comunidade era muito valorizada, e uma das maiores punições que a comunidade poderia infligir ao indivíduo era o **banimento**.

Todavia, o declínio da importância do núcleo familiar e o aumento da urbanização alteraram tudo isso. As pessoas agora se mudam para as grandes cidades e se veem rodeadas por milhões de seres de sua própria espécie, mas se sentem **solitárias**. Nas atuais sociedades urbanas, talvez a maior oportunidade que temos para satisfazer nossas necessidades sociais esteja no ambiente de trabalho, onde passamos a maior parte de nossa vida. Enquanto seres humanos, nós naturalmente nos unimos a outros indivíduos para formar pequenos grupos. Dentro deles, nós protegemos cada um de seus membros e, em contrapartida, esperamos ser protegidos. Posteriormente, os grupos competirão uns com os outros por recursos. As obrigações em tais coletividades são consideráveis. As partes prestam favores umas às outras em troca de crédito social, que podem descontar mais tarde em favores futuros. Ser visto como apoiador é vital para um membro da comunidade; falhar em fazê-lo resulta em perda de posição e potencial exclusão do grupo. As forças armadas se utilizam dessas obrigações sociais para construir força em unidades de combate. A moeda social que une as tropas é muito poderosa. Neste sentido, os soldados raramente morrem por seu país, eles morrem por seus companheiros. Mais uma vez, a mudança pode ameaçar a coesão social, e, neste caso, a perda do emprego é uma forma de banimento.

As empresas podem ser vítimas desse comportamento social ou optar por tirar proveito dele. O negócio é trabalhar em equipe; as equipes são essenciais para o desenvolvimento e a execução de mudanças estratégicas e para a obtenção de resultados. No processo, se as necessidades sociais estão satisfeitas, então o sucesso estratégico está alinhado com as necessidades humanas básicas. No entanto, se o processo de mudança ameaça a ordem social, as pessoas naturalmente irão resistir.

Acima do pertencimento e do amor, Maslow destacou a mais alta entre todas as necessidades básicas do ser humano – a **estima**. Maslow identificou dois níveis de estima: a **estima social**, recebida dos outros na forma de *status*, reconhecimento ou fama; e a **autoestima**, na forma de sentimentos próprios de competência, autoconfiança, independência e liberdade. A autoestima no trabalho surge com a capacidade de executá-lo bem. A estima social vem da nossa reputação entre os nossos pares com relação ao papel que desempenhamos. Medimos inconscientemente nossa reputação por meio da maneira como as pessoas se comportam em relação a nós, e então trabalhamos para melhorá-la. Isso nos leva a desempenhar nosso papel de modo ainda melhor e, assim, tornar o grupo mais apto a vencer a corrida evolucionária.

A **mudança** ameaça a **estima**. As pessoas temem que lhe sejam atribuídas novas funções para as quais não têm competência. Qualquer redução ocorrida na posição da hierarquia formal é percebida como uma desgraça social; até mesmo movimentos laterais são considerados sinais de fracasso. Portanto, a mudança organizacional propaga o medo.

Emprego

Nas sociedades modernas, o **emprego** é **essencial** para o atendimento de nossas necessidades fisiológicas e de segurança, e se torna progressivamente mais importante à medida que satisfaz nossas necessidades de pertença e de estima. Além disso, o trabalho fornece a muitos de nós a melhor oportunidade que teremos de satisfazer nossas necessidades mais elevadas. Assim, a perda do emprego significa um grande golpe; nós valorizamos demasiadamente nosso trabalho, e quando mudanças o ameaçam, o medo se propaga na comunidade.

O medo, como todas as emoções fortes, é contagioso. Como fogo, ele se espalha por toda a organização, então, agimos de maneira instintiva no sentido de cerrar fileiras, proteger uns aos outros e resistir à ameaça.

Aqueles que têm de despedir funcionários enfrentam uma tarefa difícil, especialmente quando as vítimas não apresentam falhas. Como bem sabe qualquer executivo que já tenha precisado fazê-lo, odiamos despedir pessoas. Em geral, adiamos a decisão por muito tempo na esperança de que ela simplesmente desapareça. Quando enfim nos preparamos para fazê-lo, sentimos a dor do funcionário e a nossa própria culpa pelo que estamos fazendo. Essas emoções também se propagam rápido, transformando-se em uma culpa coletiva pelo ocorrido. Então somos vistos com medo e desconfiança pela comunidade; a confiança está perdida. Essas são reações naturais, programadas em nós ao longo do tempo, e representam uma poderosa fonte de inércia.

No mundo de hoje, infelizmente, as demissões são difíceis de evitar. Conforme o ambiente competitivo evolui, o nível de recursos humanos e os conjuntos de habilidades necessárias devem ser ajustados à evolução das circunstâncias. Esta ameaça ao emprego cria um dilema muito real para a companhia. Sem a segurança do trabalho, as pessoas acham difícil buscar níveis mais elevados de necessidades, como: satisfazer sua curiosidade, aprender com novas experiências e se esforçar para alcançar seu pleno potencial. Isso raramente acontece se os funcionários consideram que podem perder o emprego. Em contrapartida, a alternativa para tal situação, ou seja, oferecer empregos vitalícios, limita seriamente a capacidade de mudança de uma empresa. Desse modo, qualquer que seja sua decisão, você enfrentará problemas!

Compromisso com o essencial

Uma maneira de **evitar despedir** pessoas é, em primeiro lugar, **não contratá-las** – trabalhando de maneira *asset light*, como sugerido no **Capítulo 7: Gerenciamento inteligente de ativos**. A lógica aqui é o comprometimento de longo prazo com uma comunidade central – todas as empresas necessitam de um **pequeno grupo** interno de funcionários – e com a **terceirização** de todos os outros trabalhos necessários. Muitos negócios sazonais como a agricultura, o varejo e a hospitalidade não sobreviveriam se não adotassem a abordagem *asset light*.

A operação de um sistema de recursos humanos *light* precisa impor resistência absoluta ao aumento do número de funcionários, do contrário, o tamanho do grupo central naturalmente se expandirá. Mesmo sem a inflexibilidade que isso provoca, o custo de manter um empregado extra é muito maior do que aparenta. Quando a capacidade extra de resistência à mudança é contabilizada, a lógica de se evitar a expansão do efetivo se torna muito atraente. Um dos meus chefes na PepsiCo certa vez me disse: ***"Cuidado com os traseiros nos assentos, eles custam uma fortuna."*** Curioso, calculei o custo total de um funcionário levando em conta toda a infraestrutura e o apoio, e os resultados foram aterradores. O custo total "por assento" era mais que o dobro dos custos diretos da mão de obra administrativa e constituía uma parte substancial dos custos totais até mesmo de executivos de alto nível, quando eram levados em conta assistentes pessoais, carros etc. Foi então que eu comecei a alocar tais despesas para mostrar às pessoas o verdadeiro custo do efetivo.

O aspecto mais traiçoeiro a respeito da contratação de mais pessoas é o fato de o processo levar à contratação de ainda outras. Lembro-me de quando estava administrando um escritório de serviços profissionais; fixei um limite arbitrário sobre a relação do pessoal de apoio para com os profissionais de um para um. Isso resultou em muitas reclamações de falta de suporte, porque os empregados alegavam que estavam perdendo tempo valioso em tarefas de rotina em vez de prestarem serviços em sua capacidade específica. Depois de muitas queixas, finalmente relaxei a restrição, e assim, dentro de aproximados doze meses, a proporção subiu para mais de dois para um. Então, tínhamos não somente uma equipe de suporte maior, mas supervisores para gerenciá-la e gestores para administrar os supervisores. Ironicamente, não foi observada melhoria substancial no suporte recebido pelos profissionais. Na ausência de metas claras e de controle firme, a quantidade de funcionários só aumenta!

O compromisso de longo prazo com o grupo central se torna mais fácil quando os custos do emprego são variáveis; desse modo, todos compartilham os ganhos dos períodos de bonança e o sofrimento dos maus momentos. Mas a partilha deve ser justa, ou criará resistência. Nos EUA, os trabalhadores da linha de frente da produção industrial sempre eram demitidos em épocas de recessão, enquanto os executivos mantinham seus empregos e, inclusive, parte de seus bônus. Não é de admirar que a força de trabalho, muitas vezes tenha se voltado para os sindicatos e resistido às mudanças, o que criou duas comunidades conflitantes. Em contraste, na Nucor, a siderúrgica mais produtiva dos EUA, em vez de essa força de trabalho ser demitida durante os períodos de queda nos negócios, instituiu-se uma semana de três dias e o corte de 80% nos salários dos gerentes. Com o sofrimento de fato partilhado, os custos se tornaram mais variáveis e a firma trabalhou em uníssono para alcançar aumentos impressionantes de produtividade.[3]

O fato é que, para conseguir operar, todas as companhias exigem pelo menos alguns funcionários internos, portanto, elas devem buscar no mercado os mais produtivos e flexíveis. Como em tudo, a regra 80:20 também se aplica às pessoas, especialmente entre as fileiras de gestão. Oitenta por cento do trabalho é realizado por 20% das pessoas, por isso a contratação de bons empregados vale muito a pena. É preciso escolher sempre os mais flexíveis – os mais capazes de provar sua aptidão em qualquer atividade quando os tempos mudam. Nada substitui a contratação dos melhores, aqueles com alta inteligência prática e compromisso com a aprendizagem (ver **Capítulo 13: Contratando mentes inteligentes**).

Posicionamento estratégico para evitar demissões

A probabilidade de uma empresa ter de despedir funcionários depende da natureza de seu segmento de negócios e de seu posicionamento estratégico. Empresas em setores mais voláteis enfrentam maiores riscos e precisam ser mais *asset light* para compensar tal situação. Essa é a beleza do modelo de negócios da Li & Fung, no segmento da moda rápida. Eles não são os donos de nenhum dos seus 15 mil fabricantes, assim, eles podem ajustar sua cadeia de suprimentos com apenas um clique.[4]

Os segmentos de crescimento lento também podem gerar dor de cabeça com relação a empregos. Se uma companhia não está crescendo, mas exige um aumento anual de 5% na produtividade para se manter competitiva, sua força de trabalho deve cair 5% a cada ano. Embora tal objetivo possa ser alcançado por meio da rotatividade natural, isso raramente proporciona reduções nos locais onde elas são mais necessárias, então a empresa deve recorrer a uma rotina de dispensa de funcionários. Sob tais circunstâncias, o aumento de produtividade certamente não ocorrerá.

Alguns anos atrás, discuti essa questão com Tony Hapgood quando ele era executivo-chefe da Bunzel, um conjunto de empreendimentos de crescimento relativamente baixo. Ele estava sempre fazendo alterações para impulsionar os ganhos de produtividade e então eu lhe perguntei como ele lidava com essa questão. Sua solução era simples: ele se concentrava nos segmentos do negócio que possibilitavam um crescimento acima da média para que os ganhos de produtividade não fossem ameaçados.

Aliviando o sofrimento das demissões

Embora as empresas sólidas tentem evitar demissões, de vez em quando elas descobrem que não têm escolha, então, é válido encontrar maneiras de torná-las menos dolorosas tanto para os indivíduos envolvidos quanto para a organização.

Certificar-se de contratar somente ótimas pessoas ajuda nesse ponto. Se uma companhia contrata apenas os melhores profissionais, estes não têm nenhuma preocupação com sua segurança no emprego, porque sempre conseguirão uma colocação em outro lugar. Além disso, se a empresa dispõe de grande reputação quanto ao desenvolvimento de seu pessoal, isso os tornará ainda mais valiosos no mercado de trabalho. A GE tem um excelente histórico de contratação e desenvolvimento de grandes colaboradores. Ela é conhecida por lançar seus ex-funcionários em carreiras de muito sucesso em outras companhias. De fato, julgando pelo número de antigos profissionais da GE que ocupam posições de CEO na *Fortune 500*, a empresa tem se revelado uma escola de administração melhor que Harvard. Portanto, sempre que a GE precisa se separar de gerentes talentosos, os ressentimento são bem menores.

A GE representa um passo valioso na carreira de qualquer executivo ambicioso, e essa é a forma como as companhias devem enxergar a situação. Elas devem aspirar a se tornar **"empregadoras preferenciais"** (ver a discussão sobre o desenvolvimento de recursos humanos no **Capítulo 8: Arquitetura formal**), porque isso cria um círculo virtuoso. As empresas que oferecem as melhores oportunidades de carreira podem atrair os melhores profissionais, ou seja, aqueles com mais **inteligência prática** (ver **Capítulo 12**). Esses indivíduos conquistam mais valor para a empresa e aprendem mais rápido, aumentando também seu próprio valor. E, assim, quando chega o momento de partir, eles facilmente encontram boas oportunidades de emprego, abrindo caminho para os novos talentos.

Muitas empresas de serviços profissionais fariam bem em executar sua gestão de recursos humanos dessa maneira. Seus modelos de negócios normalmente não permitem que a maioria de seus novos recrutas se tornem parceiros, por isso a maioria deles tem de sair e buscar empregos alternativos. Na verdade, essas companhias operam uma política **"suba ou saia"**, de modo que a dispensa se torna uma questão de rotina. A chave está em como isso é feito.

Elas podem seguir o modelo truculento típico dos banco de investimentos – anunciando demissões pelo interfone, entregando envelopes marrons, esvaziando mesas em sacos de lixo pretos e conduzindo os derrotados à porta de saída acompanhados pela segurança. Algo próximo ao comportamento do homem de Neandertal.

Ou podem seguir a abordagem da McKinsey. Quando chega o momento da separação, ela é feita com sutileza e respeito; na verdade, a ação é muitas vezes desencadeada pelos próprios indivíduos que irão partir. A McKinsey, então, os ajuda a encontrar novas funções que eles nunca teriam alcançado sem a experiência e o treinamento oferecidos pela ex-empregadora; e essas funções são, muitas vezes, posições-chave para a futura contratação da McKinsey pelo próprio ex-funcionário. Esse modelo de negócio ajuda a empresa a atrair os profissionais mais bem preparados, a treiná-los para se tornarem ainda melhores, a pagar-lhes muito bem e a lançá-los em carreiras valiosas como parte de sua **"rede daqueles que aprenderam na empresa"**. Essa abordagem de empregador preferencial torna as pessoas muito mais abertas a mudanças de carreira.

Porém, apesar das melhores intenções das companhias, às vezes elas deparam acontecimentos imprevisíveis que demandam uma mudança radical em sua base de recursos humanos. O ajuste sob tais circunstâncias exige significativa coragem. É importante que todos enxerguem a necessidade de uma ação imediata, mas o ato de explicar a lógica da situação raramente funciona nesses casos; a maneira mais rápida e convincente de criar alinhamento é apelar para os instintos básicos de sobrevivência. A menos que todos possam ser convencidos de que se alguns funcionários não forem sacrificados toda a comunidade irá perecer, todos continuarão a resistir. Então, uma vez tomada a decisão, é melhor que as medidas necessárias sejam tomadas rapidamente e de uma só vez: cortes paulatinos são extremamente dolorosos. Aqueles que saem devem ser bem tratados e auxiliados a encontrar novos empregos; isso não é importante apenas para quem sai, mas também para os que permanecem e precisam superar sua própria dor e culpa, e reconstruir o moral da firma.

Trabalho em equipe

Para satisfazer nossa necessidade subconsciente de pertencimento, apreciamos trabalhar em grupo e nos sentir parte de uma comunidade maior, que respeite nossas realizações. Gostamos de participar de uma equipe vencedora por conta da estima social criada por tal situação. Isso é muito natural: as equipes vencedoras garantem as melhores fontes de alimento e têm as melhores possibilidades de sobreviver na corrida evolutiva. Assim, todos nós preferimos nos associar aos vencedores e oferecemos melhor desempenho pessoal quando estamos em equipes vitoriosas. Nós trabalhamos duro no sentido de oferecer uma boa contribuição pessoal, não somente pela estima social resultante disso, mas pela autoestima que sentimos por nossas realizações. Valorizamos a reputação que construímos na comunidade pelo papel que desempenhamos, e trabalhamos muito para mantê-la. Somos movidos não apenas pela alegria e pelo orgulho da inclusão, mas também pelo medo e pela indignidade provenientes da exclusão. Trata-se de um verdadeiro jogo de orgulho e humilhação.

Se as empresas não nos oferecem oportunidades para a satisfação dessas necessidades básicas, ficamos frustrados e procuramos por elas nós mesmos. As implicações para as empresas são claras; um trabalho concebido para satisfazer esses instintos básicos deve produzir alto desempenho e uma força de trabalho motivada. Assim, as células de trabalho fazem mais sentido que as linhas de produção; iniciativas de mudança baseadas em equipe criam mais compromisso que instruções de comando e controle verticais a partir do topo. Além disso, uma vez que nossas necessidades básicas são atendidas, procuramos satisfazer necessidades mais elevadas, exercitando nossa criatividade para alcançar novas realizações, nos oferecendo para enfrentar novos desafios e ajudando a companhia a se tornar bem mais inteligente. No entanto, a incapacidade por parte das organizações de satisfazer necessidades básicas de pertencimento e estima no local de trabalho abre as portas para que os funcionários construam estruturas sociais e desempenhem papéis que os distraiam da finalidade principal da empresa, ou, até mesmo, que entrem em conflito com ela, minando seu desempenho – os sindicatos representam um bom exemplo disso.

Se houver a possibilidade de alinhar os objetivos da equipe aos da organização e, ao mesmo tempo, de atender as necessidades sociais fundamentais dos funcionários, isso pode se tornar um importante condutor de vantagem competitiva. Além das tarefas normais em que as equipes precisam se engajar, existem outras atividades capazes de satisfazer plenamente essas necessidades sociais dos empregados – e as empresas devem incentivar isso, patrocinando uma noitada de boliche ou ingressos para um importante jogo do campeonato local, por exemplo. Todavia, as empresas não devem se preocupar muito com qual atividade oferecer, já que as equipes descobrirão por conta própria e com o menor dos incentivos – basta disponibilizar a elas um pequeno subsídio financeiro. O objetivo da empresa ao apoiar esse tipo de comportamento é fornecer experiências excepcionais de equipe, de modo que não haja necessidade de os funcionários buscarem satisfação emocional em outro lugar.[5]

Recompensando as equipes pela mudança

Para conseguir um QI estratégico e estrutural mais elevados, as empresas precisam que suas equipes lutem pela melhoria contínua da produtividade e busquem novas maneiras de resolver seus problemas. Porém, as equipes precisam receber incentivos para fazer isso, e as companhias devem levar em conta recompensas sociais e financeiras. Equipes eficientes estão sempre buscando melhorias em termos de produtividade, mas, na ausência de incentivos para compartilhá-los com a empresa, elas acabarão se limitando a trabalhar o menor número de horas possível, dedicando mais tempo ao ócio e/ou ao tempo social. É muito improvável que essas equipes reduzam seu tamanho e incorram na dor social de fazê-lo, a menos que as recompensas financeiras para os membros restantes sejam substanciais.

Entretanto, sistemas de recompensa financeira podem ser usados para alinhar a moeda social aos objetivos da empresa, criando um poderoso motivador. A Nucor, por exemplo, usa uma combinação de moedas financeira e social para impulsionar a produtividade em suas miniusinas. Ela divide o trabalho entre um número de pequenas equipes e paga a cada uma delas um significativo bônus grupal pela produtividade. Se as metas não forem alcançadas ninguém recebe o bônus, então, cada membro trabalha arduamente para se certificar de que a equipe não fracasse. Além disso, as pequenas comunidades têm um forte incentivo para treinar novos membros e desencorajar os ineficientes a permanecerem na organização. O objetivo de cada equipe – o aumento da produtividade – está perfeitamente alinhado àquele da Nucor em impulsionar sua principal vantagem competitiva: o **baixo custo da produção**.[6]

Considerando o poder das recompensas financeiras oferecidas a equipes, é surpreendente que as empresas não as utilizem com mais frequência. Ainda mais espantoso é o fato de que, muitas vezes, as atividades de equipe envolvendo mudanças sequer sejam recompensadas. A maioria dos executivos que desempenha papel funcional específico investe grande parte de seu tempo em equipes multifuncionais, executando iniciativas de mudança, sem, entretanto, serem recompensados por esse trabalho. As recompensas normalmente se concentram apenas em seu desempenho na gestão dos próprios departamentos, sem que nenhum bônus lhes seja conferido pelos esforços empreendidos na mudança organizacional. Na verdade, eles acabam sendo até punidos por investirem em mudanças necessárias, uma vez que, ao fazê-lo, negligenciam suas operações do dia a dia. A GE tenta compensar tal situação dedicando uma parte substancial dos bônus anuais de desempenho aos seus programas de mudança. No entanto, estes ainda são pagos em caráter individual. O fato é que melhores resultados seriam alcançados se as empresas se dispusessem a acompanhar a contribuição de cada uma de suas equipes para o sucesso de longo prazo, oferecendo a elas recompensas pelo alcance de metas importantes ao longo do caminho.

Desenvolvendo habilidades de equipe

Estamos geneticamente programados para trabalhar em equipes. Porém, como aqueles que já tiveram algumas experiências terríveis podem atestar, esses grupos trabalham de maneira mais eficaz se seguirem algumas regras simples. Fornecer listas do que fazer raramente motiva o comportamento correto. Em vez disso, o melhor a fazer é permitir que as próprias equipes gerem suas listas. Para realmente incentivar o envolvimento de todos, peça aos integrantes recomendações quanto à pior maneira de se gerir o grupo. Todos somos bem qualificados para fazê-lo; além disso, o exercício é muito divertido, o que o torna mais fácil de lembrar. A reversão desses resultados cria uma lista de verificação bastante útil para a constituição da equipe. Vale lembrar que, em geral, membros de grupos se sentem mais propensos a acatar orientações geradas por eles próprios.

O estabelecimento de um conjunto de regras e procedimentos é essencial para o início de um trabalho em equipe. Aliás, é fundamental revê-lo regularmente para garantir que tudo esteja de acordo com o desejado. O momento ideal para essa reflexão é aquele em que um objetivo é alcançado. Na ocasião, os membros da equipe deverão celebrar o que conquistaram e identificar o que poderá ser feito ainda melhor na próxima vez. Em seguida, eles precisam avaliar como estão indo e, se necessário, ajustar esse estatuto. A reformulação desse conjunto de regulamentos também é necessária quando algo crucial se altera na equipe, como a redefinição de seus objetivos ou a substituição de um de seus membros. A criação de um primeiro estatuto pode demorar um pouco, mas, com o tempo seu uso se tornará bem mais fácil.

Arquitetura orientada para o objeto

O esboço da hierarquia formal pode gerar um impacto significativo sobre as necessidades humanas básicas. No **Capítulo 8: Arquitetura formal,** discutimos os benefícios de dividir as grandes hierarquias em CNEs menores e mais flexíveis. Os CNEs se mostram mais receptivos à organização de seu próprio trabalho e às mudanças estratégicas locais que as grandes organizações monolíticas. **No Capítulo 9: Arquitetura informal**, identificamos como os comportamentos de grupo herdados geneticamente – mecânicas sociais – fornecem uma arquitetura informal muito eficiente e ágil para a coordenação do trabalho, desde que o tamanho do grupo não ultrapasse o limite superior de um componente de mecânica social. Ao combinar os dois, criando CNEs de um tamanho que a mecânica social possa complementar a arquitetura formal, **alinhamos** a organização **informal** e **formal**.

Tais estruturas, além de distribuírem mais os QI estratégico e estrutural, satisfazem as necessidades de pertencimento – como resultado das comunidades que criam – e de estima – por meio da capacitação que oferecem. Esta capacitação surge de um senso de liberdade e do controle que os funcionários exercem sobre seu próprio destino.

Ao criar CNEs e contar com mecânicas sociais, as empresas devem garantir que as condições para uma colaboração informal saudável sejam atendidas. Os grupos, por sua vez, devem ostentar um objetivo claro e ser recompensados coletivamente por entregar bons resultados. A confiança deve ser promovida dentro do grupo; isso assegura liderança legítima, transparência, responsabilidade, honestidade e justiça. Estes valores devem estar refletidos nos comportamentos esperados das pessoas e nos sistemas formais que regulam seu trabalho. Quando essas condições são atendidas, a mecânica social prospera.

Premiar os agentes de mudança em vez de posições

No contexto dos negócios, a estima social está relacionada ao papel que os indivíduos desempenham na organização e ao respeito prestado a eles. Na arquitetura formal isso é visível no título e/ou na posição hierárquica de cada profissional. Reflete-se em processos formais, tais como os comitês aos quais esses indivíduos pertencem e/ou as reuniões para as quais são convidados. Isso também se reflete na maneira como eles são recompensados – embora a compensação financeira normalmente seja confidencial. Quaisquer alterações de título ou de responsabilidades, redesenhos no processo de negócios ou ajustes na forma de recompensas que não comuniquem uma melhoria no *status* desses indivíduos serão, portanto, percebidos como uma ameaça. Isso cria rigidez e inércia.

Na arquitetura informal da organização, a estima é medida pela maneira como os indivíduos são tratados pelos líderes mais poderosos da empresa. Quando esses indivíduos são consultados? Para quem o executivo-chefe diz "olá" pela manhã? Quaisquer alterações em tais comportamentos por parte dos principais executivos em relação a um membro do grupo são inconscientemente detectadas e rapidamente comunicadas a todos os demais membros. Mudanças de *status* são medidas em termos de recompensas simbólicas, como tamanho e localização do escritório ou marca do carro fornecido pela empresa. Elas também podem se manifestar por meio dos sistemas de premiação da organização, com a outorga de um título de "empregado do mês", por exemplo.

Em vez de permitir que o grau de estima seja conduzido apenas pelos papéis formais de uma organização, as empresas mais inteligentes associam a estima àqueles mais abertos a mudanças. Como uma empresa pode transformar os agentes de mudanças em heróis? Uma maneira de fazê-lo é concedendo privilégios especiais para aqueles que sacrificam o *status* social formal pelo bem da organização.

Por exemplo, um executivo sênior pode ser designado a assumir um papel menor em um mercado em desenvolvimento, simplesmente por possuir as habilidades ideais para desempenhar tal papel. Isso poderia ser visto pela organização como uma redução de seu *status* formal. Porém, se esse indivíduo fosse convidado pessoalmente pelo CEO para desempenhar tal papel e também para mantê-lo devidamente informado sobre a situação, seu *status* informal – transmitido por este arranjo – seria suficiente para superar o *status* formal. Nesse exemplo, a companhia estaria usando a estrutura informal para compensar a inércia da estrutura formal.

Lembro-me de tal mecanismo na PepsiCo. A cada ano, um pequeno número de executivos era escolhido para passar o fim de semana com o presidente Roger Enrico, em seu rancho, a fim de discutir diretamente com ele seus planos inovadores para a empresa. As fotografias tiradas durante esses finais de semana com Roger Enrico, e visivelmente dispostas sobre as mesas executivas, representavam um dos principais símbolos de sucesso dentro da empresa, e estimulavam muitas pessoas a buscarem ideias inovadoras.

Capítulo 14 Atendendo às necessidades humanas básicas

Resumo

Os seres humanos têm uma série de necessidades básicas fundamentais que devem ser atendidas antes que possam pensar em mudanças. Muitas vezes, essas necessidades básicas são ameaçadas pelas transformações, e, por isso, elas nunca entram em pauta; os agentes de mudança são confrontados pela feroz resistência que aparece profundamente enraizada em nossos genes.

Nas sociedades modernas, o emprego desempenha um papel crítico na satisfação de nossas necessidades básicas. Ele nos ajuda a comprar comida, bebida e vestuário; nos proporciona segurança e nos brinda com um sentimento de pertencimento e com uma fonte de autoestima e estima social. A esse respeito, o emprego representa uma necessidade humana fundamental. Ameaças à segurança do emprego são um anátema; as companhias devem operar no sentido de proporcionar segurança aos principais membros de sua comunidade e ajudar aqueles que devem partir a encontrar um novo lar. Tornar-se um empregador preferencial ajuda, pois transforma os funcionários em profissionais mais valiosos no mercado e, assim, reduz o seu medo de um eventual desligamento.

O emprego também oferece uma grande oportunidade para satisfazer nossas necessidades de pertencimento e de estima. As companhias que moldam o ambiente de trabalho para satisfazer essas necessidades humanas, sem descuidar das próprias necessidades em relação à necessidade de mudanças contínuas, se beneficiam de motivação superior e alto desempenho. Aquelas que ignoram essas questões enfrentam a possibilidade de os funcionários descobrirem outras maneiras de encontrar realização – o que pode distraí-los de seu trabalho diário e/ou até mesmo colocá-los em conflito direto com a empresa.

Quando as necessidades básicas não estão saciadas, os seres humanos dão pouca atenção às necessidades mais elevadas. Porém, uma vez que as empresas tenham atendido essas necessidades fundamentais, elas estão prontas para focar nos enormes desejos que as pessoas têm de aprender e oferecer o melhor de si, e, assim, para aumentar sua inteligência estratégica e estrutural. Este é o tema do próximo capítulo.

Notas

1. Maslow (1943).
2. http://www.portsunlight.org.uk/. Acessado em 4 de janeiro de 2008.
3. Ghemawat e Stander (1992).
4. Fung e Magretta (1998); Fung, Fung e Wind (2008).
5. Para uma discussão detalhada sobre como melhorar o desempenho da equipe de negócios, consulte Ancona e Bresman (2007). Para uma análise de algumas equipes bastante famosas, consulte Boynton e Fischer (2005).
6. Ghemawat e Stander (1992).

CAPÍTULO 15

UTILIZANDO AS NECESSIDADES HUMANAS INSACIÁVEIS

Introdução

Uma vez atendidas nossas **necessidades básicas**, passamos a nos dedicar às **insaciáveis**, denominadas por Maslow como **necessidades de autorrealização**. Somos naturalmente curiosos e gostamos de aprender. Apreciamos criar coisas novas e buscar novas experiências. Procuramos satisfação por meio da realização de nosso pleno potencial; e, depois de conquistá-lo, queremos ajudar os outros a alcançar o mesmo. Acima de tudo, ansiamos por um objetivo comum, que suplante nossos próprios interesses e sirva ao bem comum. Neste capítulo, examinaremos a natureza dessas necessidades e investigaremos como as empresas podem aproveitá-las no sentido de desenvolver inteligência estratégica elevada.

As necessidades superiores de Maslow

O nível mais elevado em termos de necessidades humanas fundamentais, identificado em 1943 pelo esquema de Maslow, foi o de autorrealização. Maslow descreveu essa carência como um impulso rumo ao crescimento e à realização pessoal. Em seu trabalho posterior, o psicólogo segmentou a autorrealização em **quatro categorias**:

- **Cognitiva** – A necessidade de **aprender**, **compreender** e **descobrir**. Como as mudanças sempre envolvem algum nível de aprendizagem, as companhias que procuram se adaptar rapidamente ao ambiente competitivo devem atender ao desejo de aprender de seus funcionários. Todos nós gostamos de aprender, desde que possamos superar a dor que essa ação muitas vezes envolve. Devemos também superar algumas das práticas antiaprendizagem que exibimos com frequência.

- **Estética** – A necessidade de **simetria** e **beleza**. As necessidades estéticas não parecem ter muita influência sobre a capacidade de adaptação nas empresas, embora a beleza e a simplicidade nas soluções de problemas possam torná-las mais eficazes e mais fáceis de implantar. Argumenta-se que a gestão do *design*, que reúne as disciplinas de estética do produto e processos de inovação, pode contribuir para a vantagem competitiva. O equilíbrio no *design* do local de trabalho também gera um impacto significativo sobre a produtividade e o moral dos funcionários, como atestam os praticantes do *feng shui*.
- **Realização pessoal** – A **percepção** de seu potencial completo. Em sua forma mais simples, a autorrealização é o desejo de oferecer o que existe de melhor em nós. As organizações que conseguem alinhar essa unidade individual de aprimoramento pessoal à melhoria contínua da empresa estão ampliando sua capacidade de adaptação.
- **Autotranscendência** – O **desejo** de ajudar os outros a realizar seu pleno potencial e buscar um propósito comum. As pessoas realmente obtêm satisfação emocional ao ajudar os outros. As empresas devem, portanto, incentivar seus funcionários a **ajudar-se mutuamente** no sentido de colaborar com a empresa. O objetivo comum é um poderoso facilitador. Companhias que dispõem de uma visão estratégica na forma de objetivos comuns criam um poderoso alinhamento.

Em seu trabalho ulterior, Maslow descreveu uma ampla gama de comportamentos demonstrados por autorrealizadores: eles são objetivos em seu julgamento, não se deixam influenciar por impressões pessoais ou pressões sociais e mostram-se emocionalmente maduros o suficiente para não se sentirem oprimidos por sua necessidade básica de pertencimento. Eles se responsabilizam por suas ações, o que os ajuda a aprender em vez de culpar os outros por seus fracassos. Eles aceitam e respeitam os outros, e abraçam uma grande variedade de estilos pessoais, raças e culturas. Isso os torna abertos a uma diversidade de pontos de vista, o que os ajuda a aprender. Eles são curiosos e animados em relação a tudo; são criativos e inventivos. Eles enxergam os problemas como oportunidades para descobrir novas soluções; interessam-se em se envolver em experiências extraordinárias cujo impacto será duradouro.

Os comportamentos de autorrealização descritos por Maslow são os mesmos que ajudam executivos seniores a manterem suas empresas estrategicamente na liderança. Eles se revelam como manifestações de **inteligência prática**, tão necessárias para ajudar as companhias a se adaptarem e a aprenderem.

Entretanto, enquanto a autorrealização tem a ver com indivíduos que procuram realizar seu próprio potencial, a **autotranscendência** visa ajudar os outros a alcançar o mesmo. Trata-se de **ensinar** em vez de aprender; de **"retribuir"**, **treinar** e **aconselhar** outras pessoas; de desenvolver a próxima geração. Os autotranscendentes buscam um **propósito**. Eles precisam sentir-se parte de uma missão. Precisam ter uma visão clara e inspiradora do local para onde estão indo, que contribua para o bem comum e seja guiada por um conjunto de valores que distinga o certo do errado.

A **missão** é uma **soma** de **visão** e **valores**. Para tirar proveito de seus grandes talentos, as organizações devem fornecer aos autotranscendentes uma visão e um conjunto de valores que se alinhem com a necessidade da empresa de gerar maior inteligência estratégica e estrutural.

Maslow reservou a autotranscendência para aqueles que atingiram o maior nível de maturidade emocional. A autotranscendência está voltada para o despertar espiritual e a extinção do egocentrismo. Embora seja incomum discutir espiritualidade em um livro de negócios, vale lembrar que os empresários são, basicamente, seres humanos das mais variadas raças e culturas que, há milhares de anos, demonstram uma consistente **necessidade por espiritualidade**. Além disso, um exame minucioso das principais religiões do mundo indica que os valores fundamentais defendidos por elas são muito semelhantes. A biologia evolutiva argumenta que essas necessidades universais têm contribuído para a nossa resistência como espécie, estimulando comportamentos cooperativos e subordinando o interesse próprio ao bem comum. As companhias que, juntamente com seus funcionários, estão voltadas para o bem comum têm muito a ganhar com tais instintos.

Em seu memorável artigo de 1969, *Theory Z* (*Teoria Z*), Maslow descreveu algumas das características da autotranscendência.[1] Os autotranscendentes são motivados por valores como a **verdade** e a **bondade**. Eles perseguem causas altruístas, não recompensas materiais. Eles buscam um senso de propósito e são visionários inovadores com ideais bem definidos. Eles ostentam uma visão holística do mundo, preferindo não dividi-lo de acordo com óticas nacionalistas ou religiosas. Em vez de participarem de **jogos de soma zero**,[a] essas pessoas buscam soluções em que todos saiam ganhando. De acordo com Maslow, tudo é sagrado para elas; não existem classes nem discriminação, o que gera compaixão para com os fracos e menos favorecidos. Quanto mais aprendem, mais cresce o mistério para esses indivíduos, e maior sua humildade e reverência. Eles não se colocam em um pedestal, no entanto, são seres naturalmente inspiradores, divinos, sagrados e reverenciados.

A seguir, discutiremos as necessidades superiores de Maslow e o modo como as organizações podem utilizá-las para estimular a inteligência estratégica em mais detalhes.

Aprendizagem

Alinhando as necessidades de aprendizagem à maior vantagem competitiva

Para empresas comprometidas com o aprimoramento de sua inteligência estratégica, **aprender é essencial**. Com o intuito de desenvolver sua capacidade de mudança estratégica as organizações precisam envolver todo o seu pessoal no processo, o que, por si só, representa um enorme exercício de aprendizagem. Todos devem ser incentivados a sempre questionar o modelo de negócios vigente e a buscar aprimoramento. Deseja-se também que todos os funcionários procurem e testem modelos de negócios completamente novos. Tais empresas precisam que seu pessoal trabalhe de maneira conjunta, com rapidez e eficácia, aprendendo uns com os outros à medida que criam novas opções estratégicas e as executam no mercado. A melhoria contínua requer aprendizado contínuo.

A boa notícia é que todos nós gostamos de aprender, por isso, enquanto estivermos aprendemos por meio do estímulo a uma maior competitividade, as necessidades dos funcionários e da companhia estarão alinhadas. Mas

---

a Na teoria dos jogos e na teoria econômica, um jogo de soma zero é aquele em que a soma dos pontos obtidos por todos os seus participantes, para cada combinação de estratégias, sempre é igual a zero, ou seja, um jogo em que o que um jogador recebe é diretamente proporcional ao que os demais perdem. A maioria dos jogos clássicos de tabuleiro são de soma zero, como o jogo da velha, damas e xadrez. (N.T., conforme *Wikipédia*. Disponível em: http://pt.wikipedia.org/wiki/Soma-zero)

o aprendizado também é doloroso. Temos de nos forçar à dor inicial para desfrutar das recompensas que posteriormente serão conquistadas. As empresas podem ajudar no equilíbrio entre a dor e a vitória recompensando comportamentos de aprendizagem e encorajando seu pessoal a experimentar. Elas também podem auxiliar seus empregados a superar as práticas antiaprendizagem descritas no **Capítulo 12: O que é uma mente?**, que atrapalham o aprendizado, e estimular o trabalho mais construtivo entre os colegas para que eles adquiram conhecimentos uns com os outros.

Modificando comportamentos de aprendizagem

O assunto aqui discutido é a mudança de comportamentos para que nos tornemos aprendizes mais eficazes e capazes de ajudar os outros a aprender. A alteração de comportamento não é uma tarefa fácil; a boa notícia é que quando as pessoas estão comprometidas, elas conseguem se reciclar no sentido de fazê-lo. Primeiro, os indivíduos precisam saber o que estão fazendo de errado e, então, ser apresentados à maneira correta de realizar o procedimento (Nesse momento, o auxílio de um especialista é bastante positivo). As pessoas também devem perceber o benefício gerado pela adequação de seu comportamento para que isso as estimule a mudar. As empresas podem oferecer suporte nesse sentido, recompensando e punindo seus funcionários de maneira adequada. Por fim, deve existir uma métrica para a avaliação comportamental capaz de verificar o progresso de cada um. Muitas companhias utilizam o *feedback* 360 graus[b] para mensurar comportamentos – e quando apoiam o processo com recompensas, ele se torna **realmente poderoso**!

---

b Trata-se de um processo no qual os participantes do programa recebem simultaneamente *feedbacks* estruturados de seus superiores, pares, subordinados e outros *stakeholders*. O participante executa também uma autoavaliação. Estes *feedbacks* são fornecidos por meio de um questionário específico que descreve os comportamentos de liderança considerados essenciais pela organização, a fim de viabilizar seus objetivos estratégicos. Os resultados desses *feedbacks* são confidenciais e a pessoa que os recebe não sabe quem a avaliou. Somente o avaliado terá acesso ao resultado integral da avaliação. Trata-se de um instrumento individual: o avaliado utiliza os *feedbacks* recebidos para guiar seu desenvolvimento profissional, principalmente no que se refere a competências e comportamentos de liderança. Segundo a Fundação Carlos Chagas é "o método de avaliação de desempenho mais adequado para assegurar o ajuste dos funcionários às demandas impostas pelos ambientes interno e externo da organização". (N.T. conforme *Wikipédia*. Disponível em: http://pt.wikipedia.org/wiki/Avalia%C3%A7%C3%A3o_360_graus)

Superando a competência maquinal e as práticas antiaprendizagem

Ao aprendermos, construímos modelos simplificados do mundo para conseguirmos resolver nossos problemas. Identificamos então o que é relevante para nós e agimos sobre isso. Se nossas ações funcionam, acreditamos na veracidade desses modelos – aliás, quanto melhores os resultados obtidos, mais acreditamos em sua autenticidade. Em contrapartida, quanto mais utilizamos nossos modelos, mais nossas respostas se tornam automáticas, o que nos leva muitas vezes a esquecer o que as gerou. Tornamo-nos especialistas maquinais. Não sabemos nem o que sabemos nem o que não sabemos. E, a menos que estejamos preparados para permitir que nossas experiências sejam questionadas, permaneceremos puramente autômatos.

Esse é um problema comum nos negócios. Quando uma mesma informação é apresentada a dois executivos com diferentes históricos, cada um deles atenta ao que considera mais relevante. Então, utilizando o mínimo de pensamento consciente, ambos inferem significado à informação recebida a partir dos dados previamente selecionados e chegam a conclusões "experientes" que lhes parecem bastante óbvias. Então, cada um advoga sua própria solução como se ela representasse a verdade absoluta, assumindo que os demais participantes são apenas idiotas, já que as respostas por eles apresentadas não parecem fazer sentido. Além disso, eles se ressentem pelo fato de sua experiência estar sendo desafiada. Como resultado, esses indivíduos se restringem a simplesmente "falar" uns com os outros, sem que haja qualquer esforço no sentido de compreender os pontos de vista alheios.

Lembro-me de um exemplo para ilustrar tal situação. Certa vez, eu estava realizando um *workshop* interfuncional em uma grande empresa de produtos de consumo. O objetivo era desenvolver uma estratégia diferenciada para uma categoria de produtos cujos líderes de nicho detinham aproximadamente a mesma fatia de mercado e estavam competindo agressivamente sem obter lucros. Havia uma forte hierarquia implícita na organização; executivos de *marketing* eram reverenciados como deuses, enquanto executivos de vendas eram vistos como meros mortais e os de produção representavam apenas formas de vida inferiores. No entanto, meu papel era aprimorar a aprendizagem interfuncional e garantir que todos contribuíssem para a discussão. Naquele dia em especial, o fato de o representante do departamento de produção ser

Capítulo 15 Utilizando as necessidades humanas insaciáveis

novo na empresa e desconhecer a hierarquia implícita, acabaria promovendo um intercâmbio muito interessante.

Depois da habitual troca de gentilezas na abertura de sessão, expliquei que o objetivo de nosso encontro era encontrar uma maneira eficaz de competir na categoria, e que, para isso, todos deveriam apresentar ideias. Algumas pessoas levantaram questões e pontos para esclarecimentos, mas ninguém parecia querer apresentar sugestões, até que, finalmente, a diretora de *marketing* resolveu se pronunciar. Ela disse que a resposta estaria na liderança da empresa no quesito "nível de exposição" (*share of voice*). Todos se entreolharam e acenaram afirmativamente, sugerindo que tínhamos encontrado uma solução. Foi então que o executivo de produção perturbou o fluxo da reunião, perguntando: **"O que significa liderança em 'nível de exposição?'"**

Nesse momento, as sobrancelhas se ergueram e o inconfundível som de inspiração de ar pode ser claramente escutado entre os presentes. Alguns membros da equipe olharam desdenhosamente para o executivo de produção, como se a sugerir que todos ali sabiam o significado de tal expressão. No entanto, a linguagem corporal daqueles indivíduos pareceu um pouco exagerada e logo suspeitei que o representante de produção não era o único na sala que não entendia o significado do termo. Obviamente ninguém se atreveu a responder. Foi então que a própria diretora de *marketing*, bastante impaciente, explicou que se a companhia sobrepujasse os concorrentes elevando em 20% seu orçamento em publicidade, ela ganharia mais participação e, com isso, construiria uma clara posição de liderança.

A explicação rapidamente aliviou a tensão na sala e, mais uma vez, os acenos afirmativos se fizeram presentes. No entanto, o executivo de produção, cuja curiosidade fora apenas aguçada, se manteve impávido e perguntou: **"Mas o que fará a concorrência neste caso?"**. Mais uma vez a sala ficou em silêncio e, novamente, o desdém da maioria se voltou para o executivo de produção. Todavia, naquele momento a expressão de uma minoria indicava que aquela poderia ser uma boa pergunta. Daí, já demonstrando mais que pura irritação e com o rosto ruborizado, a chefe de *marketing* retrucou: "Eles não farão nada, até porque eles apenas receberão os dados da Nielsen[c] depois

---

c Empresa de consultoria norte-americana líder nos setores de avaliação, mensuração de dados e informações. (N.T.)

303

de nove meses; enquanto isso eles não saberão o que estamos fazendo." "Mas o que eles irão fazer quando obtiverem os dados da Nielsen?", rebateu o executivo de produção. Então, uma percentagem significativa do pessoal encarou a diretora de *marketing*, que, relutante, admitiu: "Eles provavelmente aumentarão seus investimentos em publicidade."

Naquele instante, todos na sala pareciam envolvidos no debate. Além disso, a linguagem corporal do grupo sugeria que, dessa vez, uma proporção maior de indivíduos estava de acordo com o executivo de produção, que, despreocupadamente, questionou: "Então, o que faremos depois?". A resposta da chefe de *marketing* surgiu indiferente: "Aumentaremos imediatamente nossos investimentos em publicidade; é justamente isso o que significa liderança no nível de exposição." Daí o executivo de produção lhe devolveu o problema: "De que modo, se apenas obteremos os dados da Nielsen após nove meses?"

Naquele momento os gritos começaram e eu perdi completamente o controle da reunião: minha facilitação multifuncional fora um total desastre. Decidimos interromper o encontro para um café e depois retornamos para rever o que aprendêramos. Concluímos que partir para uma guerra publicitária contra nosso principal concorrente não seria uma estratégia muito eficaz, uma vez que isso simplesmente expungiria o lucro da categoria. Precisaríamos encontrar uma resposta melhor. Apesar de tudo, aquele processo de aprendizagem fora, para mim, bastante interessante.

O fato é que aqueles executivo de produção, livre dos implícitos protocolos de comunicação da empresa, demonstrara coragem ao questionar a especialista em *marketing*. Apesar de, a princípio, a *expert* no setor ter se colocado na defensiva quando solicitada a explicar suas ideias a um representante da produção, ela acabou se vendo obrigada a expor seus argumentos a fim de sustentar sua recomendação e a permitir que outros a testassem. Durante o processo, o executivo de produção certamente aprendeu um pouco sobre *marketing*, mas, o mais importante, é que a especialista em *marketing* tornou-se ainda mais perita em sua área.

Comunicar para aprender

Muitas vezes, quando nos comunicamos com os colegas, em vez de buscarmos a verdade, optamos por defender nossa posição de maneira agressiva visando apenas "vencer" no diálogo. No entanto, se encorajamos as pessoas

Capítulo 15 Utilizando as necessidades humanas insaciáveis

a inquirir sobre nossas informações e nossos raciocínios, ampliaremos nossas chances de descobrir mais a respeito do que sabemos e de nos desenvolvermos, aprimorando ainda mais nossos conhecimentos. Além disso, também ajudaremos os outros a aprender, porque os conscientizaremos a respeito do modelo no qual estamos nos baseando. Assim, daremos a essas pessoas a possibilidade de também refletir sobre a questão.

Vale lembrar que, ao fornecermos explicações, precisamos ter cuidado ao usar a expressão "na minha experiência" para justificar uma recomendação – a menos que relatemos um fato específico e expliquemos sua relevância. Caso contrário, tal resposta não proporcionará nenhuma informação útil aos nossos colegas, apenas os advertirá para que não nos desafiem em nossos conhecimentos, permitindo-nos preguiçosamente evitar a reflexão a respeito de nossas próprias experiências.

Ao sermos questionados, devemos suspender nosso julgamento e procurar compreender a linha de investigação adotada, por mais ilógica que ela possa nos parecer à primeira vista. Como qualquer outra ferramenta ou técnica de criatividade, devemos usar esses eventos para incentivar nosso próprio aprendizado. Lembre-se: podemos aprender tanto com os leigos quanto com os gênios. Como disse certa vez o falecido violinista naturalizado inglês, *sir* Yehudi Menuhin: ***"As principais condições para a aprendizagem são o espírito aberto a novas ideias, a tolerância e a generosidade. (...) Devemos estar humildemente prontos e igualmente preparados para aprender tanto com um tolo quanto com uma formiga."***

Assim, como precisamos encorajar outras pessoas a nos indagar, temos de ter a coragem de indagá-las também. Trata-se de um questionamento construtivo no sentido de entender o modo como eles costumam enquadrar seus problemas, e identificar os dados e o raciocínio utilizados para se chegar a uma solução. Mais uma vez, isso exige **paciência** e **suspensão de julgamento**. O objetivo é entender o modelo geral, não combatê-lo a cada passo do caminho.

O desafio é equilibrar defesa e investigação (Figura 15.1). A defesa desprovida de investigação significa meramente a imposição de um ponto de vista específico sobre os demais, não sua colocação à prova.

Figura 15.1: Habilidades de aprendizagem – Equilibrando defesa e investigação

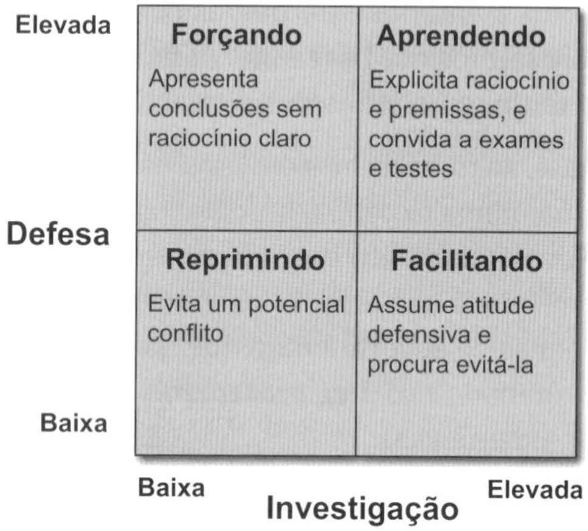

	Baixa Investigação	Elevada
Defesa Elevada	**Forçando** Apresenta conclusões sem raciocínio claro	**Aprendendo** Explicita raciocínio e premissas, e convida a exames e testes
Defesa Baixa	**Reprimindo** Evita um potencial conflito	**Facilitando** Assume atitude defensiva e procura evitá-la

Fonte: Extraído de Argyris (1990)

A **investigação** desprovida de defesa impede que outros aprendam conosco; coíbe-nos de tomar uma posição ou de tirar conclusões a partir de nossa própria análise, assim, não conseguimos encontrar soluções coerentes. Precisamos desenvolver habilidades de **defesa** e de **investigação** para aprendermos e também para ajudarmos os outros a aprender. Diferentes tipos de personalidade demonstram preconceitos distintos quando se trata de defesa e investigação. Os promotores tendem a ser fortes defensores, enquanto os analistas são mais investigadores. Se quisermos aprender e ajudar nossos colegas a aprender, precisamos desenvolver habilidades que nos permitam gravitar no **centro** dessa escala.[2]

Ouvindo para aprender

Em muitos aspectos, as habilidades investigatórias de um indivíduo representam, na verdade, sua destreza como bom ouvinte. O aspecto mais fascinante de uma escuta eficiente é o fato de que, muitas vezes, ela pode ajudar as pessoas a resolver seus próprios problemas. É tentador responder a uma pergunta proposta por alguém. No entanto, muitas vezes é mais eficaz devolver a questão ao seu autor ou pedir-lhe que identifique

Capítulo 15 Utilizando as necessidades humanas insaciáveis

possíveis opções para o problema. Ao simplesmente ouvirmos as pessoas e encorajá-las a enfrentar seus desafios, muitas vezes fazemos com que elas encontrem suas próprias respostas ou soluções, e aprendam com a experiência. O mais notável é que não é possível fazê-lo sozinho. A mera presença de outro ser humano que encoraje e ajude um,indivíduo a refletir sobre a situação já é suficiente para aumentar sobremaneira sua capacidade de resolver questões difíceis. É provável, portanto, que exista mais que um elemento de verdade na brincadeira de que os psicanalistas recebem **500 reais por hora apenas para ouvir!**

Mesmo aqueles entre nós que supostamente têm mais conhecimento ainda se rendem à tentação de falar. Em geral, a resposta padrão a um pedido de ajuda é começar a responder antes mesmo de o indagador completar sua pergunta. Desse modo, as possíveis soluções oferecidas serão fracas porque o problema não foi completamente entendido. No longo prazo, gera-se um problema ainda maior: minam-se as habilidades do questionador de desenvolver competências para lidar com as próprias perguntas. A escuta necessita de mais paciência, mas, em última análise, oferece um retorno bem maior.

Claro, é importante aplicar o tipo certo de escuta. A **escuta negativa** pouco facilita a aprendizagem. O ouvinte negativo questiona tudo que o orador diz como se sugerisse que este está errado ou, de algum modo, desorientado. Torna-se muito difícil para o orador refletir sobre as questões discutidas sob tal bombardeio negativo. É fácil perceber o impacto da escuta negativa ao pedir a um colega que explique um projeto; para drenar sua energia e levá-lo lentamente a um impasse basta que o ouvinte franza as sobrancelhas, pareça confuso e pergunte a todo o momento: "O que você quer dizer com isso?".

A **escuta neutra** pode ser tão desafiadora quanto a negativa. Certa vez tive um chefe que costumava fazer muitas anotações sempre que eu o procurava. Ele não demonstrava nenhuma expressão em seu rosto, apenas continuava escrevendo enquanto eu tentava explicar o meu problema ou a minha proposta. Era muito difícil manter o entusiasmo em face daquela parede em branco.

O que todos buscamos em um bom ouvinte é a **escuta positiva**, alguém que mostre um interesse genuíno por nosso problema; que faça perguntas esclarecedoras e não ameaçadoras e nos encoraje a explicar, enquanto nos faz sentir valorizados. A linguagem corporal positiva, como o aceno afirmativo com a cabeça, é de grande ajuda, desde que de fato pensarmos dessa maneira – os seres humanos são especialistas na detecção de comportamentos hipócritas. Com a parceria de um bom ouvinte, podemos discorrer sobre nossos problemas e, muitas vezes, resolvê-los sozinhos.

O papel da responsabilidade pessoal na aprendizagem

A responsabilidade pessoal acelera o aprendizado. Não conseguimos aprender com nossos erros se culpamos os outros por eles. Apesar de sempre existir a possibilidade de outras pessoas participarem dos equívocos do nosso dia a dia, faz mais sentido nos concentrarmos em áreas que ainda podemos influenciar, do que investirmos tempo e esforço, nos preocupando com coisas sobre as quais geraremos pouco impacto. Ao identificarmos de que modo nós mesmos contribuímos para um erro, evitamos repeti-lo no futuro. Quando nos concentramos em nossa própria área de atuação, ela se amplia. Em contrapartida, conforme nos focamos em questões que estão além do nosso escopo, nossa área de influência encolhe.

O **desafio da responsabilidade** é que muitos de nós nos tornamos especialistas em evitá-la. Os políticos, aliás, transformaram os subterfúgios em uma forma de arte. Muitos pais erram ao dizer a seus filhos que os evidentes equívocos que cometem "não são culpa deles". Isto lhes permite transferir a responsabilidade para outros. O que geralmente é considerado uma tentativa de confortar as crianças em sua tenra idade, na verdade, prejudica sua capacidade de aprender. As empresas devem fazer exatamente o contrário: incentivar seus membros a desenvolverem sua capacidade natural de assumir responsabilidade pessoal. Isso os fará sentir-se melhor em relação a si mesmos e, ainda por cima, aprender de maneira mais eficaz.

Pensamento positivo para aprender

O pensamento positivo é outro valioso comportamento de autorrealização que acelera a aprendizagem. William James, um eminente psicólogo norte-americano, reconheceu a capacidade dessa ação para moldar nossa vida há mais de um século. Atribui-se a ele a seguinte observação: *"A maior descoberta de nossa geração é de que um ser humano é capaz de mudar sua vida ao alterar suas atitudes."*[3] Desde então, muitos fizeram sua própria fortuna e se beneficiaram disso. Pensadores positivos enxergam verdadeiras oportunidades onde os negativos vislumbram apenas problemas. Um estado de espírito positivo pode gerar um impacto significativo sobre nossa capacidade de realização, e nós podemos usar tal conhecimento a nosso favor. Para demonstrar isso, tudo o que precisamos fazer é **sorrir**. Esse ato físico controlado por nosso consciente desencadeia uma resposta em nosso cérebro que nos diz que somos felizes, criando um quadro mental mais positivo. Se quisermos reforçar esse efeito, precisamos apenas olhar em um espelho enquanto sorrimos. Quando alguém nos sorri, automaticamente sorrimos de volta; captamos a emoção positiva como um vírus. O mesmo vale para a nossa imagem refletida; quando ela sorri para nós, sorrimos em troca, mais uma vez reforçando a atitude positiva.

O **pensamento positivo** se **correlaciona** de modo resoluto com a **sorte**. É comum o argumento de que algumas pessoas têm mais sorte que outras. Na verdade, até 2003, quando uma pesquisa foi publicada no Reino Unido pelo psicólogo Richard Wiseman, havia pouca fundamentação para tal visão.[4] O trabalho de Wiseman demonstrou que algumas pessoas são sistematicamente mais sortudas que outras, mas que isso tem mais a ver com sua atitude mental que com o fato de a sorte lhes sorrir.[5] Os pensadores positivos são mais propensos a perceber as oportunidades e estar dispostos à melhoria, o que significa que seu desempenho torna-se sistematicamente melhor. O papel da sorte no sucesso dos negócios se transformou em um tópico de pesquisa popular, recentemente abordado por Malcolm Gladwell[6] e Jim Collins.[7]

Dada a natureza viral de emoções, uma das maneiras para se manter um estado de espírito positivo é evitando pensadores negativos e passando mais tempo com indivíduos cujas tendências são mais positivas. Há vencedores e resmungões na maioria das companhias, mas eles raramente se misturam.

Criatividade para aprender

O córtex frontal do cérebro fornece aos seres humanos enorme capacidade de enfrentar e resolver novos problemas. No entanto, o que provavelmente mais nos distingue dos demais animais como espécie é a nossa **curiosidade inata** e **imaginação**; nossa capacidade de criar futuros alternativos. O prêmio Nobel de medicina de 1937, Albert Szent-Gyorgi, certa vez comentou: *"A descoberta consiste em olhar para a mesma coisa que todos os outros estão olhando, mas pensar em algo diferente."* Se nossas necessidades básicas estão asseguradas, adoramos criar novos problemas, não apenas solucioná-los. Pegamos o que funciona bem e tentamos aprimorá-lo; em seguida, nós o destruímos e partimos em busca de uma solução ainda melhor. Somos uma espécie essencialmente criativa que luta constantemente para se libertar do que já aprendeu, a fim de aprender mais. Como disse Pablo Picasso: *"Todo ato de criação é, primeiramente, um ato de destruição."*

Todos nós temos cérebros incrivelmente criativos. Dispomos de grande capacidade para gerar um número enorme de ideias; mas contamos com igual capacidade para eliminá-las, considerando-as insalubres antes mesmo de termos a possibilidade de avaliá-las conscientemente. Nosso cérebro age como um poderoso censor, apagando sugestões que se mostram inconsistentes de acordo com nossas experiências do passado. O desafio, portanto, é suprimir nossa capacidade de autocensura, suspender o julgamento e permitir que essas ideias cheguem à nossa mente consciente. Temos de nos disciplinar e aprender a **separar** o **processo de geração de ideias** daquele de **avaliação**.

Existem diversas ferramentas e técnicas de criatividade capazes de nos auxiliar nesse processo. Elas atuam no sentido de suspender tanto nosso autojulgamento como o julgamento feito por nossos colegas e, assim, gerar um conjunto mais rico de opções. Veja na sequência uma lista contendo os instrumentos mais conhecidos.

O *brainstorming* ("toró de ideias") é bastante familiar para a maioria de nós. Trata-se de uma sessão de trabalho em grupo em que todos são incentivados a gerar ideias sem medo de críticas, uma vez que ninguém está autorizado a tecer comentários até o final da sessão. O *brainwriting* é uma técnica semelhante, mas exige que todos no grupo **escrevam** suas ideias. Isso incentiva os membros mais silenciosos a oferecer mais sugestões. Raramente existe uma correlação entre a qualidade de uma ideia e a convicção com que ela é expressa – e o **anonimato encoraja mais criatividade**.

A utilização de **estímulos aleatórios** é uma abordagem curiosa para gerar ideias. O processo requer a tomada de um objeto aleatório, como uma pedra, e a tentativa de relacioná-lo com o assunto em questão para ver que ideias irão surgir. Particularmente, não achei essa abordagem muito eficaz na geração de ideias criativas para problemas estratégicos, mas é provável que isso tenha a ver mais comigo do que com a própria técnica!

As **metáforas e analogias** são poderosas porque o cérebro pensa justamente em metáforas. O grupo toma uma metáfora ou analogia como exemplo e identifica o que ela pode significar para a estratégia. Por exemplo, o que esperaríamos de um "**Walmart** dos serviços financeiros"?

O **opositor** identifica a sabedoria convencional e faz o contrário! Eu normalmente me pergunto qual é a maneira mais estúpida de se competir em um segmento específico e depois trabalho duro para encontrar um modelo de negócio que o torne rentável. Por exemplo, no ramo de seguros de automóveis, a sabedoria convencional defende que as empresas devem segurar os motoristas mais cuidadosos, porque eles se envolvem em um número menor de acidentes. No entanto, a Progressive Insurance conseguiu ganhar muito dinheiro se concentrando exatamente no oposto. A companhia procurou os condutores de risco que não eram tão ruins quanto os demais e lhes ofereceu um seguro bastante caro. Como observou um analista, eles "**escolheram o melhor do pior e fizeram uma fortuna**".[8]

O objetivo da **lista de atributos** é identificar o máximo de características possíveis a ser associadas a um determinado produto e/ou serviço e, em seguida, tentar imaginar como aprimorá-lo ou reconfigurar seus atributos para criar novas ideias de produtos. Por exemplo, o grande sucesso Cirque du Soleil **combina** os elementos **menos caros de um musical** e de um circo; os animais e os artistas mais caros foram eliminados, enquanto permaneceram a **dramaticidade da música**, dos **números de trapézio** e de **ginástica**.[9]

A **prospecção em retrospectiva** envolve caminhar em direção ao futuro, construindo uma série de cenários possíveis para a empresa, tanto favoráveis quanto desfavoráveis. O objetivo, ao se trabalhar da frente para trás, é identificar os eventos críticos que poderiam nos conduzir a tais cenários. Isso ajuda a organização a identificar ações que reduzam a probabilidade de cenários pessimistas e aumentem a de percepções otimistas. Descobri que essa é uma técnica particularmente útil para ajudar as equipes de gestão a desenvolver estratégias sob um cenário repleto de incertezas.

A **interpretação de papéis** é uma abordagem simples, mas poderosa, em que os indivíduos são convidados a desempenhar um papel diferente do seu próprio. Isso lhes dá a oportunidade de oferecer ideias cuja responsabilidade eles não terão de assumir. Neste caso, eles podem desempenhar o papel de um concorrente avaliando os pontos fortes e fracos do seu produto/serviço, assim como as oportunidades e as ameaças para sua companhia. Muitos anos atrás, realizei tal sessão com os executivos da recém-privatizada British Airways (BA). Eles estavam encontrando dificuldades para listar as vulnerabilidades da BA, então pedi a eles que incorporasse uma equipe de gestão sênior de uma grande concorrente e simplesmente destruíssem a BA. Eles foram rapidamente capazes de gerar uma longa e abrangente lista de pontos que precisariam ser aprimorados na empresa.

Outro tipo eficaz de representação de papéis é pedir às pessoas que esqueçam temporariamente suas próprias funções e observem os próprios problemas sob o ponto de vista de outro cargo. Isso lhes dá uma perspectiva multifuncional e as ajuda a gerar muito mais ideias do que se apenas olhassem o problema a partir de sua própria ótica.

As ferramentas e técnicas de criatividade aumentam nossa capacidade natural de chegar a soluções bastante interessantes para os problemas. Portanto, se nos dispusermos a suspender nosso prejulgamento, acabaremos nos tornando mais inteligentes tanto individual quanto coletivamente.

Autorrealização – Oferecendo o máximo de nós

A diferença entre oferecer um desempenho médio e o nosso melhor é bastante significativa. Atuar em nosso nível de desempenho mais alto nos proporciona fortes emoções positivas, provocadas pela autorrealização. De modo geral, as empresas se sairiam muito bem se oferecessem mais oportunidades para que seus colaboradores realizassem seu trabalho nesse nível; atuando dessa maneira, a empresa obtém resultados extraordinários e os funcionários conquistam uma profunda satisfação em entregá-los.

Em minhas sessões, já pedi a muitos grupos de executivos que recordassem ocasiões nas quais deram o melhor de si, e eles não tiveram nenhuma dificuldade em fazê-lo. Quando relembram, eles se sentem bem – quase como se estivessem revivendo a experiência. As organizações podem aproveitar os benefícios do máximo desempenho pessoal replicando as condições que levaram a ele. Quando solicitados a refletir sobre isso, os executivos identificaram uma série de características comuns:

Expansão – Todos foram solicitados a realizar uma tarefa que estava bastante além de sua zona de conforto normal. Isso os levou a aprender coisas novas, mas criou certo grau de risco para a equipe, além de trabalho extra para o líder do grupo. A inclinação natural ao se liderar uma equipe é tomar o caminho seguro e atribuir as tarefas aos indivíduos de acordo com suas capacidades. Isso, contudo, não motiva ninguém a oferecer um desempenho extraordinário. Devemos assumir mais riscos e estar preparados para os treinamentos e apoios extras demandados.

Notoriedade – A tarefa da equipe alcançou grande visibilidade dentro da organização, bem como seus membros. Neste sentido, podemos assumir que o risco de fracasso individual e coletivo foi elevado. Isso sugere que, se quisermos que as equipes que lideramos ofereçam o máximo de si, teremos de aumentar as apostas e suportar os riscos extras envolvidos. Devemos assumir tarefas que são críticas para o sucesso da empresa, fornecer aos membros da equipe os mais altos níveis de exposição da organização e lhes garantir todo o crédito devido.

Ótima equipe – A maioria dos executivos relata ter trabalhado com grandes integrantes de uma equipe e ter construído relações fortes, que muitas vezes duraram por toda sua carreira. Eles se lembram do forte apoio mútuo e de se divertirem juntos; se recordam de celebrarem os sucessos e de confrontarem os fracassos ao longo do caminho como uma equipe. É evidente, neste caso, a satisfação das necessidades básicas de pertencimento, mas, o extraordinário desempenho foi alcançado pelas pressões sociais pelo resultado e também pelo apoio no sentido de ajudar o grupo a alcançar seus objetivo.

Compromisso – O nível de compromisso pessoal para cumprir a tarefa foi muito alto. Os executivos recordam longas horas de trabalho e inúmeros sacrifícios pessoais. Eles trabalharam duro não porque foram solicitados a fazê-lo, mas pela natureza expansiva da tarefa, pela notoriedade associada a ela e pelo seu compromisso para com os outros membros da equipe. Apesar de concordarem que não seria possível oferecer tal nível de comprometimento em caráter diário, eles preferem participar desse tipo de experiência de vez em quando, que realizar tarefas de rotina.

Muitos propulsores de desempenho pessoal máximo exigem que os líderes assumam mais riscos e trabalhem mais para desenvolver suas equipes. Mas por que deveríamos esperar que eles o fizessem? Parte da recompensa é material e advém da entrega dos melhores resultados. Entretanto, grande parte é emocional; há um sentido de autorrealização em liderar uma equipe vencedora, e um senso de transcendência em ajudar os outros a alcançarem seu pleno potencial.

Missão = Visão + Valores

Buscamos um propósito que nos ajude a cumprir nossa necessidade maior de autotranscendência. Um forte senso de objetivo comum constrói moral e cria alinhamento através de grandes organizações, ajudando tribos a se transformarem em nações. O propósito estimula um desempenho superior. Com ele, somos capazes de oferecer mais durante um período de tempo mais longo e ainda assim nos sentir melhor com isso. O objetivo nos torna mais dispostos a mudar, desde que acreditemos que a mudança é necessária para o cumprimento de nosso propósito. Todavia, se não dispomos de uma meta ficamos rapidamente desanimados, e nos tornamos improdutivos e disfuncionais.

As empresas podem tentar fornecer um **propósito** aos seus funcionários mediante a **declaração de sua missão**, porém, não é a declaração propriamente dita que as pessoas anseiam, mas o senso de missão. Afinal, quem está em uma missão tem um propósito. Os seres humanos dispõem de uma visão clara de onde gostariam de estar e também do conjunto de valores que os guia nessa jornada. Neste sentido, a **missão** é a **soma da visão e dos valores**.

Visão

Em geral as empresas definem metas do tipo: aumentar os lucros em 15% a cada ano. Mas aonde isso nos leva? Por que os funcionários deveriam se importar? É difícil converter uma meta dessas em zelo missionário. Por isso, as companhias devem desenvolver uma visão mais motivacional. Além disso, elas também precisam garantir que essa visão construa maior inteligência estratégica e conduza a empresa em sua jornada em busca do aprimoramento estratégico e da descoberta de novas possibilidades, visando maior vantagem competitiva.

No **Capítulo 5: Inteligência estratégica elevada**, já discutimos as regras de *design*: a visão deve motivar, expandir e buscar maior vantagem.

Uma visão motivadora pinta um quadro do futuro que todos ficariam orgulhosos em conquistar. Ela inspira cada um de nós a fazer essa viagem e promete que todos na empresa alcançarão algo bem melhor. Na verdade, as promessas vão além disso. As visões motivadoras demandam uma contribuição para o bem maior, que auxilie a humanidade. A Progressive Insurance pretende: "Eliminar o trauma dos acidentes rodoviários." Esta é sem dúvida uma meta muito mais digna que "ganhar dinheiro com a venda de apólices de seguro".

Para serem eficazes, as visões têm de representar desafios; elas vão bastante além da área em que a companhia opera atualmente e nos obrigam a imaginar novos futuros. Quando a Walmart era uma empresa de apenas US$ 20 bilhões, o emocionante desafio de Sam Walton em criar um negócio de mais de US$ 100 bilhões estava bem distante do que parecia possível. Na verdade, o modelo de negócios da Walmart naquele momento não teria permitido que a organização alcançasse tal escala, mas o desafio incentivou a empresa a encontrar novos formatos e a tentar diferentes modelos de negócios. Atualmente, a Walmart já passou da marca dos US$ 400 bilhões.[10]

Uma boa visão também conduz as empresas à construção de um desempenho superior e de uma maior vantagem competitiva. As organizações não devem se desculpar por estabelecê-la, já que isso é fundamental para a sua sobrevivência e saúde. Sem dúvida, a Progressive visa eliminar o trauma dos acidentes rodoviários, mas de maneiras rentáveis!

Uma visão eficaz ressoa através da companhia. A simples apresentação dos pontos de vista dos gestores seniores aos empregados raramente gera impacto. O desafio é realmente entender o que de fato inspira a todos, e isso envolve muita discussão e debate. Uma vez identificado o motivo inspirador, é importante reverberá-lo por toda a organização.

Valores

Os valores são as regras que nos guiam em nosso caminho para alcançar a visão. Eles se refletem na maneira como acreditamos que devemos nos comportar uns com os outros. Esses comportamentos são respeitados, admirados, imitados e recompensados. Eles também definem condutas que não são aceitáveis. Estas são desprezadas e punidas, distinguindo o certo do errado. Os valores se refletem em muitos dos sistemas e processos formais da organização. **O que é recompensado? Quem é promovido?**

As empresas muitas vezes afirmam viver sob um determinado conjunto de valores, mas, na verdade, seguem outro bem diferente. Muitas empresas defendem o equilíbrio entre o trabalho e a vida pessoal, mas os *workaholics* da organização é que são imitados, admirados, elogiados e premiados. Cuidado com a diferença! Quando os líderes defendem um conjunto de valores, mas demonstram comportamentos que sugerem outro bem distinto, eles minam a sua credibilidade e são vistos como hipócritas.

Então, quais valores a companhia deve objetivar? O mais surpreendente para muitas empresas é que elas passam por um demorado processo para identificar seus valores, e, por fim, descobrem que estes são praticamente os mesmos de quaisquer outras empresas. Nesse momento, elas expressam decepção e murmuram que esperavam por algo diferenciado. Elas não entendem o ponto. Existe um conjunto de valores humanos universais que torna mais eficazes os grupos de seres humanos que trabalham juntos. Trata-se das regras geneticamente herdadas da mecânica social (ver **Capítulo 9: Arquitetura informal**). O sistema se baseia na confiança, e esta, por sua vez, requer honestidade, integridade, justiça (imparcialidade), transparência e responsabilidade. As pessoas devem **se respeitar** e **se ajudar**. Esses são os valores essenciais de uma comunidade saudável. A origem da virtude está em nossos genes.[11] Mas para garantir que a comunidade permaneça saudável no longo prazo é preciso que acrescentemos a esses valores comportamentos que estimulem a adaptabilidade e a capacidade de aprendizagem, ou seja, a **coragem**, a **curiosidade** e o **compromisso**.

Esses valores encorajam comportamentos que: 1º) levam ao desempenho sustentável de longo prazo; 2º) incentivam as pessoas a trabalhar em conjunto e de modo cooperativo para oferecer à companhia um desempenho superior enquanto satisfazem suas necessidades sociais; 3º) promovem a inovação e o aprendizado constante para conduzir a uma maior competitividade; e 4º) incentivam não apenas objetividade na tomada de decisões no melhor interesse da empresa, mas também a responsabilidade pelos resultados. Em suma, os valores de uma organização devem incentivar comportamentos que alinhem as elevadas necessidades psicológicas das pessoas ao sucesso da empresa no longo prazo.

O que distingue as empresas não são as listas de valores por elas defendidas, mas seu grau de vivência sob eles. Os valores de uma empresa são expressos nos comportamentos dos seus colaboradores. A maneira de agir de cada pessoa é a expressão de seus valores individuais. É difícil alterar os valores dos indivíduos, por isso as companhias devem ter o cuidado de testá-los cuidadosamente durante o processo de recrutamento.

No entanto, até certo ponto, é possível alterar comportamentos individuais – desde que estes possam ser mensurados. O desafio está em "perceber" nossos próprios comportamentos, por isso precisamos de processos como *coaching* pessoal e *feedback* 360 graus para abrir nossos olhos. Se os nossos bons comportamentos são recompensados, financeiramente ou por meio de estima social, e os nossos maus comportamentos censurados, então aprendemos a nos adaptar. Todos nós somos capazes de modificar nossas atitudes quando temos o incentivo para fazê-lo. Inicialmente, nós fingimos "vivenciar" esses novos valores, embora não estejamos emocionalmente predispostos a fazê-lo. Mas, à medida que os praticamos e obtemos *feedbacks* positivos, nos tornamos melhores e moldamos nossas emoções para que se alinhem a eles, ao ponto em que realmente começamos a acreditar nesses valores que expressamos.

Ensinando

Os autotranscendentes obtêm satisfação emocional ao ajudar os outros a alcançar seu pleno potencial e ao auxiliar as empresas a elevar sua inteligência coletiva. O *mentoring* e o *coaching* são as maneiras mais comuns para se realizar isso nas companhias. O *coaching* é projetado para ajudar as pessoas a melhorar seu desempenho, fornecendo *feedback* essencial. O *mentoring* vai além do *coaching*; ele provê patrocínio pessoal para ajudar indivíduos a estabelecer uma rede social eficaz e encontrar papéis adequados na organização.

São poucos os executivos que **não acreditam** no *coaching*, todavia, o número de profissionais que o praticam com sucesso no dia a dia parece ser igualmente reduzido. Costumo perguntar aos grupos de executivos se eles treinaram seus subordinados nas últimas semanas e, invariavelmente, eles respondem que **sim**. No entanto, quando pergunto aos subordinados se eles foram orientados por seus chefes durante tal período, eles geralmente dizem que **não**. Eu, então, peço que os executivos reflitam sobre essa estranha assimetria. **Talvez seus subordinados não tenham percebido que foram treinados?** Talvez o treinamento em questão não tenha sido percebido como deveria, mas como uma crítica. O desafio não é apenas treinar, mas treinar de maneira eficaz, de modo que a pessoa que está sendo treinada aprenda. Se o indivíduo acredita que está simplesmente sendo criticado, é bem provável que ele não esteja aprendendo.

A maioria de nós não é naturalmente boa em *coaching*. Na verdade, muitos de nós evitamos tais diálogos complicados. Mas, ao seguir algumas orientações simples e praticá-las, todos podemos nos tornar muito bons nisso (veja a Tabela 15.1). Como em muitas situações, a aprendizagem inicial é dolorosa, por isso temos de nos convencer de que o esforço vale a pena. Se estivermos treinando o nosso próprio pessoal, percebemos um retorno imediato em seu desempenho. Mas devemos nos lembrar de que o treinamento também nos ajuda a satisfazer uma de nossas necessidades fundamentais. Podemos esperar uma tremenda satisfação pessoal de uma experiência de *coaching* de sucesso.

Tabela 15.1 – Regras elementares de *coaching*

- Peça permissão para dar conselhos.
- Pouco e constante (ou seja, faça o *coaching* em doses homeopáticas).
- Realize na proximidade de eventos.
- Tenha uma atitude positiva.
- Equilibre *feedback*s construtivos e apreciativos.
- Seja específico
- Concentre-se no comportamento, não no indivíduo.
- Ofereça alternativas.
- Use declarações diretas simples.
- Prepare-se.
- Preocupe-se com a pessoa.

Normalmente, pensamos no *coaching* como algo partindo de nossos supervisores. Na verdade, a maioria das pessoas espera ser treinada pelo próprio chefe. Um subordinado treinar um superior é um desafio maior, mas é muito útil que o supervisor crie um contexto que permita essa realização. O truque aqui é calar e ouvir, em vez de argumentar – é difícil dar *feedback* para o chefe –, e incentivar o subordinado a seguir as orientações.

Mas se o *coaching* é uma maneira tão eficaz de ajudar as pessoas a aprender, então por que não acontece com mais frequência nas organizações? A desculpa comum é que o processo toma muito tempo, mas isso não se confirma nos fatos. O fato é que o *coaching* necessita de preparação e pensamento cuidadoso, e, portanto, de investimento por parte tanto do treinador quanto do treinando. Muitas vezes, ambos prefeririam evitar esse trabalho e o desconforto de enfrentar o fracasso. Os membros da alta equipe de gestão podem dar o exemplo, treinando seus subordinados regularmente. Se o fizerem, é provável que o *coaching* desça em cascata ao longo da organização. Além disso, o *coaching* pode ser integrado a um formulário de *feedback* 360 graus que permita avaliar desempenhos. É notável o quanto tentamos melhorar nossas habilidades de *coaching* quando somos recompensados por isso.

As sessões formais de treinamento representam outra ferramenta que os executivos podem utilizar para o ensino em suas organizações. Embora mais raro que o *coaching*, o ensino pode ser uma forma altamente eficaz de transferência de conhecimento especializado para um grupo de executivos. A Danaher, um dos conglomerados de mais rápido crescimento e mais bem-sucedidos nos EUA, tem feito isso há muitos anos e com bons resultados. A organização desenvolveu um vasto currículo de cursos que são ministrados por seus próprios executivos, que possuem habilidades significativas e experiência no assunto. A abordagem normalmente é a aprendizagem prática; treinamentos funcionais, em que os participantes resolvem um problema real à medida que aprendem. Com efeito, a Danaher criou uma escola de negócios virtual na qual o corpo docente é composto por executivos experientes e os estudantes são as equipes de trabalho. Os participantes obtêm conhecimentos relevantes dos programas no momento exato em que precisam, e os membros do corpo docente tornam-se mais experientes conforme ensinam; **não existe melhor maneira de aprender algo do que tendo de ensiná-lo.**

Ensinando as organizações a aprender – Comportamento de liderança

Em última análise, em um mundo complexo e mutável, nosso maior objetivo deve ser o de ajudar as pessoas a aprender. Muitos dos comportamentos que discutimos neste capítulo impulsionam a capacidade de aprendizagem, portanto os programas que desenvolvem habilidades nesses comportamentos são importantes. Mas existe mais um que merece menção especial.

Nós aprendemos observando as pessoas que admiramos e amamos – **imitando-as**. Na verdade, somos imitadores poderosos e copiamos sem perceber. Basta perguntar a si mesmo se, como adulto, você já se percebeu, de repente, falando como sua mãe ou como seu pai na época em que você era uma criança. Como observado pelo romancista norte-americano James Arthur Baldwin: *"As crianças não são muito boas em ouvir os mais velhos, mas elas nunca deixam de imitá-los."* Daí vêm os dizeres "tal pai, tal filho" e a censura "dê-me um exemplo". O poder dos seres humanos de imitar as pessoas que respeitam é alto.

Portanto, as implicações disso para a liderança são claras. Se queremos que nosso pessoal demonstre determinados comportamentos, então temos de dar o exemplo e adotá-los nós mesmos. Nossos subordinados, então, imitarão essas atitudes e, por sua vez, os subordinados deles farão o mesmo. Dessa maneira, os comportamentos desejados se manifestarão em toda a organização. Como líderes, somos exemplos constantes.

Isso significa que devemos nos tornar plenamente conscientes de nossas próprias atitudes. Estamos sempre de plantão, e nosso comportamento será amplificado, independentemente de nossa intenção. Na verdade nos percebemos frustrados por alguns padrões de comportamento negativos que vemos em subordinados quando inconscientemente nós mesmos demonstramos tais atitudes. Assim, precisamos desenvolver a consciência clara do que estamos fazendo e de que modo isso afeta o comportamento dos outros. Em caso de dúvida, faz muito sentido encontrar um *coach* pessoal para aprimorar a própria consciência.

Existe também o perigo de pedirmos ao nosso pessoal que demonstre determinados comportamentos quando nós próprios deixarmos de fazê-lo. Isso mina nossa credibilidade e legitimidade para liderar. "Devemos praticar o que pregamos" se quisermos manter nossa eficácia. A liderança é uma mensagem que se apoia na ação.

Resumo

As necessidades de alto nível descritas por Maslow podem conduzir as empresas inteligentes ao sucesso sustentável de longo prazo. Os seres humanos são curiosos e querem aprender e experimentar coisas novas. Aspiramos oferecer o melhor de nós – alcançar nosso pleno potencial – e queremos ajudar os outros a fazer o mesmo. Precisamos de um senso de propósito que ultrapasse qualquer ganho pessoal. Nós precisamos ser guiados por um conjunto universal de valores humanos como honestidade, integridade e justiça. Essas necessidades nos estimulam a oferecer um melhor desempenho para a nossa comunidade e a agir como uma comunidade. Elas também nos tornam individual e coletivamente mais inteligentes, mais capazes de responder a mudanças e mais capazes de moldar o ambiente competitivo em prol da empresa. Com uma compreensão clara dessas necessidades, as companhias podem trabalhar para satisfazê-las, utilizando a inteligência natural da espécie humana para se tornarem estrategicamente mais inteligentes.

Notas

1. Artigo marco de Maslow, de 1969, *Theory Z* (*Teoria Z*) (reimpresso no texto básico de Maslow, Journal of Transpersonal Psychology, *The Farther Reaches of Human Nature* (*Os Domínios Mais Distantes da Natureza Humana*), NY: Viking, 1972).
2. Argyris (1990).
3. Esta é uma das citações mais famosas de William James, mas não consegui identificar sua fonte. O sentido, no entanto, é pertinente.
4. Wiseman (2003).
5. O professor Wiseman cita quatro características de pessoas sortudas: elas utilizam suas oportunidades ao máximo, ouvem a própria intuição, pensam positivamente e transformam má sorte em boa sorte.
6. Gladwell (2008).
7. Collins (2001).
8. Wells, Lutova e Sender (2008).
9. Kim e Mauborgne (2005).
10. Ortega (1998).
11. Ridley (1996).

BIBLIOGRAFIA

Alberts, D. S. e Hayes, R. E. (2003) *Power to the Edge: Command Control in the Information Age (O Poder ao Limite: Comando e Controle na Era da Informação)*. Department of Defence, Command and Control Research Program.

Alderfer, C. (1972) *Existence, Relatedness, & Growth (Existência, Relação & Crescimento)*. Nova York, NY: Free Press.

Allison, G. T. (1971) *Essence of Decision: Explaining the Cuban Missile Crisis (A Essência da Decisão: Explicando a Crise dos Mísseis de Cuba)*. Little Brown.

Amaral, J. R. e de Oliveira, J. M. (2011) *Limbic System: The Center of Emotions (Sistema Límbico: O Centro das Emoções)*. The Healing Center On-line. Acessado em 30 de Setembro de 2011. Disponível em http://www.healing-arts.org/n-r-limbic.htm

Anand, B. N., Collis, D. J. e Hood, S. (2008) *Danaher Corporation (Corporação Hanaher)*. Harvard Business School caso 708-445.

Ancona, D. e Bresman, H. (2007) *X-Teams. How to Build Teams that Lead, Innovate and Succeed (Equipes-X. Como Criar Equipes que Lideram, Inovam e Prosperam)*. Boston, MA: Harvard Business School Press.

Ansoff, I. e McDonnel, E. (1990) *Implantando a Administração Estratégica*. São Paulo: Atlas, 1993.

Argyris, C. (1990) *Enfrentando Defesas Empresariais: Facilitando o Aprendizado Organizacional*. Rio de Janeiro: Campus, 1992.

Argyris, C. (1993) *Knowledge for Action (Conhecimento para Agir)*. San Francisco, CA: Jossey-Bass.

Argyris, C. (2000) *Maus Conselhos: Uma Armadilha Gerencial*. Porto Alegre: Bookman, 2005.

Argyris, C. (2004) *Reasons and Rationalizations: The Limits to Organizational Knowledge (Razões e Racionalizações: Os Limites do Conhecimento Organizacional)*. New York, NY: Oxford University Press.

BIBLIOGRAFIA

Argyris, C. e Schön, D. A. (1978) *Organizational Learning: A Theory of Action Perspective (Aprendizado Organizacional: Uma Teoria da Perspectiva de Ação)*. Reading, MA: Addison-Wesley.

Asch, S. E. (1951) *Effects of Group Pressure upon the Modification and Distortion of Judgment (Efeitos da Pressão de Grupo sobre a Alteração e Distorção do Julgamento)* em H. Guetzkow (Ed.) *Groups, Leadership and Men (Grupos, Liderança e Humanidade)*. Pittsburgh, PA: Carnegie Press.

Austin, R. D. e Nolan, R. L. (2000) *IBM Corp. Turnaround (Corporação IBM. Reviravolta)*. Harvard Business School caso 600-098.

Baldwin, C. Y. e Clark, K. B. (2000) *Design Rules: The Power of Modularity (Regras de Design: O Poder da Modularidade)*. Cambridge, MA: MIT Press.

Bang-yan, F. (2007) *100 Years of Li & Fung: Rise from Family Business to Multinational (Um Século de Li & Fung: De Empresa Familiar à Multinacional)*. Singapore: Thomson.

Barnard, C. I. (1938) *As Funções do Executivo*. São Paulo: Atlas, 1971.

Baron, D. P., Barlow, D. S., Barlow, A. M. e Yurday, E. (2004) *Anatomy of a Corporate Campaign: Rainforest Action Network and Citigroup (A) [Anatomia de uma Campanha Corporativa: Rainforest Action Network e o Citigroup (A)]*. Stanford Graduate School of Business, 1º de junho de 2004.

Bartlett, C. A. (1999). *GE's Two-Decade Transformation: Jack Welch's Leadership (Duas Décadas de Transformação na GE: A Liderança de Jack Welch)*. Harvard Business School caso 399-150.

Bazerman, M. H. e Watkins, M. D. (2004) *Predictable Surprises: The Disasters You Should Have Seen Coming and How to Prevent Them (Surpresas Previsíveis: Os Desastres que Você Deveria Prever e Como Evitá-los)*. Boston, MA: Harvard Business School Press.

BBC News (2004) *Super ant colony hits Australia (Super colônia de formigas atinge a Austrália)*. Publicado em 14 de Agosto de 2004. Acessado em 8 de Dezembro de 2010. Disponível em http://news.bbc.co.uk/2/hi/science/nature/3561352.stm

Beinhocker, E. D. (2006). *The Origin of Wealth: The Radical Remaking of Economics and What it Means for Business and Society (A Origem da Riqueza: A Reconstrução Radical da Economia e Como Ela Afeta os Negócios e a Sociedade)*. Boston, MA: Harvard Business School Press.

Blackwell, L., Trzesniewski, K. e Dweck, C. S. (2007) *Implicit theories of intelligence predict achievement across an adolescent transition: A longitudinal study and intervention (Teorias implícitas da inteligência preveem proezas durante a transição para a adolescência: Intervenção e estudo longitudinais)*. Child Development, 78, 246–263.

Blenko, M., Mankins, M. e Rogers, P. (2010) *A Organização que Decide: Cinco Passos para Revolucionar o Desempenho de sua Empresa*. Rio de Janeiro: Campus, 2010.

Blinder, A. S. e Morgan, J. (2000) *Are two heads better than one: an experimental analysis of group vs individual decision making (Duas cabeças pensam melhor do que uma: uma análise experimental de tomada de decisão em grupo vs individual)*. NBER Working Paper, n. 7909, setembro.

Bonabeau, E. (2002) *Predicting the Unpredictable (Prevendo o Imprevisível)*. Harvard Business Review, março de 2002.

Bower, J. L. (2007) *Onde Nascem os CEOs: Os Líderes Internos São a Chave de Um Processo de Sucessão*. São Paulo: Gente, 2009.

Boynton, A. e Fischer, B. (2005) *Virtuoso Teams: Lessons from Teams that Changed Their Worlds (Equipes Virtuosas: Lições das Equipes que Mudaram Seus Mundos)*. Harlow, England: Prentice Hall.

Brandenburger, A. M. e Nalebuff, B. (1996) *Co-Opetição*. Rio de Janeiro: Rocco, 1996.

Brosnan, S. F. e Waal, F. B. M. (2003) *Monkeys Reject Unequal Pay (Macacos Rejeitam Pagamento Desigual)*. Nature, 425, 297–299.

Brown, A. W. (2000) *Large Scale, Component-Based Development (Larga Escala, Desenvolvimento Baseado em Componentes)*. Upper Saddle River, NJ: Prentice Hall.

Brown, S. L. e Eisenhardt, K. M. (1998) *Estratégia Competitiva no Limiar do Caos*. São Paulo: Cultrix, 2004.

Burns, T. e Stalker, G. M. (1966) *The Management of Innovation (O Gerenciamento da Inovação)*. London: Tavistock Publications.

Carroll, L. (1865) *Aventuras de Alice no País das Maravilhas*. Rio de Janeiro: Zahar, 2010.

BIBLIOGRAFIA

Casadesus-Masanell, R. e Larson, T. (2010) *Competing through Business Models (B) [Competindo por Meio de Modelos de Negócios (B)]*. Harvard Business School Module Note 710-410.

Casadesus-Masanell, R. e Ricart, J. E. (2007) *Competing through Business Models (A) [Competindo por Meio de Modelos de Negócios (A)]*. Harvard Business School Module Note 708-452.

Casadesus-Masanell, R., Tarzijan, J. e Mitchell, J. (2005) *Arauco (A): Forward Integration or Horizontal Expansion? [Arauco (A): Integração Futura ou Expansão Horizontal?]* Harvard Business School caso 705-474.

Chandler, A. D. (1962) *Strategy and Structure: Chapters in the History of the American Industrial Enterprise (Estrutura e Estratégia: Capítulos na História do Empreendimento Industrial Norte-Americano)*. Cambridge, MA: MIT Press.

Chesborough, H. (2006) *Open Business Models: How to Thrive in the New Innovation Landscape (Modelos de Negócios Abertos: Como Prosperar no Novo Cenário de Inovação)*. Boston, MA: Harvard Business School Press.

Christensen, C. M. (1997) *The Innovator's Dilemma: When New Technologies Cause Great Firms to Fail (O Dilema do Inovador: Quando Novas Tecnologias Provocam a Falência de Grandes Empresas)*. Boston, MA: Harvard Business School Press.

Cisco Corporate Overview (2011) Acessado em 23 de outubro de 2011. Disponível em http://newsroom.cisco.com/documents/10157/1204766/Public_Corporate_Overview_FY11_Q3.pdf

Clippinger, J. (1999) *The Biology of Business: Decoding the Natural Laws of Enterprise (A Biologia do Negócio: Decodificando as Leis Naturais do Empreendimento)*. New York, NY: Jossey-Bass.

Clippinger, J. (2007) *A Crowd of One: The Future of Individual Identity (Uma Multidão de um Homem Só: O Futuro da Identidade Individual)*. New York, NY: Public Affairs.

Cockburn, A. (2002) *Agile Software Development (Desenvolvimento Ágil de Software)*. Arlington, MA: Pearson Education.

Collins, J. (2001) *Good to Great: Empresas Feitas para Vencer*. Rio de Janeiro: Campus, 2012.

Collins, J. e Hansen, M. T. (2011) *What's Luck Got To Do With It? (O Que a Sorte Tem a Ver Com Isso?)* New York Times, 29 de outubro de 2011.

Collins, J. e Porras, J. I. (1994) *Feitas para Durar: Práticas Bem-Sucedidas de Empresas Visionárias*. Rio de Janeiro: Rocco, 1995.

Collis, D. J. (2011) *Quantitative Analysis of Competitive Position: Customer Demand and Willingness to Pay (Análise Quantitativa da Posição Competitiva: Demanda dos Clientes e Disposição para Pagar)*. Harvard Business School Module Note 711-495.

Collis, D. J. e Conrad, M. B. (1996) *Ben & Jerry's Homemade Ice Cream, Inc.: A Period of Transition (Ben & Jerry's Homemade Ice Cream, Inc.: Um Período de Transição)*. Harvard Business School caso 703-755.

Collis, D. J. e Ruckstad, M. G. (2008) *Can You Say What Your Strategy Is? (Você Pode Dizer Qual é a Sua Estratégia?)* Harvard Business Review, 1º de abril de 2008.

Cooper D. J. e Kagel, J. H. (2005) *Are Two Heads Better than One? Team versus Individual Play in Signaling Games (Duas Cabeças Pensam Melhor do que Uma? Equipe versus Desempenho Individual em Jogos de Sinais)*. American Economic Review, 95 (3),477–509.

Corts, K. S. e Wells, J. R. (2003) *Alusaf Hillside Project*. Harvard Business School caso 704-458.

Covey, S. M. R. (2006) *The Speed of Trust: The One Thing That Changes Everything (A Velocidade da Confiança: A Única Coisa que Altera Tudo)*. New York, NY: Free Press.

Crosby, P. B. (1979) *Quality Is Free: The Art of Making Quality Certain (A Qualidade é Gratuita: A Arte de Obter a Qualidade Correta)*. NewYork, NY: McGraw-Hill.

Cyert, R. M. e March, J. G. (1963). *A Behavioral Theory of the Firm (Uma Teoria Comportamental da Empresa)*. Englewood Cliffs, NJ: Prentice Hall.

De Bono, E. (1973) *Lateral Thinking: Creativity Step by Step (Pensamento Lateral: Criatividade Passo a Passo)*. Perennial Library.

De Bono, E. (1977) *Lateral Thinking: A Textbook of Creativity (Pansamento Lateral: Um Manual da Criatividade)*. Pelican Books.

BIBLIOGRAFIA

DeMarco, T. (2001) *Slack (Frouxo)*. New York, NY: Broadway Books.

D'Innocenzio, A. (2011) *Target's blunder with designer continues (Gafe da Target com o designer continua)*. Associated Press, 22 de setembro de 2011.

Dunbar, R. I. M. (1992) *Neocortex size as a constraint on group size in primates (O tamanho do neocórtex como uma restrição ao tamanho do grupo em primatas)*. Journal of Human Evolution, 22(6), 469–493.

Dunbar, R. (2004) *The Human Story: A New History of Mankind's Evolution (A História Humana: Uma Nova História da Evolução da Humanidade)*. London: Faber and Faber.

Dweck, C. S. (2007) *Mindset: The New Psychology of Success (Mentalidade: A Nova Psicologia do Sucesso)*. New York, NY: Ballantine Books.

Econimides, N. e Salop, S. S. (1992) *Competition and Integration Among Complements, and Network Structure (Integração e Competição Entre Complementos e Estrutura de Rede)*. Journal of Industrial Economics, XL(1), 105–123.

Eesley, C. e Lenox, M. J. (2005) *Secondary Stakeholder Actions and the Selection of Firm Targets (Ações dos Participantes Secundários e a Escolha dos Objetivos da Empresa)*. DraftWorking Paper, Fuqua School of Business, Duke University.

Fairtlough, G. (1994) *Creative Compartments: A Design for Future Organization (Compartimentos Criativos: Um Projeto para a Organização do Futuro)*. Covent Garden, London: Adamantine Press.

Feng, B-Y. (2007) *100 Years of Li & Fung: Rise From Family Business to Multinational (Um Século de Li & Fung: De Empresa Familiar à Multinacional)*. Singapore: Thomson.

Fernandez-Araoz, C., Groysberg, B. e Nohria, N. (2009) *The Definitive Guide to Recruiting in Good Times and Bad (O Guia Definitivo para Recrutar nos Bons e Maus Momentos)*. Harvard Business Review, 87 (5),74–84.

Fong, A. (2006) Pesquisa da literatura em http://eview.anu.edu.au/cross-sections/vol2/pdf/ch06.pdf.

Foster, R. e Kaplan, S. (2001) *Destruição Criativa: Por que Empresas Feitas para Durar Não São Bem-Sucedidas – Como Transformá-las*. Rio de Janeiro: Campus, 2002.

Fung, V. e Magretta, J. (1998) *Fast, Global, and Entrepreneurial: Supply Chain Management, Hong Kong Style (Rápida, Global e Empresarial: A Gestão da Cadeia de Suprimentos ao Estilo de Hong Kong)*; Uma Entrevista com Victor Fung. Harvard Business Review, 1 de setembro de 1998.

Fung,V. K., Fung,W. K. e Wind, Y. (2008) *Competindo em um Mundo Plano: Como Construir Empresas para um Mundo Sem Fronteiras*. Porto Alegre: Bookman, 2008.

Gaines-Ross, L. (2010) *Reputation Warfare (Guerra pela Reputação)*. Harvard Business Review, dezembro de 2010.

Galbraith, J. R. (1973) *Designing Complex Organizations (Planejando Organizações Complexas)*. Reading, MA: Addison-Wesley.

Galbraith, J. R. (1977) *Organization Design (Modelo de Organização)*. Reading, MA: Addison-Wesley.

Gardner, H. (1983) *Frames of Mind: The Theory of Multiple Intelligences (Estruturas da Mente: A Teoria das Múltiplas Inteligências)*. New York, NY: Basic Books.

Gardner, H. (2006) *Mentes que Mudam: A Arte e a Ciência de Mudar as Nossas Ideias e as Dos Outros*. Porto Alegre: Bookman, 2005.

Garvin, D. A. (2000) *Aprendizagem em Ação*. Rio de Janeiro: Qualitymark, 2003.

Gavetti, G. (2003) *Strategy Formulation and Inertia (Formulação de Estratégia e Inércia)*. Harvard Business School Nota 703-515.

Gavetti, G. e Rivkin, J. W. (2001) *Complexity, Cognition and Adaptation: Toward a Grounded Theory of the Origins of Strategies (Complexidade, Cognição e Adaptação: Rumo a uma Teoria Fundamentada das Origens das Estratégias)*. HBSWorking Paper.

Gavetti, G., Henderson, R. e Giorgi, S. (2004) *Kodak and the Digital Revolution (A Kodak e a Revolução Digital)*. Harvard Business School caso 705-448.

Gerstner, L. V. (2002) *Quem Disse que os Elefantes Não Dançam? Os Bastidores da Recuperação da IBM*. Rio de Janeiro: Campus, 2003.

Ghemawat, P. (1991) *Commitment, the Dynamic of Strategy (Engajamento, a Dinâmica da Estratégia)*. New York: The Free Press.

Ghemawat, P. (1999) *A Estratégia e o Cenário dos Negócios*. Porto Alegre: Bookman, 2007.

BIBLIOGRAFIA

Ghemawat, P. e Nueno, J. L. (2003) *ZARA: Fast Fashion (ZARA: Moda Efêmera)*. Harvard Business School caso 703-497.

Ghemawat, P. e Stander, H. J. III (1992) *Nucor at a Crossroads (Nucor em uma Encruzilhada)*. Harvard Business School caso 793-039.

Ghoshal, S. e Bartlett, C. A. (1997) *A Organização Individualizada*. Rio de Janeiro: Campus, 2000.

Gladwell, M. (2008) *Outliers*. Rio de Janeiro: Sextante, 2008.

Glassman, E. (1991) *The Creativity Factor: Unlocking the Potential of Your Team (O Fator Criativo: Revelando o Potencial de sua Equipe)*. San Diego, CA: Pfeiffer & Company.

Goleman, D. (1996) *Inteligência Emocional: Porque ela Pode Ser Mais Importante que o QI*. Rio de Janeiro: Objetiva, 2007.

Goleman, D. (2006) *Inteligência Social: O Poder das Relações Humanas*. Rio de Janeiro: Campus, 2006.

Graham, J. R., Harvey, C. R. e Rajgopal, S. (2005) *The Economic Implications of Corporate Financial Reporting (As Implicações Econômicas dos Relatórios Financeiros Corporativos)*. Journal of Accounting and Economics, 40(1–3), 3–73.

Grove, A. S. (1996) *Only The Paranoid Survive: How to Exploit the Crisis Points that Challenge Every Company (Apenas o Paranóico Sobrevive: Como Explorar os Momentos de Crise que Desafiam Todas as Empresas)*. New York, NY: Bantam DoubleDay Dell.

Gulati, R. (2007) *Silo Busting: How to Execute on the Promise of Customer Focus (Rompendo o Feudo: Como Cumprir a Promessa de Focar no Cliente)*. Harvard Business Review, 1º de maio.

Hall, R. H. (1972) *Organizações: Estrutura e Processos*. Rio de Janeiro: Prentice Hall, 1984.

Hamel, G. (2000) *Liderando a Revolução*. Rio de Janeiro: Campus, 2000.

Hamel, G. e Prahalad, C. K. (1989) *Strategic Intent (Intenção Estratégica)*. Harvard Business Review, maio–junho.

Hammer, M. (1990) *Reengineering Work: Don't Automate, Obliterate (Reengenharia do Trabalho: Não Automatize, Não Obstrua)*. Harvard Business Review, 1º de julho.

BIBLIOGRAFIA

Hammer, M. e Champy, J. A. (1993) *Reengenharia: Revolucionando a Empresa*. Rio de Janeiro: Campus, 1993.

Hammermesh, R. G., Gordan, K. e Reed, J. P. (1987) *Crown Cork and Seal Co., Inc.* Harvard Business School caso 378-024.

Harreld, J., O'Reilly, B. C. A. III e Tushman, M. L. (2007) *Dynamic Capabilities at IBM: Driving Strategy into Action (Capacidades Dinâmicas na IBM: Conduzindo Estratégia em Ação)*. California Management Review, 49 (4), verão.

Harvey, J. B. (1988) *The Abilene Paradox and other Meditations on Management (O Paradoxo de Abilene e outras Meditações sobre Gestão)*. San Diego, CA: Lexington Books.

Henderson, R. M. (2006) *The Innovator's Dilemma as a Problem of Organizational Competence (O Dilema do Inovador como um Problema de Competência Organizacional)*. Journal of Product Innovation Management, 23, 5–11.

Henderson, R. M. e Kaplan, S. (2005) *Inertia and Incentives: Bridging Organizational Economics and Organizational Competence (Inércia e Incentivos: Unindo a Economia e a Competência Organizacional)*. Organization Science, 16(5), 509–521.

Heywood, J. (1546) *Dialogue of Proverbs II (Diálogo de Provérbios II)*. ix. K4.

Hofstadter, D. R. (1979) *Gödel, Escher, Bach: um Entrelaçamento de Gênios Brilhantes*. Brasília: UnB, 2001.

Holland, J. H. (1995) *Hidden Order: How Adaption Builds Complexity (A Ordem Oculta: Como a Adaptação Cria Complexidade)*. Reading, MA: Addison-Wesley.

Huawei Corporate Information (2011) Acessado em 23 de outubro de 2011. Disponível em http://www.huawei.com/en/about-huawei/corporate-info/research-development/index.htm

Huitt, W. (2004) *Maslow's hierarchy of needs. Educational Psychology Interactive (A hierarquia das necessidades de Maslow. Psicologia Educacional Interativa)*. Valdosta, GA: Valdosta State University. Acessado em 30 de setembro de 2011. Disponível em http://www.edpsycinteractive.org/topics/conation/maslow.html.

IDEO Inc. (2011) *IDEO History (História da IDEO)*. Acessado em 1º de outubro de 2011. Disponível em http://www.fundinguniverse.com/company-histories/IDEO-Inc-Company-History.html

Itami, H. com Roehl, T. W. (1987) *Mobilizing Invisible Assets (Mobilizando Recursos Invisíveis)*. Cambridge MA; Harvard University Press.

Iverson, K. (1998) *Plain Talk: Lessons from a Business Maverick (Conversa Franca: Lições de um Aventureiro dos Negócios)*. New York, NY: John Wiley & Sons, Inc.

Janis, I. L. (1983) *Groupthink: Psychological Studies of Policy Decisions and Fiascos (Pensamento de Grupo: Estudos Psicológicos sobre Decisões Políticas e Fracassos)*. Boston, MA: Houghton Mifflin.

Joni, S. A. e Beyer, D. (2009) *How to Pick a Good Fight (Como Escolher um Bom Combate)*. *Harvard Business Review*, Dezembro.

Joyce, W. F., Nohria, N. e Roberson, B. (2003) *O Que Realmente Funciona: As Melhores Práticas das Empresas de Sucesso*. Rio de Janeiro: Campus, 2003.

Kagel, J. H. e Roth, A. E. (1995) *The Handbook of Experimental Economics (O Manual da Economia Experimental)*. Princeton, NJ: Princeton University Press.

Kanter, R. M. (1982) *The Change Masters: Corporate Entrepreneurs at Work (Os Mestres da Mudança: Empreendedores Corporativos em Ação)*. London: George Allen and Unwin.

Kanter, R. M., Stein, B. e Jick, T. D. (1992) *The Challenge of Organizational Change: How Companies Experience It and Leaders Guide It (O Desafio da Mudança Organizacional: Como as Companhias a Enfrentam e como os Líderes a Conduzem)*. New York, NY: Free Press.

Kaplan, R. S. (2010) *Leading Change with the Strategy Execution System (Alteração da Liderança com o Sistema de Execução de Estratégia)*. Harvard Business Publishing Newsletters, 15 de novembro.

Kaplan, R. S. e Norton, D. P. (2000) *Organização Orientada Para a Estratégia: Como as Empresas que Adotam o Balanced Scorecard Prosperam no Novo Ambiente de Negócios*. Rio de Janeiro: Campus, 2001.

Kaplan, R. S. e Norton, D. P. (2004) *Mapas Estratégicos: Convertendo Ativos Intangíveis em Resultados Tangíveis*. Rio de Janeiro: Campus, 2004.

Katz, M. L. e Shapiro, C. (1985) *Network Externalities, Competition and Compatibility (Exterioridades de Rede, Competição e Compatibilidade)*. *The American Economic Review*, 75(3), c424–440.

BIBLIOGRAFIA

Khanna, T., Gulati, R. e Nohria, N. (2000) *The Economic Modeling of Strategy Process: Clean Models and Dirty Hands (A Modelagem Econômica do Processo de Estratégia: Modelos Claros e Mãos Sujas)*. Strategic Management Journal, 21, 781–790.

Kidder, T. (1981) *A Alma da Nova Máquina*. São Paulo: Melhoramentos, 1982.

Kim, W. C. e Mauborgne, R. (2005) *A Estratégia do Oceano Azul: Como Criar Novos Mercados e Tornar a Concorrência Irrelevante*. Rio de Janeiro: Campus, 2006.

Koch, R. (1998) *O Princípio 80/20: O Segredo de Se Realizar Mais Com Menos*. Rio de Janeiro: Rocco, 2000.

Koch, R. (2002) *The 80/20 Individual: How to Build on the 20% of What You Do Best (O 80/20 Individual: Como Criar Com 20% de Sua Capacidade)*. New York, NY: Doubleday.

Koch, R. (2004) *O Estilo 80/20*. Rio de Janeiro: Sextante, 2009.

Kotter, J.P. (1996) *Liderando Mudança*. Rio de Janeiro: Campus, 2001.

Kuhn, T.S. (1962) *A Estrutura das Revoluções Científicas*. São Paulo: Perspectiva, 2010.

Larson, G. E., Haier, R. J., LaCasse, L. e Hazen, K. (1995) *Evaluation of a "mental effort" hypothesis for correlations between cortical metabolism and intelligence (Hipótese de avaliação de um "esforço mental" para as correlações entre o metabolismo cortical e a inteligência)*. Intelligence, 31(3), 267–278.

Laseter, T. e Cross, R. (2006) *The Craft of Connection (A Arte da Conexão)*. StrategyþBusiness, outono, Edição 44: 28 de agosto. Acessado em 31 de outubro de 2011. Disponível em http://www.strategy business.com/article/06302?pg¼all&tid¼27782251

Lawrence, P. R. e Lorsch, J. W. (1967) *Organization and Environment: Managing Differentiations and Integration (Organização e Meio Ambiente: Administrando Diferenciações e Integração)*. Boston, MA: Graduate School of Business Administration, Harvard University.

Lehrer, J. (2011) *A New State of Mind (Um Novo Estado de Espírito)*. Seedmagazine. com, 5 de outubro de 2011. Acessado em 5 de outubro de 2011. Disponível em http://seedmagazine.com/content/article/a_new_state_of_mind/

Liedtka, J. M. (2011) *Beyond Strategic Thinking: Strategy as Experienced (Para Além do Pensamento Estratégico: Estratégia na Prática)*. Rotman School of Management, 1º de janeiro, 2011.

Lombardelli, C., Proudman, J. e Talbot, J. (2002) *Committees versus individuals: an experimental analysis of monetary policy decision-making (Comitês versus indivíduos: uma análise experimental da tomada de decisão da política monetária)*. Publicação do Bank of England Working paper nº 165.

Luehrman, T. A. (1998) *Strategy as a Portfolio of Real Options (Estratégia como um Portfólio de Opções Reais)*. *Harvard Business Review*, 1º de setembro.

Magrath, L. e Weld, L. G. (2002) *Abusive Management and Early Warning Signs (Gestão Abusiva e os Primeiros Sinais de Alerta)*. *The CPA Journal*, agosto de 2002. Acessado em 31 de outubro de 2011. Disponível em http://www.nysscpa.org/cpajournal/2002/0802/features/f085002.htm

Magretta, J. (2002) *Why Business Models Matter (Porque os Modelos de Negócios São Importantes)*. *Harvard Business Review*, 1º de maio.

March, J. G. (1991) *Exploration and Exploitation in Organizational Learning (Exploração e Abuso na Aprendizagem Organizacional)*. *Organizational Science*, 2(1), 71–87.

March, J. G. e Simon, H. A. (1958) *Organizations (Organizações)*. New York, NY: John Wiley & Sons, Inc.

Martin, R. L. (2010) *The Execution Trap (A Armadilha da Realização)*. *Harvard Business Review*, 1º de julho.

Maslow, A. H. (1943) *A Theory of Human Motivation (Uma Teoria da Motivação Humana)*. *Psychological Review*, 50, 370–396.

Maslow, A. H. (1969) *Theory Z (Teoria Z)*. *Journal of Transpersonal Psychology*, 1(2), 31–47.

Mathes, E. (1981) *Maslow's hierarchy of needs as a guide for living (A hierarquia de necessidades de Maslow como um guia para a vida)*. *Journal of Humanistic Psychology*, 21, 69–72.

McGregor, D. (1960) *O Lado Humano da Empresa*. São Paulo: Martins Fontes, 2001.

McNichols, M. F. e Stubben, S. R. (2008) *Does Earnings Management Affect Firms' Investment Decisions? (A Gestão dos Lucros Afeta as Decisões de Investimento das Empresas?)* *The Accounting Review*, 83(6), 1571–1603.

Meyerson, M. (1996) *Everything I Thought I Knew About Leadership Is Wrong (Tudo o que Eu Imaginava Saber Sobre Liderança Está Errado)*. Fast Company, abril/maio, 5–11.

Miles, R. E. e Snow, C. C. (1978) *Organizational Strategy, Structure and Process (Estratégia Organizacional, Estrutura e Processo)*. New York, NY: McGraw-Hill.

Millward Brown Optimor (2011) *The BrandZ Top 100 Most Valuable Global Brands (Ranking da BrandZ das 100 Marcas Mais Valiosas do Mundo)*. Acessado em 1 de outubro de 2011. Disponível em http://www.millwardbrown.com/Libraries/Optimor_BrandZ_Files/2011_BrandZ_Top100_Chart.sflb.ashx

Mintzberg, H. (1979) *The Structuring of Organizations (A Estruturação das Organizações)*. Englewood Cliffs, NJ: Prentice Hall.

Moingeon, B. e Edmondson, A. (1996) *Organizational Learning and Competitive Advantage (Aprendizagem Organizacional e Vantagem Competitiva)*. London: Sage Publications.

Moll, J., Krueger, F., Zahn, R., Pardini, M., de Oliveira-Souza, R. e Grafman, J. (2006) *Human fronto–mesolimbic networks guide decisions about charitable donation (Os sistemas fronto-mesolímbicos humanos guiam as decisões sobre doação de caridade)*. PNAS, 103(42), 15623–15628.

Montgomery, C. A. (ed.) (1995) *Resource-Based and Evolutionary Theories of the Firm: Towards a Synthesis (Teorias Baseada em Recursos e Evolutiva da empresa: Em Busca de uma Síntese)*. Norwell, MA: Kluwer Academic Publishers.

Montgomery, C. A. e Collis, D. J. (1998) *Corporate Strategy: A Resource-Based Approach (Estratégia Corporativa: Uma Abordagem Baseada em Recursos)*. Boston, MA: Irwin/McGraw-Hill.

Moreno, J. L. (1986) *Who Shall Survive? A New Approach to the Problem of Human Interrelations (Quem Sobreviverá? Uma Nova Abordagem para o Problema das Correlações Humanas)*. Washington, DC: Nervous and Mental Diseases Publishing.

Morgan, G. (1986) *Imagens da Organização*. São Paulo: Atlas, 2002.

Nadler, D. A. e Tushman, M. L. (1997) *Competing by Design: The Power of Organizational Architecture (Competindo por Design: O Poder da Arquitetura Organizacional)*. New York, NY: Oxford University Press.

Newstead, B. e Lanzerotti, L. (2010) *Can you open source your strategy? (Você pode compartilhar sua estratégia?) Harvard Business Review*, 1º de outubro.

Nohria, N. (2006) *Survival of the Adaptive. Forethought (Sobrevivência do Adaptável. Antecipação). Harvard Business Review*, 84(5), 23.

Nohria, N. e Gulati, R. (1996) *Is slack good or bad for innovation? (Abrandar é bom ou ruim para a inovação?) Academy of Management Journal*, 39(5), 1245–1264.

Nohria, N., Joyce, W. F. e Roberson, B. (2003) *What Really Works (O que Realmente Funciona). Harvard Business Review*, 81(7), 42–52.

Nohria, N., Lawrence, P. e Wilson, E. (2001) *Driven: How Human Nature Shapes Our Choices (Compulsivo: Como A Natureza Humana Molda Nossas Escolhas)*. San Francisco, CA: Jossey-Bass.

Norton, D. P. e Russell, R. H. (2011) *The Office of Strategy Management – The State of the Art, 2011 (A Função da Gestão Estratégica – A Mais Recente, 2011). Harvard Business Review*, 14 de janeiro.

Oberholzer-Gee, F. e Wulf, J. M. (2009) *Alibaba's Taobao (A) [Taobao da Alibaba (A)]*. Harvard Business School caso 709-456.

Oberholzer-Gee, F. e Wulf, J. M. (2009) *Alibaba's Taobao (B) [Taobao da Alibaba (B)]*. Harvard Business School caso 709-457.

Ortega, B. (1998) *In Sam we Trust: The Untold Story of Sam Walton and How Walmart is Devouring America (Nós Confiamos em Sam: A Incrível História de Sam Walton e Como a Walmart está Conquistando a América)*. New York, NY: Times.

Ouchi, W. G. (1981) *Teoria Z*. São Paulo: Nobel, 1985.

Pande, P. S., Neuman, R. P. e Cavanagh, R. R. (2000) *Estratégia Seis Sigma: Como a GE, a Motorola e Outras Empresas Estão Aguçando o Seu Desempenho*. Rio de Janeiro: Qualitymark, 2001.

Paparone, C. R. e Crupi, J. A. (2002) *Janusian Thinking and Acting (Ação e Pensamento Janusiano). Military Review*, janeiro–fevereiro, pp. 38–47.

Penrose, E. T. (1959) *A Teoria do Crescimento da Firma*. Campinas: Unicamp, 2006.

Pinker, S. (1997) *Como a Mente Funciona*. São Paulo: Companhia das Letras, 2005.

Piskorski, M. J. (2006) *LinkedIn (A)*. Harvard Business School caso 707-406.

Piskorski, M. J. (2007) *I am not on the market, I am here with friends: Finding a job or a spouse on-line (Eu não estou no mercado, estou aqui com meus amigos: Encontrando um emprego ou um cônjuge on-line)*. Boston, MA: Working Paper, Harvard Business School.

Piskorski, M. J. (2011). *Social Strategies that Work (Estratégias Sociais que Funcionam)*. Harvard Business Review, 1º de novembro.

Piskorski, M. J. e Knoop, C. -I. (2006) *Friendster (A)*. Harvard Business School caso 707-409.

Piskorski, M. J., Eisenmann, T. R., Chen, D. e Feinstein, B. (2008) *Facebook's Platforms (Plataformas do Facebook)*. Harvard Business School caso 808-128.

Porter, M. E. (1980) *Estratégia Competitiva: Técnicas para Análise de Indústrias e da Concorrência*. Rio de Janeiro: Campus, 2001.

Porter, M. E. (1996) *What is Strategy? (O que é Estratégia?) Harvard Business Review*, 1º de novembro.

Porter, M. E. (2004) *Vantagem Competitiva*. Rio de Janeiro: Campus, 2000.

Porter, M. E. (2008) *The Five Competitive Forces that Shape Strategy? (As Cinco Forças Concorrentes que Moldam a Estratégia?) Harvard Business Review*, 1º de janeiro.

Prahalad, C. K. e Hamel, G. (1990) *Core Competence of the Corporation (A Principal Competência da Corporação)*. Harvard Business Review, 1º de maio.

Pugh, D. S. (Ed.) (1971) *Organization Theory (Teoria da Organização)*. London: Penguin Books.

Quinn, J. B. (1980) *Strategies for Change: Logical Incrementalism (Estratégias para a Mudança: Incrementação Lógica)*. Georgetown, Ontario: Richard D. Irwin.

Rettner, R. (2010) *How your brain works on autopilot (Como o seu cérebro funciona no piloto automático)*. Live Science. Acessado em 9 de setembro de 2010. Disponível em http://www.msnbc.msn.com/id/37603247/ns/health-behavior/

Ridley, M. (1996) *As Origens da Virtude*. Rio de Janeiro: Record, 2000.

Rivkin, J. W. (1998) *Airbourne Express*. Harvard Business School caso 703-751.

Rivkin, J. W. e Halaburda, H. (2007) *Analyzing Relative Costs (Analisando Custos Relativos)*. Harvard Business School Module Note 708-462.

Rivkin, J. W. e Porter, M. E. (1999) *Matching Dell (Equiparando a Dell)*. Harvard Business School caso 799-158.

Rizzolatti, G. e Craighero, L. (2004) *The mirror-neuron system (O sistema neurônio espelho)*. Annual Review of Neuroscience, 27, 169–192.

Rose, S. (2005) *O Cérebro do Século XXI*. São Paulo: Globo, 2006.

Rosenfeld, J. R. (2011) *An MCI Friends and Family mailing is a poignant reflection of the'90s decade and the epitome of database marketing (Uma postagem Friends and Family da MCI é um reflexo comovente da década de 1990 e o protótipo do database marketing)*. AllBusiness.com. Acessado em 17 de outubro de 2011. Disponível em http://www.highbeam.com/doc/1G1-13617735.html

Ruckstad, M. G., Collis, D. J. e Levine, T. (2001) *Walt Disney Co.: The Entertainment King (Walt Disney Co.: O Rei do Entretenimento)*. Harvard Business School caso 701-035.

Rumelt, R. P. (1995) *Inertia and Transformation (Inércia e Transformação)*. Em C. Montgomery (Ed.) *Resource-Based and Evolutionary Theories of the Firm: Towards a Synthesis (Teorias Baseada em Recursos e Evolutiva da empresa: Em Busca de uma Síntese)*. Norwell, MA: Kluwer Academic Publishers.

Ryan, R. e Deci, E. (2000) *Self-determination theory and the facilitation of intrinsic motivation, social development, and well-being (A teoria da auto determinação e a facilitação da motivação intrínsica, do desenvolvimento social e do bem estar)*. American Psychologist, 55(1), 68–78.

Schaie, K. W. e Geiwitz, J. (1982) *Adult Development and Aging (Desenvolvimento Adulto e Envelhecimento)*. New York, NY: Little Brown.

Scherer, F. M. (2001) *The Link Between Gross Profitability and Pharmaceutical R&D Spending (A Relação Entre a Rentabilidade Bruta e os Gastos com Pesquisa e Desenvolvimento Farmacêutico)*. Health Affairs, 20(5), 219.

Schwartz, P. (1991) *A Arte da Visão de Longo Prazo: Planejando o Futuro em um Mundo de Incertezas*. São Paulo: Best Seller, 2006.

Selznick, P. (1948) *Foundations of the Theory of Organization (Fundamentos da Teoria da Organização)*. American Sociological Review, 13, 25–35.

Senge, P. (1990) *A Quinta Disciplina: Arte e Prática da Organização que Aprende*. São Paulo: Best Seller, 2008.

Sheth, J. N. (2007) *Os Maus Hábitos das Boas Empresas e Como Fugir Deles*. Porto Alegre: Bookman, 2008.

Siegel, J. e Chang, J. J. (2005) *Samsung Electronics*. Harvard Business School caso 705-508.

Simons, R. (2000) *Performance Measurement and Control Systems for Implementing Strategy (Avaliação de Desempenho e Sistemas de Controle para a Implementação de Estratégia)*. Englewood Cliffs, NJ: Prentice Hall.

Simons, R. (2010) *Stress-Test Your Strategy: The 7 Questions to Ask (Verifique a Força de Sua Estratégia: As Sete Questões a Serem Consideradas)*. Harvard Business Review, 1º de novembro.

Simpson, J. e Speake, J. (2009) *The Oxford Dictionary of Proverbs (Dicionário de Provérbios Oxford)*. Oxford: Oxford University Press.

Stalk, Jr., G. e Hout, T. M. (1990) *Competindo Contra o Tempo*. Rio de Janeiro: Campus, 1994.

Sull, D. N. (2003) *Why Good Companies Go Bad and How Great Managers Remake Them (Porque Boas Empresas Vão Mal e Como Bons Gestores Reestruturam as Mesmas)*. Boston, MA: Harvard Business School Press.

Surowiecki, J. (2004) *The Wisdom of Crowds (A Sabedoria das Multidões)*. New York, NY: Anchor Books/Random House.

Taleb, N. N. (2007) *A Lógica do Cisne Negro: O Impacto do Altamente Improvável*. Rio de Janeiro: Best Seller, 2011.

Taylor, D. A. (1995) *Engenharia de Negócios com Tecnologia de Objetos*. Rio de Janeiro: Axcel Books, 2003.

Taylor, D. A. (1998) *Object-Oriented Technology: A Manager's Guide (Tecnologia Orientada ao Objeto: Um Guia Gerencial)*. Upper Saddle River, NJ: Addison Wesley.

Taylor, F. (1911) *Princípios de Administração Científica*. São Paulo: Atlas, 1995.

BIBLIOGRAFIA

Teece, D., Pisano, G. e Shuen, A. (1997) *Dynamic Capabilities and Strategic Management (Capacidades Dinâmicas e Gestão Estratégica)*. Strategic Management Journal, 18(7), 509–533.

Tennyson, A. (1854) *The Charge of the Light Brigade (A Carga da Brigada Ligeira)*. The Examiner, 9 de dezembro.

Thompson, J. D. (1967) *Organizations in Action (Organizações em Ação)*. New York, NY: McGraw-Hill.

Thompson, M., Grace, C. e Cohen, L. (2001) *Best Friends,Worst Enemies: Understanding the Social Lives of Children (Melhores Amigos, Piores Inimigos: Compreendendo a Vida Social das Crianças)*. New York, NY: Ballantine Books.

Tripsas, M. e Gavetti, G. (2000) *Capabilities, Cognition and Inertia: Evidence from Digital Imaging (Capacidades, Cognição e Inércia: Evidências da Imagem Digital)*. Strategic Management Journal, 21, 1147–1161.

Tushman, M. L. e O'Reilly, C.A. III (1996) *Ambidextrous Organizations: Managing Evolutionary and Revolutionary Change (Organizações Ambidestras: Gerenciando Mudanças Evolutivas e Revolucionárias)*. California Management Review, 38(4), 8–30.

Tushman, M. L. e O'Reilly, C.A. III (1997) *Winning through Innovation: A Practical Guide to Leading Organizational Change and Renewal (Vencendo através da Inovação: Um Guia Prático para Orientar Mudança e Renovação Organizacional)*. Boston, MA: Harvard Business School Press.

Van der Heijden, K. (1996) *Planejamento por Cenários: A Arte da Conversação Estratégica*. Porto Alegre: Bookman, 2009.

Veryard, R. (2001) *The Component-Based Business: Plug and Play (O Negócio Baseado em Componentes: Plug and Play)*. London: Springer.

Vom Brocke, J. e Rosemann, M. (eds) (2010) *Handbook on Business Process Management 1: Introduction, Methods, and Information Systems (Manual de Gestão de Processo de Negócio 1: Introdução, Métodos e Sistemas de Informação)*. Berlin, Heidelberg: Springer.

Wahba, A. e Bridwell, L. (1976) *Maslow reconsidered: A review of research on the need hierarchy theory (Maslow reexaminado: Uma revisão da pesquisa sobre a teoria da necessidade hierárquica)*. Organizational Behavior and Human Performance, 15, 212–240.

Wells, J. R. (2003) *Energis (A)*. Harvard Business School caso 703-505.

Wells, J. R. (2005) *Best Buy Co., Inc.: Competing on the Edge (Best Buy Co., Inc.: Competindo no Limite)*. Harvard Business School caso 706-417.

Wells, J. R. (2005) *Whole Foods Market, Inc*. Harvard Business School caso 705-476.

Wells, J. R. (2005) *Circuit City Stores, Inc.: Strategic Dilemmas (Circuit City Stores, Inc.: Dilemas Estratégicos)*. Harvard Business School caso 706-419.

Wells, J. R. (2005) *Providian Financial Corporation*. Harvard Business School caso 707-446.

Wells, J. R. (2006) *Wild Oats Markets, Inc*. Harvard Business School caso 707-438.

Wells, J. R. (2008) *The Allstate Corporation*. Harvard Business School caso 708-485.

Wells, J. R. e Anand, B. (2008) *Capital One Financial Corporation, 2006*. Harvard Business School caso 708-489.

Wells, J. R. e Haglock, T. (2005) *The Rise of Kmart Corporation 1962–1987 (A Ascensão da Corporação Kmart 1962-1987)*. Harvard Business School caso 706-403.

Wells, J. R. e Haglock, T. (2006) *The Rise of Walmart Stores Inc. 1962–1987 (A Ascensão da Rede Walmart 1962-1987)*. Harvard Business School caso 707-439.

Wells, J. R. e Raabe, E. (2005) *Bally Total Fitness*. Harvard Business School caso 706-450 [19].

Wells, J. R. e Raabe, E. (2005) *24 Hour Fitness*. Harvard Business School caso 706-404.

Wells, J. R. e Raabe, E. (2006) *Gap Inc*. Harvard Business School caso 706-402.

Wells, J. R. e Raabe, E. (2007) *Update: The Music Industry in 2006 (Update: A Indústria da Música em 2006)*. Harvard Business School caso 707-531.

Wells, J. R., Dessain, V. e Stachowiak, M. (2005) *JCDecaux*. Harvard Business School caso 705-458.

Wells, J. R., Hazlett, S. e Mukhopadhyay, N. (2006) *Riding with the Blackhorse (A) [Cavalgando com o Blackhorse (A)]*. Harvard Business School caso 706-484.

Wells, J. R., Hazlett, S. e Mukhopadhyay, N. (2006) *Riding with the Blackhorse (B) [Cavalgando com o Blackhorse (B)]*. Harvard Business School suplemento do caso 706-509.

Wells, J. R., Lutova, M. e Sender, I. (2008) *The Progressive Corporation (A Corporação Progressiva)*. Harvard Business School caso 707-433.

Williamson, O. E. (1975) *Markets and Hierarchies: Analysis and Antitrust Implications (Mercados e Hierarquias: Análise e Implicações Antitruste)*. New York, NY: The Free Press.

Wiseman, R. (2003) *O Fator Sorte*. Rio de Janeiro: Record, 2003.

Wright, T. P. (1936) *Factors Affecting the Cost of Airplanes (Fatores que Afetam o Custo dos Aviões)*. Journal of Aeronautical Sciences, 3(4), 122–128.

Yoffie, D. B. e Kwak, M. (2001) *Estratégias de Judô: Transformando a Força de Seus Concorrentes em Vantagem para Você*. São Paulo: Negócio, 2002.

Yoffie, D. B., Casadesus-Masanell, R. e Mattu, S. (2003) *Wintel (A): Cooperation or Conflict [Wintel (A): Cooperação ou Conflito]*. Harvard Business School caso 704-419.

Young, E. (2002) *Brain's Cheat Detector is Revealed*. New Scientist, 12 de agosto de 2002. Acessado em 5 de outubro de 2011. Disponível em http://www.newscientist.com/article/dn2663-brains-cheat-detector-is-revealed.html

Zich, J. (1997) *Ambidextrous Organizations. Stanford News Service*, 26 de junho. Acessado em 4 de outubro de 2011. Disponível em http://news.stanford.edu/pr/97/970626oreilly.html

www.dvseditora.com.br